中国浄土教儀礼の研究

善導と法照の讃偈の律動を中心として

齊藤隆信

法藏館

中国浄土教儀礼の研究——善導と法照の讃偈の律動を中心として——　目次

凡例

イタリック体の数字は横書きの頁数を表す

第一部　総論篇

目次

第三部　資料篇

【凡　例】

一、各章は、旧稿の改訂と新稿とで構成されている
一、論文中に引用した全集の名称と敦煌石室本は以下のように略した
『大正蔵経』……『大正新脩大蔵経』
　＊『大正蔵経』の引用で「三本」とする場合は、宋元明版の三種大蔵経を意味する
　＊各章において二度目以降に出現する場合は省略する
　　例：（四七・四四六上）……『大正蔵経』四七巻の四四六頁上段
『卍続蔵経』……『大日本新纂続蔵経』
『浄全』…………『浄土宗全書』
『続浄全』………『続浄土宗全書』
敦煌石室写本
　斯……スタイン本（イギリス大英図書館蔵／『敦煌宝蔵』）
　伯……ペリオ本（フランス国立図書館蔵／『敦煌宝蔵』、『法国国家図書館蔵敦煌西域文献』）
　北……北京本（中国国家図書館蔵／『敦煌宝蔵』、『国家図書館蔵敦煌遺書』）
一、引用文は、異体字を含めすべて正字・新字体で統一した。ただし異体字の類似性を配慮して、あえて旧字体を用いる場合もある。また「佛教大学」などの固有名詞も旧字を用いた
一、偈の後の括弧には当該韻字の『広韻』による韻目を示した
また、押韻（または通押）する句末の韻字は、ゴシック体によって示した
　例：相好光明照十**方**（平陽）……韻字「方」の韻目は『広韻』で平声陽韻
なお、押韻や通押していない句末の文字にも、参考までにすべて韻目を示した
一、漢字の右にある記号は以下のとおり。○＝平声　●＝仄声　◎＝平声押韻　◉＝仄声押韻

一、推定音はIPA（国際音声記号）によって表示した。なお、その際に音声記号［　］、音素記号／　／、そして推定音の復元に用いられる＊は表示しない

一、推定音は上古音と中古音を李方桂〔一九八〇〕に、魏晋南北朝音を丁邦新〔一九七五〕によってそれぞれ表示した

中国浄土教儀礼の研究

――善導と法照の讃偈の律動を中心として――

第一部　総論篇

第一章　研究序説

第一節　目的と意義

本研究は中国仏教史において最も儀礼が盛況した唐代に焦点をあて、中でも浄土教儀礼方面に影響力をもった初唐の善導（六一三～六八一）と、その儀礼を継承することで「善導後身」（善導の生まれ変わり）と尊称された盛唐から中唐にかけて活躍した法照（七四六～八三八）を中心として、彼らが作った讃偈の律動を検証することで、なぜこれほどまでに浄土教儀礼が盛況したのか、その要因を突きとめるとともに、その特質と役割について解明することを目的とする。また当時の漢字音を根拠として讃偈の原初形態を復元した校訂テキストの作成もあわせて本研究の目的としている。

さて、儀礼とはいったい何かと考えたとき、それは教義に対する一つの表現手段であると思う。その意味では註疏や造形も同じことである。つまり教義（根本原理）は変わることはないが、それをいかにその時代とその地域に、あるいはその文化圏の人々の要請に応じて柔軟に対応するかは、仏教徒たちの知的な営みによるものであり、難解な教義に対し、理知的に把握するために註疏が著され、視覚的に把握するために造形が作られ、そして体感的に把握するための儀礼が行われるということである。もし全体を統括管理するオペレーティング・システム（Operating

System）が教義とするならば、さしずめ註疏、造形、儀礼はその都度インストールされるアプリケーション・ソフトウェア（Application Software）のようなものだろう。利用者の需要が高ければヴァージョンアップされ、逆に需要がなくなればアンインストールされる。

註疏、造形、儀礼のうち前二者は、ほとんどが紙や土、木材、そして金石などの媒体において記録されるから、たとえ需要がなくなったとしても「もの」として保存され今日まで伝えられる。これらを資料として調査研究することは可能である。ところが儀礼はそう簡単にはいかない。時処諸縁の要請によって上書きされ千変万化するため、オリジナルの形態が伝承されることはほぼないと言ってよい。また時流の中で浮き沈みしやすいので、当初の目的や意義が喪失されると需要がなくなり、したがって定型化された儀礼が長期的に継承されることはなくなり、そしてたとえ一世を風靡した儀礼であろうとついには完全に淘汰されてしまう。確かに紙媒体という「もの」として遺されることもあるにせよ、当該儀礼における道場内の詳細な設え（荘厳具、その配置や数量など）、執行者の役割ごとの仔細な作法と手順、その他儀礼の現場における周知のことがら、暗黙の了解だったようなことがらまでもが紙面に記録されているのではない。そのため往時の儀礼の原初形態にまで遡及して完全に復元し今に実演してみせることは不可能に近い。要するに儀礼は「もの」として保存されるのではなく、「記憶」や「経験」として伝承されるのであって、ひとたびアンインストールされたソフトウェアは今日のシステムに存在していないのだから、後の研究者にしてみればこれほど厄介なことはない。良質な研究材料の欠如はいかんともしがたく、それが原因で儀礼研究が停滞しているというのが実情なのである(1)。そして今後も著しい進展は期待できそうにない。

このように儀礼そのものを復元する作業には限界があるが、別の視点からアプローチする余地はあると考え、善導と法照の儀礼に用いられる讃偈の律動に焦点をしぼって考察したのが本研究である。すなわち、変化を繰り返す流動的な儀礼であろうと、また人から人への直接相承が断絶してしまった儀礼であろうと、何らかの共通する要素を探して抽出し、そこに視点を据えて調査するならば、たとえ儀礼の次第や内容そのものが上書きされていても、また相承を絶っていたとしても、その儀礼が盛況する要因をつきとめることができるに違いないということである。本研究ではその要素を、仏や浄土に対して礼拝と讃歎を捧げる宗教歌曲であるいわゆる讃偈の律動にひそんでいるものと捉えるのである。なお本書において讃偈と礼讃偈はとくに区別していない。単に讃偈という場合であっても、実際の儀礼では仏への礼拝がともなうことが普通である。以下、とくに理由がない限り「讃偈」で統一する。

この律動、とは規則的・周期的に繰り返される音楽的リズムであり、具体的には中華における韻文の三要素としての音数律（句中の字数）、声律（句中の平仄）、韻律（句末の押韻）を意味する。(2)これらのうち音数律は一目瞭然であるが、声律と韻律は視覚では捕捉することのできない音声である。そこで本書においては、とくにこの声律と韻律を可視化にすることによって、それらが儀礼盛衰の大きな要因であったことを論証するのである。実のところ、これまでわが国では法然、証空、親鸞など浄土宗系祖師を通して善導や法照を見つめて中国浄土教の大成者であると尊崇し、また彼らが作る讃偈に対する評価にしてもそれに比例して高められていった。(3)ところがそれらはみな抽象的で主観的なイメージを連呼したにすぎず、そこに具体的で客観的な根拠が示されることはなかった。イメージなどは研究の端緒としては大切であるが、成果としては何の価値もない。そのイメージを論理的に表現することによってこそ学問的な保証が確保されるのである。その詳細な内容は本書の各論篇において述べているが、要するに目に見えないイメージとしての律動を客観的に可視化することを目的とするのである。それによって無味で形骸的に陥りがちな宗教儀礼にも、前代には存在しなかった音楽性と文学性を新たに添加することになり、またそれだけに出家僧のみならず大衆が参集し、そこにいよいよ娯楽性も加味された革新的な儀礼の再構築が実現されたことを論証できるのである。

南北朝末期から隋唐、そして五代をへて宋にいたるまで、阿弥陀仏信仰を鼓舞する浄土教の諸儀礼は大いに盛行した。その初期においては、単に浄土や仏への讃辞を綴るだけの讃偈であって、そこに文学的、音楽的な配慮はなかったが、唐代以後の作品には押韻、平仄、対句、典故などの修辞が具わってくる。これは宗教作品でありながらも、同時に文学作品や音楽作品としても評価できるような配慮が加わったことを意味する。練りあげられた詩歌は聞いて耳に心地よく、また記憶しやすいため暗誦にも適し、その詩語や平仄からは詩情の喜悦憂愁までもが伝わり、高く評価されたに相違なかろう。

ところが、これまで讃偈を宗教作品として見るだけで、文学作品、とりわけ詩文学の観点から検討することはなかった。換言すれば、中国文学、中国詩文学、中国語音韻学の観点から検討されていないということである。そこでこれらの学問領域に従来から用いられている文献学も含めて学際的に取り込むことで今までに見えてこなかった事実が明らかにされるのであり、そこに本研究の意義がある。またそれは善導と法照を宗教者としてだけではなく、文学者としても見直すことにもなる。たとえば唐代浄土教の讃偈の多くは七言一句として作られており、これは唐代に流行した七言詩と連動していること、また四句や八句で構成されているのは、やはり絶句や律詩を意識していたこと、さらに平仄配置や偶数句末の押韻、対句、典故なども、みな当時の詩形（近体詩の格律）と関わっていることは明らかである[4]。善導はリズムに欠ける旧時代の讃偈を排除し、新たな讃偈を創作して儀礼に組み入れ、しかもそれを民衆の娯楽として提供したこと、また法照も李白と杜甫の影響を受けて新たなリズムを取り入れることで、それまでの宗教歌曲を文学作品にまで飛躍的に高めたこと、これらの配慮が加えられたことで唐代浄土教の儀礼がそれ以前と比べて格段の盛況をもたらしたことを明らかにすることこそ本研究の意義がある。

これまでの仏教儀礼の研究は対象とする当該儀礼の表層的な事実を指摘し、浄土教儀礼にあっても唐代に盛況していたということのみを報告するにすぎなかった。しかし、本研究は讃偈の律動にこそ浄土教儀礼の盛衰を分ける要因があったことを解明しようという試みなのである。

第二節　方法論

中国で作られる讃偈は翻訳と無関係なので作者の意のままに自由に表現することができる。そのテキストは僧俗が一堂に会して挙行される儀礼において供されるものであるから、大衆の宗教儀礼としてまた娯楽として、音楽的でリズミカルな律動が求められるのは自然なことであろうし、実際に唐代に作られた多くの讃偈はそのようになっている。一句が五言や七言、句数は四句や八句で構成され、さらに音数律だけではなく声律と韻律にも自覚的に配慮が加えられている。この時代は近体詩が生まれ、八世紀の李白や杜甫に及んで全盛となるので、讃偈の作者たちはそれに便乗して絶句や律詩を意識するはずであろうし、そのような作品がたくさん作られていることは事実である。よって本研究では近体詩に定められる厳格な詩律によって讃偈の格律を調査することを方法論の柱とする。[5]

そこで重要な資料となるのが隋の仁寿元（六〇一）年に陸法言らによって編まれた韻書『切韻』と、その音韻体系を受け継ぐ増訂版の『広韻』（陳彭年撰、一〇〇八年成書）である。この私撰の『切韻』は後に公認されて文士らの作詩上の共通語音として用いられていた韻書であり、今日では南北の漢字音を統一的に折衷したとされる説が有力である。知識人が作り、同じく知識人によって鑑賞されることを前提として存在する作品であれば、この『切韻』に準じていて当然とは言え、礼讃文類は宗教儀礼において大衆とともに礼拝し、また讃歎文、懺悔文、回向文などを唱和することを目的とするテキストであるだけに押韻し難い単位がでてくる。それは他でもなく民間の漢字音が反映されているということである。『切韻』にはよらず、当時当地の仏教信者たちが常日頃から用いている通俗的な語音をもって讃偈の用字を定め編んでいくことで僧俗の心をとらえ、ともに唱和することで讃歌として定着していくものである。そのような通俗性はさらに後になると敦煌石室から発見された変文や講経文の中に継承されていくように思われる。いずれにせよ、どちらかと言うと型に嵌まってしまいがちな無味な宗教儀礼の〈礼讃偈〉から、大衆の嗜好に歩み寄りながら、より音楽的、より通俗的にして大衆娯楽的な要素を含む〈礼讃詩〉へと再構築されていくことが明らかになるはずである。

第三節　梗概

本書の構成は大きく総論篇、各論篇、資料篇の三篇からなっている。総論篇ではまず本研究の目的、意義、方法論、梗概を述べ、ついで善導と法照の著作の成立とテキストに関して論じ、あわせて両者の儀礼における構造についても論じる。次に各論篇では具体的に善導と法照の讃偈を吟味した。その方法としては讃偈を中国の詩歌とみなし、それぞれの作品の律動がどれほどの質量を具えているかを明らかにすることで、各讃偈を文学と音韻学の視点から評価した。各章の内容は以下のとおりである。

第一章では仏教音楽としての梵唄に注目した。インド仏教の賛歌としての梵唄は中国では魏晋のころから流行していく。そこで後漢に漢訳されたと伝えられる『後出阿弥陀仏偈』一巻に見られる五言五六句のリズム論や後世に及ぼした影響などを順次確認しながら、これを唐代に盛況する浄土教の讃偈の嚆矢として位置づけた。

第二章では中国浄土教儀礼の生成として身業の礼拝と口業の讃歎が結合したことに着目し、龍樹の『十二礼』、世親の『往生論』、曇鸞の『讃阿弥陀仏偈』など、南北朝の讃偈の声律や韻律を調査した。ついで初唐の善導の『般舟讃』の讃偈を評価し、これをもって前時代的な作風の終焉とみなし、『往生礼讃偈』や『法事讃』を新たな時代の幕開けを象徴する作品であると理解した。したがって中国浄土教儀礼の分岐点が善導の作品中に存在することを確認した。そして善導のころからしだいに浄土教儀礼が盛況していく事実は、讃偈の音楽性がいっそう豊かになったことと無関係ではないことを指摘した。

第三章から第七章までは、善導の著作中の讃偈の律動（リズム）を吟味した。それらの律動は『切韻』系韻書に示される正統な漢字音に準拠していない。これは讃偈があくまでも寺院に民衆を集めてともに合唱されるいささか通俗化した宗教音楽であって、文人知識人が鑑賞するための純文学作品とは性格が異なることを意味する。

第八章から第十一章までは、善導と同じく儀礼方面で活躍し評価された法照が作った讃偈を検証した。法照は五会念仏を創始することで、単調となりがちな念仏に変化をつけ、音楽法会に潤いを与えることで浄土教儀礼をさらに促進させた人物である。またその讃偈においては善導よりも文学的な色彩を強めた。それは法照が李白や杜甫らによって定型化された近体詩の洗礼を受けていたからであり、時代の潮流に乗ることによって、儀礼を進化させていたということになる。またこのように盛況した法照の儀礼であったが、時とともに衰退していくこともあわせて論じた。それは時流に左右されやすい儀礼そのものの宿命であり、新たな展開がない儀礼はその命脈を絶ってしまうことを論じた。なお第十一章の中国語論文は、海外の研究者に対して本研究の概要、目的、意義、将来的な可能性などを概括的に紹介するために加えたものである。

終章では総括として、本研究の目的や意義がどれほど成就されたのか、また当初の問題点がどれだけ解明されたのかを述べ、儀礼の通俗性についてもまとめている。

資料篇には五種の資料を加えた。これまでの讃偈の校訂本は意味の流れを重視した校訂であったが、本書では律動（リズム）を重視した校訂となっている。これによって、校訂者の主観をできる限り排除して、原作者のオリジナルテキストの復元を目指した。なお資料に①彦琮の讃偈を加えたのは、それまでの無韻の讃偈から有韻の讃偈に大きく転換して文学性を帯びたことで、後に善導によって『往生礼讃偈』に収められ、また法照の讃偈にも継承されることになった作品だからである。最後の⑤法照関連資料は『洋県志』や『輿地紀勝』所載の資料であり、これまでに知られなかった情報が含まれているので、ここに翻刻して紹介することにした。あわせて二〇〇四年に法照の生誕地である洋県を調査した際の記録を掲載し、最後に法照略年表を付した。なお、善導の『往生礼讃偈』の日中礼と『観経疏』の讃偈はそれぞれ各論篇の第三章と第四章の本文中に示しているので、資料篇ではあらためて掲載しなかった。『法事讃』の讃偈についてはその一部を総論篇第三章および各論篇第六章で示したが、全体の校訂テキストは今回は見送ることとし、稿を改めて報告したいと考えている。『般舟讃』の讃偈は音韻的な配慮が加えられていないので校訂テキストを作成しなかった。

第四節　善導と法照

中国の歴史において唐代はたいへん興味をそそられる時代である。それは遠く西方からシルクロードを踏破し、さらには河西回廊をへて人と文物が東漸したことにより、新たな東方文化が開花したことへの憧憬からか、それとも遣唐使によって唐の制度や技術がわが国にもたらされ、絢爛たる天平文化の屋台骨となったからであろうか。いずれにせよ、大唐帝国は楊貴妃との情事に耽溺した玄宗皇帝李隆基の治世に節度使安禄山の擾乱によってその基盤が揺らぐまで、およそ一三〇年もの間東アジア文化圏における情報の発信源であり、また周辺諸国を牽引する強大な権勢と威信を誇示しつづけた。そして国都長安は四域に開かれた国際都市であったことに疑いの余地はない。

太原から南下して長安を陥落せしめ、隋を滅ぼした高祖李淵は大唐帝国建国の父、そしてこれを継いだ第二代皇帝太宗李世民の治世は貞観の治と謳われ、さらに第三代高宗李治と、その妃武照こと則天武后の治世にいたるまでは、国政が安定し宗教活動の自由も約束されていた。貞観九（六三五）年にはネストリウス派のキリスト教（景教）が伝えられて義寧坊に大秦寺（波斯胡寺）が建立され、延載元（六九四）年にはマニ教が伝来し、やはり長安に大雲光明寺が置かれた。また唐以前に伝来していたゾロアスター教も崇化坊の波斯寺の他三箇寺が建立されていた。こうした華外の諸宗教が共存する長安にあって、李姓をもつ唐王室が厚遇した道教、そして伝来から六〇〇年をへてすでに中国に土着化した仏教、これらもまた他の諸宗教とともに排斥されることなく繁栄が約束されていたのである。そうした長安を中心とする宗教文化の百花繚乱のごとく盛況する渦中にあって、はたして浄土教はどのように展開していったのだろうか。

唐代は学派や宗派を問わず仏教儀礼が盛んに行われた時代であり、浄土教といえども例外ではなく、民衆に対する講経儀礼や礼讃儀礼が行われたことを往生伝類は記録している。しかしそこからの情報はあまりにも断片的であるため、著作として遺されている儀礼文献にもとづいて考証する必要がある。

少年行

五陵年少金市東　　五陵の年少　金市の東

（五陵の小粋な若者たちが　西市の東にある盛り場へとやってきた）

銀鞍白馬度春風　　銀鞍白馬　春風を度（わた）る

（白馬の背には銀でしつらえた立派な鞍　春風の中さっそうと通りすぎてゆく）

落花踏尽遊何処　　落花踏み尽くして　何（いず）れの処にか遊ぶ

（街路に舞い落ちた花々を踏みしめて　いったいどこに行くのだろう）

笑入胡姫酒肆中　　笑って入る　胡姫酒肆の中

（うかれ笑いながら入ってゆく　そこは碧い瞳の美女がはらたく酒場）

さて、右の詩歌は唐代に盛行した七言絶句である。かしこまった文壇の五言詩に比べると、七言詩には新鮮味と軽快さがあり、民間でもたいへん好まれるようになった。この詩の作者は快濶豪放な作品を数多く遺し、詩仙と評され、そして晁衡こと阿倍仲麻呂とも親交を結んだ李白である。

五陵とは長安の郊外北西にある五皇帝の陵墓のある地域で、高官や富豪が多く住んでいた。金市とは長安城内にあった西市のこと。この西市は西域からの入り口になっていることもあって、外国の商人を多く定住させていた城衢であり、そのすこし東側には、とりわけ華やかな歓楽街があった。酒場は軒を連ね、イラン系または西域オアシス都市から来た美女（胡姫）が多くはたらいており、夕暮れになると五陵から遊侠の若者たちが意気揚々とやってくる。彼らのお目当てはもちろん西方の美女と葡萄の美酒だ。

この大都市長安において最も醇美な衢巷にして、東西の諸民族が往き交い、人の耳目を驚かす文物が溢れる金市、その金市の真南に隣接した懐遠坊なる城坊の東南隅には、三〇メートルを超える七宝台閣と、その東西に二基一対のストゥーパの聳え立つ光明寺が伽藍を構えていた。この光明寺の浄土院で弘法活動を展開したのが唐代浄土教儀礼の改革者善導である。さらに南北を貫く街路を挟んですぐ東側には、青槐で四周を囲い境内には水路さえも引かれていた竣工まもない西明寺も大伽藍を誇っていた。インド西域の僧侶は言うに及ばず、わが国から海を渡った者もこの寺に掛錫するほどの国際色豊かな寺院である。また善導が常住起居していた実際寺も金市から東に一坊挟んだ太平坊に建てられていた。寺内に付設された浄土院は「京城の最妙」と激賞される美観をもって長安にその名をとどろかせた。光明寺と実際寺、そのどちらも金市の東から目と鼻の先。要するに善導は民族が交差し異国の芳香芬々とする喧騒やまない城内最大の歓楽街を横目に、ひたすら浄土教の宣流に奔走していたということになる。

長安に数多くある寺院の中に浄土院を置くのは、この光明寺と実際寺だけではない。薦福寺、興唐寺、資聖寺、青龍寺、龍興寺、章敬寺もまた浄土院をその寺域に付設し、呉道玄や尹琳といった当時の名匠が描いた西方変相図をその仏殿に具えていた。その中で章敬寺は大暦元（七六六）年、粛宗の后章敬皇后のために長安城の東、通化門外に創建された新しい寺院で、四一三〇間に四八院を擁していた。貞元六（七九〇）年には下級官僚として渡印し、かの地で出家した車奉朝こと法名悟空（法界）が四〇年の在印生活をおえて帰国し、勅を奉じてこの寺に寄宿している。そしてちょうどそのころ、南岳衡山から五台山に入り、さらに太原に出て浄土教儀礼を行った法照が、その名声によって勅を奉じて入京し、同じく章敬寺の浄土院において貞元四（七八八）年以後に『浄土五会念仏略法事儀讃』を撰述している。その弟子の鏡霜もまたここで亡き師法照を追悼して「章敬寺法照和尚塔銘」を撰している。法照は善導の儀礼を継承したことによって「善導後身」、すなわち善導の生まれ変わりとまで激賞された人物で、その音曲の念仏法は慈覚大師円仁によって叡山にもたらされたことはよく知られている。

本研究では初唐の善導と中唐の法照の讃偈を取りあげ、とくにその律動を配慮したことによって唐代浄土教儀礼の盛行に寄与したことを論じるものであるが、その前に両師の出家僧としての特質を確認しておこう。その生涯については史学の立場から活写したすぐれた報告があり[(6)]、屋上屋を架すつもりはないが、筆者の研究視点から両師を見つめると、ある共通した姿が浮かびあがってくるのである。ここでは次章以後の布石として、唱導僧または講経師[(7)]としての両師を素描しておく。

①善導

善導（六一三〜六八一、六九歳没、出生地は未詳）[(8)]の伝記は少なからず遺されており、それらが伝える人物像とは、決して陰鬱とした僧房にこもって著作活動に専念していた学僧などではない。浄土の法門を説き、持戒持律にしてみずから乞食を行い、破損した塔寺はみなこれを修繕し、浄土変相図（マンダラ）を三〇〇幅も製作し、また『阿弥陀経』一〇万巻の書写を行い、洛陽龍門の大盧舎那仏像造営にあっては現場監督をつとめたことなどである。そしてこれらはそれぞれが別個の活動ではなく、有機的に循環しながら民衆への布教活動を構成していたと考えられる。

たとえば、浄土変相図の製作と『阿弥陀経』の書写は、それらの数量からして、講経と誦経に供すべく寺院や信者に頒布することで、浄土教の拡張に役立てていたのであろう。そして実際には工匠絵師や写経僧を雇って行われていたはずであるが、そのための莫大な費用は、説法や講経によって得た施財をもって充てていたと推察される。『続高僧伝』には善導が光明寺で説法していたところ、その教えに共鳴した信者が門外にある柳によじ登り、その枝から投身自殺した話が世間を騒がせたかのように特記されている。善導の感化力を示す巷談である。また善導の『法事讃』は、施主の依頼によって営まれる法事儀礼の次第を書きとどめた記録である。したがって当然ながらその儀礼を行う際には、「今の施主」「今日の施主」「我が施主」とされる当該の施主からの布施供養がなされるものであり、それが次の教化活動のための資金となっていたはずである。こうした講経や説法で得た資金をもって、諸事業を完遂していたものと思われる。その事業はまた新たな教化活動にも直接関わってくるので、それがさらに多くの布施の誘い水となる。こうして善導は循環的な弘法活動を展開していたと考えられるのである（各論篇第四章第一節を参照）。

伝記類には具体的な金銭の授受といった世俗的な話題が語られることは稀であるが、善導よりも約六〇年の年長にして、講経で名を馳せた法海寺の宝巌（五五五ごろ?～六二七）という僧の伝記には少しばかりふれている。闍達でにこやかな法話には、いつも多くの民衆が集まっては拝聴していた。彼が高座に登るだけで〝おひねり〟が投げ込まれ、演台がうもれるほどであったという。それによって長安で塔寺を建造するための莫大な費用を調達していたと『続高僧伝』は伝えている。(9) 講経でも唱導でも声望のある僧に対しては惜しみない施しがあったということである。また、入唐求法沙門円珍（八一四～八九一）の『仏説観普賢菩薩行法経記』巻上にも以下のような記事が見える（『大正蔵経』五六・二二七下）。

講と言うは唐土の両講なり。一に俗講、即ち年に三月、縁に就きて之を修す。只だ男女を会して之に勧めて物を輸りて造寺の資に充てしむ。故に俗講と言う。僧をば集めざるなり。云云。二に僧講、安居の月に法を伝うる講これなり。俗人の類を集めざるなり。もし之を集めたる僧は官責を被る。

俗講の目的というものが単に仏法を広めることだけではなく、寺院の造立資金の調達でもあったことが右の一文から了解されよう。したがって善導が塔寺を修繕し、浄土変相図を製し、『阿弥陀経』を書写するだけの資金は、そうした講経・説法（俗講）によって賄っていたと考えられる。そこからは、やはり学僧というよりは、むしろ大衆の中に身をおき、声（美声）・弁（弁舌）・才（才知）・博（博識）が要求される唱導僧（『高僧伝』一三唱導篇、五〇・四一七下）、または講経師としての実像が浮かびあがってくるのである。『観経疏』に口語表現が多用されていること[10]と、冗長で説話的な譬喩譚が含まれていることや経疏でありながら讃偈が挿入されていることなどは、これが講経儀礼の産物であることを物語っている（本書各論篇第四章）。

②法照

法照[11]（七四六〜八三八[12]、九三歳没、梁漢の出身[13]）と言えば五会念仏による音楽的な念仏を儀礼に導入した人物として知られている。それまでの単調な口称念仏から緩急変化に富んだ音曲念仏へと改めた功績は大きく、現在もなお旧暦の一一月一一日から一七日（阿弥陀仏の生誕日）までの七日間にわたって打仏七の儀礼の中で実践されている。しかしここで評価すべき点は五会念仏ばかりではない。

法照はみずからも詩を作っていた詩僧であった。それはまさしく近体詩の格律に準拠させたものである。そして儀礼で読唱される讃偈もそれに準じた出来栄えとなっている。善導の讃偈の作風と比較すると、法照のそれは格段に文学的な芳香がただよっている。その格律上の特質をあげれば、李白や杜甫にはじまる近体詩の影響を受けていること、讃偈の偶数句末が平声で押韻していること、句中の平仄配置は概ね良好（九割以上）であることである。その一方で近体詩の格に合致しないものも存在する。作り出される讃偈が浄土教としての教理的な制約を被ることから、それは不可避な現象であることは否めないとしても、中華の詩としての生命線である押韻については、『全唐詩』や『全唐詩補編』に見られる法照自作の五首の詩の押韻状況と比較すると明らかな相違が認められる。

漢字音が南北で大きく相違し、また地域によっても異なるからには、僧俗が一体となって斉唱する儀礼を挙行する際に、その語音そのものが問題となったはずである。当然ながら語音を統一した上でなされなければならない。法照はそれを気配り、『浄土五会念仏誦経観行儀』巻中（八五・一二五三上）の中で次のように述べている。

普く現在未来の諸の衆等に勧む。上都と南岳の念誦の音旨は稍殊なること有りと雖も根本の体は同じく念仏より離れず皆な浄土に帰し同じく弥陀を見ること更に別なきのみ。（中略）微妙にして浄らかな法音を演べ、一切の諸如来に供養す。既に音声は無量なり。何ぞ五会念仏誦経に種種の音声あるを妨げんや。

これは上都（長安）と南岳という南北の音旨の相違を指摘しているのである。承遠のもとで学んだ南岳から、北の五台山や太原での修学と教化をへて、長安の都に進出するまで、さまざまな地を流亡した法照にとって、同一の漢字でありながら実際の字音が南北諸地域で相違することを身をもって感じていた。その経験から都では都の音で唱和し、地方ではその地方の音に従って儀礼を挙行することを認めていたのである。

詩文においては文人として『切韻』に準じた漢字音をもって作り、讃偈においては出家僧としての立場から方音をもって作っていたということになる。『切韻』は文人知識人のための標準音であるが、讃偈は民間の仏教儀式において大衆とともに唱和することを目的とするため、民間の字音が反映されているのであろう。信者が日常的に使っている共通の語音をもって讃偈の用字を定めたことは、在俗者の心をとらえ、定型の讃歌として定着させていく上で、効果的な手法であったはずである。善導の影響を受けて「善導後身」と評価されたのは、ひとえに讃偈の格律において認められることであり、また儀礼の構成次第を整理し、これにより大衆動員型の礼讃儀礼の挙行を可能にした点にあったのである。

以上、善導と法照の共通する特色というのは儀礼の大衆性と讃偈の音楽性や文学性にあると言える。浄土教儀礼に対する両師の貢献とは、型に嵌まりがちな宗教儀礼を、感興的、娯楽的でありながらも、唐詩の高尚な文学的要素さえも付帯させた点にあると言えるのである。

註

（1）先行研究として大谷光照の『唐代の仏教儀礼』（有光社、一九三七年）、小野勝年「円仁の見た唐の仏教儀礼」（福井康順編『慈覚大師研究』天台学会、一九六四年）がある。

（2）拙著（二〇一三）総論篇第一章「研究序説」の第二節「中華の韻文と漢語音韻学」を参照。

（3）善導の讃偈は「尋常守文奴」ではなく、「芸術的天分」の文、「絶妙な詩」、「格調の高い美文・詩作」と言われた。詳しくは本書各論篇第三章第一節を参照。

（4）拙著（二〇一三）総論篇第二章「漢語仏典における偈の形態論――中華の韻文との連動――」を参照。

（5）拙著（二〇一三）総論篇第一章「研究序説」第二節「中華の韻文と漢語音韻学」を参照。

（6）善導の伝記としては岩井大慧「聖武天皇宸翰雑集に見えたる隋大業主浄土詩について」、同「広法事讃を通して再び聖武天皇宸翰浄土詩を論ず」（前者は『東洋学報』一七の二、一九二八年。後者は同二一の二、一九三四年。ともに『日支仏教史論攷』東洋文庫、一九五七年および原書房、一九八〇年に収められる）、牧田諦亮「人間像善導」（『日本仏教学会年報』四二、一九七六年）、諸戸立雄「善導伝についての一考察」（『東北大学東洋史論集』五、一九九二年）、柴田泰「二つの善導観――日中善導比較考――」（今西順吉教授還暦記念論集『インド思想と仏教文化』春秋社、一九九六年）などがあり、法照については塚本善隆『唐中期の浄土教――法照の研究――』（東方文化研究所京都、一九三三年）がある。

（7）『高僧伝』一三の唱導篇（『大正蔵経』五〇・四一七下）に、「唱導者、蓋以宣唱法理開導衆心也。（中略）夫唱導

所貴其事四焉、謂声・弁・才・博。非声則無以警衆。非弁則無以適時。非才則言無可採。非博則語無依拠。至若響韻鍾鼓則四衆驚心、声之為用也。辞吐後発適会無差、弁之為用也。綺製彫華文藻横逸、才之為用也。商推経論採撮書史、博之為用也」（唱導とは、思うに仏の教えを宣唱して人々の心を開導することであろう。（中略）そもそも唱導において大切なのは美声・弁舌・才知・博識の四つである。まず美声でなければ人々を驚かすことはできない。弁舌がなければその時々の状況に応じられない。才知がなければ言葉遣いに華やかさがなくなる。博識でなければ言葉に典拠を求められないのだ。もし音声の響きが良ければ出家も在家も心驚くでしょう。それは美声のはたらきによるものです。もし話の前後で内容が矛盾しなければ、それは弁舌のはたらきによるものです。もし美しく飾りたてられた言葉遣いであれば、それは才知のはたらきによるものです。もし仏教の経論やその他史書から名句を引いてくれれば、それは博識のはたらきによるものです）とある。また、多田伊織『日本霊異記と仏教東漸』第四章唱導と仏教類書を参照（法藏館、二〇〇一年）。

（8）『往生西方浄土瑞応刪伝』に「唐朝善導禅師、姓朱、泗州人也」（五一・一〇五中、『続浄全』一六・五下）とあり、また『新修往生伝』中に「唐往生高僧善道、臨淄人也」（『続浄全』一六・九二上）とある。

（9）『続高僧伝』三〇の雑科声徳篇（五〇・七〇五中下）

（10）拙文（一九九九①）を参照。

（11）河内昭円（一九七九）は五会念仏の法照と詩僧法照とを同一人物と比定し、すすんで（一九八〇）においては、さらに同時代にもう一人の始興寺法照（夔州人、穆氏、一五歳出家）が存在し、この法照をも同一人物としている。しかし『洋県志』所収の『念仏巌大悟禅師碑記』の「姓張氏、名法照」や、伯三七九二紙背の「年十一出家」と合致しないことから、なお検討の余地があるだろう。さらに付言すれば他にも『宋高僧伝』二五の読誦篇（五〇・八六八下）に立伝されている唐陜府法照伝の存在である。これについては施萍婷（二〇〇〇）で取りあげられ、五会念仏の法照と同一人物に比定されている。以上のごとく、ほぼ同時代において法照を名のる僧を諸資料から四人数えることができる（①五会念仏の法照、②詩僧の法照、③始興寺の法照、④陜府の法照）が、それらの同異を見極めることは①②を除いて現在のところ困難である。これについては本書各論篇第十章を参照。

（12）今、法照の生卒年を劉長東〔一九九八〕〔二〇〇〇〕に従う。ただし施萍婷〔二〇〇〇〕は天宝九（七五〇）年の出生とする。

（13）法照の出生地（籍貫）については塚本善隆〔一九三三〕、湯用彤〔一九八二〕、施萍婷〔二〇〇〇〕の報告があるが、中でも劉長東〔一九九八〕〔二〇〇〇〕が詳細な考証をしている。それによると『念仏巌大悟禅師碑記』の記載から、梁漢とは現在の陝西省漢中市洋県（漢中市の中心から東北へ約五十数キロ）とする。この劉氏の説が有力であると思われる。本書の資料篇には、碑文の翻刻・訓読・語釈、そして洋県の現地調査についても掲載した。

第二章　五部九巻の成立と集記

はじめに

善導の五部九巻の成立前後に関わる研究報告は少なくない[(1)]。本章においてはそうした成果をふまえながらも、筆者の研究領域からの見解を開陳しておきたい。また、五部九巻で用いられている「集記」の特異性や、それをより顕在化させるべく題号に付された「経」について、その意味するところもあわせて検証する。こうした作業によって善導の撰述立場が明らかになるとともに、また後続する章節への道すじを敷設することにもなるのである。

第一節　五部九巻の成立

善導の著作がいつどこで著されたのかについては、これを明らかにすることはできない。それは、現存する五部九巻のどこにも善導による識語など手がかりとなる文言が示されていないからである。したがって善導の生卒年時である大業九（六一三）年から永隆二（六八一）年の間とする以外にないのが現状であり、これは同時に、五部九巻それぞれの成立の前後関係も明らかにできないということである。しかし、各文献の相互比較の視点からは解明の余地が若干残されている。すなわち、それは思想上の漸進的な展開や、讃偈の韻律などを尺度として、その前後関係を探ろうとする試みである。

さて、そのような試みは、これまでにも少なくはなく、それらを要領よくまとめているのが上野成観〔二〇〇二〕である。上野は法然門下の覚明房長西や、浄土宗第三祖記主禅師良忠にはじまり、現在にいたるまでの考証や論文などを一覧表として報告しており、たいへん便利である。しかし五部九巻の成立前後を究明しようとした嚆矢は、実は長西や良忠ではなく法然であった。それは『黒谷上人語灯録』所収の『善導十徳』に示されている。その第五の造疏感夢徳において以下のようにある（『昭和新修法然上人全集』八三〇頁）。

礼讃、観念法門等、源は此の疏の意より出でたり。もし此の疏の霊夢証定なかりせば、礼讃、観念法門、何ぞ必ずしも之を用いんや。

法然は霊夢証定にもとづく『観経疏』がまず成立してこそ、『往生礼讃偈』と『観念法門』が撰述しえたことを示唆している。ここに「等」とあるのは『法事讃』も含むと考えてよいだろう。なお、『般舟讃』は法然没後に発見されているので、ここには含まれない。

次に良忠（一一九九～一二八七）は五部九巻のすべてに末書を著しており、その『往生礼讃私記』上には以下のようにある（『浄全』四・三七七下）。

観経疏は教門なり。余の四部は行門なり。

そして、同じく『法事讃私記』上（『浄全』四・三三下）にも、五種正行に配当させつつ次のように述べている。

> 先に前後を論ぜば、観経疏は経の文義を解す。先に之を撰すべし。余の四部はその行儀を明かす。後に之を集むべし。解行の次第、理として必ず然るが故に。四部の中に就きては、前後を定め難し。しばらく五種正行の次第に依りて前後を判ぜば、法事讃は阿弥陀経を読むが故に先に集むべし。観念法門は観仏等を明かすが故に次に集むべし。往生礼讃は礼の儀則を明かすが故に次に集むべし。般舟讃は讃歎行を明かすが故に後に撰すべし。上来る試みに五部の前後を論じ已竟りぬ。先師の口伝

『観経疏』を「教門」や「解」とし、これを除く四部を「行門」や「行儀」とし、また最後に「先師の口伝」とあるので、二祖聖光（一一六二〜一二三八）によって『観経疏』が先に撰集され、後に四部が成立したことと、四部成立の順序まで立て、これを三祖良忠に伝えたことになるが、文中にあるごとく、これは五種正行に五部九巻を配当したにすぎない。

その後もこの問題を解明しようとする者もいたが、何ら有力な手がかりが示されることはなかった。そもそも、たとえば『観経』の註疏としての『観経疏』と、礼讃儀礼の作法を示した『法事讃』や『往生礼讃偈』といった分類、すなわち聖光が良忠に口伝したような、いわゆる解義分と行儀分（真宗学では本疏・具疏ともいう）とに分けた上で、その前後関係を忖度しようとすることに問題がある。こうした分類は善導によって定められたものではなく、宗学の発展の中で便宜的に設けられた都合のよい分類にすぎないからである。後述することではあるが、五部九巻はみな浄土教儀礼から生み出された成果であって、『観経疏』も行儀から生み出された著作であったに相違ないの

である。したがって五部九巻の成立前後を究明するにあたって、そもそも解義分（教門・本疏）と行儀分（行門・具疏）とに分類すること自体に意味がなくなる。解義分→行儀分、または行儀分→解義分という成立順の択一をここに持ち込む根拠はないということになろう。またかりに両者に分類できたとしても、儀礼は常に教義を根拠としていることは了解できるが、だからと言ってすべての教義書が常に儀礼書に先んじて成立したという確証はない。つまり、教義そのものの成立とそれを成文化した教義書の編纂が同時であるとは限らず、同じように行儀の成立と行儀書の成立も同時であるという根拠などはない。よってこうした視点から五部九巻成立の前後を推定することは、単に一つの判断材料として受けとめるにとどめるべきなのである。

それでは本章において、五部九巻それぞれの内容と文言、讃偈の韻律などから、その前後関係を示唆すると思しきわずかな手がかりを摘記しつつ考察を加え、最後に筆者の研究領域から導き出される結論を示すことにする。

①『観念法門』

『観念法門』はそこに説かれている作法が、実際の行儀の現場においてただちに運用できる体裁にはなっていない。またその構成にしても腑に落ちない箇所がある。それは、行相の入道場念仏三昧法と道場内懺悔発願法が未分であること。三種問答の第三に懺悔や白毫観による滅罪を説いているが、これと五種増上縁義の中の滅罪増上縁とが内容的に重なっていること。またこの問答に『観仏三昧海経』の密行品に説かれる念観両三昧の用心が唐突に挿入されていることなどである。他にも、「依経明五種増上縁義　一巻」の「一巻」の解釈や、摂生増上縁の「又如観経第十一観及下九品、皆是仏自説」の「第十一観」をどう解くか。これらはテキストそのものの成立問題と関わっているように思われる。また内容からしても念観両三昧の概念規定が曖昧であり、道綽の『安楽集』の影響も色濃く残っていることは一読明瞭である。構成にせよ内容にせよ、そして仏典からの引用も『安楽集』からの孫引きである本書は、著作としてはいささか成熟しておらず、むしろ手控え的な感は否めない。さらに後述するが（総論篇の第三章）、巻末に引用されている『大集経』の引用が追加されたような形跡と、総括文の三四文字が『木槵子経』の前に挿入されてしまっているといったテキストの錯綜もある。また『観念法門』にだけ見られる自撲懺悔も注意を要する。(2) これは『観仏三昧海経』の「如大山崩、五体投地、懺悔諸罪」（『大正蔵経』一五・六八九上）を引用しながらも、経に説かれていない自虐的な懺悔を付加したということである。

如観仏三昧海経説。（中略）一心奉教、入塔於仏像前、自撲懺悔、如大山崩、婉転於地、号哭向仏、日夜相続、至死為期、捨命已後、得生空王仏国。今以此経証、行者等欲懺悔時、亦依此教法門。（四七・二九上中）

善導が添加した「自撲懺悔」とは、もと江南において菩提灯訳の『占察善悪業報経』にもとづき、民間で行われていた異端儀礼である。開皇一三（五九三）年に大興善寺において法経と彦琮の諮問により禁令が発布されていることが『歴代三宝紀』一二（占察経の条、四九・一〇六下）や『続高僧伝』二（達摩笈多の伝、五〇・四三五下）に記録されている。(3) 隋代に禁止された行法であったが、善導は『観念法門』でこれを採用したのである。

ところで漢訳経典における自撲の用法は、たとえば『睒経』に「父母聞之、挙身自撲、如太山崩」（三・四三七下、四三九中、四四一中）、『観仏三昧海経』に「自抜頭髪、号哭如前、婉転自撲」（一五・六六〇中）とあるように、本来は絶望的または苦悩苦悶の状況に陥り悲嘆し号泣するときに用いられるのであって、これが贖罪の懺悔と結びつくことはなかった。自虐的な「自撲」が懺悔と結びつくのは、中国撰述経典や中国撰述仏典においてである。たとえば『大弁邪正経』の「自責其身、挙身自撲」（八五・一四一二上）、『釈家観化還愚経』の「叩頭悔過」（八五・一四六二下）や、「改怨洗心、頭脳打地」（八五・一四六三上）など多くあげることができる。

善導の『法事讃』巻上にも「弾指合掌叩頭」（四七・四二五下、四二六上、四二七中）とあるが、それに接続する文言はそれぞれ「帰命礼」「一心帰命」「標心運想」となっているので、これら「叩頭」は自撲懺悔としてではなく、帰命礼拝として行われていることがわかる。いずれにせよ、この自撲は『観念法門』のみに説かれており、要略広の三種懺悔や上中下の三品懺悔を説く『往生礼讃偈』をはじめとする他の著作中には見られないことから、善導は後にこの自撲懺悔を撤回したとも考えられる。この推定が正しければ、『観念法門』はやはり初期の作品ということになる。ただし、善導より後の懐感の『釈浄土群疑論』七（四七・七六下）や文諗と少康の『往生西方浄土瑞応刪伝』（五一・一〇八上）では自撲懺悔が肯定的に語られているので、これが当時の浄土教においては普遍的に行われていた懺悔法であるならば、五部九巻の成立前後を知る判断材料にはならないかもしれない。(4)

②『般舟讃』

『般舟讃』に説かれる讃偈は七言という音数律を維持するものの、声律と韻律からくる詩情豊かな音楽性を感じとることはできない。これが原因であろうか、本書は後世に伝承を絶ったようで、敦煌石室に含まれる各種礼讃文においても『般舟讃』のテキストそのものは確認されておらず、また法照やその他の敦煌石室礼讃文献群にも見当たらない。(5)それは、当時の『般舟讃』に対する仏教界の評価を示唆するものである。つまり、詩歌としての最大の特質にして最低限の条件でもある押韻を具えていない偈は評価されなかったということである。八世紀になって近体詩が確立されてからは、たとえ仏教に関わる讃偈であろうと、詩の条件を具えることが要請されてくる情勢にあったことは事実であり、それは智昇の『集諸経礼懺儀』や法照の広略二種の『五会法事讃』、そして法照の影響を受けたであろう僧たちの作品からしても明らかである。(6) 後に詳述することであるが（各論篇の第二章）、『般舟讃』のように詩の格をもたない偈は、時勢に便乗することはかなわず、そのため後世において顧みられることはなかったということである。こうして旋律の乏しい『般舟讃』は、世親の『往生論』の願生偈や曇鸞の『讃阿弥陀仏偈』とともに、仏教音楽の観点から二度と再び評価されることはなかった。

民衆が一堂に会する儀礼においては、それを聞いても唱和しても、音楽的に豊かな旋律のもとに挙行されてこそ、仏教讃歌としての効力が発揮されたはずである。善導の『観経疏』をはじめ『往生礼讃偈』や『法事讃』の讃偈には、時に不規則さは否めないにせよ、概ね声律と韻律を具えている。しかし不思議なことにこの『般舟讃』だけが無韻の偈となっていることから、少なくとも韻律配慮が施される『観経疏』『往生礼讃偈』『法事讃』の成書以後に本書が撰述されたとは考えがたい。この無韻の『般舟讃』の讃偈は菩提流支訳の世親造『往生論』や、曇鸞の『讃阿弥陀仏偈』と同じく無韻の旧作であり、実際の儀礼に不向きであったことは、おそらく善導自身も痛感していたのではないだろうか。そこで後に『観経疏』や『往生礼讃偈』『法事讃』の讃偈に声律と韻律の配慮を施して、より音楽的な作品に仕立てたと考えるのが自然である。はじめに声律と韻律の配慮がなされている讃偈を作りながら、その後に前時代的な無韻の『般舟讃』が撰述されたとは、とても想定しえないのである。したがって『般舟讃』は早期の作品であったとみなすことができる。

③『観経疏』

『観経疏』にはその成立年時を推測させるような文言は明確に示されていない。しかし、後述するように『往生礼讃偈』における「比来大有現験」が『観経疏』における聖僧指授の霊験を指しているのであれば、『往生礼讃偈』よりも前に成立した可能性はある。また六方諸仏の証誠が「又十方恒沙諸仏証誠不虚也」（三七・二六八上）、「弥陀経中説。（中略）十方各有恒河沙等諸仏」（三七・二七二上）と述べられているので、『称讃浄土仏摂受経』が漢訳された永徽元（六五〇）年正月以後の成立であり、そして讃偈が押韻していることから『般舟讃』よりも後であろうことは推断できよう。また巻頭序文に相当する十四行偈と『法事讃』序の声律を比較することで、『法事讃』が『観経疏』の後に成立したという可能性も指摘できる（各論篇の第四章第二節、第六章第一節）。

なお、往生浄土の実践として正行（正助二業）が説かれていることを根拠として、五念門を説く『往生礼讃偈』よりも円熟しているとみなし、その成立前後を判断する試みもなされたが、これはいささか問題がある。そもそも「正行」を「五種」の名のもとに特定し、これに往生行としての絶対的価値を付与したのは法然であって、善導ではない。また『往生礼讃偈』は五念門を説いているが、その一方で口称念仏にも大きな価値を認めている。『文殊般若経』を引いて一行三昧を説き示していることや、巻末には以下のように、『十往生経』『観経』『無量寿経』『阿弥陀経』における口称を説いていることから首肯できる（四七・四四七下～四四八上）。

問曰、称・念・礼・観阿弥陀仏、現世有何功徳利益。

答曰、若称阿弥陀仏一声、即能除滅八十億劫生死重罪、礼念已下亦如是。十往生経云。（中略）又如観経云。（中略）今既有斯勝益可憑。願諸行者、各須至心求往。又如無量寿経云、若我成仏十方衆生、称我名号下至十声、若不生者不取正覚。彼仏今現在世成仏、当知本誓重願不虚、衆生称念必得往生。又如弥陀経云、若有衆生聞説阿弥陀仏、即応執持名号、若一日若二日乃至七日、一心称仏不乱、命欲終時、阿弥陀仏与諸聖衆、現在其前。(中略)云何名護念。若有衆生、称念阿弥陀仏、若七日及一日下至十声乃至一声一念等、必得往生。証誠此事、故名護念経。次下文云若称仏往生者常為六方恒河沙等諸仏之所護念、故名護念経。今既有此増上誓願可憑。諸仏子等、何不励意去也。

正行は『観経疏』に説かれているが、善導が最も強調したのは口称である。それは『往生礼讃偈』であっても変わることはないわけで、『往生礼讃偈』に正行が説かれていないことを根拠として、成立の前後や思想的深化を判断する根拠とすることはできない。繰り返すが、正行を五種に限定するとともに、五念門にもまさる価値づけを行ってきたのは宗学における営みなのである。

④『法事讃』

善導は『法事讃』において、鳩摩羅什訳の『阿弥陀経』(四〇二年訳出)を用い、六方諸仏の舒舌による念仏往生の証誠を讃偈として歌っている。経説のとおりに「六方諸仏」とする偈は三例あるが、「十方諸仏」とするものが二例ほどある。(7)十方諸仏の証誠を説くのは、玄奘によって永徽元(六五〇)年正月一日に訳された『称讃浄土仏摂受経』である。(8)そこには「十方面諸仏世尊」「住十方面十藝伽沙諸仏世尊」と見えている。したがって善導は『称讃浄土仏摂受経』にふれていたことになる。また、この十方諸仏の証誠については、『般舟讃』や『観経疏』にも見られる。(9)ここで参考までに善導を除く諸師の状況を瞥見すると、玄奘が本経を漢訳した永徽元年正月一日以前は、諸仏の証誠をそろって「六方」と表記しているが、玄奘の漢訳以後には「十方」であったり、あるいは「六方」と「十方」が混在していたりする。(10)『法事讃』『般舟讃』『観経疏』に「六方」と「十方」とが混在していることからして、これらは永徽元年以後の撰述ということになるだろう。ただし、六方も十方も本質的には同じく、すべての世界（全宇宙）を意味するので、『称讃浄土仏摂受経』における「十方」の情報がなかったとしても、羅什訳本の六方を仏典常用の十方とみなすことはありうることである。[11]

なお、『観念法門』（四七・二八上）と『往生礼讃偈』（四七・四四六中）では、『阿弥陀経』にもとづく「六方」となっている。ただし、『往生礼讃偈』日中礼の弥陀礼にある「六方如来舒舌相」は、日中双方の写本版本で「十方」とするテキストもある。それは『集諸経礼懺儀』所収の『往生礼讃偈』が「十方」（四七・四七三上）とされていることと関連がありそうである。いずれにせよ、十方諸仏の証誠を自著で説いているということは、それらが玄奘の漢訳以後であった可能性を捨てきれないのである。[12]

善導と玄奘をつなぐ間接資料はある。翻経院が設置されていた長安晋昌坊の大慈恩寺に善導が往来していたことは、宋の陳思によって編纂された『宝刻叢篇』七の長安県の条に記録される「唐慈恩寺善導禅師塔碑　僧義成撰李振芳正書　永隆二年」や、「唐慈恩寺善導和尚塔銘　僧志遇撰幷書　大中五年」の碑文から明らかである。前者の永隆二（六八一）年の碑石は、善導没後ただちに建てられた。しかし、武宗による会昌の廃仏（八四二～八四五）によって破壊されたためであろうか、後者の大中五（八五一）年の碑を再建したようである。[13] 残念ながら、義成、李振芳、志遇はいずれも未詳で、原碑石やその文言も現存していない。そしてこれらの碑題は散逸した『京兆金石録』に載録されていた情報の転載である。おそらく当該の碑石には善導の伝記は言うまでもなく、善導と慈恩寺や玄奘の翻訳事業との関わりが刻記されていたものと思われる。

また実際寺に所属する明琰、道深、道明らが玄奘の翻訳事業に参画していた事実から、[14] 善導も新訳の経本に親しく接することが可能な環境にいたのではなかろうか。

以上、善導と玄奘の漢訳事業を結びつけられる要素は、間接的ではあるにせよ若干数あげることができた。したがって『法事讃』における十方諸仏による証誠の文言は、善導が玄奘の新訳に触目した可能性を示すものである。このような考察が妥当であれば、『法事讃』は永徽元年の正月から、善導の卒年（六八一）までの間に成立したということになる。(15)『般舟讃』と『観経疏』も同様である。

『般舟讃』は早期の撰述であったと判断できるが、それでは『法事讃』と『観経疏』の成立前後についてはどうだろうか。筆者の研究方法論はあくまでも五部九巻の文章論や韻律論であるので、その視点から確実に断言できることが一つある。それは両者の巻頭序文の美醜である。『法事讃』の序文は「序曰」ではじまり、四字一句からなる三三四字で、『観経疏』の序文（十四行偈）は「先勧大衆発願帰三宝」ではじまり、五字一句からなる二八〇字である。ともに押韻する韻文ではないが、『法事讃』は一つの乱れもない完璧な声律（平仄配置）が施されている（各論篇第六章）。その一方で『観経疏』はまったく無頓着である（各論篇第四章）。テキストそのものの性格が異なるので一概に言えることではないとしても、序文というものはその典籍の顔であり、人の目にふれやすい。それだけに、作者によってより技巧を凝らした装飾的な文章へと仕立てられるものである。それは当該典籍に対する読者の関心や印象を左右する重要な修辞と言える。この両者の序文の出来栄えについて言うならば、明らかに『法事讃』のそれに軍配が上がる。また『法事讃』序文の末尾に「三因五念もて畢命を期と為し、正助四修、則ち刹那も無間に」（四七・四二四下）とあり、これが『観経疏』散善義上輩讃（三七・二七五上）と『往生礼讃偈』上輩礼の「五門相続助三因」（四七・四四七下）、『往生礼讃偈』の四修、『観経疏』の正助二業を既知のこととして示そうとする意図とみなせば、成立前後を判定するヒントになるだろう。

⑤『往生礼讃偈』

本書にはその本文中に『観経疏』よりも後に成立したことを示唆する文言がある。一つは、前序の中で三心を解説した後の「如観経具説、応知」（四七・四三八下）という文である。これについて良忠は『往生礼讃私記』巻上で、「疏を観経と名づく。（中略）また玄義分に智度論の鵝鴨の譬を引きて、大品経に説くと言うが如し」（『浄全』四・三八〇下）と釈し、『往生礼讃偈』の「如観経具説」は「如観経疏具説」であろうと理解している。これは『観経』には三心が「具説」されていないことへの疑義からであったのだろう。いずれにせよ、これによって良忠は、『観経疏』が『往生礼讃偈』に先んじて成立していたという見解であったことを間接的に述べたことになる。しかし、そもそも良忠や後世の浄土宗学において言う『観経疏』という書題は、善導による命名ではないことは注意しなければならない。『正倉院文書』に見られる書題は、「観経正宗分四巻」（天平一五〈七四三〉年など）、「観経玄義分一巻」（天平一八〈七四六〉年正月二七日）、「観経正宗分定善義四巻」（天平一九〈七四七〉年一〇月九日）、「観経序分義四巻」（天平宝字七〈七六三〉年七月一日など）があり、またおそらくは善導『観経疏』と思しき「観無量寿仏経疏四巻」（神護景雲二〈七六八〉年一二月二日など）と「観経義疏四巻」（天平神護三〈七六七〉年二月二二日）がある。したがって良忠が「観経」を「観経疏」とみなしたことはいささか問題である。

「如観経具説」の文脈は、三心の一つひとつが『観経』の上品上生に具（そろ）って「一者至誠心、二者深心、三者回向発願心」と列挙されているという意味であり、良忠の解釈は「具」を具（くわ）しくと訓んだことによるが、漢語としての「具」にそのような意味はない。「具」は法数をともなってあらわれるので、「ひとつ残らず、みなそろって、あますことなく」ということであり、詳細にという意味ではない。以上のことからこの『往生礼讃偈』が『観経疏』に先んじて成立したという根拠にはならないと思われる。

二つ目は、後序の直前にある広懺悔文を唱えおわり、次に観想や睡眠に入る際に発すべき誓願文と善導の叙述文である。そこには以下のようにある（四七・四四七下）。

弟子某甲、現にこれ生死の凡夫、罪障深重なり。（中略）願わくば仏の慈悲もて弟子に〔弥陀の〕身相・観音勢至諸菩薩等、及び彼の世界の清浄荘厳光明等の相を示現したまえ。此の語を道い已り、一心正念にして即ち意に随い入観し及び睡れ。或いは正しく発願する時即ち之を見ることあり。或いは睡眠する時に見るを得ることあり。不至心を除く。此の願、比来（このごろ）大いに現験あり。

禅定に入るときや、睡眠に入る際には、弥陀三尊や浄土の荘厳光明を目にすることを願えば、願いがかなうことがあるとし、このように発願すると、近ごろ実際に霊験があらわれたことを「比来大有現験」と述べている。これは善導の個人的体験の吐露であり、その体験とはあるいは『観経疏』散善義における以下の霊験を指しているのではないだろうか（三七・二七八中下）。

余は既にこれ生死の凡夫、智慧浅短なり。しかるに仏教は幽微なれば、敢えてたやすく異解を生ぜず。ついに即ち心を標して願を結び霊験を請求す。（中略）願わくば夢中において上の所願の如きの一切の境界諸相を見るを得しめたまえ。（中略）当夜に西方の空中に上の如きの諸相境界なみ顕現するを見る。（中略）既に此の相を見て合掌して立ちて観ず。やや久しくして乃ち覚めぬ。覚め已りて欣喜に勝えず。即ち義門を条録す。此より已後、毎夜の夢の中に常に一の僧有りて、来りて玄義の科文を指授す。

願文の出だしも先に同じく、また睡眠中（夢中）に浄土の荘厳を見ることを願うことも同じである。「玄義の科文を指授」されて完成したのが『観経疏』であり、『往生礼讃偈』の「比来大有現験」とする発願による睡眠中の体験が、この『観経疏』における夢中の体験であるならば、それは両者の撰述前後を意味することにもなる。[16]

また『往生礼讃偈』の善導自作の日中礼に示される三輩の各讃偈は、『観経疏』散善義にあらわれる讃偈とほぼ同じである。したがって本書と『観経疏』とが密接な関係にあったことは確実である。

＊　＊　＊

以上をふまえた上で、現段階における筆者の所感を示すなら以下のようになる。『安楽集』の切り貼りノート的で独自性の希薄な『観念法門』と、韻律配慮がまったく認められない『般舟讃』の二部が、他に先行して成立したと想定できる。この二部の成立前後は不明であるが、十方諸仏の証誠を説く『般舟讃』は『称讃浄土仏摂受経』が漢訳された永徽元年以後に成立した可能性がある。次に韻律配慮のある『観経疏』『法事讃』『往生礼讃偈』について、『観経疏』は『往生礼讃偈』よりも先に成立している。それは『往生礼讃偈』の本文中に『観経疏』が先に成立したであろうことを示唆する文言があったからである。後序の直前の睡眠前の発願によって霊験があることを、『往生礼讃偈』では「此願比来大有現験」とプライヴェートな霊験を近況報告として提供しており、これが『観経疏』散善義の聖僧指授を指している可能性があるからである。

また『観経疏』と『法事讃』は、『般舟讃』と同じく十方諸仏の証誠が見られるので、永徽元年正月一日以後の成立となる。声律が配慮された序文をもち、また「三因五念」と「正助四修」とある『法事讃』は、『観経疏』や『往生礼讃偈』の後に成立したと思われる。

したがって善導の著作時期に関する私見としては、初期（『観念法門』『般舟讃』）→中期（『観経疏』『往生礼讃偈』）→後期（『法事讃』）とみなし、『般舟讃』以下はみな永徽元年以後の作品ということになる。

なお、『観念法門』は「比丘善導集記」、『般舟讃』は「比丘僧善導撰」とされ、それ以外はみな「沙門善導集記」と統一されている。こうした「比丘」と「沙門」や、「撰」と「集記」という表記の相違も閑却できないが、はたして善導において自覚的に区別されていたのか否かは不明である。ただし上記の私見による成立順を当てはめると、早期撰述の『観念法門』と『般舟讃』がそろって「比丘」とされ、後に「沙門」に改めたということになる。(17)

第二節　集記――経法としての五部九巻――

浄土宗祖法然は『選択集』において、善導を「偏依善導一師」と仰ぎ、また『往生要集料簡』には以下に引くように、源信から善導へという、浄土教を修学する上での必然的な方向性を示している。

私に云く、恵心は理を尽して往生の得否を定むるには、善導和尚の専修雑行の文を以て指南としたまう。また処々に多く彼の師の釈を引用す。見るべし。云云。然らば則ち恵心を用いんの輩は、必ず善導に帰すべきか。(18)

また『一期物語』にも、

是の故に、往生要集を先達と為して浄土門に入るに、此の宗の奥旨を闚ふに、善導〔の釈、〕二反之を見るに、

往生難しと思へり。第三反度に、乱想の凡夫、称名の行に依りて往生すへきの道理を得たり。(19)

とあり、さらには二祖聖光の『徹選択集』巻上にも詳しい。

ただ善導の遺教を信ずるのみに非ず、また厚く弥陀の弘願に順ず。順彼仏願故の文、神に染み心に留むのみ。その後、また慧心先徳の往生要集の文を披くに、（中略）然れば則ち、源空も大唐の善導和尚の教えに随い、本朝の慧心先徳の勧めに任せて、称名念仏の勤め、長日六万返なり。(20)

つまり、法然は源信の『往生要集』に導かれ、善導によって「集記」された『観経疏』に邂逅して浄土宗を開宗するとともに『選択集』をまとめることになった。このように、もし法然の浄土思想の拠り所を「集」の一字に見出すとき、善導、源信、法然らが著述する姿勢や立場を考察すべきではなかろうか。(21)

そもそも善導の言う「集記」とは、蒐集し記述するという意味であるが、それはたとえば『往生礼讃偈』の題号の後に「沙門善導集記」として、そのいわれを直後に示しているとおりであろう（四七・四三八中）。

謹んで大経及び龍樹、天親、此土の沙門等の所造の往生礼讃に依り、一処に集在し、分かちて六時と作す。

経文や龍樹以下の先師大徳の礼讃偈文を集めて一書にまとめ記述するということが「集記」の意味するところである。『往生礼讃偈』の他にも、『観経疏』と『法事讃』がともに「沙門善導集記」とされ、中国国家図書館所蔵『法事讃』の大谷光瑞旧蔵敦煌写本巻上の末尾が「願往生僧善導集記」とあり、『観念法門』が「比丘善導集記」、そして『般舟讃』だけが「比丘僧善導撰」とされている。これらもすべて文献の性格や撰述の立場が端的にあらわれているのである。[22] すなわち五部九巻で「集記」とされる四部の文献中には、すべて仏典などからの引文を教証としていることから、そうした引文を蒐集し、善導当人の教説とともに記述したということになる。

参考までに、良忠は『玄義分伝通記』で「集記」について以下のように述べている（『浄全』二・八〇下）。

> 集記とは聖僧の指授を集め之を筆点に記すが故に集記と云う。難じて云く、大師の製書の五部の内、般舟讃を除きて外、余の四部は皆な集記と云う。然るに余の三部は既に証定なし。知りぬ、集記とは経文の義を集め、証定の義に非ずや。答う、集記の言、彼此同じと雖も其の意は各別なり。何の妨碍かあらん。然るに礼讃の中に諸の礼文を集め、観念法門及び法事讃も諸経の文を集むるが故に集記と云う。今、疏の文中に聖僧の説を集め、亦た集記と云う。其の義に妨げなし。

善導の用いる集記とは、聖僧の指授であったり、また経文の義であったりと異なるが、ともに証文としてこれを一所に集めて記録にとどめたと良忠は受けとめていたのである。

なお、中国仏教における章疏類にあっては、その文献の性格にもよるが、通常は「撰」や「述」が多く、他に「記」「作」「造」「著」「説」「鈔」「集」「輯」「録」「編」などが見られ、善導のような「集記」とする例としては、大梵寺における六祖慧能（六三八～七一三）の授戒説法を、弟子の法海が編集した『六祖壇経』（具名は『南宗頓教最上大乗摩訶般若波羅蜜経六祖慧能大師於韶州大梵寺施法壇経』）が、「法海集記」とされているなど、他にその類例がないわけではないが、実際にはきわめて少数の事例なのである。

中華の文章論においては、『論語』述而篇に「述べて作らず、信じて古を好む」（述而不作、信而好古）とあるように、先人の教えをただ述べ伝え復唱することを重んじ、自説を気ままに作ることは誡むという伝統がある。これは尚古主義の強い中華の美徳でもある。もしみずからの思索をうち出そうとするならば、それは先人の文章を引く際に、その引用の順序を変え、また用字を加減するなど、何らかの修辞を施すことで全体の構造や言辞をあらためて再編成する手法をとることが多い。たとえば、『観念法門』は諸経典からの引文が大半であり、これは経文における仏説を、何にもまして規範としていこうとする善導の撰述姿勢のあらわれであり、また『観経疏』においても、たとえば玄義分の出文顕証で、「今、一一にことごとく仏説を取って以て明証とせん」（三七・二四九中）と述べ、会通別時意においても、「かならず聖教を引き来たりて明らめ、これを聞かん者をしてまさによく惑いを遣らしめんと欲す」（三七・二五〇中）とあり、あるいは道理破や返対破においても先哲の解釈に対して、経文をもって論破しているように、仏の教説をもって客観的論拠とすることが善導の基本的姿勢であると知ることができるのである。よって、善導の著作における「集記」とは、そうした中華における外典と内典の伝統が反映された表記法であると言える。

善導は『観経疏』の末尾にいたって、「一ら経法の如くすべし」（三七・二七八下）と述べているが、こうした観点は『観経疏』だけに認められるのではない。それは先にも述べたように「集記」というものが、その典籍に私意がないことのあらわれであり、聖教を拠り所として編まれたことを意味するものであるからには、他の四部であっても「経法」でありうるのである。ここではさらに『観念法門』と『般舟讃』についても考察を重ねる。

『観念法門』の首題は「観念阿弥陀仏相海三昧功徳法門」、尾題は「観念阿弥陀仏相海三昧功徳法門経」である。

この尾題に「経」の字が加えられていることについて一言しなければならない。『観念法門』は一読すればわかるように、その巻頭には、「依観経明……」「依般舟経明……」「依経明……」の各章題が示されている。すなわち経典に依拠して各種作法を明らかにすると前置きしてから本論へと進む構造をとっている。その本論では諸経典からの引用が必然的に多く、それらの引用文を整理し排列することで一書をなしており、このため経典と同格に扱われるべきものであるという意図があったと考えられる[23]。つまり、この尾題にある「経」は、決して転写における誤写ではないのである。この「経」の一字が、はたして善導当人によって付せられたものなのか、それとも後世になって添加されたのかは未詳であるが[24]、杏雨書屋所蔵の敦煌石室本『観念法門』の尾題には「観念阿弥陀仏相海三昧功徳法門経一巻」（『敦煌秘笈』影片冊四、四〇九頁）とあることから、少なくとも中国においてすでにそのように呼ばれていたということだけは確かである。

次に『般舟讃』について。その具名は「依観経等明般舟三昧行道往生讃」である。これがわが国に舶載請来されたのは、早く奈良時代の天平二〇（七四八）年以前であったことを『正倉院文書』の「経律奉請帳」（天平二〇年八月四日）が伝えている[25]。それは造東大寺司の前身である金光明寺造仏所（造物所）に属す東大寺写経所の借り出しリストであり、そこには多数の経律とともに、

依観経等明般舟三昧往生讃経　一巻[26]

と記載されている。ここに「行道」の二字がないことと、反対に「経」の字が添加されていることは、現行『般舟讃』の具名と相違する。しかし、他に類似する名の典籍はないことから、これが善導の『般舟讃』であることに異

論はないだろう。ここでとくに注視すべきことは、やはり「経」の一字が付せられていることなのである。そしてこれは先の『観念法門』と同様に決して後人による誤写ではなく、中国においてすでに八世紀中葉以前に付せられていたことを証明するものである。なぜなら八世紀中葉の日本仏教の状況下において、善導の典籍に「経」が添加されるような道理はないからである。

また、遣唐使船による舶載時期を天平二〇年以前で絞り込めば、その二年前の天平一八（七四六）年に任が下されている。しかし、これは実際の発遣が中止になっていることから、さらに遡ってみると、天平五（七三三）年に四船を編成して出航し、翌六（七三四）年一一月二〇日に南島路を経由してきた二船が帰港している。うち第一船には養老元（七一七）年に、阿倍仲麻呂とともに使した玄昉（?～七四六）や吉備真備（六九五～七七五）が乗っており、種子島に帰着している。玄昉が当時中国で行われていた一切経など数多くの請来品をもたらしたことはよく知られており[27]、また右大臣吉備真備が都長安のあらゆる典籍を購入し舶載したであろうことは、真実味を帯びてきている[28]。よって善導の『般舟讃』も、遅くともこの天平六（七三四）年には伝来していなければ、『正倉院文書』天平二〇（七四八）年の「経律奉請帳」に記載される道理がないのである。高瀬承厳〔一九二二〕も『般舟讃』が玄昉請来にかかるであろうと述べている。

しかし、もう一つの可能性が残されている。それは玄昉請来よりもさらに早期に舶載されていたのではないかという可能性である。これに関しては善導五部九巻全般の請来を含めて中井真孝〔一九八〇〕の詳細な報告があり、それを参照して言うならば、この「経律奉請帳」にあげられた経律は、前述のごとく東大寺写経所が借り受けたものであるが、その貸し出し元といえば、「於禅院可奉求経律」とあるように、元興寺の禅院であったことがわかる。これは、入唐して玄奘に師事し、禅を学んで東土に伝えるよう師命を受けた法相宗の道昭（または道照、六二九～

七〇〇）が、その請来した典籍を納めるために元興寺の東南隅に建造した禅院である。『続日本紀』巻一文武天皇四年の条に、

元興寺の東南の隅に別に禅院を建てて住す。（中略）此の院に多く経論あり。書迹楷好にして、並びに錯誤せず。皆な和上の将来する所の者なり。[29]

とあるとおりである。道昭の渡唐期間は六五三～六六一年ごろとされているので、あるいは六六一年以前に撰述された『般舟讃』が、善導の在世中に道昭によって早くも請来され、[30]他の請来経論とともに元興寺の禅院に収蔵されていたものかもしれないということである。[31]そしてその題号に「……経」とあることから、経典と誤認されて借貸が行われ、「経律奉請帳」に記録されたのではないだろうか。

この「経律奉請帳」所載の記録の他にも、『般舟讃』が「……経」とされる事例をもう一つあげよう。名古屋市の真言宗七寺には、平安朝の一切経および疑偽経典類が数多く収蔵されており、近年『七寺古逸経典研究叢書』全六巻が上梓されたことで江湖に知られるようになった。この寺院に蔵される平安時代後期に写されたとされる『古聖経目録』（擬題）には、『般舟讃』と思しき典籍が著録されているのである。[32]

依観経顕般舟三昧経一巻

ただこれは同目録の「諸儀軌部」という部類に密教系の儀軌類とともに同列に著録されている。善導の『般舟讃』

は密教的な要素はないにもかかわらず、そうした部類に収められていることはいささか疑点ではある。しかし同目録における他の浄土教典籍は、すべて「真言経部類」に収められていることから、[33]本典も「真言経部類」に収められるところを、行道讃歎の儀礼行儀を説いていることから別置扱いとなり、真言密教の儀式類を集成した「諸儀軌部」の中に著録されたのであろう。そしてこの「依観経顕般舟三昧経一巻」を、先の『正倉院文書』の「経律奉請帳」に記されていた、

依観経等**明般舟三昧**往生讃経　**一巻**

と比較することで、やはり善導の『般舟讃』に同定できるのである。七寺所蔵『古聖経目録』のそれは、おそらく具名を節略したものである。現存するあらゆる仏典を見渡しても「依……」ではじまる典籍など数えるほどしかなく、その中で両者は「依観経」が共通しており、また「明」と「顕」は同義である。そして「往生讃」を略したものと思われる。このように考えるとき、やはり七寺所蔵の『古聖経目録』にある「依観経顕般舟三昧経一巻」とは、善導の『般舟讃』とみなすことができるのである。そして、ここにもやはり「経」の字が付されていることは看過しえないことである。

いずれにせよ、中国においてかなり早い時期、つまり善導当人（六六一年以前）か、あるいは少なくとも吉備真備や玄昉らが帰朝した天平六年、すなわち善導没後五十数年以内の中国では、すでに「経」の一字が添えられていたことになるのである。先の『観念法門』の章題に「依観経明……」と前置きがあったことと同じように、『般舟讃』もその具名が「依観経等明……」であり、ともに経典を拠り所として編纂されているのであり、このためとも

に経法として成立し伝承されてきたということを物語っているわけである。

ところで、中国撰述書の題号に「経」が添加される例は、『観念法門』や『般舟讃』の他にも、道宣（五九六〜六六七）の『関中創立戒壇図経』や『中天竺舎衛国祇洹寺図経』（ともに『大正蔵経』四五巻）、それに前出の六祖慧能による授戒説法を法海が「集記」した『南宗頓教最上大乗摩訶般若波羅蜜経六祖慧能大師於韶州大梵寺施法壇経』（『六祖壇経』）の例もある。前二者は天人との感応によって著されたものであり、後者は仏説と同格であるという意図のもとに「……経」とされているように[34]、決して多い事例とは言えないが、いくらか存在する。

さらにまた、『大智度論』二には、「仏法とはただ仏口の説なるのみには非ず。（中略）何をか是れ仏法なるや。仏法に五種の人の説あり。一には仏自口の説、二には仏弟子の説、三には仙人の説、四には諸天の説、五には変化の説なり」（二五・六六中）とあり、善導も『観経疏』玄義分に、「四に説人の差別を弁ずとは、凡そ諸経の起説五種を過ぎず。一には仏の説、二には聖弟子の説、三には天仙の説、四には鬼神の説、五には変化の説なり。今此の観経は是れ仏の自説なり」（三七・二四七上）と述べている。また、中国においては聖人賢者の製した書を「経」と呼称する伝統があることも周知のとおりである。このように仏の自説だけではなく、聖僧に指授されたという善導の『観経疏』や、天人との感応によって編集された道宣の『中天竺舎衛国祇洹寺図経』なども、ともに「経」と同格に扱われるものであり、まして諸経からの引文がその大半を占める『観念法門』であれば、経典として扱われる道理があるわけである。

さて、法然が善導の著作に対して、いかなる価値づけを行っていたのかというと、まず『観経疏』に対しては先学が仏典と同格なりと指摘するとおりである[35]。それは散善義の巻末に、善導みずから聖僧指授の感夢を載せて、

　この義すでに証を請うて定め竟んぬ。一句一字も加減すべからず。写さんと欲せん者、一ら経法の如くすべし。応に知るべし。（三七・二七八下）

としめ括っていることから導かれることであった。『観経疏』には先の『観念法門』や『般舟讃』のように「経」の字は添えられていないが、「集記」されたものであり、また「一ら経法の如くすべし」とあることから、その裏には、必然的にこの夢中に指授した一僧が正等覚者であることを示唆していることになる。善導はそれを明言しなかったが、法然は『選択集』で「弥陀の応現」であろうと述べている。『観経疏』の「一ら経法の如くすべし」に対して、法然は「世を挙って証定の疏と称す。人之を貴ぶこと仏の経法の如くす」と言い、「これ弥陀の直説なり」と評価したわけである。こうした「仏の経法」、「弥陀の直説」であると法然によって語られているのは、『観経疏』だけを対象としたものであるが、実は法然にとって善導は「弥陀の化身」に他ならないので、五部九巻すべてにわたって『観経疏』と同じだけの価値づけがなされていたものと想像できる。それを裏づけるものは、前出の『漢語灯録』所収『善導十徳』の「造疏感夢徳」であろう。[36]

　五、造疏感夢徳とは、（中略）礼讃・観念法門等、源は此の疏の意より出でたり。もし此の疏の霊夢証定なかりせば、礼讃・観念門、何ぞ必ずしも之を用いんや。[37]

この叙述は、『観経疏』があってこそ行儀分が成立しえたことを暗に示すと同時に、行儀分が『観経疏』における霊夢証定にもとづく撰述であったということを示唆した述懐である。このように請求霊験、聖僧指授の『観経疏』

だけではなく、五部九巻のすべてが弥陀の化身としての善導によって説き示された法であり、ともに経法と同格に扱わなければならないというのが、善導の著作全般に対する法然の評価なのである。そこにはやはり三昧発得にして、また弥陀の化身としての善導観が根底となって成立していることは言うまでもない。

このように状況証拠はすべてそろい、そして法然に提供されたと思われる。すなわち『観経疏』をはじめとする善導の著作が「集記」であり、それは経法からの絶対的な拠り所を求める姿勢であり、またそれがそのまま仏の直説そのものであること。さらに「経」の字が題号に付されていた事実からは、やはり経典としての仏説という価値づけがなされていたことを示しており、これらの著作への評価は、法然の善導その人を三昧発得・弥陀化身とする価値づけから導き出されてくるのである。法然はそのことに関して「大胡太郎実秀へつかはす御返事」に、

善導は又ただの凡夫にはあらす。すなはち阿弥陀仏の化身也。（中略）かりそめに凡夫の人とむまれて、善導和尚といはれ給ふ也。いははその教は、仏説にてこそ候へ。いかにいはんや垂迹のかたにても、現身に念仏三昧をえて、まのあたり浄土の荘厳を見、仏にむかひたてまつりて、ただちにほとけのおしへをうけ給はりての給へる詞共也。本地をおもふにも、垂迹をたつぬるにも、かたかたあふきて信すへし。(38)

と述べ、さらに「正如房へつかはす御文」においても、

善導又凡夫にあらす。阿弥陀仏の化身也。阿弥陀仏のわか本願ひろく衆生に往生させせん料に、かりに人とむまれて善導とは申候也。そのおしへは申せは、仏説にてこそ候へ。あなかしこあなかしこ。うたかひおほしめす

　ましきにて候。[39]

として、「阿弥陀仏の化身」としての善導の人格そのものと、そこから吐露される「仏説」としての教えに「かたかたあふきて信すへし」という姿勢を確固たるものとしたのである。

ともあれ、善導は『観経疏』を聖僧指授の「経法」とし、また「経」としての『観念法門』や『般舟讃』、そして仏説を「集記」した『往生礼讃偈』と『法事讃』は、どれも覚者の説かれた法そのものであるという意図のもとに著していたことを確認できた。これをうけた法然は善導を三昧発得の聖者、阿弥陀仏の化身とみなし、『観経疏』をはじめとする「弥陀の直説」としての著作すべてを全面的に受容することによって、みずからの念仏往生思想も、こうした善導の著作を媒介として仏語と同格になりうることを確信しえたのである。

「集」と仏典の同格論――『観経疏』も『往生要集』も「集」をもって仏典と同じように扱われる文献的な性格を有し、そしてそれは『選択集』の「集」へと継承される。それ故に法然はいたるところで「是れ私意には非ず」、「是れ私義には非ず」と、繰り返して述べていたのである。それは先にも引いた『一期物語』にいたって、

　経に已に一向専念無量寿仏と云ふ。故に釈に一向専称弥陀仏名と云ふ。経釈を離れて私に此の義を立ては、誠に責むる所にして去り難し。此の難を致さんと欲する者は、先つ釈尊を謗るべく、次に善導を謗るへし。其の過、全く我が身の上に非さるなり。[40]

とあるように、より明快に、そしてより確信をもって語られることになったと考えられる。

以上の述べてきたごとく、『論語』の「述而不作、信而好古」から、善導の「集記」や『往生要集』の「集」へ、そして『選択集』の「集」へと、その姿勢に共通するものを確認した。そこには私意独断を排除しながら、すべて仏語や先人の業績への敬意と信順、そして絶対的なものへ依拠する姿勢が含まれている。結論的に言えば、善導、源信、法然らの撰述立場とは、「集」ということに集約されていると言えるのである。

おわりに

本章では、まず五部九巻の成立をめぐって、主にその成立の前後関係を明らかにした。ごく限られた数少ない手がかりから以下のような私見を開陳した。まずその内容から『安楽集』の影響が色濃い『観念法門』や、讃偈に押韻の配慮がない『般舟讃』が他よりも先に成立したものと考えられる。また『般舟讃』『観経疏』『法事讃』は、十方諸仏の証誠が見られるので永徽元（六五〇）年以後の成立と推定した。ただし『般舟讃』『観経疏』『往生礼讃偈』の三部が、あるいは道昭の帰国（六六一年）とともに請来されたのであれば、善導が五〇歳のころにはこれらの三部が成立していたことになる。また善導が体感した奇瑞（聖僧の指授）を根拠とすれば、『観経疏』の後に『往生礼讃偈』が成立したとも考えられるだろう。『法事讃』はその序文の声律などからして最後に成立したものと理解した。

次に五部九巻の撰述態度について、「集」の一字をめぐって考察した。聖僧の指授や経法に示される教えを集記することで、実のところ五部九巻そのものが「経」に等置できるものという善導の思いが込められていた。それは往生浄土の客観性と正当性を表明しようとする意図のあらわれであり、結果的にはそれが『論語』述而篇の「述べて作らず、信じて古を好む」に準じた中国文章論の王道だったということになる。

註

（1）岸覚勇「善導大師の著書撰述の前後に就て」（『仏教学論叢』一、一九三六年）、藤原凌雪「善導撰述の成立前後について」（『印度学仏教学研究』三巻一号、一九五四年）、久本実円「『法事讃』製作年次の一考察」（『真宗研究』一五、一九七〇年）、福井忍隆「善導五部九巻の成立に関する研究」（戸松啓真他編『善導教学の成立とその展開』山喜房仏書林、一九八一年）、金子寛哉「「浄土法事讃」について――龍門・奉先寺盧舎那像との関連を中心に――」（『印度学仏教学研究』三五巻一号、一九八六年）、上野成観「善導著述前後関係の一考察」（『真宗研究会紀要』三三、二〇〇一年）などがある。その中にあって、これまでの成果をまとめているのが上野論文である。

（2）自撲懺悔については成瀬隆純「中国浄土教と自撲懺悔」（『フィロソフィア』七一、一九八三年）、田中文雄「〈五体投地・如太山崩〉考――拝礼の中国的展開――」（『東方宗教』八九、一九九七年）を参照。

（3）『続高僧伝』二一（『大正蔵経』五〇・四三六上）には、「此塔懺法、依占察経。自撲懺法、依諸経中五体投地如大山崩。時以奏聞。乃勅内史侍郎李元操就大興善問諸大徳。有沙門法経・彦琮等、対云、占察経見有両巻。首題菩提登在外国訳文似近代所出。衆蔵亦有写而伝者。検勘群録、並無正名及訳人時処。塔懺与衆経復異。不可依行。勅因断之」とある。

（4）懐感の『釈浄土群疑論』七の末尾（四七・七六下）に問答を設けて自撲懺悔の是非を論じている。『観仏三昧海経』三（一五・六六〇中下）を証文としてこれを是とみなしているが、懐感の引用は明らかな断章取義である。経文では仏の真金色の身体を見ることができない五百釈子がその深い悲嘆から「自抜頭髪」や「婉転自撲」がなされているのであり、そこに懺悔を行おうとする態度は認められない。ところが、その後、慈父の教えと仏の勧励によってはじめて「五体投地、如太山崩」して懺悔することで、仏身を見ることができたという文脈である。よって、『釈浄土群疑論』に引かれている経文は、一連の流れ（五百の釈子の悲嘆→慈父と仏の教誨→五百の釈子の懺悔）

を顧みずに引用していることになる。つまり経文によれば自虐的な行為は悲嘆落胆において表現されるものであり、懺悔という行法としてなされているのではないのである。懺悔においては「五体投地、如太山崩」はあっても、自己の身体を損なうような自虐的行為は菩薩行としてはありえないのである。

（5）拙文「善導の浄土教儀礼における通俗性」（『仏教論叢』四九、二〇〇五年）の註記で、「『略本』の往生楽願文は善導の『法事讃』と『般舟讃』の合糅であり、小般舟三昧楽讃文でもその前半が『般舟讃』の部分引用である。小般舟三昧楽讃文は、もともと押韻しない善導の『般舟讃』から部分的に句を抜粋し、これに別の句とともに並べ替えることによって押韻する礼讃偈にしたてている。そこでは偈の再編成が行われているのである」と述べたように、あくまでも改善整理した上で取り込まれているのである。

（6）『集諸経礼懺儀』巻下には善導の『往生礼讃偈』が収められているが、巻上には智昇自作の讃偈も含まれている。その偈は当時の韻律体系を反映している。また法照の讃偈については各論篇第九章を参照。

（7）「六方如来皆讃嘆　釈迦出現甚難逢」（四七・四三五上）
「般舟三昧楽　願往生　六方如来証不虚　無量楽」（四七・四三七中）
「六方諸仏護念信心　浄土弥陀慈心摂受」（四七・四三七下～四三八上）
「十方恒沙仏舒舌　願往生　証我凡夫生安楽　無量楽」（四七・四二五上）
「十方恒沙諸仏共讃釈迦、舒舌遍覆三千、証得往生非謬」（四七・四二六上）

（8）智昇の『開元釈教録』八（五五・五五五下）には以下のようにある。

称讃浄土仏摂受経一巻　見内典録第三出　与羅什阿弥陀経等同本
永徽元（六五〇）年正月一日　於大慈恩寺翻経院訳　沙門大乗光筆受

（9）『観経疏』定善義（三七・二六八上）

又如弥陀経中、一日七日専念弥陀名号得生。又十方恒沙諸仏証誠不虚也。

『観経疏』定善義（三七・二七二上）

即弥陀経中説。（中略）次下文云、十方各有恒河沙等諸仏。（中略）又十方仏等、恐畏衆生不信釈迦一仏所説、即共同心同時、各出舌相、遍覆三千世界、語誠実言。

『般舟讃』（四七・四五一中）

十方如来舒舌証　願往生　定判九品得還帰　無量楽

（10）六方諸仏

智顗（伝）『阿弥陀経義記』（三七・三〇七上）

慧浄（五七八～?）『阿弥陀経義述』（三七・三〇九下）

元暁（六一七～六八六）『阿弥陀経疏』（三七・三五〇中）

基（伝）（六三二～六八二）『阿弥陀経疏』（三七・三二六下）

基（伝）『阿弥陀経通賛疏』下（三七・三四四中、三四六上）

道鏡、善道『念仏鏡』（四七・一二一中、一二五中）

十方諸仏

迦才（七世紀前半）『浄土論』中（四七・九〇下、一〇二上）

基（伝）『西方要決釈疑通規』（四七・一〇九上）

道鏡、善道『念仏鏡』（四七・一二四上）

遵式『往生浄土決疑行願二門』（四七・一四五中）

（11）たとえば、迦才（七世紀前半）『浄土論』下（四七・一〇二上）は「如下阿弥陀経説、十方諸仏各出広長舌相、遍覆三千大千世界」とあり・道鏡・善道『念仏鏡』（四七・一二四上）にも「弥陀経中、十方諸仏同皆讃歎不可思議」としていること、また逆に璟興（七世紀後半?）『無量寿経連義述文賛』下（三七・一六三下）では、「二諸仏護念故。即称讃経曰、六方諸仏護念等是也」とあることで、六方を説く『阿弥陀経』を十方とし、十方と説く『称讃浄土仏摂受経』を六方としている。

（12）劉宋の求那跋陀羅にも『小無量寿経』一巻の訳があったというが現存しないので、六方と十方のどちらで漢訳されていたのか不明である。ただし、鳩摩羅什訳を「小無量寿経」と呼ぶこともあるので、経録編纂者が鳩摩羅什訳本と求那跋陀羅訳本を明確に区分していたのかは疑問である。また、たとえ求那跋陀羅の訳本が存在したとしても、静泰『衆経目録』二（五五・一九一下）をはじめ諸経録には「四紙」とあるので、同じ料紙で書写される羅什訳とはおそらく大同小異であったと推察される。さらに『開元釈教録』一四（五五・六二九下）には、

小無量寿経一巻　一名阿弥陀経、或無小字。宋天竺三蔵求那跋陀羅訳、第三訳。

右与阿弥陀経等同本。前後三訳。二存一闕。大周入蔵録中、有小無量寿経。其文乃与阿弥陀不異、故為闕本。

とあるように、羅什訳本と同文であったことも記録されているのである。したがって、かりに善導が求那跋陀羅の訳本を実見していたとしても、おそらくは「六方」であったものと思われる。

(13)　岩井大慧「善導伝の一考察（四）」（『史学雑誌』四一の五、一九三〇年）を参照。なお後に同『日支仏教史論攷』（東洋文庫、一九五七年および原書房、一九八〇年）に編入される。

(14)　実際寺の住僧明琰は『瑜伽師地論』と『因明入正理論』の漢訳に、同じく実際寺の道深とともに証義として参画している（三〇・二八三下、三二・一三上中）。また中国国家図書館所蔵の敦煌写本『大菩薩蔵経』三（北新七六〇、BD一四五六〇）の訳場列位にも「実際寺沙門明琰証義」としてその名が見えている（『国家図書館蔵敦煌遺書』第一二九冊三一九頁）。玄奘の訳経事業における証義大徳でもあった道深は、他にも三井文庫所蔵の上元二（六七五）年一一月二六日の『妙法蓮華経』二の末尾に初校から三校までの校者としてその名が記されている（『三井文庫別館蔵品図録　敦煌写経――北三井家――』二〇〇四年）。永徽二（六五一）年に漢訳された『大乗大集地蔵十輪経』では道深と道明が証義となっている（一三・七二八上）。

(15)　久本実円「『法事讃』製作年次の一考察」（『真宗研究』一五、一九七〇年）、金子寛哉「「浄土法事讃」について――龍門・奉先寺盧舎那像との関連を中心に――」『印度学仏教学研究』三五巻一号、一九八六年）は、筆者と別の考察によって『法事讃』の成立年代を推定している。

(16)　上杉文秀〔一九三二〕には、「此願比来大有現験とは善導の実験を発表せしめらる、それは四帖疏完成の後、種々の勝相を獲たまへるはその一例なるべし」と述べられている（同書五三三頁）。

(17)　なお、久本実円「「観経疏」序題門について」（『印度学仏教学研究』二一巻一号、一九七二年）では「沙門」か

ら「比丘」へと変化したとする。

(18)「私云、恵心尽理定往生得否、以善導和尚専修雑行文、為指南也。又処々多引用於彼師釈、可見。云云。然則用恵心之輩、必可帰善導哉」(『昭和新修法然上人全集』一四頁)。なお『往生要集略料簡』『往生要集釈』もほぼ同じ。なお後者の校本は「帰依善導」に作る。また『古本漢語灯録』は善照寺のホームページ上で閲覧することができる。

(19) 醍醐本『法然上人伝記』(『昭和新修法然上人全集』四三七頁、藤堂恭俊『浄土宗典籍研究』一三六頁〈藤堂恭俊博士古稀記念　資料篇、同朋舎出版、一九八八年復刻〉)

(20)『浄全』七・九五下、『浄土宗聖典』二・二二一。

(21) これについては、前掲藤堂恭俊「浄土宗開宗への一歴程――源信より善導へ――」、伊藤唯真「法然の回心と浄土宗の開立」(『浄土宗の成立と展開』吉川弘文館、一九八一年)などを参照。

(22)『般舟讃』は経法であることを意味する「集」はなく、「撰」とされているが、善導当人、またはその没後五〇年以内の中国において、すでにその題号は「……経」とされていたのである。これに関しては後述する。

(23) 良忠『観念法門私記』下に「観念乃至法門経とは、問う、初めの題に経の字なし。また人師の釈を何ぞ経と名づくや。答う、諸の経論の中に初と後の題に互いに具略あり。何ぞ強ちに難を致さん。また祇園図経等は人師の説を以て皆な経と名づけたり。また一部の中に多く経文を写し、私釈は少なきが故に大旨に従いて経の号を立つるか」(『浄全』四・二七五下)とある。

(24) 円行『霊巌寺和尚請来法門道具等目録』には「観念阿弥陀仏相海三昧功徳法門一巻　善道師撰」(鈴木本『大日本仏教全書』九六巻四一頁中)、永超『東域伝灯目録』には「阿弥陀仏相海功徳法門一巻。善導。云観念阿弥陀仏相海三昧功徳法門」(鈴木本『大日本仏教全書』九五巻二〇頁下)、長西『浄土依憑経論章疏目録』には単に「観念法門一巻　善導」(鈴木本『大日本仏教全書』九六巻一四八頁上)とあるように、各目録上に「……経」は付されていない。

(25) 善導五部九巻の請来や流伝に関しては、高瀬承厳「浄土宗三経一論五部九巻の日本伝来に就いて」(『仏教学雑誌』三の八、一九二二年)、および中井真孝「経疏目録類より見たる善導著述の流布状況」(藤堂恭俊編『善導大師研究』山喜房仏書林、一九八〇年）および同氏論文にあげられている参考文献を参照のこと。

(26)「経律奉請帳（天平二〇年八月四日）」、『大日本古文書』一〇巻三二〇頁。またこれも先の『観念法門』と同じく、通常は首題または外題をもって記録するであろうから、日本に請来せられた『般舟讃』は「……経」をもってその題号としていたはずである。

(27)「玄昉俗姓は阿刀氏。霊亀二年入唐して学問す。（中略）経論五千余巻及び諸の仏像を齎して来たれり」（『続日本紀』一六、新訂増補『国史大系』二巻一八八頁）、「また沙門玄昉同じく以て帰朝す。経論章疏五千余巻幷に仏像等を持度す」（『扶桑略記』六、新訂増補『国史大系』一二巻九一頁）、「天平七年、大使の多治広成に伴いて帰り、伝来の経論章疏五千余巻及び仏像等を以て尚書省に献ず」（『元亨釈書』一六、鈴木本『大日本仏教全書』六二巻一四九頁中）。

(28)『旧唐書』巻一・九九上（列伝第一四九東夷日本国の条）の「得る所の錫賚、尽く文籍を市い、海に泛んで還る（唐室から賜った金銭をもって、すべて書籍を購入し、海を渡って日本に帰った）」とある。太田晶二郎「吉備真備の漢籍将来」、同「吉備大臣入唐絵詞を読んで」（ともに『太田晶二郎著作集』第一冊所収、吉川弘文館、一九九一年）を参照。

また名古屋七寺所蔵の「一切経論律章疏集（伝録）幷私記」巻上にある「右大臣求学十二宗三万九千巻。大学六、明経、記伝、明法、算経、音伝図書、陰陽五、天文、漏剋、暦日、医方」に注目したのは、宮﨑健司「『一切経論律章疏集（伝録）幷私記』巻上解題」、および落合俊典「平安時代における入蔵録と章疏目録について」（ともに『七寺古逸経典研究叢書』第六巻、大東出版社、一九九八年）である。

(29)「於元興寺東南隅、別建禅院而住焉。（中略）此院多有経論。書迹楷好、並不錯誤。皆和上之所将来者也」（新訂増補『国史大系』二巻六頁）。

(30) 前掲中井真孝〔一九八〇〕では、『正倉院文書』における禅院の借り出しリストを精査し、『般舟讃』だけではなく、『観経疏』（定善義）と『往生礼讃偈』も道昭の請来にかかると推定している。

(31)『正倉院文書』における禅院の借り出しリストが、道昭請来の典籍であるか否かについて松平年一は、「元興寺の禅院と道昭の将来経」（『現代仏教』六の六二、大雄閣書房、一九二九年）において、「実際少しは他所から転入したものもあったかもしれないが、大部分は道昭の将来経であろうと推考せらるるのである」と述べている。

(32)『中国・日本経典章疏目録』二二六頁（『七寺古逸経典研究叢書』第六巻、大東出版社、一九九八年）。なおこの『古聖経目録』の書誌や来歴などに関しては、同書所収の落合俊典「『古聖経目録』（擬題）解題」を参照されたい。またこの目録に善導の『般舟讃』が記録されていることについても、すでに落合俊典「七寺蔵「古聖教目録」に見える浄土教章疏について」（『仏教文化研究』三七、一九九二年）において指摘されている。

(33)浄土教の典籍が真言の部類に収められることに関しては、前掲落合俊典（一九九二）を参照のこと。

(34)敦煌本『六祖壇経』（斯五四七五）の尾題には、「南宗頓教最上大乗壇経法　一巻」とあり、宗宝の跋文には、「六祖大師平昔説く所の法は、みな大乗円頓の旨なるが故に、之を目して経と曰う」（四八・三六四下）とある。また契嵩撰の『六祖大師法宝壇経賛』（四八・三四七中下）を参照。

(35)仏・善導・法然の同格論、および経典・『観経疏』・『選択集』の同格論に関しては、髙橋弘次「仏・善導・法然（『法然浄土教の諸問題』二四一頁、山喜房仏書林、一九七八年）、同「『観経疏』と『選択集』――巻末の記事を中心として――」（戸松啓真他編『善導教学の成立とその展開』山喜房仏書林、一九八一年）、同「『選択集』第十六章段について」（『仏教文化研究』四二・四三合併号、一九九八年）においてそれぞれ論じている。

(36)大橋俊雄「善導十徳――伝法然上人撰述書研究其三――」（『仏教論叢』九、一九六二年）は、『善導十徳』の真偽に関して、法然に名を託した偽撰と法然の叡山在住時代の撰述という二つの可能性について述べながら、「法然の教えをうけて、今なお天台教団に身をおく僧の手によって撰述されたものではあるまいか」としている。

(37)『黒谷上人語燈録』九（『昭和新修法然上人全集』八三〇頁・仏教古典叢書『古本漢語灯録』の『善導十徳』三一頁）

(38)『黒谷上人語燈録』一四（『龍谷大学善本叢書』六二〇頁、『昭和新修法然上人全集』五一八頁）

(39)『黒谷上人語燈録』一四（『龍谷大学善本叢書』六三五頁、『昭和新修法然上人全集』五四四頁）

(40)醍醐本『法然上人伝記』（『昭和新修法然上人全集』四四一頁、藤堂恭俊『浄土宗典籍研究』一五〇頁）

第三章　善導の著作考

はじめに

『観経疏』末尾にある「一句一字不可加減、欲写者一如経法、応知」が抑止力となっているためか、それとも五部九巻の日本伝存テキストに異読が少ないためであろうか、[1]我われはこれまで五部九巻のテキスト批判に無頓着であった。ただし、中国に伝存する写本は日本伝存テキストとは事情が異なる。その中でも『往生礼讃偈』のテキスト批判については、敦煌写本と日本伝存本の讃偈の声律と韻律を調査することで、これが閑却できないほどの相違があることを指摘した。[2]ここでは、『往生礼讃偈』と同じように、より良質なテキスト（原初形態）を確定すべく、敦煌石室写本の『観念法門』（杏雨書屋所蔵）と『法事讃』（中国国家図書館所蔵）を現行流布本とそれぞれ比較することでテキストの原初形態を探ることを目的とする。五部九巻の中で中国に伝存するものは敦煌写本の『往生礼讃偈』『観念法門』『法事讃』の三部だけであり、『観経疏』と『般舟讃』はその古い写本版本の現存は確認されていない。なお、わが国における五部九巻の流伝に関しては、高橋正隆「善導大師遺文の書誌研究」（藤堂恭俊編『善導大師研究』山喜房仏書林、一九八〇年）がある。

第一節　分類の再検討

良忠は『往生礼讃私記』上で、「観経疏は教門なり。余の四部は行門なり」（『浄全』四・三七七下）と述べ、また『法事讃私記』上でも、「観経疏は経の文義を解す。先に之を撰すべし。余の四部はその行儀を明かす。後に之を集むべし」（『浄全』四・三三下）と述べているように、『観経疏』を「教門」「解」とし、これを除く四部を「行門」「行儀」とみなしていた。これはあくまでも法然以後の宗学の展開の中で立てられ継承されてきた分類である。解義分とされる『観経疏』が経疏であることに異論はないが、その構造と内容は他の学僧が撰述する経疏とは異質であり、むしろ儀礼書としての特徴が認められるので（各論篇第四章を参照）、善導とその教えに直参しようとする場合、五部九巻を解義分（教門・本疏）と行儀分（行門・具疏）とに分類することは、実のところ余計な先入観を植えつけるだけで、実態から遠ざかる危険性がある。

右のことをふまえて仏教研究を考える場合、それが文献によって語られる広義の文学研究であるという見識に立つとき、まずもってなすべき作業はテキストの確定であることは言を俟たない。それは文字資料を材料として営まれる文学研究には、良質のテキストを机上に備える必要があるからである。ではその良質のテキストとは何かと言えば、それは作者のオリジナルテキスト（原本）に他ならない。しかし成立年代を遠くへだてていれば、そのようなものなど存在しないのが普通である。したがって我われのなすべきは、諸本を蒐集してあらゆる角度からそれらを検証し、校訂作業を通過させたテキストをもって研究材料としなければならないことになる。

すでに述べたように五部九巻が行儀の書であり、しかも詩律を具えている事実を考慮するとき、日本伝存本を用いるよりも、むしろ中国伝存本を用いてテキストを復元することがよりオリジナルに近づく可能性が高い。それは字音を識別しない日本人によるテキスト校訂や誤読がわざわいして、あらぬ珍種テキストが作り出されることもあるが、中国では字音を無視した校訂はないと言えるからである。ただし、字音そのものは時代と地域によって変遷するので注意しなければならない。現在、我われの前にある五部九巻のうち、中国伝存本は、『往生礼讃偈』が諸写本をもって首尾そろうだけである。また『往生礼讃偈』は『集諸経礼懺儀』に収められたことによって、『開元釈教録』からは入蔵されるようになったことも幸運であった。一方、『法事讃』は大谷光瑞旧蔵本が巻上のみ現存している。『観念法門』は李盛鐸旧蔵の敦煌写本が公益財団法人武田科学振興財団の杏雨書屋に一本だけ現存している(3)。『観経疏』と『般舟讃』はその写本断簡すらも中国で発見されていない。散逸していたり、物理的に閲覧が不可能であれば、日本伝存本を用いるより他ないが、『往生礼讃偈』と『法事讃』に限っては、讃偈が含まれている以上、詩歌テキストとして考慮しつつ校訂しなければならない。それを怠るとオリジナルから乖離してしまうからである。我われの文学研究において、テキストの選定には可能な限り原本に接近していかなければならない。復元作業という基本的な工程をふむことは、当該テキストの作者に対する我われの真摯な態度であるに相違ない。

五部九巻の良質なテキストとは何か。端的に言うならば善導が集記したその原初形態を保持しているテキストということになる。しかし、そのようなテキストは現存せず、法然や親鸞をはじめとするわが国の浄土祖師や、後の浄土系各宗派において転写と校讎を繰り返してきた写本と印刷された版本だけが用意されている。それらが原初形態でないことは、すでに『往生礼讃偈』の校訂を通して明らかにしたところである（各論篇第三章）。つまり九世紀から一〇世紀ごろの敦煌石室写本は、儀礼としての要請によって改訂されてはいるものの、その讃偈の声律や韻律について言えば、少なくとも日本に伝存するテキストよりもオリジナルの雰囲気をよく保っている貴重な資料ということであった。

なお現存する中国伝存本系の中には、楊仁山（文会、一八三七〜一九一一）によって中国仏教協会金陵刻経処から一九世紀末に刊行された刊本五部九巻がある。これはかつてオックスフォード大学に留学中の真宗大谷派の南条文雄（一八四九〜一九二七）が、駐在露公使としてロンドンに滞在中であった楊仁山と邂逅し、後に南条が贈った真宗系刊本の復刻であるので、ここでは除外するが、『観経疏』だけは後に印光がその金陵本を校訂している。その印光の校訂本にはわが国において理解してきた漢文の訓みを是正するものが含まれており、参照する価値はある（後述する）。

また現存する五部九巻のまとまった写本としては、建暦三（一二一三）年の奥書を有する京都寺町の古刹浄土宗西山深草派誓願寺蔵本が最古のテキストということになる。その他鎌倉から江戸期を通して少なからず版本が刊行されているが、それらの校異については浄土真宗聖典編纂委員会編『浄土真宗聖典　七祖篇――原典版――』（本願寺出版社、一九九二年）に示されているので、たいへん有用である。

以下には、中国伝存本（敦煌写本）を中心にテキストを確認するとともに、日本の流布本との比較においてその優劣を瞥見しておく。

第二節　『観念法門』

◎写本

杏雨書屋所蔵李盛鐸旧蔵本（書写年時不明）

京都誓願寺所蔵　建暦三（一二一三）年
　奥書「建暦三年太歳癸酉閏九月八日畢」

◎版本

高田専修寺所蔵　鎌倉時代
大谷大学所蔵　鎌倉時代
高野山宝寿院所蔵　鎌倉時代
龍谷大学所蔵　室町時代（写字台文庫旧蔵）
名古屋真福寺所蔵　室町以前（『般舟讃』と合本）
良仰本　元禄六（一六九三）年
義山本　元禄七（一六九四）年

◎流布本（現行本）

『浄全』の底本＝良仰本（一部義山本によって修訂されている）
『大正蔵経』の底本＝徳川時代刊大谷大学蔵本（義山本の系統）
　　　　校本＝徳川時代刊大正大学蔵本（良仰本）

『浄全』第四巻に収められている『観念法門』は、元禄六（一六九三）年の良仰本である。その他江戸期の刊本として元禄七（一六九四）年の義山本もあり、高田専修寺の鎌倉刊本、大谷大学の鎌倉刊本、高野山宝寿院の鎌倉刊本や、龍谷大学の室町刊本、そして名古屋真福寺にも室町以前と思しき『観念法門』が『般舟讃』と合本となっている。写本としては、「建暦三（一二一三）年太歳癸酉閏九月八日畢」の奥書を有する京都市寺町誓願寺本がある。この奥書を信頼するならば、おそらく日本に現存する中で最も古い写本となる。

この『観念法門』には中国伝存本もある。一九〇〇年、甘粛省敦煌莫高窟の第一七窟から一一世紀初以前の大量の写本群が発見されたことはよく知られている。いわゆる敦煌文書である。五万とも六万とも言われるその典籍の八五パーセントが仏教関係の写本であり、その中にはすでに散逸してしまった貴重な資料も数多く含まれている。この敦煌文書に含まれる善導の著作は、『観念法門』『往生礼讃偈』『法事讃』の三部であり、『観経疏』と『般舟讃』は現在のところ発見されたという報告を聞かない。『往生礼讃偈』と『法事讃』については早くから影印やその翻刻資料で公開されているが、『観念法門』に関しては近年ようやく影印が公開されたところであるので、ここで少しくふれておこう。

敦煌本の『観念法門』はわずかに一点のみ現存する。中国天津市の著名な収蔵家であった李盛鐸（一八五八～一九三五）の一群の敦煌文書四百数十件が、彼が逝去した翌一九三六年春に八万円で売却されている。その販売リストは、この前年の一二月、二度にわたって『中央時事周報』の学瓠欄に「徳化李氏出售敦煌写本目録」として掲載され、翌年に「以八萬元日金售諸異国者」とあるように売却されており[4]、そのリストの中に「観念阿弥陀仏相海三昧功徳法門経　一巻」と記されているのである。現在は公益財団法人武田科学振興財団の杏雨書屋に所蔵されており、その影印は『敦煌秘笈』影片冊四（公益財団法人武田科学振興財団杏雨書屋、二〇一一年）で見ることができる。同書に示されている書誌情報を摘記すれば以下のごとくである。

分類：羽三〇三

装丁：巻子本、穀紙、軸あり、簾条数九本（一センチ）

原題：観念阿弥陀仏相海三昧功徳法門経一巻

巻首：欠
用紙：縦二八・七センチ、横九八四・九センチ

両本の優劣（1）

ここからは流布本と『敦煌秘笈』所収の敦煌本の校異を確認しながら[5]、その校異から原初形態に遡及することを試みる。まず流布本が敦煌本に勝っている点といえば、「想／相」「華／花」「準／准」「慧／恵」「政／正」「露／路」などの繁文と省文が厳格に区別されていることであり、また「毫／豪」「愛／受」「蜜／密」「隠／穏」「蔽／弊」「狂／枉」「注／住」などの字形の酷似による魯魚亥豕や、諧音による誤写がみな正しい点（または正されている点）である。両者には本文の内容が大きく異なるような優劣は認められないが、巻末に引用されている『観仏三昧海経』本行品の直後にある、観想品と密行品の引文（約九〇〇字）は、敦煌写本ではすべて存在しない。その理由は不明である。もっともそれが書写の誤りなのか、それともむしろ敦煌本が原初形態であり、流布本が加筆されたのかは不明である（後述する）。ただ、敦煌写本中には、書写時の視線乖離によると思われる一行ぬかしや誤写もしばしばあるので、その点において欠点が認められるにしても、それは宮廷写経や奈良朝写経でない写本にあっては常見であり、逆に版本に誤植が少ないことも当たり前のことである[6]。ただし、敦煌本には「見消」の符号もあることから丁寧に書写されていることは確かである。

両本の優劣（2）

次に敦煌本が流布本に勝っている校異を数例あげる。両者の異なる箇所は網掛けで示した（敦煌本の句読点は筆

者による）。

〈流布本〉（『大正蔵経』四七・二四上中、『浄全』四・二二六上）

従月一日至八日、或従八日至十五日、或従十五日至二十三日、或従二十三日至三十日、月別四時佳。行者等、自量家業軽重、於此時中、入浄行道、若一日乃至七日。

〈敦煌本〉（『敦煌秘笈』四・三九九上）

従月一日至八日、或従八日至十五日、或従十五日至二十三日、或従二十三日至三十日、月別四時。任行者等、自量家業軽重、於此時中、入浄行道、若一日乃至七日。

日本伝存本はみな「佳」に作り、敦煌本は「任」に作る相違であり、これは入道場念仏三昧法に説かれている行者への指示である。毎月四期（一日〜八日、八日〜一五日、一五日〜二三日、二三日〜三〇日）に分けて、この中の都合のよい七日を行者みずからの選択に委任ね、その期間に念仏を修めよという文脈である。四字の句作りからも、また文意からも「任」に校勘すべきである。この少し後には、「誦経日別十五遍、或誦二十遍・三十遍、任力多少」ともあるように、修行の時期とその回数は、それぞれの行者の能力や、行者のおかれた条件・環境に委ねられるということである。

〈流布本〉（『大正蔵経』四七・二四下、『浄全』四・二二七下）

依経明五種増上縁義　一巻

依無量寿経一　依十六観経二　依四紙阿弥陀経三　依般舟三昧経四　依十往生経五　依浄土三昧経六

〈敦煌本〉（『敦煌秘笈』四・四〇〇上）

依経明五種増上縁義　一巻

依無量寿経一　依十六観経二　依四紙阿弥陀経三　依般舟三昧経四　依十往生経五　依浄度三昧経六

『観念法門』の後半の五種増上縁義に経証とされる六部往生経のうち、『浄度三昧経』の「度」はしばしば「土」に誤写されてしまう。この『浄度三昧経』に関しては敦煌本や名古屋市七寺本によって、三巻本『浄度三昧経』が復元されている(7)。本経はまったく往生経という性格ではなく、北魏の廃仏からの復興を企図した沙門統曇曜によって五世紀後半に撰述された中国撰述経典で、その「浄度」とは経中に登場する浄度菩薩ではなく、経旨からして出家在家ともに持戒清浄な修道によって済度されることを意味する(8)。善導は師の道綽が『安楽集』巻下の第九大門第二において、穢土と浄土の寿命の長短を比較し、穢土の人寿の短いことの経証として『浄度菩薩経』の名によって二回ほど引用しており、そのため本書においても往生経として引用したのである。往生経でありながら、阿弥陀仏や念仏往生についてはまったく言及していない経典である(9)。

〈流布本〉（『大正蔵経』四七・二五下、『浄全』四・二三〇上）

即如観経説云。（中略）仏遥知念、即於耆山没、王宮出現。夫人已挙頭即見世尊。

〈敦煌本〉（『敦煌秘笈』四・四〇二上）

即如観経説云。（中略）仏遥知念、即於耆山没、王宮出現。夫人礼已、挙頭即見世尊。

見仏三昧増上縁において『観経』の趣旨を引用するところで、経文は「仏従耆闍崛山没、於王宮出。時韋提希、礼已挙頭、見世尊釈迦牟尼仏」と四字句となっている。「礼」の有無によって「夫人已に」と「夫人礼し已りて」のように、「已」の品詞が異なってしまうわけで（副詞と動詞の結果補語）、ここは経文に準じ、また四字の句作りからしても「礼」のある敦煌本に正すべきである。

〈流布本〉（『大正蔵経』四七・二六上、『浄全』四・二三〇下）

仏即告言、韋提汝及衆生専心懸念、想於西方瑠璃地下一切宝幢・地上衆宝・室内荘厳等。

〈敦煌本〉（『敦煌秘笈』四・四〇二下）

仏即告言、韋提汝及衆生専心懸念、想於西方瑠璃地下一切宝幢・地上衆宝・空内荘厳等。

これも見仏三昧増上縁の一節であり、『観経』の水想観を概略整理した文章である。経文には地下荘厳、地上荘厳、空裏荘厳の順で説かれているので、ここも「地下」、「地上」、「空内」とすべきである。

〈流布本〉（『大正蔵経』四七・二七下、『浄全』四・二三四下）

上至諸仏賢聖人天六道一切良善、此等悪人所譏恥辱也。

〈敦煌本〉（『敦煌秘笈』四・四〇六上）

上至諸仏賢聖人天六道一切、不免此等悪人所譏恥辱也。

五種の悪性人を述べた最後の文章である。流布本の添え仮名によって訓読すると以下のようになる。

良仰本：上、諸仏賢聖ニ至ル人天六道ノ一切ノ良善モ此等ノ悪人ヲハ譏テ恥辱スル所也

義山本：上、諸仏賢聖ニ至ルヨリ人天六道一切ノ良善マデ此等ノ悪人ヲハ譏テ恥辱スル所也

流布本ではともに仏をはじめとする一切の良善が悪性人を譏り恥辱すると訓んでいるが、両本の構造は「A〔為〕B所＋動詞」の被動であり、ここでは「為」が略されているにすぎない。よって仏をはじめとする一切の良善が悪性人に譏られ恥辱されていると理解すべきである。その点で敦煌本は仏から六道の衆生の一切は悪性人に譏られ恥辱されることは免れないという文意なので、きわめて明快である。

〈流布本〉（『大正蔵経』四七・二八上、『浄全』四・二三五下）

又敬白、一切往生人等、若聞此語、即応声悲雨涙、連劫累劫、粉身砕骨、報謝仏恩由来、称本心。豈敢更有毛髪憚之心

〈敦煌本〉（『敦煌秘笈』四・四〇六上）

又敬白、一切往生人等、若聞此語、即応声悲雨涙、連劫累劫、粉身砕骨、報謝仏恩。由未称本心、豈敢更有毛髪疑憚之心

証生増上縁の流布本の「由来」を敦煌本では「由未」に作る。これによって「仏恩の由来」ではなく、「未だ〜

ざるに由るに」と訓むことになる。なお、五部九巻において「～の由来」の用例はこの一例だけであるが、「由未～」の用例は以下のごとく『観経疏』定善義の中に二箇所ある（「由不～」、「由非～」の用例もある）[10]。

日想観（『大正蔵経』三七・二六二下、『浄全』二・三五下）

除生盲以外、遇縁患者、教作日観、尽得成就。由未患眼時、識其日輪光明等相、今雖患目、但令善取日輪等相、正念堅持、不限時節、必得成就。

総讃（『大正蔵経』三七・二七〇上、『浄全』二・五三下）

稟識心迷由未暁　住心観像静坐彼。

流布本では「もしこの語を聞かば、即ち声に応じて悲しみて涙を雨ふらせ、連劫累劫に身を粉にし骨を砕きて仏恩の由来を報謝して、本心に称うべし。あに敢て更に毛髪ばかりも憚る心あらんや」と訓むが、ここは善導の用例の有無から判断して敦煌本の「由未」を採用し、「もしこの語を聞かば、即ち声に応じて悲しみて涙を雨ふらせ、連劫累劫に身を粉にし骨を砕きて仏恩に報謝せよ。未だ本心に称わざるに由るに、あに敢て更に毛髪ばかりの疑憚の心あらんや」と訓みたいところである。なお「憚之心」と「疑憚之心」については、接続詞「之」で四字句を形成する場合は「〇〇之〇」とするのが漢語として落ち着きがよいので、やはり敦煌本の用字が採用されるべきである。

両本の優劣（3）

敦煌本は漢文の音数律である四字一句の要求が顕著であるが、流布本ではそれが希薄であることも両者の比較から明らかとなった。二字一拍を基調とする漢語はその倍の四字一句で二拍をうち安定するので、作者はそうした句作りを志向するものである。そうした観点からして以下の諸例も、敦煌本が原初形態であったに相違なかろう。

①〈流布本〉地上衆宝、皆放八万四千光明。一一光明、照仏身、及照十方六道
〈敦煌本〉地上衆宝、皆放八万四千光明。一一光明、上照仏身、及照十方六道

②〈流布本〉準仏教、得見浄土中事
〈敦煌本〉准依仏教、得見浄土中事

③〈流布本〉臨命終時、上品往生、阿弥陀仏国
〈敦煌本〉臨命終時、上品往生、弥陀仏国

④〈流布本〉於道場中、昼夜束心、相続専心、念阿弥陀仏
〈敦煌本〉於道場内、昼夜束心、相続専念、阿弥陀仏

⑤〈流布本〉発露懺悔、一生已来、身口意業、所造衆罪、事依実、懺悔竟、還依法念仏
〈敦煌本〉発露懺悔、一生已来、身口意業、所造衆罪、事事依実、懺悔竟還、依法念仏

⑥〈流布本〉又此五種人、若欲願帰仏、不能自利、亦不利他人
〈敦煌本〉又此五種人、若欲帰仏、不能自利、亦不利他人

⑦〈流布本〉豈敢更有毛髪憚之心

〈敦煌本〉　豈敢更有毛髪疑憚之心
⑧〈流布本〉　百千万世、未曾聞水食之名
〈敦煌本〉　百千万世、未曾聞有水食之名

両本の優劣（4）

善導は五種増上縁義を説きおわって三つの問答を設けている。良忠によれば第一問答は謗者罪報、第二問答は信者功徳、第三問答は懺悔方法と名づけている。(11) その第三問答には十悪の罪を除く方法として『観仏三昧海経』をはじめとする経文を引用して解説している。今その構造を確認すると以下のとおりである。

①仏為父王及諸大衆……『観仏三昧海経』巻九の本行品（一五・六八八下）
A今以此経証、行者等、欲懺悔時、亦依此教法門。
②仏言若我滅度後仏……『観仏三昧海経』巻二の観相品（一五・六五五上）
Bなし
③仏告父王及勅阿難……『観仏三昧海経』巻一〇の密行品（一五・六六〇上）
Cなし
④已前懺悔法、出観仏三昧海経第二第三巻
⑤仏告阿難未来衆生……『観仏三昧海経』巻三の観相品（一五・六九五中）
Dなし

⑥時娑伽羅龍王請仏……『大集経』巻四四の済龍品（一三・二八九下）
E又以此経証、亦是懺悔至誠方法。応知。
⑦一切経内皆有此文、不可広録。今略抄三部経、以示後学。除不至心。作者皆知、仏不虚言。
⑧時有離陀国王名波……『木槵子経』（一七・七二六上）
F又以此証、直是王心真実、念念障除、仏知罪滅、応念而現。応知。

これが流布本の構造であるが、敦煌本には網掛けした部分が存在しない。それは概ね二紙分に相当するが（一紙を一七字×二八行とした場合）、これは単に書写の際の脱落などではない。以下に流布本には構成上の三つの問題があることを指摘する。

一つには、経文②③⑤を引用した後には、それらが「経証」であるという善導のAEFに相当する文言が挿入されていないことである。これは第一問答にも第二問答においても、経文を引用した後には必ず置かれている解説が、ここだけ欠落しているのは気にかかる点である。二つには、④にある「出観仏三昧海経第二第三巻」である。経文①は『観仏三昧海経』第九巻からの引用であるので合致しないことを指摘できる。三つには、この第三問答は懺悔について問題にしているにもかかわらず、経文⑤は懺悔とは関わらない内容となっていることである。

以上、これら流布本の三つの疑点は第三問答の構造として腑に落ちないところである。ところが前述したとおり敦煌本にはこれら疑点とする部分そのものが存在しないのである。この事実をいかに考えるべきであろうか。善導が撰述した原初形態は、はたして流布本系統であったのか、それとも敦煌本系統であったのか、つまり流布本系統は後世の何者かが加筆したことによるテキストなのか、敦煌本は逆に後人が削除したテキストなのかということであるが、実のところそれはよくわからない。ただ、流布本のテキストは右の三点をめぐって整合性に欠けることは確かである。

なお、一言付け加えるならば、流布本でも敦煌本でも本来⑦は巻末に置かれていた文章に違いない。⑤『観仏三昧海経』と⑥『大集経』を引用してから⑦「今略抄三部経」があって、その後に⑧『木槵子経』が置かれているのはテキストの錯綜である。⑦の文章は三経（『観仏三昧海経』『大集経』『木槵子経』）の文を引用しおわってから、最後に総括すべき内容であるので、途中に配置されるべき文章ではないからである。しかも⑦は三四文字であり、これは唐代の標準的写本の行取り（一行一七文字）からすると、二行分に相当する。本来は『観念法門』の巻末に置かれていた二行が、何らかの事情によって⑧『木槵子経』の引文の前に誤って挿入されてしまったものと想定できるだろう。[12]

両本の優劣（5）

最後に義山本のテキストについて述べておかなければならない。江戸中期の浄土宗の学僧である義山良照（一六四七〜一七一七）は、浄土宗典類への厳しい原典批判を行い、『選択集』や『勅修御伝』などの宗典の誤りを正した上で開版したことで知られている。義山による『選択集』のテキスト校訂については、すでに拙文「義山の元禄新彫『選択集』に見る浄土宗学の一側面」[13]で論じたところであるが、この『観念法門』も例外にもれず、その博識から漢文の語法上の誤りを訂正しようとつとめているのである。たとえば、五種増上縁の第三摂生増上縁の末に女人往生の叙述がある。敦煌写本や良仰本、誓願寺本はともに「終不可転得女身」（四七・二七中）とし、親鸞加点本や義山本は「終不可得転女身」に校している。結論から言うと、「転得」と「得転」はともに漢語としての語法上に誤りはなく、前者は結果補語としての「得」（動詞）が「転」に接続したかたちであり口語的で、後者であれば可能を示す助詞「得」と解釈できる。義山は文語の語法に準じて「得転」と校讎したのであろうが、もし「転得」こそ本来の措辞であったならば、こうした義山の校讎は善導当時の口語表現を葬り去り、当該文献の性格をも変容させる処置ということになる。よって校讎作業は歴史文法や口語語彙語法に照らしながら慎重になされなければならないのである。

以上、敦煌本の『観念法門』の特質について述べてきたが、正否の判断を下すには中国伝存本における措辞を確認することが何よりも重要となる。なお、以前からの懸案となっている「依経明五種増上縁義一巻」（四七・二四下）、および「又如観経第十一観及下九品、皆是仏自説」（四七・二七上）に関しては、敦煌本と現行流布本とに異読はないため、何を意味するのか明らかにできなかった。

第三節　『般舟讃』

現在のところ中国伝存本は存在せず、その少部の鎌倉期の写本断簡（表紙と第一紙）が大阪河内長野市の金剛寺から発見されている程度である。[14] よって『観経疏』に同じく、首尾そろった写本としては誓願寺本が最も古いテキストということになる。

第四節　『観経疏』

『観経疏』も中国伝存本の現存が報告されていないので、日本伝来本をもって根本テキストとせざるをえない。写本では誓願寺本がまとまったテキストとして最古の写本であり、刊本は鎌倉から江戸にいたるまで刊行されてきている。できることならば浄土宗開宗以前のテキストを手元に備えたいところであるが、残念ながら現存していないようである。ただ、『観経疏』は「一句一字不可加減」と注意を喚起したことに拘束力があるためか、現存諸本において大きな校異はない。しかし民国一三（一九二四）年に刊行された『観経疏』は印光法師（一八六一～一九四〇）による校訂が施されており、日本の流布本と異なる部分が少なくない。

印光は蓮宗の第一三祖として崇敬される近代中国仏教の重鎮であり、また自身も敬虔な念仏行者であった。かつて「蓮宗十二祖讃頌」を作り、列祖の遺徳を讃えている。その第二祖が善導であり、印光は以下のような讃辞を添えている。

唐二祖長安光明善導大師
師当唐初　各宗盛行（庚）　提唱浄土　愜群情（清）
仏力誰与京（庚）　若肯投誠（清）　西方定往生（庚）
世伝師是弥陀現　　提唱念仏義周贍（去声艶韻）
（善導は弥陀の応現にして、念仏を提唱し、その教えは滞りなく豊かである）

切誡学者須撝謙　兼使極力生欣厭（去声艶韻）
（謙虚であれと学者を誡め、また強く欣浄厭穢の心を発させた）
解宜徧通一切法　行択機理双契幹（去声翰韻）
（義解はすべての法に通じ、修行は機と理をはからい選んだので、双方は合致している）
念仏出光励会衆　所説当作仏説看（去声翰韻）
（念仏すると口から光明を放ち会座の人々を励まし、その説く教えはそのまま仏の説教となる）

また「復永嘉某居士書四」の書簡においては以下のように述べている。すなわち、善導の『観経疏』は中国でながらく散逸していたが、最近になって日本からもたらされ、金陵刻経処から印行された。しかしながら長い間の流伝において錯誤もはなはだ多い。この一〇年の間、一二度読んで標点をつけたが、必ずしも原初形態を復元できたというわけではない(15)。また「与康沢師書」の中には、『観経疏』を読むこと三度、善導は観心ではなく事相をもって凡夫を導いていた。本書は経典を引用しているが、錯誤も実に多い。楊仁山居士が句読をつけたのはよかったが、校訂すべき部分があるにもかかわらず、まったくなされていないとも述べ(16)、さらに「復崇明黄玉如書」の書簡でも、末法では善導の『観経疏』にあるように称名の一行こそが凡機にふさわしい行法である。ただし『観経疏』は錯訛がとても多く、二〇年前に校訂したものを、このたび南京羊皮巷の観音庵妙蓮法師が刊行して下さるので是非とも閲読いただきたいと綴っている(17)。

以上の印光が縁者に宛てた書簡からは、民国一三年に南京羊皮巷にある観音庵の住持であった妙蓮法師によって同庵に付設されていたと思しき南京仏経流通処から『観経疏』が印行されたのであった。印光はその校訂本『観経疏』に「観無量寿仏経善導疏重刻序」を添えている。その後半には以下のようにある[18]。

溯りて、経この方（くに）に伝わりてより、智者、善導、清涼、霊芝は各々著疏を為すも、後に唯だ智者の一疏のみ独り伝わり、余の三は皆な佚う。清の光緒の間、楊仁山居士は東瀛よりこの経の善導疏、無量寿経の慧遠疏、往生論の曇鸞註を請来す。皆な久しく佚える法宝なれば、倶に刻行せんとす。善導疏は諦観等の深意を用いず、但だ経文を直釈し、中下根の人をして易しく趣入せしめ、其の趣入に及びては諦観は自然了了なり。理に契い機に契い、善く法要を説くと謂うべし。弥陀の化身、殆んど虚伝にあらず。蓮宗の二祖、万代に景仰さる。伝の久遠に奈（たえ）（耐伝之久遠と同義）るも錯訛は甚だ多し。因りて息心詳校して重刻す[19]。

民国十三年甲子元旦　常慚愧僧　釈印光撰す

楊仁山居士が南条文雄から浄土教祖師の著作を寄贈され、そのまま光緒二〇（一八九四）年に南京の金陵刻経処から開版している。印光は金陵刻経処本の『観経疏』（実際には真宗で用いていた版本）をもとに、民国一三（一九二四）年に経文との会本によって重刻しているのである。その際に『観経疏』が一二〇〇年以上にわたって久しく伝写されてきた間に錯綜誤写が多いことに気づき、それらを息心（沙門＝印光のこと）みずからの校勘によって再版したと記している。

ただし、その印光校訂本の『観経疏』を校本という表現は実のところ適切ではない。なぜなら印光は諸本を比較した上で校訂していたのではなく、みずからの独断によって改訂していたからである。独断といってもそれはおそらく清朝考証学の成果を反映したものであるが、それでも唐代における語彙や語法の旧態を、現代の価値観にもとづいて改訂している部分については、厳にこれを慎まなければならない。つまり印光の価値観によって校訂「資料」となったものの、決して歴史「史料」ではないということである。また印光本は『観無量寿経』と『観経疏』の会本として刊行しており、読者にとってはたいへん都合のよいテキストとなっているが、その『観無量寿経』の本文は明版大蔵経のそれであり、したがってその明版の経文における語句を、そのまま『観経疏』の本文にも反映させている箇所がある。これもまた慎むべきことである。ともすると改竄と紙一重ということになりかねないからである。印光本にはそうした瑕疵を指摘できるものの、本文に付された標点についてはたいへん示唆的であり、我われの旧来の訓みに反省を促すものがある。中井玄道の「観経四帖疏の支那校刻本に就いて」（『専修学報』九、一九四一年）では印光本の改訂を七項に分け[20]、それぞれ数例を摘記している。ここでは、現行の流布本と比較する見地から、七項の第五「我が国の流布本と句読点を異にするもの」の中から、印光本の正しい標点を三例紹介する。なお、訓読文は筆者による。

〈流布本〉（『大正蔵経』三七・二四六下、『浄全』二・三上）

此由衆生障重、染惑処深。仏恐乍想真容無由顕現、故使仮立真像、以住心想、同彼仏、以証境。（これ衆生の障り重く、染惑処り深きに由って、仏恐らくはたちまち真容を想せしめば、顕現するに由し無からんことを。故に真像を仮立して、以て心想を住せしめ、彼の仏に同じて以て境を証せしむ）

〈印光本〉

此由衆生障重、染惑処深。仏恐乍想真容無由顕現、故使仮立真像、以住心、想同彼仏、以証境。（これ衆生の障り重く、染惑処り深きに由って、仏恐らくはたちまち真容を想せしめば、顕現するに由し無からんことを。故に

仮に真像を立て、以て心を住せしめ、想は彼の仏に同じくして、以て境を証せしむ）

ここは四字句と三字句の対句表現とみなして、印光本の「仮立真像、以住心、想同彼仏、以証境」を採用すべきである。

〈流布本〉（『大正蔵経』三七・二六〇下、『浄全』二・三三上）

如上光台所見、謂是己能向見、世尊開示、始知是仏方便之恩。（上の光台に見る所のごときは、これ己能く向に見つと謂いき。世尊開示したまうに、始めてこれ仏方便の恩なることを知る）

〈印光本〉

如上光台所見、謂是己能、向見世尊開示、始知是仏方便之恩。（上の光台に見る所のごときは、これ己が能と謂うも、向に世尊に開示せられて、始めてこれ仏方便の恩なることを知る）

どこに停頓を置くかという相違であるが、印光本の標点が正しい。「是」は「謂」の接尾辞であり、「謂是」の中古漢語における用例としては、単に「思う」の語義ではなく、「思い違いをする」という文脈で用いられることが多い。ここも韋提希が、釈尊の方便によって光台を見ることができたにもかかわらず、てっきりみずからの力によって見ていたと思い違いをしていたという意味になる。また「見世尊開示」の「見」は被動の助詞（らる）であって、動詞（見る）ではない。つまり、釈尊によって光台を開示せられたということである。これと同じ用法の「見」は『観経疏』に他に二箇所ある。(21)

〈流布本〉（『大正蔵経』三七・二六六上、『浄全』二・四五上）

若望衆生惑障動念、徒自疲労。仰憑聖力遥加、致使所観皆見。（もし衆生の惑障動念に望むれば、徒らに自ら疲労しなん。仰いで聖力の遥加を憑めば、所観をして皆見せしむることを致す）

〈印光本〉

若望衆生惑障、動念徒自疲労。仰憑聖力遥加、致使所観皆見。（もし衆生の惑障に望むれば、動念して徒自に疲労しなん。仰いで聖力の遥加を憑めば、所観をして皆見せしむることを致す）

ここも漢語としての句作りのリズム（六字一句）から、「動念」は下の句につけるのが道理である。意味としても、衆生の惑障がわざわいし、そのために観念が浮散してしまい、何の効果もあらわれずにただ疲労するだけであるということになる。

これら中井玄道〔一九四二〕が指摘した印光法師校訂本の精緻さについては賛同するものである。ただし残念なことに、この民国一三年の印光校訂本について日中関係者を頼って方々捜索してみたものの、現時点で落手にいたっていない(22)。

第五節　『法事讃』

◎写本

中国国家図書館所蔵大谷光瑞旧蔵本（七〜八世紀）

京都誓願寺所蔵　建暦三（一二一三）年？（五部九巻の写本の一。奥書なし）
大阪真宗寺所蔵　鎌倉時代末期
金沢文庫所蔵　鎌倉時代末期
（他多数あり『浄土教典籍目録』一三二頁）

◎刊本
高田専修寺所蔵　鎌倉時代初期
大谷大学所蔵　鎌倉時代
龍谷大学所蔵　室町時代（写字台文庫旧蔵）
良仰本　元禄六（一六九三）年、宝永六（一七〇九）年
（他多数あり『浄土教典籍目録』一三二頁）

◎流布本（現行本）
『浄土宗全書』の底本＝良仰本（元禄六年、宝永六年にもとづく修訂）
『大正蔵経』の底本＝徳川時代刊大正大学蔵本（良仰本）　校本＝なし
日本に伝存する古い写本テキストについては他に多数あり、宮崎円遵「『法事讃』の古鈔本について」（『宮崎円遵著作集第七巻　仏教文化史の研究』思文閣出版、一九九〇年）や『浄土教典籍目録』（佛教大学総合研究所、二〇一一年）を参照されたい。

中国に伝存する写本としては、中国国家図書館所蔵本BD一四一五五の一点である。これはもと西本願寺の大谷探検隊が敦煌で発見し(23)、後に神戸の二楽荘から旅順の大谷家別邸に移送され、さらに関東庁博物館（現在の旅順博物

館）に寄託寄贈されたが、敗戦によって旧ソ連に接収され、一九五〇年代になって中国側に返還されるにともない旅順から北京に移送された写本である。昭和五三（一九七八）年に中国仏教協会から浄土宗総本山知恩院にその影印が寄贈されている。[24]知恩院は佛教大学と龍谷大学にもその複写を贈り、それぞれの図書館にも所蔵されることとなった。また京都大学の附属施設であるユーラシア文化研究センター（旧京都大学文学部西南アジア研究施設、通称は羽田記念館）に所蔵されている『羽田亨博士収集西域出土文献写真』に含まれる『法事讃』もこの大谷家旧蔵本であり、羽田によって西域写本の研究に供せられていたことがわかる。現在は中国国家図書館（旧北京図書館）善本特蔵部による管理のもと珍蔵されるにいたる。

本テキストは巻首を欠いた巻上のみの写本で、隋唐写本の標準形態でもある一紙四七六字の体裁となっているので、欠けているのは巻首の一紙分に相当する。なお、敦煌石室にかかる浄土教礼讃偈の写本というものは、日常的に使用されるためか、概ね消耗品として書写されるようで、決して豪華で贅沢な料紙が用いられているわけではないが、本写本は写経の料紙と変わることがなく、そこに楷書で丁寧に写されていることや、高座と下座がそれぞれ句読を発するところでは、上界線の外に第一字目を擡頭していることは、おそらく実用を配慮したためであろうが、本テキストは儀礼の現場において直接用いた消耗品の類ではなく、むしろそのための書写用の藍本とみなしたほうがよさそうである。影印とその書誌情報は、『国家図書館蔵敦煌遺書』一二三巻（北京図書館出版社、二〇〇九年）に収められている。[25]それによると七〜八世紀の唐写本ということである。また、その翻刻としては、橘瑞超編『二楽叢書』第一号（私家版、一九一二年）に流布本との対照が掲載されている。

筆者は一九九八年、および二〇〇〇年に本書を調査した。今『国家図書館蔵敦煌遺書』の条記目録の記載とともに本写本の書誌を示す。

分類：BD一四一五五（旧分類は北新三五五）
装丁：巻子本、首残尾全、表紙（後補）、八双（後補）、紐（紫・後補）、経軸（ガラス・後補）、七～八世紀後半の写本と推定される
表紙：蟠龍の刺繡が施される旧大谷家所蔵本、見返しは金箔散らし
外題：「浄土法事讃　上巻」（後補）
尾題：「浄土法事讃」、その左下方に「願往生僧善導集記」
料紙：麻紙・縦三六センチ、横四六～四七センチ、一紙二八行×一七字、全一六紙
訓点：なし
朱印：第一紙一行下および第一六紙最終行下に「北京図書館蔵」、一九五〇年代に旅順から移管されたときの朱印
擡頭：界線の上に擡頭されており、実際の使用に便となる

両本の優劣（1）

流布本が敦煌本に勝っている点といえば、先の『観念法門』に同じく繁文と省文を曖昧にせず、また魯魚の誤写がなく、より整理されている点である。両者の異読は少なくなく、讃偈の置かれている順序が前後していたり、讃偈そのものを欠いているもの、逆に流布本に存在しない讃偈も見られる。以下に敦煌本が流布本に勝ると思しき箇所を示す。

両本の優劣（2）

敦煌本が流布本に勝っていると考えられ、それだけに原初形態であることが予想される例を示す。まずは書写時における一文の脱落、または省略についてである。なお、以下に引く敦煌本に付した句読点は、先の敦煌本『観念法門』と同じく筆者による理解を反映したものである。

〈流布本〉（『大正蔵経』四七・四二五中、『浄全』四・二下）

般舟三昧楽　乗華直入不須疑　衆等斉心請高座　愍懟智影説尊経　難思議　双樹林下　難思　道場時逢難叵遇　無常迅速命難停

〈敦煌本〉（『国家図書館蔵敦煌遺書』一二三・三二上）

般舟三昧楽　乗華直入不須疑　衆等斉心請高座　慇懃致敬説尊経　道場逢難時叵遇　無常迅速命難亭

流布本の「愍懟智影」は意味をなさない。良忠はこれを『法事讃私記』上（『浄全』四・三七上下）で苦しい説明をしているが、敦煌本の文意は明快である。愍懟と慇懃は字形の類似からの誤写であろうし、智影（ȶiě-ʔjeŋ）と致敬（ȶi-ʔjeŋ）は唐代中古音では諧音である（李方桂による推定音）。流布本は日本に舶載される前、すでに中国で誤写されたと考えられる。また和声（和讃）の「難思議　双樹林下　難思」の有無は大きな問題ではないが、流布本の「時逢難」は、語法からしても句作りからしても敦煌本の「逢難時」に正されるべきである。「道場逢難」（道場に逢いがたく）と「時叵遇」（時に遇いがたし）であり、しかるべき場所と時間に巡りあうことは稀であるという意味で、上四字と下三字の句中対（句の中の対句）となっている。最後の「停」と「亭」は繁文と省文の相異でしかない。

〈流布本〉（『大正蔵経』四七・四二六中、『浄全』四・四下）

常作不染身口意業、常行不退身口意業、常行不動身口意業、常行讃嘆身口意業、常行清浄身口意業、常行離悩身口意業、常行智慧身口意業、覚悟成就、定慧成就。此諸菩薩、常為諸天龍八部人王梵王等、守護恭敬供養。

〈敦煌本〉（『国家図書館蔵敦煌遺書』一一三・二九上）

常作不染身口意業、常行不害身口意業、常行不痴身口意業、常行不退転身口意業、常行不動身口意業、常行讃嘆身口意業、常行清浄身口意業、常行離悩身口意業、常行智慧身口意業、覚悟成就、定慧成就。此諸菩薩、常為諸天龍八部人王梵王等、守護恭敬供養。

敦煌本は「常行不害身口意業、常行不痴身口意業」があるが、流布本には欠けている。流布本はおそらく書写時における視線乖離により、一七文字（標準的写本の一行分）が脱落したものと考えられる。

〈流布本〉（『大正蔵経』四七・四二六上、『浄全』四・四下）

高接下讃云

高接下讃云

重白道場大衆等、各各歛心弾指合掌叩頭一心帰命（後略）

〈敦煌本〉（『国家図書館蔵敦煌遺書』一一三・一二八下）

高接下讃云

願往生願往生　願在弥陀仏前立　手執香華常供養

下接高讃云

願往生願往生　願在弥陀仏前立　手執香華常供養

高接下更召請尊経舎利及諸聖衆即云

重白道場大衆等、各各歛心弾指合掌叩頭一心帰命（後略）

流布本では、はじめの「高接下讃云」の直後にまた同じく「高接下讃云」が接続している。高座と下座が交互に合奏するはずであるが、これでは実際の儀礼の現場においてどのように運用されていたのかまったくイメージすることができなくなっている。一方の敦煌本では高座の讃偈と下座の讃偈がともに明示されているので明確である。流布本にはこうした不具合があちこちに散見される。右と同じような例として「高接下讃云　下接高讃云」や「下接高讃云　高接下讃云」がある（四七・四三一上中下に多くある）。これはとくに流布本の巻下にいたると顕著である。今それらの中から一例のみを示す。

〈流布本〉（『大正蔵経』四七・四二六下、『浄全』四・五下）

高接下讃云

下接高讃云
　願往生願往生　久住娑婆常没没、三悪四趣尽皆停、被毛戴角受衆苦、未曾聞見聖人名（後略）

〈敦煌本〉（『国家図書館蔵敦煌遺書』一一三・二九下）

高接下讃云
　願往生願往生　願在弥陀仏前坐　手執香華常供養
下接高讃云
　願往生願往生　久住娑婆常没没、三悪四趣尽皆停、被毛戴角受衆苦、未曾聞見聖人名（後略）

流布本では「高座は下座に続いて讃歎して唱えよ」としながらも、その高座が唱えるはずの讃偈が示されておらず、すぐさま「下座は高座に続いて讃歎して唱えよ」とされている。しかし敦煌本では高座が唱える讃偈が明示されている。他の類例は煩を避けてここですべて紹介しないが、流布本で省略されているのは以下の三パターンのうちのいずれかである。

①願往生願往生　願在弥陀仏前立　手執香華常供養
②願往生願往生　願在弥陀仏前坐　手執香華常供養
③願往生願往生　願在弥陀会中坐　手執香華常供養

いったいなぜ現行流布本ではこれらが略されてしまったのか不明であるが、このままでは高座と下座とが交互に唱和する流れるような法事儀礼は遂行できなくなるはずである。

両本の優劣（3）

次に文字の誤写と考えられる校異を示す。中にはすでに良忠が『法事讃私記』において指摘していることも含む。

〈流布本〉（『大正蔵経』四七・四二六中、『浄全』四・五上）

衆等希聞諸仏法　龍宮八万四千蔵　已施神光入道場　証明功徳復満願

〈敦煌本〉（『国家図書館蔵敦煌遺書』一二三・二九上）

衆等希聞諸仏法　龍宮八万四千蔵　已放神光入道場　証明功徳復満願

ここに「施」と「放」の相違がある。「施」でも文意は通じるが、この直後にある讃偈で、流布本と敦煌本ともに「龍宮経蔵如恒沙　十方仏法復過是　我今標心普皆請　放大神光入道場」とあることからしても、ここは流布本の「施」は誤写であると推断できそうである。

〈流布本〉（『大正蔵経』四七・四二六下、『浄全』四・五下）

今為施主及衆生、已請十方法界全身舎利砕体金剛、物利随宜分形影赴。

〈敦煌本〉（『国家図書館蔵敦煌遺書』一二三・二九下）

今為施主及衆生、已請十方法界全身舎利砕体金剛、利物随宜分形影赴。

この偈は珍しく韻文ではない。良忠は『法事讃私記』上（『浄全』四・四二上）で、「物利随宜者、問可云利物、何云物利。答字雖上下、其意同也。又利物者、舎利之利物也。物利者、物之被利舎利也」と述べている。「字雖上下、其意同也」とあるように、ここはやはり漢語の語序として敦煌本の「利物」が採用されるべきである。

〈流布本〉（『大正蔵経』四七・四二八中、『浄全』四・九下）

曠劫已来居生死　三塗常没苦皆逕（中略）浄土無生亦無別　究竟解脱金剛身　以是因縁請高座　報仏慈恩転法輪

〈敦煌本〉（『国家図書館蔵敦煌遺書』一一三・三二下）

曠劫已来居生死　三塗常没苦皆逕（中略）浄土無生亦無死　究竟解脱金剛身　以是因縁請高座　報仏慈恩転法輪

この讃偈についても良忠が『法事讃私記』上（『浄全』四・四六上）で、「浄土無生等者、浄土即無生也。亦無別者、雖有九品別、終帰究竟、故云無別。亦者亦別、亦者無別也。有九品差、故云亦別。皆帰究竟、故云亦無別」と註解している。すなわち「無別」とは浄土に九品の差別がないことと理解している。しかしこの文脈は、曠劫より今にいたるまで、常に生死輪廻を繰り返してきたが、浄土はそうした生死輪廻のない世界（生もまた死もない世界）であることを意味しているのであり、浄土に九品の差別がないと言うのでは前後の文意にそぐわなくなる。よって敦煌本の「生もなく、また死もなし」で理解すべきである。

〈流布本〉（『大正蔵経』四七・四二九下、『浄全』四・一二上）

或破五戒八戒十戒三帰戒四不壊信戒三業戒十無尽戒声聞戒大乗戒及一切威儀戒四重八戒等

〈敦煌本〉（『国家図書館蔵敦煌遺書』一一三・三五上）

或破五戒八戒十戒三帰戒四不壊信戒三聚戒十無尽戒声聞戒大乗戒及一切威儀戒四重八禁等

ここも同じく良忠が指摘している。『法事讃私記』上（『浄全』四・五〇上）に、「三業戒者、指三聚戒歟。序分義云、菩薩三聚戒十無尽戒。今亦可然」とあるように、良忠がすでに推定していた「三聚戒」が正しい。

〈流布本〉（『大正蔵経』四七・四二九下、『浄全』四・一二下）

楽行邪見破戒破見悪見、謂修善無福造悪無殃、外道闡提業、不行正見禁行出世往生浄土障。

〈敦煌本〉（『国家図書館蔵敦煌遺書』一一三・三五下）

楽行邪見破戒破見悪見、謂修善無福造悪無殃、外道闡提業、不行正見梵行出世往生浄土障。

ここは、衆生が邪見によって外道一闡提の業を修めることを願い、正見によって梵行（清浄な行法）を修めない障りについて述べたものである。「禁」と「梵」は字形の類似から誤写されたものと考えられる。

以上、敦煌本によって現行流布本の誤りを訂正することができた。これらを除く両テキストの大きな相違としては、敦煌本には「請観世音讃」（四七・四二七上）、「行道讃梵偈（三奉請）」（四七・四二七下）、「慚愧釈迦大悲主～即証不退入三賢」（四七・四二七下～四二八上）がなく、また逆に現行流布本には見られない文章が敦煌本に見られることもある。[26] さらに讃偈が置かれている位置が異なるものもある。

なお、『法事讃』の序に相当する巻頭の「序曰竊以」から「斉臨彼国」にいたる三三四字は、散文でありながらも声律に関しては一つの破格すらないほどの美文で綴られている事実や、巻上と巻下に二箇所の脱句があることも判明した。それらについては本書各論篇第六章を参照されたい。

第六節　『往生礼讃偈』

中国に伝存する諸本については、智昇が『集諸経礼懺儀』を撰述し、それをみずから編纂した『開元釈教録』に入蔵させたことによって、後の『貞元新定釈教目録』でもやはり入蔵されることになる。これによって『集諸経礼懺儀』巻下に収められる善導の『往生礼讃偈』は必然的に一切経に入蔵されることになり、以後、一切経を備えることは善導の『往生礼讃偈』を備えることとなる。したがってテキストとしては『集諸経礼懺儀』所収の入蔵本『往生礼讃偈』と、非入蔵本『往生礼讃偈』に分かれることになる。さらに後世の礼讃文において『往生礼讃偈』の抄出編入がなされ、法照の『五会法事讃』にも編入されることになる。これもまた敦煌本として見ることができる。一方、日本に伝存する諸本においては、『聖武天皇宸翰雑集』、七寺蔵『阿弥陀往生礼仏文』、流布本系統の写本版本に分類される。このように、ひとまず中国に伝わる諸本と日本に伝存する諸本とに大きく分類できる。

A中国伝存：①入蔵本『往生礼讃偈』→『集諸経礼懺儀』所収本
　　　　　②非入蔵本『往生礼讃偈』→各種敦煌写巻
　　　　　③『五会法事讃』・守屋本・敦煌石室別行本

B日本伝存：①正倉院『聖武天皇宸翰雑集』・七寺蔵『阿弥陀往生礼仏文』

②浄土宗・真宗相伝の写本刊本（流布本系統）

このA系とB系を用字の韻からさらに分類してみると、【A①②③・B①】と【B②】になる。前者は声律（tone）と韻律（meter）の規格にそう意識がはたらいており、旋律を重視した系統である。また『聖武天皇宸翰雑集』のような古いテキストは、御物として保管され、転写をへていないので、原本の状態をよくとどめていると言える。このため韻律に乱れは生じていないのである。一方、後者は流布本系統であり、声律と韻律を閑却した日本漢字音、つまり平坦で抑揚がなく、漢語の旋律を閑却した用字の交替を重ね、流布本へと継承されるのである。

おわりに

現存が確認されているわが国最古の五部九巻のテキストは、浄土宗西山深草派誓願寺の写本（一二一三年）と真宗高田派専修寺の刊本（鎌倉時代）である。ともに浄土系宗派の手をへたテキストということになる。しかもそうした現存するテキスト同士には意味内容が変わるほどの異読はない。ところが『往生礼讃偈』がそうだったように、日本伝存本が敦煌石室写本と大きく相違している事実を斟酌するとき、他のテキストも推して知るべしではなかろうか。したがって日本の浄土系宗派による校訂作業を通過していない古写本を積極的に用いるべきであるが、残念なことに一二世紀を遡るテキストの現存が確認されていない。そこで『往生礼讃偈』『観念法門』『法事讃』巻上について言うならば、中国に伝存するテキストを重視すべき姿勢が求められる。それは善導撰述時のオリジナル性を保持している可能性が高いからである。韻文を含む場合はさらにその可能性が増す。また『観経疏』に関しては印光法師による校訂本（一九二三年刊）も検討すべきである。ただし、以上の中国伝存本は写本であるだけに、魯魚亥豕の誤写、繁文省文の未分、視線乖離による一句一行の欠落などがあり、その点においてはより整理されている日本伝存本に軍配が上がる。こうした点を種々考慮するとき、日中双方に伝わるテキストをともに用いることになるが、いずれにせよ、我われは『観経疏』末尾にある「一句一字不可加減」の呪縛から脱して、文献学の成果にもとづき五部九巻のテキスト批判に対して躊躇してはならないのである。[(27)]

註

（1）浄土真宗聖典編纂委員会編『浄土真宗聖典　七祖篇――原典版――』（本願寺出版社、一九九二年）の校異を参照。日本に伝存する五部九巻のテキストの校異は決して多くない。おそらく、このことがテキスト批判が閑却されてきた原因であると考えられる。

（2）各論篇第三章参照。

（3）『敦煌秘笈』第四冊三九五～四〇九頁（公益財団法人武田科学振興財団杏雨書屋、二〇一一年）

（4）そのリストは王重民『敦煌遺書総目索引』（三一八～三二六頁、中華書局、一九八三年）に掲載されているが、栄新江「李盛鐸蔵巻的真与偽」（『敦煌学輯刊』一九九七年第二期、後に栄新江『鳴沙集』〈新文豊出版、一九九九年〉に収録される）によると、その原本が北京大学図書館善本部に所蔵されており（「李木斎氏鑑蔵敦煌写本目録」）、李盛鐸の子息李滂によって記されたものであるという。また栄は『敦煌遺書総目索引』に誤りが多いことを指摘している。確かに原本から転載したとは思えないほどの相違があり、両者の間にいくつかの段階なり事情があったのではないかと思えてならない。

（5）なお諸本の校異に関しては、『大正蔵経』が大谷大学蔵本を底本として、大正大学蔵本をもって校異を示しており、また『浄土真宗聖典　七祖篇――原典版――』（本願寺出版社、一九九二年）にも複数のテキストを校勘しているので参考となる。

（6）版本は写本に比べて誤植は少ない。しかしそれが原初形態をとどめているということではない。

（7）牧田諦亮監修、落合俊典編『七寺古逸経典研究叢書第二巻　中国撰述経典（其之二）』（大東出版社、一九九六年）所収の『浄度三昧経』影印・翻刻・訓読・索引を参照。

（8）拙文「『浄度三昧経』の研究――『安楽集』と『観念法門』の場合――」（『佛教大学総合研究所紀要』三、一九九六年）

（9）往生経としての『浄度三昧経』については、前掲拙文〔一九九六〕で述べた。

（10）『観経疏』玄義分（三七・二五一上中）に「此三品人、倶在彼発心、正由聞大即大乗種生、由不聞小故、所以二乗種不生」、序分義（三七・二六〇下）に「正明夫人是凡非聖、由非聖故、仰惟聖力冥加」、定善義（三七・二六一下）に「此人不得教作日観、由不識日輪光相故」、散善義（三七・二七四下）に「又雖信不深、善心数退、悪法数起、此乃由不深、信苦楽因果也」、『法事讃』下（四七・四三七上）に「正由不遇好強縁　致使輪回難得度」とある。

（11）良忠『観念法門私記』（『浄全』四・二七〇上）

（12）良忠『観念法門私記』（『浄全』四・二七五上）でも指摘している。ただし良忠は「今略抄……」以下の二二文字が誤って前方に挿入されたと考えているが、正しくは「一切経内……」の三四字であるとみなすべきである。

（13）拙文「義山の元禄新彫『選択集』に見る浄土宗学の一側面」（『浄土宗学研究』三九、二〇一三年）を参照されたい。

（14）南宏信「金剛寺蔵鎌倉写『般舟讃』について」（『印度学仏教学研究』五五巻一号、二〇〇六年）、長谷川浩亨「新発見　金剛寺蔵『般舟讃』の書写年代」（『仏教論叢』五一、二〇〇七年）

（15）『印光法師文鈔』（上）八二頁（古晋報恩念仏堂、二〇〇二年）

（16）同右一〇八頁

（17）同右二九四頁

（18）『印光法師文鈔』（下）五三六頁（古晋報恩念仏堂、二〇〇二年）、『新編全本印光法師文鈔』五巻九九五頁（九州出版社、二〇一二年）などを参照。

（19）溯自経伝此方、智者・善導・清涼・霊芝、各為著疏、後唯智者一疏独伝、余三皆佚、清光緒間、楊仁山居士、由東瀛請来此経善導疏・無量寿経慧遠疏・往生論曇鸞註。皆久佚之法宝、倶為刻行。善導疏不用諦観等深意、但直釈経文、俾中下根人、易於趣入、及其趣入、不言諦観、而諦観自然了了矣。可謂契理契機、善説法要。弥陀化身、殆非虚伝。蓮宗二祖、万代景仰。奈伝之久遠、錯訛甚多、因息心詳校而重刻焉。

(20) ①音通による借字を復原せるもの、②同字又は俗字を正字に改めたるもの、③所釈の本経に依りて改めたるもの、④原本に依りて引文を改めたるもの、⑤我が国の流布本と句読点を異にするもの、⑥衍文と見なして訂正せるもの、⑦潤文して体裁を整備せるもの。

(21) 拙文〔一九九九①〕を参照。

(22) ウェブサイトでの翻刻は、道客巴巴（http://www.doc88.com）を参照。

(23) 橘瑞超編『二楽叢書』第一号（私家版、一九一二年）には「完結せる阿弥陀経及び法事讃は敦煌に於て獲たるものなり」（六頁）と記されている。

(24) 小笠原宣秀『法事讃管見』二六頁（百華苑、一九八一年）参照。本書は真宗における『法事讃』の研究書を紹介している。

(25) 写本の分類番号はBD一四一五五（旧分類は北新三五五）。『敦煌劫余録続編』二四八頁（北京図書館善本部、一九八一年）も参照。なお北新一～四一二までは大谷光瑞旧蔵本である（藤枝晃『敦煌学とその周辺』九六頁、ブレーンセンター、一九九九年）。『国家図書館蔵敦煌遺書』第一一三冊（北京図書館出版社、二〇〇九年）の条記目録（四頁）には、本写本の書誌情報が報告されている。

(26) 『大正蔵経』四七・四二八上の第一一行目に「手執香華常供養」とある直後に、敦煌本には以下の文章がある。

唱此讃竟尽令坐

高接下讃云　願往生願往生　願在弥陀仏前坐　手執香華常供養

下接高讃云　願往生願往生　願在弥陀会中坐　手執香華常供養

(27) 総論篇第二章で述べたように、善導は『観経疏』だけではなく五部九巻のすべてを経法として撰述している。

第四章　法照の著作考

はじめに

法照の著作として研究の俎上にのぼってくるのは、『浄土五会念仏誦経観行儀』（『広本』）三巻、および『浄土五会念仏略法事儀讃』（『略本』）一巻（または二巻）がその中心である。かつて塚本善隆『唐中期の浄土教――法照の研究――』（東方文化研究所京都、一九三三年）においても「法照の著述」の章節を設け、そこで紹介していたのはこの『広本』と『略本』のみであった。しかし、この広略二種の『五会法事讃』以外にも法照には著作があったことを確認できる。本章ではそれらの著作について紹介する。なお広略『五会法事讃』と法照自作の詩文についての詳細は、それぞれ各論篇第八章、第九章に譲る。

第一節　『大聖竹林寺記』

本書は法然の『念仏大意』や『登山状』、また聖光の『徹選択集』、親鸞の『西方指南抄』にも若干の引文が見られるが[1]、道光の『然阿上人伝』によると、浄土宗三祖の記主良忠（一一九九～一二八七）が一八歳のとき、聖道門を捨て浄土門に帰入する契機となったのがこの『大聖竹林寺記』であったという。該書そのものはすでに現存せず、逸文がわずかに遺されるのみである。その『然阿上人伝』には以下のようにある（『浄全』一七・四〇七上）。

然生年十八、学問余暇、披閲『大聖竹林寺記』曰、法照問文殊普賢二聖者言、「末法凡夫、去聖時遥、知識転劣、垢障尤深。未審大聖、修何法門、易得成就。唯願大聖、為我解説」。文殊師利言、「汝今念仏。今正是時。諸修行門、無過念仏。西方在（↓有）阿弥陀仏、彼仏願力不可思議。命終決定往生彼国」。乃至、又問、「今時及未来一切衆生、同志念仏、比丘比丘尼優婆塞優婆夷、至心虔誠、勇猛精進、不為名利、称念仏名、臨終実感仏来迎接得上品往生不」。因此念仏、至命終時、得証聖果、遠離輪回不」。文殊答曰、「決定無疑。除為名利及不至心」。

逸文は他に、聖冏（一三四一～一四二〇）の『観経疏伝通記糅鈔』（『浄全』三・一四七下）にも見られる。

又『大聖竹林寺記』云、寺之門前、有一丈（↓大）金橋、其寺額還是金字也。号為大聖竹林寺。其寺囲可二十里、内都有一百二十院。皆是七宝荘厳、純金所成。渠流華樹充満其中。法照遂入此寺、至於講堂之内、見大聖文殊与普賢処獅子座。文殊在西方、普賢在東方、其菩薩与獅子座、可高二十丈以来、文殊左右有一万二千菩薩、普賢左右有無数菩薩、前後囲繞。時二大聖為諸菩薩論説妙法、於大聖前獅子座下、稽首作礼二聖尊足、而問文殊普賢二聖者言、「末法凡夫去聖時遥、智識転劣、垢障尤深、恒為煩悩塵労之所纏縛。真如実性無由顕現。仏法懸広、染汚無辺。未審大聖、於諸法門、修何法門、易得成就、疾得成仏、速出三界、利益群生。行何法門、最為其要。唯願大聖、為我解説、令断疑網、快意修行」。時文殊師利言、「汝已念仏、今正是時。諸修行門、無過念仏。供養福慧双修、此二門並為其要。所以者何。我於過去久遠劫中、因観仏故、因供養故、今得一切種智。是故一切諸法中、般若波羅蜜・甚深禅定、乃至諸仏正遍智海、皆従念仏而生。故知念仏是諸法之王」已上

この引文は『宋高僧伝』二一感通篇の法照伝（『大正蔵経』五〇・八四四中下）や、『広清涼伝』巻中の法照伝（五一・一一一四中～一一一五中）の記載、とくに後者『広清涼伝』と大筋で一致している。したがって『大聖竹林寺記』とこれら両伝が互いに関連していることがわかるのである。

さて、『大聖竹林寺記』がいったい誰によって撰述されたものか、道光と聖冏は作者についてふれていないが、覚明房長西（一一八四～一二六六）の『浄土依憑経論章疏目録』（『長西録』）雑述録第九において以下のように著録されている。(2)

大聖竹林寺記一巻　法照

ここからは本書が鎌倉浄土教諸師の目にふれていたことや、法照みずからの述作であると伝えられていたことが確認される。長西が何を根拠として法照の撰述であるとみなしたのかは不明であるが、あるいは円仁の請来目録である『入唐新求聖教目録』の記事によるものであろうか。そこには円仁が五台山でみずから書写して持ち帰った『五台山大聖竹林寺釈法照得見台山境界記』一巻（五五・一〇八五中）なるものが著録されている。ここに撰者名は明記されていないが、『大聖竹林寺記』の略称とみなすとともに、法照の撰述として推定したのか、それとも天台

においては法照の撰述が既知のこととして伝承されていたのであろうか。

ところが問題はそう簡単ではなさそうである。賛寧の『宋高僧伝』二一の法照伝の末尾には（五〇・八四五上）、

絳州の兵掾王士詹、聖寺記を述べて云う。

と記されている。(3) ここに見られる「聖寺記」についてであるが、これが先の「大聖竹林寺記」の略称であり、両者は同一典籍ではないかとも推察できるのである。そして、絳州（現・山西省運城市新絳県）という一地方で兵器を管理する下級役人の王士詹なる人物が「聖寺記」の撰者であれば、先の『長西録』とは異なることになる。

さて、賛寧はなぜ法照伝の末尾に及んでこのような補記を載せたのかと言うと、おそらく『宋高僧伝』の編集補足を示すものではないだろうか。同巻三〇の後序には以下のことが記されている（五〇・九〇〇上）。

賛寧、至道二（九九六）年より叡恩を奉じ、洛京の教門の事を掌る。事簡心曠の日、遂に法照等の行状を得て、撰し已り、前来の闕如に易（あらた）め、尋ち因って其の本を治定す。

ところで『宋高僧伝』の前序（五〇・七〇九上中）によると、賛寧は太平興国七（九八二）年、勅を奉じて『宋高僧伝』の撰集をはじめ、端拱元（九八八）年にひととおり上梓させている。しかしこの後序からすると、至道二（九九六）年以後に法照らの新資料を得て、前稿の不備を追加補足して最終的な成書をみたというのである。このように『宋高僧伝』は、ひとたび撰集されてからも編者の賛寧によって加筆されていたことが知られる。(4) してみる

と、『宋高僧伝』の法照伝にある「絳州の兵掾王士詹、聖寺記を述べて云う」という記事は、賛寧が至道二年以後に法照の「行状」について記されている「聖寺記」なるものを入手し、これに依りながら法照伝を再構築したものと考えられよう。その「聖寺記」にもとづいて再構築されたと思しき法照伝の記載内容と、先に見た『然阿上人伝』と『観経疏伝通記糅鈔』に引用されている「大聖竹林寺記」の逸文の内容を相互に比較することで、両者が概ね合致していることがわかる。よって「聖寺記」と「大聖竹林寺記」は同一文献の具略の異名であると推察され、そこに記されている情報が『宋高僧伝』の法照伝を再構する際の追加材料となったものとみなすことができる。この推定を是とするならば、「聖寺記」とは法照の五台山における霊験などの事績などをまとめた「大聖竹林寺記」ということになる。

ところで王士詹なる人物であるが、『広清涼伝』巻中に見えている。それによると徳宗皇帝の貞元年間（七八五〜八〇五）に、皇帝の生日においては五台山の一〇箇寺で万僧供を設けることになり、その際に司兵参軍の王士詹が紀頌を石碑に刻んだとある。その録文はまた『全唐文』六二一の巻頭に、「五台山設万僧供記」（五台山に万僧の供を設くる記）として転載されている。ここにその全文を『広清涼伝』によって示す（五一・一一一六上）。

毎皇帝誕聖之日、於五台山十寺普通蘭若、設万僧供、命司兵参軍王士詹、撰述刻石記紀頌。其詞略曰、弥陀居西国、照師宗焉。帝尭在位、邠公輔焉。是知仏宝国宝、殊躅而同体也。竹林精刹、応現施工已立。西方教主大師法照、自南岳悟達真要、振金錫之清涼、根瑞相以徘徊。躡雲衢而直進、躋霊山入化寺。周歴而□□□百二十院、所覩異光奇迹、具紀於大師実録。海□□□播故略而不書。茲乃浄土教主東流也。故治地□□寺焉。

毎に皇帝誕聖の日、五台山の十寺の普通蘭若に於いて万僧供を設く。司兵参軍の王士詹に命じて、撰述し石に刻み紀頌を記せしむ。其の詞に略して曰く、弥陀は西国に居し、照師は焉を宗とす。帝尭は位に在りて、邠公は焉を輔く。是に仏宝は国宝にして、躅を殊にするも体を同じと知る。竹林の精刹、応現し施工して已に立つ。西方の教主なる大師法照、南岳よりして真要に悟達す。金錫を清涼に振るい、瑞相に根りて以て徘徊す。雲衢を躡みて直に進み、霊山躋（のぼ）りて化寺に入る。□□□百二十院を周歴し、観る所の異光奇迹、具に大師の実録に紀せり。海□□□播の故に略して書かず。茲に乃ち浄土教主東流するなり。故に地を治め寺を□□。

途中にいくつかの闕字があるものの、概ね了解できる。右の文からは撰者王士詹が法照ゆかりの人物であったことがわかるとともに、「大師実録」なるものが存在したことが知られる。この「大師実録」とは、固有の書名ではないと思われるが、右の引文からして、法照の事績や瑞相の数々を記した記録ということになりそうである。もちろんその撰者も王士詹とみてよいであろう。すると、ここで先の王士詹の「聖寺記」（「大聖竹林寺記」）が浮上してくる。その逸文の内容からして、あるいはこの「大師実録」と符合するのではないだろうか。もとより「大師実録」そのものは現存を確認できておらず、それを証明することはできないので、推測の域を出ない。なお塚本善隆〔一九三三〕では、これを次節に紹介する『五台山大聖竹林寺釈法照得見台山境界記』であろうと推定している。

いずれにせよ、「大聖竹林寺記」の逸文からの断片的な内容は、法照が五台山登嶺前に夢の中で五台山に登り荘厳された仏閣を拝し、さらに文殊と普賢に末法の凡夫に応じた法門を尋ねると、両菩薩は念仏の実践をすすめる。この内容と『宋高僧伝』の法照伝との類似性から推測するならば、法照に近しい王士詹が「大聖竹林寺記」（「聖寺記」「大師実録」）を撰述し、賛寧が後にこれを入手したことで、『宋高僧伝』の法照伝が最終的に成立したということになるのではなかろうか。それは、『宋高僧伝』法照伝の以下の記事に注目したい（五〇・八四四下～八四五上）。

> 至于七日初夜正念仏時、又見一梵僧入乎道場告云、「汝所見台山境界、何故不説」。言訖不見。照疑此僧、亦擬不説。翌日申時、正念誦次、又見一梵僧年可八十、乃言照曰、「師所見台山霊異、胡不流布、普示衆生、令使見聞、発菩提心、獲大利楽乎」。照曰、「実無心秘蔽聖道。恐生疑謗、故所以不説」。僧云、「大聖文殊見在此山。尚招人謗、況汝所見境界。但使衆生、見聞之者、発菩提心、作毒鼓縁耳」。照聞斯語、便随憶念録之。
>
> 七日の初夜、仏を正念せし時に至り、また一の梵僧道場に入るを見る。告げて云く「汝の見る所の台山の境界、何故説かざるや」。言い訖りて見えず。〔法〕照此の僧を疑い、また説かざらんと擬る。翌日の申の時、正しく念誦せし次、また一の梵僧年八十ばかりなるを見る。乃ち〔法〕照に言いて曰く「師の見る所の台山の霊異、胡ぞ流布して普く衆生に示さざるや。見聞し菩提心を発して大利楽を獲せしめん」と。〔法〕照曰く「実に心に聖道を秘蔽せんとすることなし。疑謗を生ぜんことを恐るが故に以て説かざる所なり」と。僧云く「大聖文殊は見に此の山に在せり。尚お人の謗りを招かん、況や汝の所見の境界をや。但使衆生、之を見聞せば菩提心を発し、毒鼓の縁となるのみ」と。〔法〕照斯の語を聞き、便ち憶念に随って之を録す。

法照が五台山においてさまざまな霊相奇瑞を見聞したことに対して、ある梵僧からそれを人々に宣布するように勧奨されたことでようやく記録にとどめたという。そしてこの少し後に「絳州の兵掾王士詹、聖寺記を述べて云う」とあって法照伝はおわっている。してみると、法照は南岳や五台山で見聞したみずからの体験を忘れないよう、記憶をたよりに書きとめたということになる。これは大暦五（七七〇）年の一二月八日のことである。さらに八箇月遡る大暦五年の四月六日に大聖竹林寺における文殊普賢との奇瑞を石碑に刻んで建立し、贊寧のころもまだ存在していたということを「乃ち石記を立つ。今に存す」（五〇・八四四下）と記している。以上のことから、法照に近しい人物であった王士詹が、法照みずからが書きとめた記録や石碑などをもとにして、「大聖竹林寺記」を完成させたということになるのではなかろうか。

なお、この「大聖竹林寺記」と「聖寺記」をめぐってはこれまで詳細な考証はなされなかった。わずかに望月信亨（一九二二）がこれら両記は同一文献であるが、その作者については「或は法照の作ではなくて、王士詹が録したものかも知れぬ」（九八九頁）と述べ、佐々木功成（一九二五）は、「王士詹の聖寺記と法照の大聖竹林寺記とは別に存したようである」（七九頁）として両記を異なるものとみなした程度である。また、中嶋隆蔵は『大乗仏典中国・日本篇』第一四巻（中央公論社、一九九一年）の訳註で、『五台山設万僧供記』が「大聖竹林寺記」であろうとしているが（三八六頁）、これは誤解である。『五台山設万僧供記』は、あくまでも徳宗皇帝の生誕を記念して五台山の一〇箇寺において毎年僧侶に供養する慶事を記したものであり、法照との関連性はない。

第二節　『五台山大聖竹林寺釈法照得見台山境界記』

慈覚大師円仁（七九四～八六四）が唐土から比叡山にもたらした請来品の目録『入唐新求聖教目録』の中には、『浄土五会念仏略法事儀讃』一巻と、この『五台山大聖竹林寺釈法照得見台山境界記』一巻が著録されている（五五・一〇八五上、中）。本書は、先の「大聖竹林寺記」「聖寺記」とおそらく同一文献であろうと思われる。円仁が請来した冗長なタイトルは、平安末期までに「大聖竹林寺記」と略称されるようになり、法然、長西、良忠らの目にふれるようになったのであろう。なお前述したように塚本善隆〔一九三三〕は本書を「大師実録」と推定している。

第三節　『念仏大聖竹林之寺讃仏文』

敦煌写本の伯三七九二（紙背）の記事が法照に関する資料であると指摘したのは廣川堯敏〔一九八二①〕であった。ただし当該文献の内容の詳細にまでは立ち至っておらず、この資料に注目して取りあげたのは劉長東〔一九九八〕〔二〇〇〇〕である。以下にその全文をあげておく(5)。

南涼州禅師法照、懇心礼五台山寺、見聖菩薩、略述行由。号曰『念仏大聖竹林之寺讃仏文』。其禅師本貫（原文作管）涼州、年十一出家、至廿歳、在衡州山寺居。去大暦（原文作歴）五年春三月、終衆堂喫粥処、於鉢内遥見五台山。法照亦不敢説。経両日、依前鉢内再現、然後具説。其時衆中有二老宿。曾到台山（以下散逸）

南涼州禅師の法照、懇心に五台山の寺に礼し、聖菩薩に見え（まみ）て行由を略述す。号して『念仏大聖竹林之寺讃仏文』と曰う。其の禅師の本貫は涼州、年十一にして出家す。二十歳に至り、衡州の山寺に在りて居す。去る大暦五（七七〇）年の春三月、終に衆堂喫粥の処にて、鉢の内に於いて遥かに五台山を見る。法照亦た敢えて説かず。両日を経て、前の鉢の内に再び現るに依り、然る後に具に説く。其の時、衆中に二の老宿あり。曾て台山に到り（以下散逸）

ここに「念仏大聖竹林之寺讃仏文」と見えている。該書は現存していない。ところが、伯二一三〇の資料には『敦煌宝蔵』（一一五・一八七下）で「文殊普賢二聖為五台山竹林寺法照授記因縁」の擬題が付され、これは『法国国家図書館蔵敦煌西域文献』（六・二一一）になると「唐五台山竹林寺法照伝」の擬題が新たに与えられているように、あるいはこれが「念仏大聖竹林之寺讃仏文」に相当するのかもしれない。もしそれが事実ならば「大聖竹林寺記」の作者はやはり法照ではなくなるはずである。なぜならば、伯二一三〇は「南無法照和尚」と称えることを勧めているからである。そもそも『浄土五会念仏誦経観行儀』巻中において法照は（八五・一二五五下）、

正しく修学する時、若し諸魔・鬼神および諸悪人・水火・毒薬、是の如きの諸難ありて来たり行人を悩まさば、行人但だ爾の時に、至心に法照の名字を称念すること一声多声せば、念に応じて即ち諸の行人の所に至らん。

とあるように、みずからの名を称えるように勧めているが、伯二一三〇のそれはこの『広本』の記事に依拠しているとしても、法照をもちあげ、あたかも神格化して描写しているのである（各論篇第十章参照）。法照がその生前中にみずからを神格化していたとは考えがたく、法照の人物とその教えに惹かれた後人によって発せられた叙述と受け取ったほうが自然である。すると先の『浄土依憑経論章疏目録』にある「大聖竹林寺記一巻　法照」よりは、やはりいっそう『宋高僧伝』にある「絳州の兵掾王士詹、聖寺記を述べて云う」が信憑性を増すのである。

第四節　『浄土五会念仏誦経観行儀』（『広本』）

本書は法照が大暦九（七七四）年一〇月に太原の龍興寺にて完成させた儀礼書である。もと三巻であったが、現在は巻上が散逸している。巻中と巻下は敦煌写本として遺されており、それら写本の整理は概ね完了していると言える（廣川堯敏〔一九八二①〕、張先堂〔一九九八〕を参照）。本書の構造と内容については各論篇第八章を参照されたい。

第五節　『浄土五会念仏略法事儀讃』（『略本』）

本書は法照が『広本』を撰述した後に長安に招聘され、その章敬寺の浄土院において撰述した略式作法である。それは単にテキストの広略ということではなく、実際に行われる儀礼の広略でもある。つまり『広本』と『略本』は別個の儀式で用いられるのではなく、儀式の規模に応じて使い分けられていたテキストなのである。換言すれば、大規模な儀式では『広本』を、それよりも小規模な儀式には『略本』を用いるということになる。この『略本』の成立年時、構造と内容についても各論篇第八章を参照されたい。

第六節　詩文（五首）

中華伝統の詩文を作っていたのは士大夫や在野の文人知識人だけではなく、中国では出家僧もその多くが詩を遺している。羅文玲「六朝僧家吟詠仏理的詩作」（『中華仏学研究』第七期、二〇〇三年）によると、六朝期における詩僧は四四人、その現存する作品は二四四作品があるという。またこれとは別に敦煌文献中には禅僧をはじめとする唐代の僧詩が多く遺されているし、南北朝にあっても出家僧が作詩するということは決して珍しいことではなかったのである。したがって法照が詩文を遺しているということは何も特殊な事例というわけではない。

法照自作の詩文は、現在のところ以下の作品を確認することができる。

「寄銭郎中」一首

「送清江上人」一首

「送無著禅師帰新羅」一首

右の三首はともに五律であり、録文は『全唐詩』巻八一〇（中華書局本二三冊九一三五頁）に収められている。

「寄勧俗兄弟」二首

右の二首はともに七絶であり、録文は陳尚君輯編『全唐詩補編』中冊九三九頁（中華書局、一九九二年）に収められている。

これらの詩作の紹介とその評価については各論篇第九章を参照されたい。

おわりに

法照の広略二種の『五会法事讃』および五首の詩文は各論篇第八章と第九章において述べるが、ここではとくに『大聖竹林寺記』を中心に考察した。法然の『登山状』に引文があり、また良忠が浄土門に帰入する契機ともなった本書は、はたして法照の自撰なのか、それとも王士詹による『聖寺記』のことであるのか、また『大師実録』のことか。ここでは与えられている資料から以下のように推考した次第である。すなわち、法照がみずからの感応を「憶念に随って之を録」しており、それにもとづいて法照の信奉者であった王士詹が『聖寺記』を撰して法照の事績を顕彰した。その『聖寺記』は後に賛寧の得るところとなり、これによって『宋高僧伝』の法照伝が再編成され、さらに延一による『広清涼伝』の編纂にも供されることになる（『聖寺記』は中国で「大師実録」とも称されていたのかもしれない）。そしてこの『聖寺記』の具名は円仁請来の『五台山大聖竹林寺釈法照得見台山境界記』であり、日本中世の浄土教家らがこぞって引用する『大聖竹林寺記』とは、この冗長な円仁請来本の略称として天台において用いられていたということである。また、法然やその周辺において広く知られていた本書であったが、その後は伝承されることはなくなり、現在では散逸文献となってしまった。おそらく『大聖竹林寺記』の内容がほぼそのまま『宋高僧伝』や『広清涼伝』の法照伝の中に吸収されているとみなされ、本書を単独で書写しようという意義が喪失されたのかもしれない。ただしこれらはあくまでも仮説であり、決定的な確証があるわけではない。

註

（1）『念仏大意』（『大正蔵経』八三・一九三中、『昭和新修法然上人全集』四一〇頁）、『登山状』（八三・二四七中、『昭和新修法然上人全集』四二三頁）、『徹選択集』（八三・二五下、『浄全』七・九四上）、『西方指南抄』（八三・八九八下）

（2）小山正文「寛永二十一年本『浄土依憑経論章疏目録』」（『同朋大学論叢』六二、一九九〇年）

（3）この文の直後にある「系曰……」は、全編にわたって見られる撰者賛寧自身の補足コメントであり、『聖寺記』の文章ではない。なお法照の伝記は諏訪義純・中嶋隆蔵訳『大乗仏典　中国・日本篇』第一四巻（中央公論社、一九九一年）に訳文がある。

（4）塚本善隆〔一九三三〕を参照。

（5）『敦煌宝蔵』一三〇・六〇九上、『法国国家図書館蔵敦煌西域文献』二八・七五下

第二部　各論篇

第一章　後漢失訳『後出阿弥陀仏偈』とその用途

はじめに

本章では、中国の仏教音楽における囀矢と想定される梵唄について、後漢の失訳と伝えられている『後出阿弥陀仏偈』の偈を検討する。『後出阿弥陀仏偈』については、これまでまとまった研究成果が報告されていない。ただし浄土真宗においては近世の安居などでしばしば講説されており、末書の数も少なくはなく、写本・版本を含めて少なくとも一六種は現存している。これら末書は概ね内容の解説に終始しており、テキスト批判やその成立、漢訳か撰述かの問題、そして実際の用途などに言及することはなかった。

本章においては、テキストを蒐集して本文を校訂することにより、その原初形態を推定復元するとともに、その成立時期、偈の韻律配慮、漢訳者または撰述者の想定を明らかにするとともに、実際の用途や後世への影響など、関連する諸問題を考察する。また章末に本文の語註を付した。

第一節　写本・版本

《典籍名》

後出阿弥陀仏偈（高麗版・敦煌本斯二一一六の内題および尾題）

後出阿弥陀仏偈経（石山寺本・宋版・元版・明版・『楽邦文類』巻一・明和六年刊本）

仏説後出阿弥仏偈（敦煌本斯二一一六の外題）

一切経中弥陀仏偈（迦才の『浄土論』巻中）

＊諸経録では他に「後出阿弥陀偈」「後出阿弥陀仏経」とも著録されている。

《写本》

◎敦煌本斯二一一六（『敦煌宝蔵』一六・二五〇）、書写年代不明、楷書、則天文字（人、天、年）あり、七世紀末以降の写本。内題尾題には「後出阿弥陀仏偈」とあるが、外題では「以字点」[1]を冠して「仏説後出阿弥仏偈」とする。

◎七寺本（『尾張史料七寺一切経目録』四〇頁、七寺一切経保存会、一九六八年）、石山寺本（『石山寺の研究　一切経篇』二二二頁、法藏館、一九七八年）に入蔵本として写本が所蔵されている。なお、『正倉院文書』によると天平一四（七四二）年に本書の書写記録がある（『大日本古文書』八巻六頁）。一切経の中の一典籍としてもたらされ、書写されたものと考えられる。

《版本》

◎各印刷大蔵経の入蔵本（趙城金蔵に該書は現存せず）。

◎明和六（一七六九）年刊本。龍樹の『十二礼』、曇鸞の『讃阿弥陀仏偈』とともに合冊されている。真宗系のテキストを底本にしているようであるが、その由来とオリジナル性については疑問がある。なお現在でも仏教書関係の書肆で入手可能。

◎真宗校本『七祖聖教』（明治一〇年）所収本。先の明和六年刊本を底本としているようであり、写本や大蔵経のテキストで通じがたい部分が、これによって解消されるところもある。ただし、その校訂が何にもとづくのかは不明である（恣意的な校訂とも考えられる）。

◎『後出阿弥陀仏偈』そのもののテキストではないが、迦才の『浄土論』巻中には「一切経中弥陀仏偈」として全文が引かれている（『大正蔵経』四七・九一上）。比較的に古体をとどめている可能性がある。『浄全』所収本は慶安四（一六五一）年版であるが誤植が少なくない。なお『浄土論』には古写本も現存している。(2)

第二節　本文の校異とその内容

ここに諸本の校異を示すとともにその内容について概観しておく。底本には高麗版（『高麗版大蔵経』一一巻一七五頁、『大正蔵経』一二・三六四中下）を用い、校本には迦才『浄土論』所収の「一切経中弥陀仏偈」（常楽寺本①・慶安四年版②）、敦煌本斯二一一六号（③）、宋元明の三本（④）、明和六年刊本（⑤）、慧琳『一切経音義』（⑥）を用いた。また、偶数句末には『広韻』の韻目と両晋の韻部を括弧に入れて示した。(3)なお、このたびの校異の結果として、本書が各版本大蔵経所収本系、『浄土論』所収本系、明和六年刊本系の三系に分類できることが判明した。

後出阿弥陀仏偈

古旧録云闕訳人名、今紀後漢録。

1　惟念法比丘　乃従世饒**王**（平陽・陽）…「惟」：①②「唯」、「法」：②「法蔵」
2　発願喩諸仏　誓二十四**章**（平陽・陽）…「喩」：⑤「踰」、「誓二十」：③「誓意廾」
3　世世見諸仏　姟数無有**量**（平陽・陽）
4　不廃宿命行　功徳遂具**成**（平清・庚）
5　世界名清浄　得仏号無**量**（平陽・陽）
6　国界平夷易　豊楽多上人（平真・真）…「易」：①②「然」
7　宝樹若干種　羅列叢相**生**（平庚・庚）…「叢」：②「散」、「生」：①③「坐（上果）」
8　本茎枝葉花　種種各異**香**（平陽・陽）…「花」：①②③⑤「華」
9　順風日三動　翕習如花**生**（平庚・庚）…「翕」：①「合」、「習」：②「翠」、「花」：①②③⑤「華」
10　堕地如手布　雑厠上普**平**（平庚・庚）…「手」：②⑤「毛」
11　一切無諸山　海水及諸源（平元・先）…「源」：①②⑤「原（平元）」・③「涼（平陽）」
12　但有河水流　音響如説**経**（平青・庚）
13　天人入水戯　在意所欲**望**（平陽・陽）
14　令水斉胳肩　意願随念得（入徳・徳）…「水斉」：②「斉水」、「胳」：①「略」・②「額」、「肩」：②「眉」・⑥「塘」
15　仏寿十方沙　光明普無辺（平先・先）

16　菩薩及弟子　不可算称**量**（平陽・陽）

17　若欲見彼仏　莫疑亦莫**忘**（平陽・陽）…「忘」：①②③④「望（平陽）」・⑤「慮（去御）」

18　有疑在胎中　不合五百**年**（平先・先）…「中」：①②③「上」、「不合」：②⑤「可令」

19　不疑生基坐　叉手無量**前**（平先・先）…「基」：①「其」・③④（元明）・⑤「臺」、「坐」：⑤「座」

20　願欲遍十方　須臾則旋**還**（平仙・先）…「遍」：⑤「徧」、「須臾」：①「須頂」・③「項項」、「旋」：①「提」

21　惟念彼菩薩　姟劫作功**勤**（平欣・真）…「姟」：②「姚」、「勤」：②徳

22　本行如此致　得号憎世**尊**（平魂・魂）…「憎」：大正蔵誤作「憎」、①②「増」・⑥「會」

23　仏興難得値　須臾会難**聞**（平文・真）

24　講説士難遇　受学人難**得**（入徳・徳）…「士」：④（宋元）「大」・②「土」、「学」：②「覚」

25　若後遭末世　法欲衰微**時**（平之・之）

26　当共建擁護　行仏無欲**法**（入乏・葉）

27　仏能説此要　各各勤思**行**（平庚・庚）…「仏能」：③「能仏」、「各各」：①②③④⑤「各当」、「勤」：①「懃」

28　受此無量福　世世稽首**行**（平庚・庚）…「受此無量福」：③「無此無量誓」・④⑤「弘此無量誓」、「福」：①②「制」

後出阿弥陀仏偈

内容・構成

全編五言五六句からなる偈で構成される本書は、〈無量寿経〉類の内容にそっている。中でも文中に「誓二十四章」や「乃従世饒王」、「法比丘」とあることから、後漢支婁迦讖による訳出と伝えられ、近年では呉の支謙訳と想定されている[4]『無量清浄平等覚経』にもとづいて漢訳（または撰述）されていることは明らかである。第一句の「法比丘」は、『平等覚経』の「法宝蔵」の略であって、『大阿弥陀経』の「曇摩迦」や『無量寿経』の「法蔵」に由来するものではなく、さらに阿弥陀仏を「無量」とし、その浄土を「清浄」とすることは、やはりそれぞれ『平等覚経』の「無量清浄仏」と「無量清浄仏国」によるものと考えられる。ただし『平等覚経』と対応しない文言もある。それは第三五句の「有疑在胎中」である。浄土への疑惑往生にあって胎生を示唆するのは、魏訳『無量寿経』以降の三訳本においてであり、初期漢訳の『平等覚経』および『大阿弥陀経』には「化生」と漢訳されているにすぎない。したがって本書は漢訳か撰述かにかかわらず、いずれにしても魏訳とされる『無量寿経』の漢訳以後、その影響を受けて成立したということになるだろう（後述する）。

さて、その内容は仏や浄土の荘厳が簡潔に説かれており、全五六句の内容は以下のように大まかに分類できる。

第一句～第八句　　：法比丘（法宝蔵菩薩）の宿世における誓願と修行
第九句～第二八句　：法比丘の覚りにより完成された清浄国土の功徳荘厳
第二九句～第三二句：無量（阿弥陀仏）とその菩薩弟子の功徳
第三三句～第四〇句：往生と往生後
第四一句～第四八句：再び法比丘の偉業を讃え、また仏世に値いがたいことを説く
第四九句～第五六句：末世の衆生への勧告でしめ括る

語彙だけでなく、内容の構成順序についても、概ね『平等覚経』の次第にそっている。また、わずか五六句二八〇字でまとめられているため、そして五字一句の字数制限もあるためか、経文を傍らに置いて参照しない限り文意を把握しがたい部分もある。

第三節　末書と先行研究

（1）末書

本書の末書について、望月信亨『望月仏教大辞典』二巻一二二三頁（世界聖典刊行会、一九三二年）や小野玄妙編『仏書解説大辞典』三巻二六八頁（大東出版社、一九三三年）には、写本・版本を含め、総計一四種をあげている。またこのたびの調査によって『仏書解説大辞典』には採録紹介されていない『後出阿弥陀仏偈略解』なるものが龍谷大学大宮図書館に所蔵されており、さらに『仏書解説大辞典』で散逸扱いにされている『後出阿弥陀仏偈経蠡測』も佛教大学図書館に所蔵されていることが判明した。それら末書を成立年代順に列挙すると以下のごとくである。なお『仏書解説大辞典』における誤記はこれを訂正した。また作者名の後の年代は書写・刊行年であるが、不明の場合は作者の生卒年を示した。

①慧琳（七三七～八二〇）「後出阿弥陀仏偈慧琳音義」（五四・五二二下）
②良定（一五四四～一六三九）『後出阿弥陀仏偈私記』一巻
③善覚（一六五三）『後出阿弥陀仏偈経蠡測』一巻
④僧鎔（一七二三～一七八三）『後出阿弥陀仏偈略釈』一巻

⑤自謙（一七五一～一八四六）『後出弥陀偈経講聴記』一巻
⑥自謙（一七七〇）『後出弥陀偈経糠粃録』二巻（『真宗全書』第六巻）
⑦澄玄（一七八七～一八五一）『後出阿弥陀仏偈講義』一巻
⑧道宣（一八一七）『後出阿弥陀仏偈索隠』一巻
⑨服膺（一八五六）『後出弥陀偈講義』一巻
⑩服膺（一八〇九～一八七四）『後出阿弥陀仏偈経講義』一巻
⑪於川僧映（一八七〇）『後出阿弥陀仏偈註聴記』一巻
⑫堀江慶了（一八九六）『首註後出弥陀偈経』一巻
⑬堀江慶了（一八九六）『後出阿弥陀仏偈講案』一巻
⑭慈照（?～?）『後出阿弥陀仏偈蛛網編』二巻
⑮作者未詳『後出阿弥陀仏偈玄談五科』一巻
⑯作者未詳『後出阿弥陀仏偈略解』一巻

右の末書の多くが浄土真宗に関わる人物による作品のようである。これはかつて本書が七祖聖教に組み入れられたことや、安居の講義としていくたびも取りあげられるほど需要があったことに起因しているのだろう。なお上記のうち比較的容易に通目できる資料としては、⑥自謙『後出弥陀偈経糠粃録』二巻（『真宗全書』第六巻に収録）があり、総説・科文や一句ごとの逐次釈となっており、その解説も他に比べてすこぶる詳細丁寧である。

（2）先行研究

上述の末書を除いて、近現代の研究としてまとまった成果はなく、わずかに以下のものだけであるが、ここに簡単に紹介しておく。

①蓮沢成淳「後出阿弥陀仏偈解題」（『国訳一切経』宝積部七、一九三二年）があるが、あくまでも簡易な解説文であって、研究という性格のものではない。

②望月信亨『望月仏教大辞典』二巻では、後世における引用状況や浄土宗と真宗における解説書をあげ（一二一三頁）、また『浄土教の起原及発達』（共立社、一九三〇年）では、「相当古い時代の伝訳であることは疑を容れぬ」（三二〇頁）と述べる。さらに『支那浄土教理史』（法藏館、一九四二年）では、「梵本の翻訳であるか、支那撰述であるか明らかでないが、劉宋已前の書であることは疑ひを容れぬ」（一五頁）と述べる。

なお、『望月仏教大辞典』二巻（一二一三頁）において、大乗基（六三二～六八二）によって撰述された『阿弥陀経通賛疏』の序文には次のような記事が見えていることを指摘している（三七・三三〇上）。

この経（鳩摩羅什訳『阿弥陀経』）前後にその四訳あり。一には秦の弘始四年二月八日の羅什訳にして、小無量寿経と名づく。二には宋の元嘉年中の求那跋陀羅訳にして四紙あり。三には永徽六年の大唐三蔵、慈恩寺に於ける訳にして称讃浄土仏摂受経と名づく。十紙あり。四には後秦にまた阿弥陀経偈頌を訳出す。一紙にして訳主を失う。今この解する所は即ちこれ秦の羅什法師の訳す所なり。(5)

この記事によれば〈阿弥陀経〉類の四訳中の「阿弥陀経偈頌」であるが、ここで扱う『後出阿弥陀仏偈』はいわゆる〈阿弥陀経〉類ではなく、〈無量寿経〉類にもとづいた内容となっているので、『阿弥陀経通賛疏』にある「阿弥陀経偈頌」なるものがここで問題としている『後出阿弥陀仏偈』と同一であると断定することはできない。望月が「其の異同明ならず」と明言を避けているように、両者は別の典籍であると考えるべきである。

③椎尾弁匡『仏教経典概説』三四五頁（三康文化研究所、一九七一年）では、訳語が『平等覚経』に一致するとして、「元来後出偈は本経（平等覚経）の摂頌で、本経に付属したものか、あるいは訳者帛延等がこれを作為したものか、断じがたきも、二者そのいずれかであろう」と述べる。

④藤田宏達『原始浄土思想の研究』二九七頁（岩波書店、一九七〇年）は、椎尾説をうけて、「後漢代失訳は疑わしいとしても、古い時代のものであることは間違いないが、しかし他の異訳本もなく、またサンスクリット本・チベット訳も伝えられていない点から見ると、果たして訳本であるかどうか、疑問である」と簡介している。

第四節　漢訳か撰述か？

ここではまず経録の記載について述べ、さらに偈の韻律や「胎生」なる語彙を通して、本書が漢訳なのか、それとも撰述なのかを検証する。

（1）経録

本書はその題号に「後出」（後の訳出）と冠しているように、第二の訳出ということである。諸経録によると、初出（第一訳）に『阿弥陀仏偈』なるものがあったと記されているが現存しない。第二訳の本書は、隋の費長房

『歴代三宝紀』四（四九・五五中）において後漢の訳経に編入されて以後、『開元釈教録』や『貞元新定釈教目録』でもこれが踏襲され、今日まで後漢失訳として伝承されてきている。もし本書が後漢の訳出であったとしたら、初出（第一訳）の『阿弥陀仏偈』も当然後漢の訳本でなければならない。以下に経録に著録される本書を並べるが、各目録における取り扱いは、はなはだしい相違は認められず、みな漢訳という点で一致している。

『出三蔵記集』三（五五・三一上）

　新集続撰失訳雑経録

『衆経目録』一（五五・一二一下）

　大乗修多羅蔵録

『衆経目録』五（五五・一七六下）

　欠本

『法経録』一（五五・一八五上）

　欠本訪得

『歴代三宝紀』四（四九・五五中）

　訳経後漢の項に収められる。

『歴代三宝紀』一三（四九・一一三中）

　阿弥陀仏偈一巻

　後出阿弥陀仏偈一巻　上二経同本別訳広略異

『静泰録』五（五五・二一四中）

貞観九年　入正目訖

『開元釈教録』一（五五・四八三下の二行～一七行）

後出阿弥陀仏偈経一巻　或無経字　第二出

（中略）

已上存、已下闕

阿弥陀仏偈一巻　初出

『開元釈教録』一二（五五・五九五中）

後出阿弥陀仏偈経一巻　与後経異本　或無経字

後漢失訳　第二訳　両訳一闕

『開元釈教録』一四（五五・六二九下）

阿弥陀仏偈一巻　失訳　在後漢録　第一訳

右与後出阿弥陀偈　同本前後両訳　一存一闕

『開元釈教録』一九（五五・六八三下）

後出阿弥陀仏偈経一巻　或無経字　一紙

『貞元新定釈教目録』二九（五五・一〇二八下）

後出阿弥陀仏偈経一巻　或無偈字　一紙

（2）韻律

本書の偈は総計五六句からなるので、偶数句末の韻字は二八であり、したがって押韻単位は一四ということになる。二八ある韻字のうち、二四字までは -n または -ng の鼻子音で収束する陽声韻尾を有しており、しかも『切韻』系韻書において平声とされる声調で統一されているので、漢訳者（または撰述者）の意図的な処置があったことは明らかである。残る四字は入声の「得」「得」「法」、および平声之韻の「時」となっている。この陽声韻の二四字のうち、韻尾 -n 音については、「先」「仙」「勤」「尊」「文」が韻目となっている。これら韻尾 -n 音は、詩文にあって -ng 音と押韻するものではないが、その例がまったくないわけでもない。

また -ng 音では、例外なくすべて陽部と庚部のいずれかに属す文字が配置されている。この陽部と庚部が通押するのは前漢から認められ（漢代の韻部は陽部と耕部）、後漢にいたってかなりの数量となっている。三国ではその用例は見当たらないが、つづく両晋（西晋・東晋）において最も多い二九例を検出することができる。もちろん三国期に用例が皆無だからといって、その時代に通押しなかったのではなく、その作例がなかったというにすぎない。そして劉宋や北魏以後になると激減するという状況となる。したがってこの韻部の通押を一つの基準として、本書の成立年代を推定するヒントになる。つまり後漢（または三国に）に『無量清浄平等覚経』が漢訳されてから両晋にいたる間に成立（漢訳または撰述）した可能性が高いということである。

いずれにせよ、不規則ながらもこのような平声の陽声韻によって韻字を並べることで、一定の旋律を持続させようとしていたことは、訳者（または撰者）によって自覚的に行われていた配慮であり、とくに -ng 音収束の陽部と庚部が第三四句目までに集中的にあらわれ、その後第四六句までは -n 音収束字が多く配されているということは、決して偶然ではありえない現象である。たとえ主母音が異なるとしても、鼻子音収束音による音響的な演出を企図していたことは明らかである。なお、入声の「得」「得」「法」および陰声「時」の四字が失韻となっているにしても、それは仏典の偈頌においては許容範囲である。

以上、押韻単位の文字を平声の鼻子音韻尾でそろえていこうとする措辞は、他にも白延訳の『須頼経』（支謙訳の可能性もある）[6]や、北魏の撰述経典『妙好宝車経』における偈、そして浄土教礼讃偈にも見られる。[7]これは厳密な押韻などではなく、共通の音響効果というか、余韻として聞き手や読唱者への配慮であったものと想定できるのである。そのような処置は、漢字音の声韻を弁別することができ、しかも豊富な漢語語彙を具えた者においてのみ可能だったはずである。

（3）胎生

前述したように、本書は阿弥陀仏の因位における二四願を説く経典に準じており、また用いられている語彙からして『大阿弥陀経』ではなく、支謙訳出説が有力な『無量清浄平等覚経』によっていると考えられる。ところで僧祐の『出三蔵記集』一三には、三国呉において訳経活動を行っていた支謙について、次のように記録している（五五・九七下）。

黄武元年から建興年間までに（二二二～二三七）支謙が漢訳した典籍には、維摩詰経・大般泥洹経・法句経・太子瑞応本起経などの二七経がある。音曲には聖義があらわれており、用辞は文雅を旨としている。また無量寿経と中本起経にもとづいて讃菩薩連句梵唄三契を製作し、さらに了本生死経を注釈した。それらはみな現在でも用いられている。（従黄武元年至建興中、所出維摩詰・大般泥洹・法句・瑞応本起等二十七経、曲得聖義、辞旨

文雅。又依無量寿・中本起経、製讃菩薩連句梵唄三契、注了本生死経、皆行於世）

ここに記される「無量寿」とは康僧鎧の訳出とされる魏訳の『無量寿経』そのものを指すのではなく、六世紀僧祐のころには、すでに異訳を含め一括して〈無量寿経〉と総称されていたのだろう。『無量寿経』は現在ではその漢訳者をめぐって諸説あるが（康僧鎧・竺法護・仏駄跋陀羅・宝雲）、いずれの訳者であったとしても支謙の卒年より後の訳出である。したがってここでの「無量寿」とは、『無量清浄平等覚経』または『大阿弥陀経』ということになるわけである。また「讃菩薩連句梵唄三契」[8]は、たとえこれらが現存していなくとも[9]、仏教讃歌であったことを十分に推察できる[10]。支謙は『平等覚経』または『大阿弥陀経』によって梵唄を製作したということであるが、おそらくはみずからが漢訳した『平等覚経』によりつつ製作したと考えるのが妥当と思われる。それが右の伝記にある「又依無量寿・中本起経、製讃菩薩連句梵唄三契」の一文ではなかろうか。なお「三契」の「契」とは、歌曲を数える名量詞である[11]。

さて、その「讃菩薩連句梵唄」とはいったいいかなるものか。慧皎の『高僧伝』経師篇には以下のごとくある（五〇・四一五中）。

その後、居士の支謙がまた梵唄を三契（三曲）ほど伝えたが、みな散逸してしまい現存していない。世間に共議一章というものがある。あるいはそれこそ支謙が作った梵唄の規則であろうか。（其後居士支謙、亦伝梵唄三契、皆湮没而不存。世有共議一章、恐或謙之余則也）

慧皎の時世（六世紀初頭）にはすでに支謙が作った梵唄は散逸していたことになる。ただし当時現存していた「共議一章」なるものが支謙の作品らしいと推しているが、その詳細は不明である。「無量寿」と「中本起経」によって作られた梵唄である「讃菩薩連句梵唄」は、おそらく押韻させることで音楽性を具えた詩歌であったと思われる。それは支謙の訳出した経典の偈頌が少なからず押韻している事実からも推断できる。支謙は訳経中の偈頌だけではなくして、梵唄においても積極的に韻律への配慮を施していたと考えられる。

『後出阿弥陀仏偈』は、支謙訳と考えられる『平等覚経』の語彙に依拠しているので、「無量寿」にもとづいて作られた梵唄こそが『後出阿弥陀仏偈』であると想定したいところであるが、しかし両者は同一文献ではない。それは『後出阿弥陀仏偈』の第三五句に「有疑在胎中」が説かれているからである。疑惑をいだく者は浄土において胎内に処すことを描いた部分であるが、これは言うまでもなく浄土の宝池を飾る蓮華の蕚を母胎に喩えて表現したものである。しかし、先述したように『平等覚経』や『大阿弥陀経』には、往生を「胎生」や「胎」と表記することはなく、ともに「於七宝池水蓮華中化生」と訳している。すなわち蓮華の蕚内に「化生」することである。したがって『平等覚経』や『大阿弥陀経』から本書の「有疑在胎中」は導き出せない。「胎」と漢訳するのは魏訳の『無量寿経』巻下にいたって（一二・二七八上）、

彼国人民有胎生者。汝復見不。対曰已見。其胎生者、所処宮殿。（中略）仏告慈氏、若有衆生、以疑惑心、修諸功徳。（中略）然猶信罪福修習善本、願生其国、此諸衆生、生彼宮殿、寿五百歳、常不見仏、不聞経法、不見菩薩声聞聖衆。是故於彼国土、謂之胎生。

と説かれるように（唐訳『如来会』・宋訳『荘厳経』も「胎生」を説く）、疑惑往生の者は浄土の宮殿に生まれ、そしてこれを「胎生」と表現しているのである。[12] したがって「有疑在胎中」を説く『後出阿弥陀仏偈』が『無量寿経』の漢訳以前に成立する道理はない。つまりこの事実によって、本書の成立（翻訳または撰述）に関わる人物として支謙を想定することはどうも破綻してしまうようである。ただし、本書が梵語からの漢訳であれば、*garbha*（蕚）を胎蔵の意味で「胎中」と漢訳したことになるであろうが、『無量寿経』の「胎生」が説かれる部分の梵語原典は存在していないのである。

以上のように、本書は後漢訳出とは考えられないこと、経録では梁代から著録されはじめること、通押の状況から両晋から降っても宋斉のころの成立であること、『平等覚経』の語彙を踏襲し、また『無量寿経』の「胎生」も取り込んでいること、『平等覚経』を横に置かないと理解しがたい部分があることなどを指摘することができ、これらを鑑みるとき、漢訳経典に拠りつつも中国で撰述されたとする推定が容れやすいようである。

第五節　本書の用途について――梵唄との関連――

本書のように分量の短い典籍といったものが、はたしていかなる用途に供されたのか、実に興味をそそられる問題である。〈無量寿経〉系の経典を要領よくまとめたエッセンスである本書は、細かな内容を忖度するような性質のものではない。かといって誦経用としては短すぎるように思える。本書が成立してから今日にいたるまで実際にどのように用いられてきたのか、その足どりを追跡したいところであるが、残念ながら本書が仏教史に残した足跡を資料の上に確認することはできない。

ただし、本書の全文が迦才の『浄土論』巻中「第五引聖教為証」に「一切経中弥陀仏偈」として引用されていることは先述したとおりであり、そこには以下のようにある（四七・九一下）。

問うて曰く、上に道理を出だす。已に知りぬ、願と行と相い扶けて浄土に生ずるを得るは別時意にあらず。未だ知らず、何の聖教ありて証と為すや。答えて曰く、いま経論二教を引いて証と為さん。

願行具足した念仏行は、別時意ではないとする根拠として、一二経と七論をもって引証するのである。『後出阿弥陀仏偈』は七論の中の教証として紹介されている。そして、全文引用した直後に、「釈して曰く、一切経の中に此の礼文あり」と述べている。「礼文」ということに止目するならば、迦才、あるいは隋から初唐にかけては、本書が身業の礼拝をともなう儀礼に用いられる偈文として受けとめられていたことになる。

そもそも本書が漢訳（インド成立）なのか、それとも撰述（中国成立）なのかをめぐって、先に示した先学（望月・椎尾・藤田）は、みなこれを保留しているように、すっきりとしない以上、仏教史における足跡や役割などの解明は困難である。しかし、もし前述のように偈の偶数句末の通押を積極的に考慮するならば、漢語資料としての本書は梵唄として活用された蓋然性が高い(13)。

『大智度論』九三には、調和のとれた聞き心地のよいリズムの音楽をもって仏を供養することが説かれている。梵唄が作られてくるのも、このあたりに由来しているのではなかろうか（二五・七一〇下）。

問曰、諸仏賢聖是離欲人、則不須音楽歌舞、何以伎楽供養。

答曰、諸仏雖於一切法中心無所著、於世間法尽無所須、諸仏憐愍衆生故出世、応随供養者、令随願得福故受。如以華香供養、亦非仏所須。仏身常有妙香、諸天所不及。為利益衆生故受。是菩薩欲浄仏土故求好音声。欲使国土中衆生、聞好音声、其心柔軟。心柔軟故、易可受化。是故以音声因縁而供養仏。

問う。諸仏賢聖は欲を離れた者であり音楽や歌舞を求めたりしないのに、どうして伎楽によって供養するのか。答う。諸仏は一切法に対して執着の心がなく、世間法に対しても何も求めないが、衆生を哀れんで世にお出ましになられたのだ。仏は供養してくる者に対応され、願いどおりに福を得させようとして〔音楽や歌舞の〕供養を受けるのだ。また華香の供養についても仏が求めていることではない。なぜなら仏身は常に妙香が具わっており、それは諸天でも及ばないからである。しかし衆生を利益する（衆生に布施などの功徳を積ませ、その福徳によって解脱させる）ためにあえて華香を受けるのだ。この菩薩は仏土を清浄にしようとして好い音声を求めるのだ。国中の衆生が好い音声を聞いて心が柔軟となるように望んでいるのだ。衆生の心が柔軟となれば教化しやすくなる。だから音声の因縁によって仏に供養するのである。

ところで、その梵唄とは日本では声明と同義として用いられているようだが[14]、インドや唐以前の中国で声明と言う場合は、もっぱら五明の中の文法学であって、仏教音楽を意味することはない。梵唄は声明と同一視されることはなく、むしろ美声によって経典やその偈を読みあげた僧を立伝している『高僧伝』一三の経師篇において述べられている。

それでは、中国において梵唄とは何を意味するのか。それは『高僧伝』経師篇に次のような記事がある（五〇・四一五中）。

もし然らば謂うべし。梵音は深妙にして人に聞くを楽わしむるものなり。然らば天竺の方俗、凡そ是れ法言を歌詠し、みな称して唄と為す。此の土に至り、経を詠むを則ち称して転読と為し、歌讃するを則ち号して梵唄と為す。むかし諸天、唄を讃ずるに、みな韻を以て絃綰に入る。五衆は既に俗と違うが故に宜しく声曲を以て妙と為すべし。

この内容からして、それはインドにおける歌詠としての法言を漢語の偈に翻訳するにあたって、その内容の言語転換だけにとどまらず、中華の声韻に則り句中の字数を均一化し、しかも押韻する偈として形式転換し、そしてその有韻偈頌に新たに抑揚長短などのリズムを斟酌して（「以韻入絃綰」）作りあげた仏教歌詠ということになる。また、そのような漢訳された経律の偈から抜粋したものだけではなく、みずから作る場合もある。よって梵唄には漢訳の偈と撰述の偈とがあるということになる。

『出三蔵記集』一二の「法苑雑縁原始集目録」（五五・九二上中）によれば、僧祐が撰集した『法苑雑縁原始集』[15]巻第六に「経唄導師集」があり、そのリストからは当時は少なくとも「帝釈楽人般遮瑟歌唄　第一　出中本起経」から「安法師法集旧制三科　第二十一」にいたるまでの二一種の梵唄歌詠があったことがわかる（一部重複するか）。これらの各資料がすべて現存するわけではないが、六世紀初頭にはすでにこれだけ多くの仏教音楽作品が漢訳の諸経諸律に説かれる偈頌に依拠し、または抜粋するなどして製作され、盛況に行われていたということを物語っている。概ね典故が示されているので、梵唄の歌詞は基本的には漢訳仏典の偈そのものであるとわかる。上記の他にも『勝鬘経』の「如来妙色身……」（一二・二一七上）ではじまる如来唄や、『大般涅槃経』の「云何得長寿……」（一二・三七九下）ではじまる云何梵などもある。それらは善導『往生礼讃偈』、智昇『集諸経礼懺儀』、法照『浄土五会念仏略法事儀讃』においても見られることから、仏教音楽として好まれていた梵唄であるが、しだいにその役割に変化が生じ、唐代にあっては諸儀礼の中に流用されていったようである。

また『高僧伝』一三の経師篇は、転経や梵唄に長じた僧を立伝しているが、そこに正伝として一一人が連ねられている。その最後の南斉釈慧忍には慧満、僧業、僧尚、超朗、僧期、超猷、慧旭、法律、曇慧、僧胤、慧彖、法慈をはじめ四十余人もの弟子がいたこと、さらに著名とは言えないが、別に釈法隣、釈曇弁、釈慧念、釈曇幹、釈曇進、釈慧超、釈道首、釈曇調らも活動しており、南斉にあって仏教音楽が盛んであったことを伝えている（五〇・四一四下）。

さて、梵唄の効用についてはいかがであろうか。『高僧伝』一三の経師篇には（五〇・四一四下～四一五上）、

唄を聴くにまた其の利として五あり。身体は疲れず、憶す所を忘れず、心は懈倦せず、音声は壊せず、諸天は歓喜す。

とあり、賛寧の『大宋僧史略』巻中にも以下のように記されている（五四・二四二中）。

讃唄の由

讃唄の原始は、案ずるに十誦律の中、倶胝耳（即ち億耳なり）、三契声を作り以て仏を讃ず。其れ人は唄に善くして了解しやすし。阿含の中に、善和羅は善き諷誦を作り、影勝大王の象馬をして行かせず。此の土は則ち康僧会、泥洹讃唄を伝え、支謙は連句梵唄を製す。また開士の法勝は阿毘曇心を善くし、別して二百五偈

を撰し以て要解と為し、号して心と曰う。其の頌声なるや、撰するに天楽に象どる。（中略）或が曰く、梵唄の声、此れ何を益するや。通じて曰く、一には仏道の法楽なり。此の音韻は哀と雖も傷まず、楽と雖も淫せず。折中中和なるが故に法楽と為す。二には諸天鬼神聞きて皆な歓喜するが故に。三には諸仏の常法、十方刹土に何ぞ斯の楽に由ることなけんや。

このように梵唄にはさまざまな効用があり、これを儀礼において唱和することで、当該の信仰や行儀の盛況を期したのであろう。

本書が翻訳なのか、それとも撰述なのかについては依然として謎のままである。しかし、不規則ながらも韻律の配慮が施されたこのような分量の短い偈は、梵唄として成立し、後に浄土教儀礼の中で活用されたものと考えられるのである。迦才が本書を「礼文」と述べたのは、そうした経緯を意味しているのであろう。

おわりに

『高僧伝』によると、梵唄をはじめて取り入れたのは魏の曹植（一九二〜二三二）であったとするが、その真偽はともかくとして、支謙や康僧会が手がけた漢訳経典は明らかに有韻の偈として漢訳されており、またそれらによって梵唄を製作していることは事実である。さらに先述したように、降って南斉の釈慧忍には慧満や僧業をはじめとする四〇名を超える弟子がいたと伝えている。三国から南北朝中期においては仏教音楽に関心が高まり、その作品も多く作られ、娯楽として盛況していたことがわかる。

テキストについては、諸本の校異を行った結果として各大蔵経の系統、迦才の『浄土論』における引文、そして真宗系の明和六年刊本の三系統に分類することができた。そのうち迦才『浄土論』所収本が古体をとどめており、印刷大蔵経がこれにつぐ。明和六年本は校異の根拠が不明確であり、わが国において語義から改訂された可能性が濃厚である。

本書が梵唄として利用されたと明確に断定できないまでも、何らかの仏教儀礼に供されたと思われる『後出阿弥陀仏偈』を中心に検討した。成立時期は特定しえないが、後漢の失訳とするのは隋の費長房『歴代三宝紀』四（四九・五五中）からであり、これをうかつに信頼することはできない。経録では『出三蔵記集』の新集続撰失訳雑経録から著録されるので、おそらく四世紀の後半の道安（三一二～三八五）によって編まれた『綜理衆経目録』には著録されてはいなかったはずである。また韻律の配慮は完璧ではないが、漢訳者（または撰述者）によって陽声韻の意図的な配置が行われていることは明白である。その句末押韻では陽部と庚部の通押が多く見られた。この両部の通押は後漢以後、とくに西晋（二六五～三一六）や東晋（三一七～四二〇）の詩に多く見られ、劉宋北魏にいたって激減する。したがって本書の成立時期を現段階では東西両晋のころと想定しておきたい。

また本書が当時、または後世においてどのような用途に供されたのかについても、残念ながらそれを裏づける資料はなく、わずかに迦才の『浄土論』巻中や宗暁『楽邦文類』巻一（四七・一五二中下）に引かれる程度であり、しかも前者は願行具足の念仏が別時意ではないとする教証の一文献であるにすぎず、後者も数ある浄土教文献の中で「弥陀本願取土之相」を説く典籍として紹介されているにすぎない。このようなわずかな用例だけでは本書がいかに用いられてきたか判然としないのである。ただ、本書中には礼拝の文言がないにもかかわらず、迦才の『浄土論』では「礼文」とあることに注目するならば、身業礼拝をともなう何らかの儀礼に用いられていたことを予想できるだろうし、またわずか一紙に収まる分量と韻律への配慮から見ても、成立の初期においては、おそらく梵唄として活用されたことが推察されるのである。いずれにせよ、本書は中国浄土教における仏教音楽の嚆矢であり、唐代に盛況する礼讃儀礼で用いられる讃偈に何らかの影響を与えたものと考えられるのである。

【『後出阿弥陀仏偈』語註】

後出阿弥陀仏偈：敦煌本（斯二一一六）には「仏説……」とあり、また宋元明の三本や明和六年本などには「……経」とあるが、仏説としての内容を具えているわけではなく、また経典の体裁を有してはいないので、もともと原題には「仏説」や「経」の字は添えられていなかったものと予想される。

また本書と深い関わりのある『無量清浄平等覚経』では阿弥陀仏を「無量清浄仏」「無量」「阿弥陀」と漢訳しており、本書はこのうち書題に「阿弥陀」をとり、偈の中では「無量」を採用したのである。

法比丘：阿弥陀仏因位の名。『国訳一切経』の解説では「法蔵比丘」の略としているが、本書は『平等覚経』の訳語に依拠していることから、「法宝蔵比丘」の略と言わなければならない。

世饒王：阿弥陀仏の因位における師仏。「世饒王」とするのは、『平等覚経』と『無量寿経』であり、『大阿弥陀経』では「楼夷亘羅仏」とする。

二十四章：阿弥陀仏の因位の誓願。誓願の数を二四とするのは、『平等覚経』と『大阿弥陀経』のみである。

世界名清浄：浄土を「清浄」と呼称するのは、『平等覚経』の「無量清浄仏国」によっている。なお『大阿弥陀経』では「阿弥陀仏国」と訳される。

号無量：法比丘（法宝蔵比丘）の果号で阿弥陀仏のこと。『平等覚経』には「無量清浄」「無量」「阿弥陀」の三種の訳語があり、『大阿弥陀経』には「阿弥陀」とある。

平夷易：浄土の大地の平坦なありさまを強調した表現。この三字はいずれも「平らか」という語義がある。

多上人：浄土には聖衆（菩薩や阿羅漢など）がたくさんいること。末書ではことごとく、これを『阿弥陀経』の「諸上善人」を指すと註記している。

日三動：清浄国土において風が日々三度吹くということ。経典にはそのような文言はない。『平等覚経』には、「復自然乱風起、吹七宝樹。七宝樹、皆復自作五音声。乱風吹華、悉復自然散無量清浄仏及諸菩薩・阿羅漢上。華堕地則自然乱風復吹萎華、悉自然去。則復四方自然乱風起。吹七宝樹華。如是者四反」（一二・二八五中下）とあるように、四方八方上下から温度も風量も適度な風が自然に発生し、七宝樹に吹きつけると、樹木は五音を鳴らして国中に華が散じ満ち、仏菩薩の上にも散じられる。大地に落ちた華が萎むとまた風が吹き飛ばす。そしてこれが四回繰り返されると説かれている。なお、末書においてはみな、風は一日に六度吹くが、ここでは「日三」のみを出して「夜三」を略したのだと註記する。

翕習：南北朝では xjəp-ziəp と推定される畳韻語（キュウシュウ）で、風が勢いよく吹きつける様子を表している。『一切経音義』三二（五四・五二二下）には「翕習、上歆邑反、何晏注論語云、翕如盛也、又熾也。説文翕起也、従羽合声」とある。

手布：『漢語大詞典』にこの語彙は採録されていない。②良定の『私記』では「物の美に比う。地平らなること掌の如しと云うが如し。掌とは仏の手にして、掌中に種種の文の美なることあるなり（比物美、如云地平如掌、掌仏手、掌中有種種文美也）」とあるように、華が大地に落ちると、それは仏の掌中のように美しい模様になるという。また慶安四年版『浄土論』と明和六年刊本『後出阿弥陀仏偈』ではともに「毛布」に作り、それをうけた⑥自謙

『糠粃録』（一七七〇年）では地に落ちた華はあたかも長短不揃いの毛が大地に敷（布）かれたようであると解釈しながらも、確たる根拠はないと述べ、異読の「手布」を採用して、あたかも人が華を地に敷（布）きつめて手で平らにならすかのようであると解釈する。ここは自謙の解釈に従い、「手づから布く」と訓むべきであろう。

雑廁上普平：浄土の大地に舞い落ちた華が互いにおり重なり、一見して雑然と入り乱れているようではあるが、その表面は凹凸乱れることなく平らかであること。

海水及諸源：句末の「源」は異本では「原」（『浄土論』）と「涼」（敦煌本）がある。末書ではみな「源」を採用するが、押韻の要求からすると敦煌本にある陽部の「涼」でなければならない。

胳肩：わきの下と肩。『一切経音義』三二（五四・五二二下）に、「胳肩、上音公悪反、埤蒼云、肘後曰胳、説文腋下也、従肉各声也」とある。「胳肩」は『説文』によればわきの下である。

有疑在胎中、不合五百年：『平等覚経』（一二・二九二上中）に、「心中狐疑。不信分檀布施作諸善後世得其福、不信有無量清浄仏国。不信往生其国中。（中略）則於七宝水池蓮華中化生、則受身自然長大。在城中於是間五百歳」、また同（一二・二九五中）に、「在無量清浄仏国界辺。自然七宝城中、謫五百歳。阿逸菩薩言、受仏厳明重教、皆当精進、一心求索、請奉行之、不敢疑怠」とあるように蓮華化生を母胎に喩えることはない（『大阿弥陀経』〈一二・三一〇上中〉もほぼ同じ）。母胎を説くのはむしろ『無量寿経』巻下（一二・二七八上）にある以下の文である。「彼国人民有胎生者。汝復見不。対曰已見。其胎生者、所処宮殿。（中略）仏告慈氏、若有衆生、以疑惑心、修諸功徳。（中略）然猶信罪福修習善本、願生其国、此諸衆生、生彼宮殿、寿五百歳、常不見仏、不聞経法、不見菩薩声聞聖衆。是故於彼国土、謂之胎生」

また「不合」についても文脈上通じがたい。慶安四年版『浄土論』と明和六年版『後出阿弥陀仏偈』にある「可令」であれば文義は通るが、その校異がいったい何を根拠としているのか不明である。真宗の末書もみな「可令」を採用している。⑩服膺『後出阿弥陀仏偈経講義』には「一本ニコノ令ノ字、合ニナリテアリ。是ハ令ノ字スクルルヤフニ存ス」とある。「不」と「可」、「合」と「令」は異体字の字形が近似していることから混同された可能性もあるだろう。

得号懀世尊：「懀」について明和本の校記には、「懀、一に増に作る。疑うらくは写誤ならん」とあり、また『国訳一切経』の脚註も「悪也・悶也・憎也とあれど今は通ぜず」とあるように文意の通らない句である。ここは慧琳の『一切経音義』三二（五四・五二二下）の「會」を採用しておく。

号會、下は迴外の反、鄭箋毛詩に云く、會は合なり。また注礼記に云く、會は皆なり。郭注爾雅に云く、會は謂く相当・対なり。説文は今に従い曾に従う。省の声なり。経は心に従い懀に作るも非なり。広雅に憎悪なりと云うは経の義に非ざるなり。（号會、下迴外反、鄭箋毛詩云、會合也。又注礼記云、會皆也。郭注爾雅云、會謂相当対也。説文従今従曾、省声。経従心作懀非也。広雅云憎悪也、非経義也）

このように慧琳は「懀」は誤りで、「會」とすべきであるとする。これに従うならば「号を得て世尊に會す」と訓み、「名を得て世尊に相当する」となる。また③善覚『蠡測』でも『一切経音義』に従い「會」を採用している。今は「會」に拠るべきであろう。

なお、末書においてはそれぞれの解釈があり、⑩服膺『後出阿弥陀仏偈経講義』、⑪於川『後出阿弥陀仏偈註聴記』、⑫堀江『首註後出弥陀偈経』、⑬堀江『後出阿弥陀仏偈講案』では「佛」の誤写とし（なお⑩には「懀ノ字、異本アリテ一本ニ云増字、一本ハ佛ノ字ナリ。是恐クハ佛字ナルヘシ。即佛世尊ト云コトテ、佛十号ノ中、後ノ二ヲ挙タモノトミユル」とある）、⑧道宣『後出阿弥陀仏偈索隠』では、「三種荘厳即是誓願尊号、如法性、如法本、致極得称増上世尊号、願願皆発増上勝因、故遂感増上勝果、諸仏讃嘆、是其証也」とあるように「増上」の意で理解し、また②良定『後出阿弥陀仏偈私記』では、「愴世尊者、釈音云於外切、世尊名号也、字書眉目間貌也。愴似彰眉間白毫為仏号」と述べ「白毫」と理解している。

註

（1）以字点とは経題の上に付される符号である（頼富本宏・赤尾栄慶『写経の鑑賞基礎知識』一五〇頁、至文堂、一九九四年）。「以」字のように見えるのでこのような名称がある。一説には四天王として経典を守護するとも言われるが詳細はよくわからない。『宋高僧伝』三（『大正蔵経』五〇・七二三中）も参照されたい。

（2）『浄土論』の諸写本諸版本についての報告には、曽和義宏「常楽寺所蔵迦才『浄土論』について——上巻の翻刻と解説——」、同「翻刻・常楽寺所蔵迦才『浄土論』巻中」、同「翻刻・常楽寺所蔵迦才『浄土論』巻下」（『浄土宗学研究』二八・二九・三一、二〇〇一年・二〇〇二年・二〇〇四年）がある。

（3）なお『広韻』は一〇〇八年の成書であるが、南北朝の音韻体系を伝える『切韻』（六〇一年成書）の最終増訂版である。後漢ではなく両晋の韻部をここに示したのは、その韻律からして本書が後漢に成立したとは考えがたいからである。なお、韻部とは母音と韻尾が同じ音価を有し押韻の許容範囲となる部類のことをいう（声調の区分も含める）。したがってたとえば第二句目に「……王（平陽・陽）」とあるのは、「王」という漢字の韻母が『広韻』における平声陽韻の韻目の中に属し、遡って両晋においては陽部に属す漢字であることを意味する。

（4）辛嶋静志「『大阿弥陀経』訳注（六）」七頁（『佛教大学総合研究所紀要』一二、二〇〇五年）を参照。

（5）此経前後有其四訳。一秦弘始四年二月八日羅什訳、名小無量寿経。二宋元嘉年中求那跋陀羅訳、四紙。三永徽六年大唐三蔵於慈恩寺訳、名称讃浄土仏摂受経、十紙。四後秦又訳出阿弥陀経偈頌、一紙而失訳主。今此所解者即是秦羅什法師所訳。

（6）拙著〔二〇一三〕各論篇第八章を参照。

（7）陽声韻尾（-n, -ng, -m）が意図的に配置される現象については、拙著〔二〇一三〕各論篇第十二章を参照。

（8）「製讃菩薩連句梵唄三契」の訓みについて、鎌田茂雄『中国仏教史』第一巻、二一六頁（東京大学出版会、一九八二年）は「讃菩薩」と「連句梵唄三契」に分けているが、確証がないため分けずに表記した。

（9）『高僧伝』一三経師第九に「其の後居士支謙亦た梵唄三契を伝うるも、皆煙没して存せず」（五〇・四一五中）とあるように、慧皎の時世にはすでに佚していたことになる。

（10）後に示す『出三蔵記集』の「経唄導師集」に、「支謙製連句梵唄記　第九」とあるのがそれに相当する。

（11）「契」について、胡適は「仏教的翻訳文学（下）」（『白話文学史』上巻、上海新月書店、一九二八年）において、「一契、如今人説〝一只〟曲子」と述べているように、「契」とは歌曲を数える名量詞であると解することができる（『漢語大詞典』二巻一五三二頁も同じ）が、周一良は向達の説に従って康僧会の「敬謁一契」や、支謙の「連句梵唄三契」、釈慧忍の「製瑞応四十二契」などの梵唄に見られる「契」を、梵語 gāthā の音写語であると述べている（『周一良集』三巻、遼寧教育出版社、一九九八年）。しかし『高僧伝』の釈僧弁の条に、「弁、伝古維摩一契・瑞応七言偈一契」とあるように、筆者は胡適の考えに賛同するものであり、梵唄などの詩歌につく一種の名量詞ではないかと推測しているが、これについてはもう少し検討する必要があるだろう。今は保留としておく。なお「契」（祭部去声）は李方桂の推定音によると、khiadh > khiei である。また福井文雅「唐代俗講儀式の成立をめぐる諸問題」（『大正大学研究紀要』五四、三一七頁、一九六八年）においては、『翻訳名義集』四（五四・一一二三下）の「音義云、契之一字、猶言一節一科也」を引いて、「文章の一区切れを指すものであり、澤田瑞穂氏も、その「支那仏教唱導文学の形成」の中で「ちなみに、契とは詞章の段節を言ふ。」と書いておられる」と述べている。

（12）藤田宏達『原始浄土思想の研究』五二三～五二五頁（岩波書店、一九七〇年）を参照。

（13）梵唄についての近年の研究として長谷川慎「中国古代音楽における楽律の適用と背景」（『文藝論叢』五四、二〇〇〇年）、同「唄賛音楽の形成」（『文藝論叢』六〇、二〇〇三年）がある。

（14）現在日本で声明と梵唄を同義とするのは、虎関師錬（一二七八～一三四六）の『元亨釈書』二九（音芸七）の声明に、「声明とは印土の名にして五明の一なり。支那は偏に取りて梵唄と曰う。曹陳王端を啓くなり。本朝は遠く竺を取りて号を立つ」（鈴木財団本『大日本仏教全書』六二巻二三一頁）とあるとおりである。

(15)『法苑雑縁原始集』については、菅野龍清「法縁雑縁原始集をめぐって」（『印度学仏教学研究』四九巻二号、二〇〇一年）を参照。

第二章　中国浄土教礼讃偈の律動

——世親『往生論』から善導『般舟讃』まで——

はじめに

中国における浄土教の礼讃偈は唐代になって多種多様なテキストが作られてくる。それはとりもなおさず礼讃儀礼が前代にないほど活況を呈していたことを反映していると理解できるだろう。それらの現存するテキストについては、数量や系統など概ね整理分類がすでに行われ、その成果も報告されている。[1] これによって善導の『往生礼讃偈』はもちろんのこと、中唐の法照によって編まれたアンソロジーとも言える広略『五会法事讃』においても、改変が施された実に多様な礼讃偈のテキストが遺されていることがわかった。それは定められたテキストにもとづいた不変の礼讃儀礼が挙行されたというのではなく、時・所・諸縁（それぞれの時代と地域、さらには当該の儀礼に参会する人々）に適応せしめるべく、その都度改訂が加えられていた事情を物語っているかのようである。つまり原作者の意図に反する改作が道義的に許されない教義書とは違い、儀礼のテキストというものは後人によって自由に構造改組と刪繁補欠が行われる傾向にあったということである。

本章では、それら礼讃偈が実際の儀礼の場でいかなる効果があったのかを、中華の詩律の観点から、いわば詩文学的評価を通して模索することを目的とする。そこでまず手はじめとして中国仏教における礼讃偈の嚆矢となった世親の『往生論』五言九六句二四偈を皮切りに、曇鸞の『讃阿弥陀仏偈』の七言偈、龍樹の『十二礼』、迦才『浄土論』の偈にふれ、善導の『般舟讃』にいたるまでの讃偈について、漢語資料として成書順に考察していくことにする。なお『般舟讃』まで述べながら、同じく善導の『往生礼讃偈』や『法事讃』にふれないことには明確な理由がある。それは中国の礼讃偈を韻律方面から俯瞰するとき、『般舟讃』までの作品群がそれ以後の作品とは明らかに相違しており、そこに浄土教礼讃偈における歴史的な変革を見てとることができるからである。

第一節　浄土教礼讃偈の成立——礼拝と讃歎の結合——

浄土教の礼讃偈が中国において成立したのはいつのことだろうか。そしてどのように用いられていたのだろうか。これらの解明が本節のねらいであるが、ひとまず礼讃偈とはいかなるものかを定義しておきたい。礼讃偈と言い習わしているこのことばは、文字どおり礼と讃偈に分解でき、讃偈はまた讃と偈に分けられる。礼は礼拝、讃は讃歎、偈は偈頌であり、身業で礼拝し、同時に口業で讃歎の偈頌（歌）を唱えることである。

まずは礼拝について。厳密には制度・法則・秩序・作法・習慣を意味する漢語としての「礼」と、首をたれる・おじぎすることを意味する「拝」では、その意味あいは異なるが、それが結合して「礼拝」となることで、しかるべき法則にもとづいて首をたれるといった意味になる。したがって無作法で無秩序な「拝」ではなくて、一定の規則法則にもとづいて行われる「拝」というのが「礼拝」の意味するところなのである。およそ儒教によって規定される礼拝とは以上のようなものであり、『周礼』においては九拝（稽首・頓首・空首・振動・吉拝・凶拝・奇拝・褒拝・粛拝）を説いて対象に応じた礼法を詳説している。(2) ところがこの「礼拝」が中国の仏教儀礼に取り入れられると、本来異なる意味の「礼」と「拝」であるにもかかわらず、「礼」は「拝」の意味を含むようになってくる。たとえば「南無至心帰命礼」にある「礼」の語義が「拝」と本質的に変わるものではなくなっているように。
ところで、インド仏教における礼とはいかなるものであろうか。たとえば『大智度論』一〇（『大正蔵経』二五・一三〇下～一三一上）では経文の「頭面礼仏足」を以下のごとく釈している。

問うて曰く、礼と言うべきに、何を以て頭面礼足と名づくるや。答えて曰く、人の身中第一に貴き者は頭なり。五情の著く所にして最も上に在るが故に。足は第一に賤し。不浄の処を履み最も下に在るが故に。是の故に貴ぶ所を以て賤む所に礼す。貴重なるを供養するが故に。また次に下・中・上の礼あり。下とは揖、中とは跪、上とは稽首なり。頭面礼足は是れ上の供養。是を以ての故に仏の毘尼の中に、下坐の比丘は両手をもて上坐の両足を捉え頭面もて礼すなり。

また同巻一〇〇でも経文の「頭面礼」を以下のごとく釈す（二五・七五一上）。

釈して曰く。（中略）礼に三種あり。一には口礼。二には膝を屈し頭地には至らず。三には頭地に至る。是を上礼となす。人の一身に、頭を最上と為し、足を最下と為す。頭を以て足に礼するは恭敬の至りなり。

要するに上中下の三種の礼があるということであり、こうしたインド仏教の礼はほぼそのまま中国仏教にも移植されたようである。浄土教の礼拝行にしても、仔細な威儀は要求されず、以上の三種の礼法の範囲を出るものではない。したがって儒教で説かれるような煩瑣な九拝は中国仏教においては取り入れられることはないのである。なお道世撰『法苑珠林』二〇の致敬篇通会部第五には（五三・四三三中）、

述曰、今此所叙、威容相状、中・辺・時・俗、各有異儀。随国行之以敬為本。此乃初心、非学不解。故須委歴用暁未聞。久行碩徳固非所望。然中天虔敬振旦不同。彼則拝少而繞多、此則拝多而繞少。彼則肉袒露足而為恭、此則巾履備整而称敬。

とあるように、そもそもインドと中華の礼拝の相状には、インドが繞を主とし偏袒右肩で素足、中国では拝を主とし着衣巾履は正装なることを要求する相違があると述べられている。(3) しかしこれは仏教の礼法への叙述ではない。

次に讃歎について。これは口業でその徳を讃えることを内容としているが、その文章スタイルは中国においては古く『詩経』の頌（周頌三一篇・魯頌四篇・商頌五篇からなる）にはじまり、基本的には韻文で綴られる。頌はもと朝廷の宗廟を祭祀する際に舞踊とともに奏でられ、その功徳を讃える楽歌であった。後には王侯貴族の業績や聖者の功徳を讃える褒詞を讃と総称するようになる。したがって仏教で説かれる gāthā が、『詩経』の頌の中で歌われる内容を彷彿とさせるから、「偈」は「頌」そのものという解釈が成り立ち、漢訳経典においては「偈曰……」を「頌曰……」で代替させたり、また「偈頌」という梵漢複音節詞も造語されたのである。そしてこうした伝統が浄土教にも受容せられ、かつ、そこに新たな要素も加わって変容を見せてくる。礼讃偈は視覚的には韻文のスタイルをとるが、決して一様ではない。句中の字数は五言・七言というように概ね均一化されてはいるものの、押韻や平仄、それに対句や典故が万全であるものとそうでないものとがある。礼讃偈が仏や浄土を讃える褒詞集でありつつ

も、中華伝統の頌や詩とは異なる要因はここにある。

このような偈のスタイルをとる口業の讃は身業の礼と結合することで礼讃偈と呼ばれるようになるが、そうした偈のスタイルをとる口業の讃は、浄土教礼讃偈が嚆矢ではなく、すでに経典にあらわれている。たとえば『無量寿経』の歎仏頌や光明歎徳章、また龍樹の『十住毘婆沙論』易行品の讃偈などにあり、よく知られる『仏所行讃』『仏本行経』（『大正蔵経』巻四）や、『大正蔵経』巻三二に含まれる多くの讃（讃法界頌、仏三身讃、仏一百八名讃、一百五十讃仏頌、仏吉祥徳讃など）にあるように、すでにインドの経論において認められ、漢訳にともないこれを中華のスタイルに再編させているのである。『出三蔵記集』一四に収められる鳩摩羅什の伝には(4)（五五・一〇一下）、

什毎為叡、論西方辞体、商略同異云、「天竺国俗甚重文藻。其宮商体韻以入絃為善。凡覲国王必有讃徳、見仏之儀以歌歎為尊。経中偈頌皆其式也」

鳩摩羅什はいつも〔弟子の慧〕叡のために、西方の辞体について論じ、漢語との異同を比較して仰せられました。「インドの慣例としては美しい文章を重視するものです。宮商〔角徴羽の五音〕の音律で楽器に合わせて良いものといたします。国王にまみえるときには必ずその徳を讃え、仏にまみえるときには歌で讃歎することを最高のものとしています。〔仏教の〕経典の中に説かれる gāthā もこれと同じなのです。

とある。つまりインドでは国王の前では讃歎の辞が述べられ、仏の前においては歌によって讃歎するという。そしてそれが偈であるということである。

礼拝と讃歎という二種の行法が結合したのは言うまでもなくインドにおいてである。およそ信仰の対象を口によ

って讃じ、身によって礼する行為は、内なる信仰の可視的なあらわれであり、いかなる宗教においても共通した実践行である。インドにおいては仏教以前のヴェーダ時代からすでに神々を讃じ、そして礼する行為がなされている。仏教においても釈迦への合掌・長跪・五体投地など、さまざまな礼拝が行われて、大乗経典においても重要な行法として取り入れられている。また義浄も『南海寄帰内法伝』四の第三二に「讃詠之礼」（五四・二二七上〜二二八上）の条を設け、当時のインド仏教における礼拝讃歎の儀礼をみずからの実見にもとづいて記録にとどめている。(5)

ただしインド浄土教に限って言うならば、両者の結合は資料からは必ずしも明確ではない。その結合は当然ながら儀礼にまで展開するものであり、やはり中国において明確にあらわれてくるようである。後述するように龍樹には『十二礼』が遺されているが、これを真撰と断定することはできないし、また世親『無量寿経優婆提舎願生偈』の冒頭における願生偈にしても、あるいはその前後においても「礼」や「拝」に相当する文言は見られない。つまりこれは口業の讃偈のみであり、身業の礼拝をともなうものではないということである。たとえ五念門には礼拝門と讃歎門が説かれていても、両者の結合なり関わりなりをこの巻頭の願生偈において見出すことはできないのであり、また「願生偈」「願偈」と漢訳されているように、この偈は後世に言われるいわゆる「礼讃偈」とは本質的に同一ではないと言える。後に善導が『往生礼讃偈』を撰し、その後夜礼にこの願生偈を充当させ、各偈の合間に「南無至心帰命礼西方阿弥陀仏」といった礼拝を意味する句を挿入させたことによって、願生偈ははじめて「礼讃偈」という地位が与えられ、儀礼の中に組み込まれたのである。つまり、たとえ善導の視点では礼讃偈であっても、元来はどこまでも讃歎の意を含む「願生偈」にすぎなかったはずである。

そもそも礼と讃とは一連の流れの中で容易になさしめる宗教的行為と言える。礼するということは、仏の功徳に対する崇敬や信遵、そして憧憬からなされるわけであり、そうした感情（意業）に揺り動かされるままに行為としての礼拝（身業）と讃歎（口業）がなされてくるに相違ないからである。確かにインドの浄土教において礼と讃が結合し、しかも儀礼の場において用いるべく体系的にまとめられた書物は現存しないが、だからといって儀礼そのものまでが否定されるものではないだろう。実際の儀礼を伝える体系的な資料が散逸したか、それとも中国に請来されなかったか、そもそも書物として成立しなかったかのいずれかではないだろうか。

一方、中国における礼と讃の結合およびその儀礼化は確実である。現存する浄土教の讃偈を見ると、漢訳資料も含めて讃だけを説くものは世親の『往生論』や善導『般舟讃』であり[6]、礼をともなう讃を説くものは、龍樹『十住毘婆沙論』（易行品）および『十二礼』、曇鸞『讃阿弥陀仏偈』、迦才『浄土論』の偈、善導『往生礼讃偈』『法事讃』、智昇『集諸経礼懺儀』、法照の広略『五会法事讃』がある。このうち龍樹の易行品の偈は各偈の第四句にはそれぞれ「是故稽首礼」「我今帰命礼」などの句が置かれ（ただし本書は儀礼書ではない）、『十二礼』にも各偈の第四句に「故我頂礼弥陀尊」が置かれる。曇鸞の偈には各讃偈の最終句に必ず「帰命礼」「頂礼」「稽首」など礼拝を指す文言が含まれ、敦煌本『讃阿弥陀仏偈』にも「讃有一百九十五行　礼有五十一拝」とあるように必ず礼をともなうものである。さらに迦才『浄土論』における迦才自作の偈には「我願往生頭面礼」（巻上冒頭の偈）や「故我一心頭面礼」（巻中の讃観音勢至二菩薩偈）の定型句が添えられている。しかし、これらは確かに礼と拝の結合が見られるが、後世に成立するような儀礼としての体裁が完成されていないため、これらが実際の儀礼に用いられていたことを証明することは難しい。したがって儀礼化が行われてくるのは、やはり善導の『往生礼讃偈』や『法事讃』まで俟たなければならないのが実状である[7]。後述するように現行流布本の曇鸞の『讃阿弥陀仏偈』や善導『往生礼讃偈』所収の龍樹『十二礼』は、「南無至心帰命礼」などの定型句が置かれているが、敦煌本『讃阿弥陀仏偈』断簡や、迦才『浄土論』所収の龍樹『十二礼』の各偈にそうした定型句は見られない。善導にいたって讃歎の句の前に礼拝の句「南無至心帰命礼西方阿弥陀仏」が置かれ、さらに後方に願生の句「願共諸衆生往生安楽国」が加えられ、それらは交互に讃偈唱和と恭敬礼拝を繰り返す次第となってくる。つまり各讃偈の前後に定型句を画一的に加えることによって、実際の儀礼に堪えうるように再編したのであり、流布本『讃阿弥陀仏偈』や『往生礼讃偈』に含まれる龍樹『十二礼』などの体裁の整ったテキストは、その所産である。

ふりかえって中国浄土教において大衆動員の儀礼を資料の中に捜索するならば、おそらくは廬山の慧遠によって結社され、念仏三昧を実践する白蓮社という信仰集団をまず屈指すべきであろう。しかし、礼拝と讃歎をもって儀礼の骨子とするということになると、さらに後の資料からでしか求められないのである。ただそうした後世の浄土教の礼讃偈資料やそれに則って挙行される礼讃儀礼が、両晋の文学作品や白蓮社の結社念仏からまったく影響を受けていないかというと、それも断言しえないと思われる。讃に関しては『広弘明集』一五に東晋の支遁（三一四～三六六）の「阿弥陀仏像讃幷序」（五二・一九六中）に早く見えているし、また瑯琊王斉之の「念仏三昧（詩）四言（首）」（『広弘明集』三〇）では念仏三昧の意境を吐露し、弥陀とその浄土へ思慕を謳いあげている。今、後者だけ以下に示す。括弧には『切韻』の韻目と両晋の韻部を示した（五二・三五一下）。

妙用在幽　渉有覧無（平虞・魚）　神由昧徹　識以照麄（平模・魚）
積微自引　因功本虚（平魚・魚）　泯彼三観　亡此豪余（平魚・魚）
空漠河始　理玄通微（平微・脂）　融然忘適　乃廓霊暉（平微・脂）
心悠緬域　得不践機（平微・脂）　用之以沖　会之以希（平微・脂）
神資天凝　円映朝雲（平文・真）　与化而感　与物斯群（平文・真）

応不以方　受者自分（平文・真）　寂爾淵鏡　金水塵紛（平文・真）
慨自一生　夙之慧識（入職・職）　託崇淵人　庶藉冥力（入職・職）
思転豪功　在深在測（入職・職）　至哉之念　注心西極（入職・職）

この「念仏三昧（詩）」は一句四言の八句をもって一詩としており、換韻が行われているので四詩から構成されていることがわかる。その詩律について言えば、『楽邦文類』五（四七・二二一中）にもこの詩を引いており、『広弘明集』とは一一箇所の校異があるも、偶数句末の韻字において異読は存在しない。時代として句中の平仄は問わないが、押韻については完璧なのである。

また慧遠の結社念仏において行われていた実践や、さらにその実践を通して醸成された意境を吐露したと思しき『念仏三昧詩集』における作品は(8)、唐代の浄土教儀礼に対して、単なる無韻の讃偈ではなくして中華の韻文としての讃詩と、それを唱和しつつ身業礼拝をともなう儀礼が生み出される遠因になっていると考えられる。

第二節　世親『往生論』の偈

インド瑜伽唯識思想の立役者である世親（婆藪槃豆、天親、Vasubandhu、四〇〇ころ～四八〇ころ）は『往生論』（『無量寿経優婆提舎願生偈』『無量寿経論』『浄土論』とも称す）を著し、その中で阿弥陀仏とその浄土を賛美し往生を願い、またその実践を五念門として体系づけた。その『往生論』の冒頭に説かれる偈は、「世尊我一心　帰命尽十方　無碍光如来　願生安楽国……」にはじまり、「……我作論説偈　願見弥陀仏　普共諸衆生　往生安楽国」にいたる五言九六句をもって漢訳されている。そして古来三種二九荘厳と呼ばれるように、浄土・仏・菩薩を讃えることをもって「願生偈」と呼称しているのである。

ところで『往生論』は原典が失われているものの、これを中国撰述の論書であると疑義を挟むような材料はないと思われる。またその訳者についても北魏のインド僧菩提流支（Bodhiruci、六世紀）であることは、諸経録や訳語からしても疑う余地はないだろう。[9]その漢訳年時については、『歴代三宝紀』などによれば北魏の普泰元（五三一）年とされており、菩提流支は同年に『勝思惟梵天所問経』四巻も漢訳している。ただし『開元釈教録』では永安二（五二九）年とするように相違がある。いずれにせよ五三〇年を前後して漢訳されているようである。またこの『往生論』の写本版本の校異とテキストの系統を整理した成果が報告されており、[10]それによると、大蔵経に入蔵されている『往生論』と、曇鸞の『往生論註』に含まれる『往生論』とではその系統が相違するという結論であった。菩提流支による訳出原本がいったいどちらの系統であったのかは不明であるが、[11]本研究において課題としている詩律の観点からその偈をながめると、そもそも押韻していないのだから、どちらであっても支障はない。

『続高僧伝』によれば、[12]菩提流支は永平年間（五〇八～五一二）のはじめに北インドより流沙を踏破して中華にたどりつき、天平年間（五三四～五三七）にいたる二十数年のうちに三九部一二七巻を翻訳し、沙門の僧弁らが筆受として彼の訳業を助けていたと記録している。「然るにその慧解は勒那に相い亜ぎ、しかも神悟聡敏にして洞く方言を善くし、兼ねて呪術に工にして則ち抗衡するものなし」とあるように、一億偈を誦しえた勒那摩提（六世紀初めに来華）に比肩しうるほどの漢訳僧であったという。

さて『往生論』の漢訳についてであるが、前述のように五三〇年前後であったというならば、来華後すでに二〇年を経過していることになり、しかも『続高僧伝』の「洞く方言を善くし」からも漢語にも熟達する余裕が認められる。しかも各経録からは先の沙門僧弁の存在が確認できる。すなわち漢訳するだけの条件と環境は十分に整っていたということであろう。

そこで『往生論』の文章、なかんずく冒頭の願生偈を詩律の面から精査すると、リズム上の節奏と意味のまとまりを打ち破る割裂の現象がしばしば見られる。中華の伝統的な韻文（とくに詩）においては、一句中の字数に関係なく停頓がある。そしてこれが詩歌における旋律と意味の分岐点ともなっている。つまりリズム上の節奏点ごとに意味もまとまっていることによって、詩としての生命が一応は維持できるということなのである。漢訳仏典の偈もこれを精査することによって、概ねこのような中華の詩の格律は遵守されていると言えるのである（拙著〔二〇一三〕総論篇第一章第二節を参照）。この願生偈のように五言で一句をなしている場合には、第二字目と第五字目（○○／○○○／）の後に節奏点が置かれるはずが、これを打ち破るのみならず、起句（奇数句）と対句（偶数句）をまたいでしまう割裂の聯すらも存在するのである。ここにその事例を示しておく（二六・二三一上中）。

正覚／阿弥陀　法王／善住持　→　正覚阿弥陀法王　善住持
是故／願生彼[13]　阿弥／陀仏国　→　是故願生　彼阿弥陀仏国
同地／水火風　虚空／無分別　→　同地水火風虚空　無分別
雨天／楽華衣　妙香／等供養　→　雨天楽華衣妙香等　供養
何等／世界無　仏法／功徳宝　→　何等世界　無仏法功徳宝

五字一句の偈を意味上から断句すると、矢印の下に示したように語彙が句間をまたいでしまい、このため節奏リズムと符合しなくなる。(14)このような割裂の現象があるにしても、偈として五言で断句する以上は視覚的には何ら問題ないが、実際に読唱する際にはやはり音の流れを阻害してしまう。それは意味の切れ目と音の切れ目に〝ずれ〟が生じるからであり、その安定感の喪失は歌曲としては致命的でさえある。五言偈は各句末の五字目で停頓するはずが、意味は寸断されずに下の句につづいてしまい、このため拍節からも意味からも不明瞭となってしまうのである。こうしたリズム感を喪失した無造作な措辞は、およそ漢語を母語とする漢人の所作ではなく、また漢語に熟達した訳者の所為でもない。漢訳者によって、あたかも長行の文をただ機械的に五言ずつに分断させてしまったかのごとく感じられるのである。

またこの願生偈九六句は二四の押韻単位を有するが、中華の詩としての絶対条件である押韻がまったく配慮されていないことも一目瞭然であり、すべて失韻となっている。さらに五世紀から顕在的となる二四不同（にしふどう）（五言の句において二字目と四字目に配置される漢字を平声と仄声で互い違いにすること。○●または●○となること）について調べてみても、九六句中にあって約四割の三八句が遵守されているだけである。この四割という数値に漢訳者による意図的な配慮の痕跡を認めることは到底できない。(15)

何等●世界●無　仏法●功徳●宝
我願●皆往●生　示仏●法如○仏
我作●論説●偈　願見●弥陀○仏
普共●諸衆●生　往生○安楽●国

たとえ句中の字数を均一にして視覚的にはあたかも詩の体裁をとってはいるものの、このような偈は押韻と平仄がもたらす音楽的な豊かな旋律を保持しえないのであり、したがって詩としての評価を下すことはできないということになる。そしてこの願生偈が儀礼において大衆とともに音楽的な雰囲気の中で唱和されるには不向きであろうことも、容易に想像することができる。

五万点を超える敦煌石室文書において仏典は約九割を占有している[16]。しかしこの『往生論』そのものの単独写本はこれまでに確認報告されていない。ただわずかに善導の『往生礼讃偈』の後夜礼に採られている願生偈の断簡が現存するにすぎないのである[17]。したがって、菩提流支によって漢訳されてから善導にいたるまでの約百数十年の間に願生偈が実際の儀礼に用いられていたか否かを知ることはできないのである。曇鸞には『往生論』の註疏としての『往生論註』があり、また『讃阿弥陀仏偈』なる儀礼方面の述作もあるが、それをもってただちに願生偈そのものが曇鸞やその周辺において儀礼に供されていたとは言えない。中国浄土教の歴史を通覧してみても、礼讃儀礼の盛行ぶりはやはり唐の善導を嚆矢とし、その約一〇〇年後の法照を中心とした作品の中に新たな展開を見ることができる。それはすなわち中華の詩としての諸条件を具えた礼讃偈の導入と、それを用いた大衆動員型の、しかも焚香・聖衆奉請・敬白にはじまり、廻向発願でおわる組織的な音楽法要なのである。そうした礼讃儀礼が盛行する中にあって、押韻は認められず、平仄の配慮も施されておらず、しかも節奏点を等閑にふし、句をまたぐ割裂を引き起こしているようなこの願生偈が、はたして法会にあって単独で用いられていたと想像することができるだろうか。それはまずもってありえないことである。唱和するには不向きなスタイルであったことは、敦煌石室に蔵される後世に述作された旋律豊かな諸種礼讃資料と比較することで明らかなのである。このような音楽的な旋律の欠如や、敦煌文献中に単行単独の写本が存在しない事実などから推してみても、願生偈そのものは大衆動員型の儀礼として実効力をもちえなかったものと推断できる。後に善導が『往生礼讃偈』の後夜礼において、各偈の前後に定型句（「南無至心……」と、「願求諸衆生……」）を付加し、これを偈ごとに繰り返し復唱することで一定のリズムを維持することとなり、からくも儀礼に供される体裁を具えることができたというだけであって、少なくとも漢訳された願生偈のテキストそのものは、中国の仏教文学作品の埒外に置かれるものである。

第三節　曇鸞『讃阿弥陀仏偈』の偈

曇鸞（四七六〜五四二）[18]には『往生論註』と『略論安楽浄土義』、そして『讃阿弥陀仏偈』の三部が浄土教典籍として遺されている。もと四論の学匠であった曇鸞がこれら三部作をいつ撰述したかは不明であるが、菩提流支より『観無量寿経』を授けられて後、つまり浄土教に帰入した後の撰述であることに相違なかろう。世親の『往生論』に註して『往生論註』を著した曇鸞は、その『往生論』の願生偈に刺戟されたのか、みずからも阿弥陀仏やその浄土に関わる偈を述作した。それが『讃阿弥陀仏偈』である[19]。

『讃阿弥陀仏偈』は『讃阿弥陀仏』『無量寿経奉讃』とも、『大経奉讃』『大経讃』『大経偈』とも称される[20]。菩提流支より授かったとされる『観無量寿経』を髣髴させるような片言隻句は本文中に見出せず、むしろ全編通して『無量寿経』にもとづく讃偈となっている。それは『無量寿経奉讃』という別称があることからも頷けるのである。その成立についても、儀礼に直接関わると思われる本書は曇鸞の浄土教への理解と信仰、さらにそれにもとづく実際の活動から生み出された作品と捉えられるものであり、その成立はやはり菩提流支との邂逅以前を想定することはできない。そして『略論安楽浄土義』にある「尋讃可知」（四七・一上）や「今依傍無量寿経為讃」（四七・一下）

の文言が『讃阿弥陀仏偈』を意味するのであれば、現存する曇鸞の著作三部の中、少なくともこの二部の成立の前後だけは明瞭となるだろう。

本書が撰述された目的についてであるが、浄土教の要義の解明を目的とする教義書とは性格を異にするので、その目的は別のところにあるはずである。分量は敦煌本（斯二七二三・龍谷大学所蔵本）[21]に「讃有一百九十五行　礼有五十一拝」とあるように決して短くはなく、内容はもっぱら『無量寿経』の次第にそいつつ、七言一句の韻文の体裁を模したものである。模したというのは実際には押韻していないからである。しかし全五一拝の各拝はみな最終句に礼拝行をともなう語句が置かれていることから、実際の儀礼儀式に供されたものと想定するのが穏当であり[22]、そこに撰述の目的があったものと考えられる。

ここでは本書の原初形態をもって、その詩としての格律を調査することになるが、それには流布本と敦煌本の断簡の比較からはじめる必要がある[23]。すでに毛利憲明が指摘しているごとく[24]、流布本における各讃偈の前後に置かれる「南無至心帰命礼西方阿弥陀仏」と「願共諸衆生往生安楽国」や、巻末の「哀愍覆護我（中略）帰命懺悔」といった反復される定型句は、敦煌本の断簡をはじめ、『安楽集』所引の『讃阿弥陀仏偈』においても存在しない。したがって敦煌本の「讃有一百九十五行　礼有五十一拝」や、迦才の『浄土論』の曇鸞伝に「無量寿経奉讃七言偈百九十五行」（四七・九七下）とあるように、その行数と現行流布本の行数とが合致しない事実から、これらの句は後世の何者かによって、または善導の『往生礼讃偈』から転用され加えられたものであろうと言われている。その作業は日本でなされた可能性もあるが、これに関して禿氏祐祥は中国成立説を採っている[25]。

さて敦煌本によると、もと一九五行（一九五聯）からなる五一拝であったが、現行流布本では上述のごとく、善導の『往生礼讃偈』から転用された文言が挿入されているので多少増加している。その各讃偈は、いずれも七言一句であるが、五一拝ある各讃偈の最終句は必ず「帰命礼」「頂礼」「稽首」「頭面礼」「稽首礼」「礼」「帰命」「帰」で結んでいるように、本書は単なる讃歎の辞で終始するものではなく、身業の礼拝がともなう儀礼書なのである。また前出の敦煌本の「讃有一百九十五行　礼有五十一拝」から、口に讃偈を唱えながら身業による五一回の礼拝行が実際になされていたことは疑いえない。

その一讃一礼する各偈の句数は、四句・六句・八句・一〇句・一二句・一四句・一八句・二〇句・二六句というように、いずれも偶数句ではあるにせよ、まったく統一感がない。なぜこのように各偈で句数が均一化されていないのかは不明である。また中華の詩の条件である押韻や平仄もまったく考慮されていない。ここでは参考までに第二四偈と第二九偈の二つの偈を示す。句末の括弧には『切韻』系韻書の韻目と北魏劉宋の韻部を示した(26)。

第二四偈（四七・四二二上中）

諸聞阿弥陀仏号　信心歓喜慶所聞（平文・文）
乃曁一念至心者　迴向願生皆得生（平庚・庚）
唯除五逆謗正法　故我頂礼願往生（平庚・庚）

第二九偈（四七・四二二下）

若聞阿弥陀徳号　歓喜讃仰心帰依（上微・脂）
下至一念得大利　則為具足功徳宝（上皓・宵）
設満大千世界火　亦応直過聞仏名（平清・庚）
聞阿弥陀不復退　是故至心稽首礼（上薺・皆）

このように句末の押韻と句中の平仄にまったく無頓着であるのは、五一の讃偈すべてに当てはまる。音声的な配慮も姿勢もここからは何も伝わってこないのである。ただし世親の『往生論』と異なるところとしては、詞彙が句間をまたぐような割裂はなく、加えて句中の節奏点にあっても概ね上四字と下三字（○○○○／○○○／）に置かれていることであり、これによって一定のテンポをかろうじて保持しているのである。

以上のごとく、『讃阿弥陀仏偈』の各偈は中華の韻文に定められる絶対条件としての押韻すら認められないので音楽的な豊かな旋律はまったく介在していないと言える。しかし偈の文句内容から見た場合、阿弥陀仏や浄土を単に讃歎するだけではなく礼拝も含むものであり、口業のみならず身業が加味されたことになるので、これを浄土教儀礼における新たな展開として認めるべきである。ただし曇鸞が実際に本書によってどのような儀礼を挙行していたかについては、遺憾ながら他の資料からのクロスチェックによって立証することはできない。また敦煌本の尾題には「讃阿弥陀仏並論上巻」とあり、京都市の来迎院所蔵良忍手沢本の主題にも「□□弥陀仏偈並論」とあるように、本書はもと「論」、すなわち『略論安楽浄土義』と一対のものであり、この一対の資料は直接儀礼の現場で用いるような体裁にはなっていないこともあって、実際の儀礼における臨場感がイメージされてこない。『続高僧伝』六義解篇に立伝されている曇鸞伝にはその平生の仏教行儀について何も記していないが、わずかに以下のように記録している（五〇・四七〇下）。

晩に復た汾州北山の石壁玄中寺に移住す。時に介山の陰に往き、徒を聚めて業を蒸む。

具体的なところまで立ち入ってないが、介山（介休山）の北側で人々を集めて何らかの行業を執り行っていたという。[27]本書の敦煌本が曇鸞述作時の原形をとどめているか否かは不明であるにせよ、後世の法照やその影響を受けたと思しき数多くの礼讃偈のテキストとは明らかに異質である。テキストの問題は以上のとおりであるが、迦才の『浄土論』巻下の曇鸞伝においては（四七・九七下）、

〔曇鸞〕法師、無量寿経奉讃七言偈百九十五行幷問答一巻を撰集し、世に流行す。道俗等に勧めて決定往生し諸仏に見（まみ）えることを得しむ。

とある。この「世に流行す」や「道俗等に勧めて」といった叙述を信頼するならば、確かに何らかの儀礼を行い、道俗の間で用いられていたことを推知させるであろう。しかしこの『讃阿弥陀仏偈』による儀礼がどのように、そしていつまで行われたのかは模糊としたままである。

また後世の浄土教礼讃儀礼への影響について考えてみると、少なくとも善導の『往生礼讃偈』から定型句を抽出添加されたと思しき流布本のようなテキストは、前掲の毛利憲明〔一九三〇〕が指摘しているように、やはり儀礼用に改組されたことを物語っていると思われる。つまり唐代になって礼讃儀礼の盛行に便乗して、もと「讃阿弥陀仏並論」とされる一連のものが、それぞれ『讃阿弥陀仏偈』と『略論安楽浄土義』に分断されて、前者には善導の『往生礼讃偈』の定型句を挿入することで、より儀礼らしい体裁をもたせたと考えられるのである。それが挿入されていくのは、現存資料からして、善導の『往生礼讃偈』の成立以後ということになるが、景雲二（七一一）年の敦煌写本（斯二七二三）には定型の挿入句がないことから、さらにそれ以後に加えられたのかもしれない。いささか腑に落ちないことは、八世紀になると礼讃儀礼がいっそう盛況していき、その讃偈の格律は押韻と平仄を具えた

詩的なものへと転換していく潮流がすでに築かれていたはずである。そのような状況にあって、はたして無韻で平仄の配慮のない『讃阿弥陀仏偈』を儀礼に供すべく、わざわざ挿入句を加えてまで改訂するかというと、若干の疑問はある。『続高僧伝』の曇鸞伝の最後には（五〇・四七〇下）、

調気論を出だす。又た著作王邵は文に随いて之を注す。又た礼浄土十二偈を撰して龍樹の偈の後に続く。又た安楽集両巻等を撰して広く世に流る。

とある。この一文に「又」の字が三つ用いられている。いかにも脱稿後の付け足しのような、何とも落ち着きの悪い文章となっており、道宣が現地調査を行った後、断片的な情報を蒐集するたびに、その都度追記したような体裁になってしまった感は否めない(28)。それについてはこれ以上問わないとしても、『続高僧伝』の曇鸞伝に記される「撰礼浄土十二偈」と「安楽集両巻」は、それぞれ「讃阿弥陀仏偈」と「往生論註」の不用意な誤認であるから、曇鸞の著作が「広く世に流れ」たという道宣のコメント自体訝しく思えてしまう(29)。

ところでなぜ善導は自著『往生礼讃偈』の中に『讃阿弥陀仏偈』を依用しなかったのだろうか。中華の浄土教人師が作った最早の礼讃偈であり、また師僧道綽が崇敬してやまなかった曇鸞の作品であったはずである。その理由としては讃偈が無韻であったということもあろうが、無韻であるならば『往生論』が中夜礼讃に組み入れられる道理はないはずなので、これだけでは説得力に欠ける。思うに、『往生礼讃偈』の構造は、一日を六時に分けてそれぞれの時に礼讃儀礼を行うにつけ、日没と初夜は仏説として『無量寿経』を用い、中夜と後夜にはインドの菩薩として龍樹『十二礼』と世親『往生論』を用い、そして晨朝と日中には中華の僧としての彦琮と善導みずからの礼讃

偈を配当している。つまり、仏（経）、菩薩（インド）、僧（中国）の構造となっている。『讃阿弥陀仏偈』は『無量寿経』にもとづく礼讃偈なので口没・初夜と重なってしまい、また曇鸞は中華の人師なので中夜・後夜に置くこともならず、晨朝と日中はともに句末押韻する旋律豊かな偈を配当していることから、やはり除外せざるをえなかったということだろう。加えてその分量も他の讃偈よりはるかに冗長であったことも原因であろう。どれを想定したとしても本書が『往生礼讃偈』の六時の中に配当されるような余地はなかったのである。

いずれにしても『讃阿弥陀仏偈』は韻律配慮が施されていないので、後世への伝承を絶ったものと推察しうる。しかしながら、本書はそれにもまして止目すべき大きな意義があった。それは前述したごとく、世親の『往生論』は浄土往生の実践項目として五念門を別々に立てたが、曇鸞はこの五念門（観察は除く）を儀礼を通して同時に実現させたのである。[30]つまり『往生論』における机上の論理を、礼讃儀式という現場の実践において具現化したということである。その各讃偈はたとえ形態的に無韻であり平仄配置も不十分ではあるとはいえ、身業の礼拝と口業の讃歎を結びつけたその功績は中国浄土教儀礼において決して過小評価されるものではない。

第四節　龍樹『十二礼』の偈

鳩摩羅什が訳出した『龍樹菩薩伝』（五〇・一八四上）における龍樹は、浄土教人師として描かれていないが、その著『十住毘婆沙論』五（二六・四〇下〜）の易行品では、阿弥陀仏などの諸仏諸菩薩を恭敬礼拝し、その名号を称えることで阿惟越致に到る方便として、広義の浄土教の実践について関説している。[31]中国ではまず曇鸞が『往生論註』巻上において易行品に説かれる難行易行を取りあげ、また同じく巻上に、「龍樹菩薩、阿弥陀如来の讃を造る中に、或いは稽首礼と言い、或いは我帰命と言い、或いは帰命礼と言う」（四〇・八二七上）と易行品の偈をあげ、さらに『讃阿弥陀仏偈』の第四八偈では龍樹を浄土教の祖師として（四七・四二四上）、

大師龍樹摩訶薩　誕形像始理頽綱
関閉邪扉開正轍　是閻浮提一切眼
伏承尊悟歓喜地　帰阿弥陀生安楽
譬如龍動雲必随　閻浮提放百卉舒
南無慈悲龍樹尊　至心帰命頭面礼

と称賛している。また前節で述べたように、道宣の『続高僧伝』六（五〇・四七〇下）の曇鸞伝末尾には、「又撰礼浄土十二偈、続龍樹偈後。又撰安楽集両巻等、広流於世」とあるように、あたかも曇鸞によって『十二礼』が撰述されたかの感もあるが、道宣は『往生論註』を『安楽集』と誤認するほどなので、このくだりは信頼することができない。その『十二礼』については、これまで詳細な報告はなかったようであるが、松陰了諦（一九三七）の解説があり、また廣川堯敏は敦煌文献の各種行儀書との関係を論じ[32]、そして盛会蓮が「『礼阿弥陀仏文』校勘記[33]」を発表し、三種の敦煌写本と善導の『往生礼讃偈』をもって校勘している。

迦才の『浄土論』巻中の第五引聖経為証、それに善導の『往生礼讃偈』中夜礼にはそれぞれ『十二礼』の本文が収められている。その『浄土論』には（四七・九六中下）、

六如禅那崛多三蔵、別訳龍樹讃礼阿弥陀仏。文有十二礼。至心帰命礼西方阿弥陀仏。

と前置きしてから本文を引用しており、真福寺蔵『阿弥陀仏経論並章疏目録』にも、

十二礼一巻　龍樹菩薩造　沙門禅那崛多訳

とある[34]。この禅那崛多なる外来僧は訳経僧中に検索しえず、望月信亨や松陰了諦は、後周の闍那崛多であろうと推定したのであった[35]。はたして中国国家図書館蔵敦煌資料（北〇一七八〈秋九七〉）には、

礼阿弥陀仏文　龍樹菩薩撰、闍那崛多三蔵法師訳。

とあることから両氏の推定は正しかったことになる（敦煌本の斯五二二七も同じ）。闍那崛多はガンダーラの出身で、同志一〇人と三年をかけて西魏大統元（五三五）年に来華する。北周孝明帝の武成年間（五五九～五六〇）に長安入りを果たし、来華の途次に破戒したために再度受戒し、漢語を習得して『十一面観音（経）』や『金仙問経』などを漢訳した。さらに『観音偈』（法華経普門品）と『仏語経』をも訳し、後に廃仏によって突厥へと難を逃れる。

本書が龍樹の撰であるということは、先の迦才や善導だけではなく、玄奘や大乗基を継ぐ法相の学匠慧沼（六五〇～七一四）も『十一面神呪心経義疏』の中で（三九・一〇一〇中下）、

仙に二種あり。一に内仙人、二に外仙人なり。内仙人とは仏菩薩をいう。故に龍樹菩薩の讃文に「稽首天人所奉尊、阿弥陀仙両足尊也」という。二には外仙人なり。外道の仙人にして苦行を修むる者をいうなり。

と述べているように、初唐のころは周知のこととして了解されていたようである。

さて、その内容については仰誓（一七二一〜一七九四）の『十二礼偈敝蓋録』二巻（『真宗全書』九）や大谷光瑞「龍樹菩薩讃礼阿弥陀仏偈」（『大乗』四の八、一九二五年）に詳述されているので譲るとして、迦才『浄土論』に「讃礼阿弥陀仏文」と記すごとく、その構造は讃と礼である。四句あるうちはじめの三句は阿弥陀仏とその浄土への讃歎で、最後の一句が「故我頂礼弥陀仏」の礼拝である。行儀の次第から言えば、礼讃ではなく讃礼ということなのであろう。そして最終の第一二偈には廻向が配されている。漢訳の原初形態として、もと「願共諸衆生往生安楽国」の句が存在したかは不明である。また本書は詩としての格律を具備しておらず、詩律がもたらす音楽的な旋律の豊かさは微塵も感じられない。どこまでも偈である。

第五節　迦才『浄土論』の偈

迦才の唯一の著作である『浄土論』三巻のうち、上巻と中巻にそれぞれまとまった偈が示されている(36)。もともと儀礼に用いるために作られたものではないので、本研究の趣旨からして検証の対象外ではあるが少しくふれておく。

まず巻上の巻頭には七言三六句からなる九偈が説かれ、巻中では第五引聖経為証（四七・九一下）を設けて、諸経論を引用して往生浄土が別時意にあらざることを立証する。そこには①『十住毘婆沙論』の偈、②讃観音勢至二菩薩偈、③一切経中弥陀仏偈、④『究竟一乗宝性論』の偈、⑤龍樹の讃礼阿弥陀仏文、⑥『摂大乗論』の偈が引かれている。

①龍樹造・羅什訳『十住毘婆沙論』五（二六・四〇下～）の易行品に説かれる五言三二偈に韻律配慮はなされていない。②讃観音勢至二菩薩偈は『浄土論』の体裁からすると『十住毘婆沙論』の偈ということになるが、現行本『十住毘婆沙論』には該当する偈頌は説かれていない。したがってこれは迦才自作の讃偈ではないかと思われる。そしてこれもまた無韻である。③一切経中弥陀仏偈とは、現存する『後出阿弥陀仏偈』（一二・三六四中下）に他ならない（各論篇第一章を参照）。④は後魏勒那摩提訳『究竟一乗宝性論』巻一および巻四の偈である（三一・八二〇下、八四八上）。現行本では「依此諸功徳　願於命終時　見無量寿仏　無辺功徳身　我及余信者　既見彼仏已　願得離垢眼　成無上菩提」とあるように、『浄土論』のそれとは多少の異同がある。⑤は善導の『往生礼讃偈』（中夜礼）にも取り入れられる龍樹の『十二礼』である。迦才は「禅那崛多三蔵、別訳龍樹讃礼阿弥陀仏。文有十二礼」とする。この禅那崛多三蔵については、前述したように敦煌本から闍那崛多であると確定しえた。そして最後の⑥『摂大乗論』の偈は真諦訳巻一五の巻末の偈である（三一・二七〇中）。以上のうち、巻上の七言九偈、および巻中②の讃観音勢至二菩薩偈は諸経論に見られないので、おそらくは迦才みずからが作った讃偈であったと考えられる。

巻上の七言偈は三六句あるので九偈ということになる。九章からなる『浄土論』の体裁に擬えたものかとも思えるが、偈と各章の内容とは一致をみない。九偈の内容は、阿弥陀仏について（一偈～三偈）、浄土について（四偈と五偈）、菩薩などについて（六偈～八偈）、願偈（九偈）である。よって讃歎礼拝の偈は八偈までということになる。各偈の第四句は押韻単位であるにもかかわらず、一様に「我願往生頭面礼」とされているので、もともと押韻させようという意図などなかったようである。また平仄についてもその意図的な配慮は認められない。むしろこの直前にある序文のほうが、対句を凝らし、修辞を加えた美文に仕上がっているほどである。

次に②の讃観音勢至二菩薩偈については、現行本では五一の奇数句からなる。中華の詩は通常、偶数句で構成されるものであり、それは漢語仏典においても同様である。ここで断言しうることは迦才が本書を撰述した当初は決して五一句ではなかったということである。ところが転写される過程でどこかの一句が脱落したのである。ではどの句が落ちたのだろうか。各偈は「一心恭敬〇〇〇」と「故我一心頭面礼」をもって最終句（偶数句）としているので、ここで断句することによって、この讃観音勢至二菩薩偈は八偈からなっていることがわかる。これら八偈の中で奇数句なのは以下の第三偈だけである（四七・九六上）。

南無観音大勢至　　恒入世間無暫息
往生六道済郡生　　色身超絶如紫金
威儀庠序世無比　　宝瓶化仏天冠中
一心恭敬巧方便

ここに一句が脱落したと想定することはたやすい。ただし、このように再構成されるとしても、各偈の句数は均一ではないので、依然として律動的には安定感がともなわない。

迦才と善導は同じ時代、そして同じ地域で活動しているので、互いにその存在を知っていたと思われるが、迦才の讃偈は善導の作品中に取り入れられず、また後世に用いられた形跡すらもない。それは先の『讃阿弥陀仏偈』と同様に、まずこれらが無韻の偈であることに起因しているのだろう。さらに資料の性質からして、そもそも儀礼用に作られた偈ではなかったことも理由であろうし、また善導にとっては何よりも師と仰いだ道綽の著『安楽集』が、かの『浄土論』の序文において「その文義参雑にして章品混淆す。後の之を読まん者また躊躇して決さざらん」と酷評されたことも原因であったのかもしれない。

もともと巻首の偈はいわゆる帰敬偈なのであり、巻中の各偈は別時意説への反駁のために用意されたものであって、迦才自身が礼讃儀礼のためにこれらの偈を述作・蒐集したのではないということは明白である。

第六節　善導『般舟讃』の偈

唐代の仏教関係の諸儀礼については、すでに大谷光照の『唐代の仏教儀礼』（有光社、一九三七年）、および小野勝年の「円仁の見た唐の仏教儀礼」（福井康順編『慈覚大師研究』天台学会、一九六四年）をまず屈指することができる。ここでは善導による浄土教儀礼について、『往生礼讃偈』や『法事讃』といった有韻の讃偈の直前に位置し、その黎明期の作品とも評しうる『般舟讃』を取りあげ、これをもって中国浄土教における無韻礼讃偈の終焉と結論づけたいと思う[37]。

さて、善導の『往生礼讃偈』は、言うまでもなく信仰の対象である阿弥陀仏への身業礼拝と口業讃歎を儀礼として組成させた、いわば浄土信仰の大衆動員型の儀軌に他ならず、後世の浄土教諸儀礼に大きな影響を与えた。単に讃偈といっても、それは多種多様であり、どれも同じく讃偈でありながら、その用途は一様ではない。『往生礼讃偈』は日常の行儀であり、『法事讃』は施主の依頼に応じてなされる儀礼、そしてこの『般舟讃』は日時を限って行われる別時行儀である。ともに阿弥陀仏とその浄土を口業で讃歎することに変わりはないが、行儀としての目的や作法には明らかな相違があった。

『般舟讃』（具名は『依観経等明般舟三昧行道往生讃』）[38]は讃偈だけであって礼拝はともなわない。したがって厳密に言えば儀礼において身業礼拝を要求しないことから、本書を「礼讃偈」として扱うわけにはいかない。各偈がはじまる際には「般舟三昧楽」の頭句が置かれるので、その直前または直後に礼拝がなされていた可能性もあるが、あくまでも現存資料からは行道と讃歎を行うためのテキストと判断する以外にない。

この『般舟讃』では、まず慙愧清浄にして自他の善根を随喜し、依正二報を讃歎し、往生を願いその讃偈を説く。これは七日九〇日と期日を定めて行われる別時儀礼である。この『般舟讃』に説かれる各偈はまったくの無韻であって、韻律からくる詩情豊かな音楽性は存在しない。これが原因であろうか、後に伝承を絶ったようであり、敦煌石室に含まれる各種礼讃文においても『般舟讃』のテキストそのものは確認されておらず、また法照やその他の敦煌石室礼讃諸文献にも、そのままの偈として取り込まれることはなかったのである。[39]それはすなわち、当時の『般舟讃』に対する仏教界の評価を推察させるものでもある。つまり詩としての最大の特質にして最低限の条件である押韻を具えていない『般舟讃』の偈は、どこまでも偈であって詩ではなかったということであろう。八世紀に入り近体詩が確立されてからは、仏教に関わる讃偈であろうと詩の条件を具えることが必須とされてくる情勢にあったことは事実であり、それは智昇の『集諸経礼懺儀』や法照の広略二種の『五会法事讃』、そして法照の影響を受けたであろう僧たちの作品からしても明らかである。[40]詩の格律をもたない『般舟讃』の偈は、時勢に便乗することはかなわず、ために後世において顧みられることはなかったということである。こうして法照以降において、旋律の乏しい『般舟讃』は、世親の『往生論』や曇鸞の『讃阿弥陀仏偈』とともに、テキストそのものが二度と再び評価されることはなかったのである。

民衆が一堂に会す儀礼においては、それを聞いても唱和しても、音楽的に豊かな旋律のもとに挙行されてこそ、仏教讃歌としての効力が発揮されたはずである。善導の『観経疏』をはじめ『法事讃』や『往生礼讃偈』の偈には、時に緩さがあることは否めないものの、概ね押韻しているのである。しかし不思議なことにこの『般舟讃』だけが無韻の偈となっている。この事実から以下の推測が可能となる。つまり善導の著作五部九巻の成立次第に定説はないけれど、少なくとも韻律配慮が施される『法事讃』や『往生礼讃偈』が成立する以前に『般舟讃』が撰述されたということである。この無韻の『般舟讃』の讃偈は『往生論』から継承されてきた前時代的な作風であり、実際の儀礼に不向きであったことは、おそらく善導自身も自覚しえたのではなかろうか。そこで後に『法事讃』や『往生礼讃偈』の讃偈が有韻に仕立てられていくと考えるのが自然である。逆に有韻の『法事讃』や『往生礼讃偈』が先に成立し、その後に前時代的な無韻の『般舟讃』が撰述されたとは想定できないだろう。

以上のごとく、『般舟讃』の讃偈は押韻しないとは言え、善導による創意がまったくないわけではない。以下に一例を示すとおり、奇数句には「願往生」が、そして偶数句には「無量楽」が繰り返し挿入され、讃偈とともに唱和されるようになっている。これら挿入句はあたかも押韻の代役を果たし、その規則的なリフレイン効果によって歌曲としての調和が保たれているかのようである。これは拍子をとるための一種の〝合いの手〟あるいは〝囃子詞〟に相違なく、押韻の効果は得られなくとも一定のテンポを生み出すわけである。[41] なお加地哲定〔一九七九〕はこのような挿入句を「和声」であるとし、こうした和声を含む中華の詩はすでに魏晋のころから存在することを指摘している[42]（四七・四四八下）。

般舟三昧楽　　願往生　　釈迦如来悲意深　　無量楽

本師釈迦修普行　願往生　長時長劫度衆生　無量楽
一切如来設方便　願往生　亦同今日釈迦尊　無量楽
随機説法皆蒙益　願往生　各得悟解入真門　無量楽
門門不同八万四　願往生　為滅無明果業因　無量楽
利剣即是弥陀号　願往生　一声称念罪皆除　無量楽

この〝合いの手〟を仏教歌曲に取り入れたことは、まさしく善導による独創であり、『法事讃』ではこれを「和讃」（四七・四二四下）と呼んでいる。儀礼において効果的だったのであろうことは、これが後世の讃偈にも積極的に継承されていることから容易に想像しうる。たとえば『浄土五会念仏誦経観行儀』所収の慈愍慧日の「般舟讃」には（八五・一二四六中）、

般舟三昧楽　願往生　専心念仏見弥陀　無量楽
普勧迴心生浄土　願往生　迴心念仏即同生　無量楽

とあり、『浄土五会念仏略法事儀讃』所収の法照の「離六根讃」にも（四七・四七八上）、

観見眼根常清浄　我浄楽　色界無来本是空　我浄楽
色性本来無障碍　我浄楽　無来無去是真宗　我浄楽

とある。『浄土五会念仏誦経観行儀』には他に「難識」「浄土楽」「双林裏」などの挿入句が散見される。さらに敦煌変文においても応用されていくことは加地哲定〔一九七九〕を参照されたい。

いずれにせよ、こうしたところに善導の楽曲方面の工夫があらわれているのである。しかしこの後の浄土教礼讃文は押韻する礼讃偈が主流となっていくことから、やはりこの無韻の『般舟讃』の偈が、後世にそのまま取りあげられることはなくなっていく。したがってやはりこの善導の『般舟讃』こそが中国浄土教儀礼史上、無韻の讃偈の終焉となったのである。そしてまたこの『般舟讃』における無韻の偈に一定のリズムを与える効果としての「願往生」と「無量楽」の挿入句（合いの手・囃子詞・和声・和讃）は、その後の浄土教礼讃偈における同様な讃偈の濫觴ともなっていることは注目にあたいする。すなわち『般舟讃』は前時代の作風（無韻の詩体）の終焉であり、なおかつ後代へ新たな作風（挿入句）を提供しえたということである。こうしたことから善導その人の作品中において、中国浄土教の礼讃儀礼における歴史的・記念碑的な革新が行われていた事実を特記しなければならないのである。[43]その後、『般舟讃』にはなかった身業の礼拝行が『往生礼讃偈』には加えられ、大衆動員型の儀礼としてはいっそう整然と仕立てられていく。そしてこれは後に盛況する法照を中心とした中唐の浄土教礼讃偈への幕開けとなったのである。そうした意味において善導は礼讃偈というものを新たな方向へと導いたのであり、その果たした役割は決して小さくはない。

実際の儀礼に不向きな作品は必然的に淘汰されるさだめにある。つまり礼讃儀礼の盛衰は礼讃偈テキストそのものの盛衰を意味するということである。後世の者によって時宜にかなった加減修訂が絶えず新たに加えられ良質なテキストへと再組成されない限りは、その伝承を絶ってしまうのである。『般舟讃』はその好例である。現存する儀礼資料から、善導没後の『般舟讃』を追跡できないということは、善導が『法事讃』や『往生礼讃偈』にもとづくより豊かな音楽儀礼を導入した後に、みずからが『般舟讃』による儀礼を絶ったのかもしれない。つまり『般舟讃』を淘汰したのは、他でもなく作者である善導本人ということになるだろう。

おわりに

これまで浄土教礼讃偈の研究にあっては宗教的歌曲・仏教的歌曲として扱われるばかりで、これが中国という土壌で漢民族によって育成されてきた作品であることを顧慮することがなかったように思われる。しかし漢語詩の諸要素を享受している讃偈を文学的歌曲としても認知しないわけにはいかない。漢語の字音や中華伝統の詩律を讃偈に照射することで、その実効性や大衆性を明らかにすることは、これまでにない新たなアプローチである。

中国浄土教の讃偈は世親『往生論』の漢訳にはじまるが、しばらくは音楽的な配慮が施されることはなかった。善導の『般舟讃』にいたって、緩やかではあるがようやく新たな進展が認められことが確認できた。つまり、依然として無韻の讃偈でありながらも、讃偈の合間に定型句を挿入することによって押韻に代替される音楽的な配慮が加えられたということであった。礼拝と讃歎という個々の行から両者の結合へと変じ、また宗教歌曲としての挿入句を添加し、さらには文学的関心や要請も加わったことによって、しだいに大衆儀礼にふさわしい形態になっていった。これは、儀礼に用いる必要からテキストが漸次変遷していかざるをえなかったからではないだろうか。それは『往生礼讃偈』や『法事讃』にいたって押韻や平仄を配慮して詩的要素を取り入れた新たな局面へと向かっていることからも首肯されるのである。その意味で本章において扱った資料は、後世にさまざまな点で課題を残すこととなり、これが唐代の儀礼の盛況にともなってより文学的・宗教的な評価にも堪えうるような作品が生み出されていく因子になったのである。

宗教文献は真理だけを綴っているのではなく、そこに文学的要素も取り入れることで人々に感動を与え、実効性が付与されるものである。文学は中国において決して現実から乖離した虚構の産物ではない。飾り気のない質朴な真理に対して、化粧を施し美しい衣装を纏わせることで、衆目に堪えうるように仕立てたものが文学である。すなわち、真理を伝達するには文学的な表現方法も要求されるのである。この質朴と文飾との両者が微妙な均衡を保ちつつ綴られる作品こそ、後世の評価が得られるものであろうし、結局はそうした作品が長く伝承されていくのである。古来中国における模範的な文章論としてあげられる『論語』（雍也）の「文質彬彬」というのは、まさにこのことである。ここで取りあげた『往生論』から『般舟讃』にいたる讃偈は、みな質（本質的な内容）と文（極端な修辞）との不均衡がわざわいしたために、その後の儀礼としては命脈を絶ってしまったものと考えられる。

最後に礼讃偈の内容・構成・韻律にもとづく時代区分を示しておく。ただし、これは一応の時代区分であって豁然として分類されるものではない。たとえば後期に顕在的なある要素について、すでに前期にその萌芽を確認しうることがあるように、各礼讃偈の特徴は前後して若干重なりあっているのである。

《中国浄土教礼讃偈の時代区分》

◎第一期（無韻の讃偈・儀礼として不完全）

この時期は口業の讃歎のみであって身業の礼拝がともなわない。『往生論』（入蔵本系統）・『讃阿弥陀仏偈』（敦煌本系統）などの原書テキストはもっぱら讃偈を説き、讃偈ごとの礼拝は行われない。

◎第二期（無韻の礼讃偈・定型句を挿入して一定の旋律をもたせる）

この時期は礼拝と讃歎が結合する。『般舟讃』や、定型句の「南無至心帰命礼」が付加された『往生論』

（『往生礼讃偈』所収本系統）・『讃阿弥陀仏偈』（現行流布本系統）などの資料で、第三期への黎明期に位置づけられる。

◎第三期（有韻の礼讃偈・儀礼として完成）

この時期は単なる宗教儀礼作品というにとどまらず、他者から評価を受けることを前提とした作品となっている。つまり文学的な要素が加味されてくる。

前半＝文学胚胎期：善導の日中礼讃・『法事讃』

後半＝文学成熟期：法照の『浄土五会念仏略法事儀讃』や『浄土五会念仏誦経観行儀』など

◎純文学作品：支遁「阿弥陀仏像讃」や彦琮「晨朝礼」（浄土詩）など

註

（1）廣川堯敏「敦煌出土善導『往生礼讃』古写本について」（小沢教授頌寿記念『善導大師の思想とその影響』大東出版社、一九七七年）、同「敦煌出土法照関係資料について」（石田充之博士古稀記念論文集『浄土教の研究』永田文昌堂、一九八二年）、同「礼讃」（講座敦煌七『敦煌と中国仏教』大東出版社、一九八四年）を参照。

（2）九拝に関しては、藤野岩友「周礼九拝考」（『中国の文学と礼俗』角川書店、一九七六年）を、また儒教社会における拝の種類と特徴についても藤野岩友「儒教における礼と拝」（『儀礼文化』四、一九八三年）を参照。

（3）『法苑珠林』二〇には『周礼』や『大智度論』など広く経論を引いて礼拝について詳細にされている。

（4）『高僧伝』一二（『大正蔵経』五〇・三三二中）および『晋書』九五（標点本二四九九頁）を参照。

（5）王邦維『南海寄帰内法伝校注』（中華書局、一九九五年）、宮林昭彦・加藤栄司訳『現代語訳　南海寄帰内法伝——七世紀インド仏教僧伽の日常生活——』（法藏館、二〇〇四年）を参照。

（6）『般舟讃』はその讃偈の中に「礼」の文字がしばしば散見されるが（七箇所）、それらは実際の儀礼の場において身業による礼拝をともなうものではない。

（7）廣川尭敏〔一九八四〕は、「礼讃という言葉を初めて書名に用いたのは善導である。善導こそ浄土教の行儀分を最初に組織化し、完成させた人師といってよいであろう」とも述べている。

（8）現存せず。ただし望月信亨はここに引いた瑯耶王斉之の「念仏三昧（詩）」は、もと『念仏三昧詩集』に収録されていたであろうと推定している（『支那浄土教理史』三五頁、法藏館、一九四二年）。

（9）宇井伯寿・高崎直道『大乗起信論』（岩波文庫、一九九四年）、安達俊英「『往生論』における訳語の問題、および『大阿弥陀経』との関係」（『佛教大学総合研究所報』一四号別冊、一九九八年）を参照。

（10）『無量寿経論校異』（佛教大学総合研究所、一九九九年）。本書には岸一英「無量寿経論校異の意義」、および辻本俊郎「無量寿経論テキスト考」の二論文も収録されている。

（11）前掲の辻本論文には、「総体的に見て『論』に比べて『論註』に引用される『論』は、字数が増えており、また、内容的に補足、あるいは整理された跡が窺われる」（同書三〇頁）とある。

（12）『続高僧伝』一（五〇・四二八上～四二九上）

（13）諸本は「故我願往生」に作るが、『往生論註』所収の『往生論』（流布本）のみが「是故願生彼」とする。

（14）これに対して中国撰述経典の偈には、句間をまたぐ詞彙の割裂の現象はまずもって存在しない。それは翻訳という言語の転換作業が存在しない上、漢語を母語とする識者によって撰述されるからに相違なかろう。

（15）五言句における平仄配置のパターンは、平平（○○）・仄仄（●●）・平仄（○●）・仄平（●○）の四パターンであり、このうち二四不同にそうのは平仄（○●）・仄平（●○）の二種である。つまり二四不同が出現する確率は二分の一になる。願生偈九六句中にあって二四不同が三八句あるということは、これが出現する確率の許容範囲内である。すなわち訳者による意図的な配慮は認められないということである。

（16）方広錩「敦煌仏典」（『敦煌学大辞典』六五二頁、上海辞書出版社、一九九八年）を参照。

（17）おそらく善導はたとえ無韻の『往生論』であっても、インドの著名な菩薩として名高い世親の傑作として自著『往生礼讃偈』に組み入れたのであろう。それは龍樹菩薩の『十二礼』も同じことである。

(18) 曇鸞の生卒年代に関しては、藤善真澄「曇鸞大師生卒年信仰――道宣律師の遊方を手がかりに――」(『教学研究所紀要』一、一九九一年)を参照。

(19) 本書が鳩摩羅什による述作とするテキストや目録類もあるが、道綽『安楽集』における引文や迦才『浄土論』の記述から否定されている。

(20) 英国の敦煌写本(斯二七二三)の尾題には「讃阿弥陀仏幷論上巻」(『敦煌宝蔵』二二・五五五上)とあり、迦才の『浄土論』所収の曇鸞の伝には「法師撰集無量寿経奉讃七言偈百九十五行幷問答一巻。流行於世、勧道俗等、決定往生得見諸仏」(四七・九七下)とある。また道綽の『安楽集』には「大経奉讃」「大経讃」「大経偈」とある。

(21) 一つは景雲二(七一一)年の敦煌写本(斯二七二三)で、第一五九行以降のわずか三七行が残存している。もう一つは龍谷大学図書館赤松文庫の敦煌写本で、第六四行以降の一三二行が残存している。禿氏祐祥「『讃阿弥陀仏偈』の古本」(『龍谷大学論叢』三〇二、一九三二年)では隋末唐初の写本であろうとする。

(22) 藤堂恭俊は「曇鸞が常に道俗とともに唱和し、礼拝を行い、願生のおもいを高揚させたであろうことが想像される」と述べている(『浄土仏教の思想　曇鸞・道綽』三八頁、講談社、一九九五年)。

(23) なお二種の敦煌本を除いた諸本の校訂は『浄土真宗聖典　七祖篇――原典版――』(本願寺出版社、一九九二年)を参照されたい。また西山深草派真宗院蔵本については榊原慶弘「真宗院蔵讃阿弥陀仏偈の研究」(『深草教学』一六、一九九六年)を参照。

(24) 毛利憲明「讃阿弥陀仏の原形」(『真宗研究』二九、一九三〇年)を参照。

(25) 禿氏祐祥(一九三二)において、「『往生礼讃』『法事讃』は我国でも勤式に用いられたがこの『讃阿弥陀仏偈』を用いた事を推定すべき根拠がないから、改作は支那で行われたに相違ない」と述べている。

(26) 韻部の演変については周祖謨『魏晋南北朝韻部之演変』(東大図書公司、一九九六年)を参照。

(27) 藤善真澄は「曇鸞教団――地域・構成――」(論註研究会編『曇鸞の世界――往生論註の基礎的研究――』永田文昌堂、一九九六年)において、この『続高僧伝』の記事について「まさしく曇鸞教団を構成する邑義の姿であり、(中略)曇鸞こそ村々に組織された邑義を指導、教化する偉大なる邑師の一人であったわけである」と述べ、また

「曇鸞教団の構成員を牧畜民や林業従事者、鉱山労働者など、農民より蔑視され、一段も二段も低く扱われた階層に多く求めることが許されてよいはずである」とも述べている。

(28) これについては前掲の藤善真澄「曇鸞大師生卒年信仰」を参照。

(29) なお「続龍樹偈後」とは、龍樹の『十二礼』または易行品の偈につづくものだということであろう。世親の『往生論』ではなく龍樹につづくというのは、もと龍樹系の三論四論を奉じた学匠であった曇鸞を追憶して、あえて道宣がこのように記したのである。

(30) たとえば上に引いた第二四偈には「廻向」「願生」「頂礼」とあり、第二九偈には「讃仰」「稽首礼」とあるように、偈頌の文言の中に五念門の実践が含まれているということである。

(31) 長谷岡一也『龍樹の浄土教思想――十住毘婆沙論に対する一試攷――』（法藏館、一九五七年）、池本重臣「龍樹の浄土教思想」（大原先生古稀記念『浄土教思想研究』永田文昌堂、一九六七年）、香川孝雄「龍樹の浄土思想」（『講座・大乗佛教5　浄土思想』春秋社、一九八五年）を参照。

(32) 廣川堯敏「敦煌出土七階仏名経について――三階教と浄土教との交渉――」（『宗教研究』二五一、一九八二年）

(33) 盛会蓮「『礼阿弥陀仏文』校勘記」（『敦煌研究』二〇〇五年第二期）

(34) 落合俊典「真福寺蔵承暦元年写『阿弥陀仏経論並章疏目録』について」（『佛教文化研究』四七・四八合併号、二〇〇三年）を参照。本書は覚明房長西（一一八四～一二六六）の『浄土依憑経論章疏目録』に先行する浄土教の経論章疏目録であろうと推定されている。

(35) 望月信亨『望月仏教大辞典』三巻二三四五頁上段（世界聖典刊行協会、一九三三年）。松陰了諦『往生礼讃本文校異並に前序の研究』一〇二～一〇七頁（興教書院、一九三七年）を参照。

(36) 諸本の校異についての最近の成果として、曽和義宏「常楽寺所蔵迦才『浄土論』について――上巻の翻刻と解説――」、同「翻刻・常楽寺所蔵迦才『浄土論』巻中」、同「翻刻・常楽寺所蔵迦才『浄土論』巻下」（『浄土宗学研究』二八・二九・三一、二〇〇一年・二〇〇二年・二〇〇四年）がある。

(37) なお、この『般舟讃』に関する研究はきわめて少なく、包括的な報告としては道端良秀「真宗より見たる『般舟讃』の研究」（『中国仏教史全集』第六巻、書苑、一九八五年）があるにすぎない。

(38)『正倉院文書』の経律奉請帳（天平二〇年八月四日）には「依観経等明般舟三昧往生讃経　一巻」とあるように「経」が付されている（『大日本古文書』一〇巻三二〇頁）。これを含めた五部九巻の題号については本書総論篇第二章を参照されたい。

(39) 拙文「善導浄土教儀礼における通俗性」（『仏教論叢』四九、二〇〇四年）の註記で、「『略本』の往生楽願文は善導の『法事讃』と『般舟讃』の合糅であり、小般舟三昧楽讃文でもその前半が『般舟讃』の部分引用である。小般舟三昧楽讃文は、もともと押韻しない善導の『般舟讃』から部分的に句を抜粋し、これに別の句とともに並べ替えることによって押韻する讃偈にしたてている。そこでは偈の再編成が行われているのである」と述べたように、あくまでも改善整理した上で取り込まれているのである。

(40)『集諸経礼懺儀』巻下には善導の『往生礼讃偈』が収められているが、巻上の偈は当時の韻律体系を反映している。また法照の礼讃偈については各論篇第九章を参照。

(41) 民謡流しにおいて音頭（調子・拍子）をとる合いの手、「あそれっ」「あどっこい」「あよいしょ」と同質である。多くの僧俗がいっせいに斉唱する際に、句頭の発語をそろえるべく句の合間に入れられるのである。

(42) 加地哲定（一九七九）は「和声とは歌謡の内容に関係なく、その中間又は終りに調子をとるために入れた詞で、日本の歌の囃子詞に当たる。この和声のついた曲詞は普通雑曲の中に多く見受けられるが、讃仏歌の中にもまた多くこれがある。勿論曲調を伴うたもので、歌うべき性質のものである」と述べている（一九四頁）。

(43) 善導の著作で『般舟讃』を除いてみな有韻であることから、浄土教礼讃偈の無韻から有韻への転換点はまさしくここにある。無韻の『般舟讃』は五部九巻では初期の成立ということになる。

第三章　善導『往生礼讃偈』における讃偈の律動

はじめに

南北朝末期から隋唐、そして五代をへて宋初にいたるまで、阿弥陀仏や弥勒への信仰を鼓舞する浄土教の諸儀礼が盛行していたことは、遺された礼讃諸文献（礼讃文・懺悔文・発願文）が教えてくれる。これら文献の蒐集は、原本の写真複写として概ね完了しており、またそれらの系統の整理についても、推測の域を出るものではないが、先学の労作によって大いに進展したと言えよう。ここで筆者が問題とすることは、それとは別の観点から礼讃文献に対座することの意義と提言、およびそれにもとづく試論である。善導の遺文において教義的色彩が強い註疏『観経疏』はその後絶大な影響力をもちえず、かえって儀礼の文献が弘通し改作されたわけであるが、このような評価の相違は、何に起因し、何を物語るのかという問いへの考察である。

すこし具体的に言おう。承和一四（八四七）年、一〇年に及ぶ訪華をおえた円仁（七九四～八六四）が、わが国に五台山の念仏を伝えた。それは法照による『浄土五会念仏略法事儀讃』にもとづく念仏と讃文の音曲である。[1]平仄や押韻の見事な旋律に心動かされ、わが朝に請来したことであろう。しかし、漢語の発声を正確になしえない僧たち（非留学僧）が実際に唱和する際、その音節（syllable）、声調（tone）、そして韻律（rhyme）といった漢語特有のリズムを喪失させてしまうことは自明のことであった。加えて、多くは口伝によって伝承されていたこともあって、本来の旋律を常に保つことは不可能であったと考えられる。もしも、わが国で大陸の音曲体系そのものを伝承していこうとすれば、しばしば大陸に渡しては帰朝し、断続的に矯正を加えなければならないはずである。しかし、実際にはそれはありえないことであった。すると本来漢語の礼讃偈がもつ幽玄な雰囲気に浸れず、その意境に達しえなかったはずである。円仁が嘆息したかは不明であるが、ともかく時の経過とともに、この傾向はしだいに急速化してゆく。実際に円仁の帰朝後数十年で、各伝承者において解釈の相違があったことを、五大院安然（八四一～九一五？）みずからが述べている。(2) また法照は『浄土五会念仏略法事儀讃』において（『大正蔵経』四七・四七五中）、

　専心に五会の真声を学び取り、未来に伝えて広く群品を度せ。若し師に学ばずして濫りに人に授与せば、転た後学を誤り其の宗旨を失わん。即ち却って其の咎を招き、福田を利することなからん。

と述べたように、師資の口伝相承なくしては真声を正しく継承しえないという。いずれにせよ、これによってわが国では完全に漢語としての韻律が失われ、時宜の要請によって日本的な変遷を繰り返しつつ現在に継承されることになる。

　漢語が日本にもたらされる際に発生するこの現象は、詩歌における作詩法を例外として、普遍的に見られるわけで、何も仏教界だけのことではない。しかし本来的な見地から言えば、礼讃偈は発声して詠みあげるものだから、韻律（押韻）に合致するにこしたことはない。漢民族によって練りあげられた詩は、耳に心地よく記憶しやすいため、暗誦にも適し、その詩語と平仄からは詩情の喜悦憂愁までもが伝わってくる上に、文学的にも高い評価が得ら

れるわけだ。しかし日本語は抑揚が弱いため、漢詩でも讃偈でもこれらを受容する際に声律（平仄）を捨ててしまった。もちろん実際の作詩においては今日にいたるまで、唐代の作詩法（近体詩）を用いるが、その訓読による漢詩鑑賞において押韻や平仄を活かして読唱することは不可能であり、和文詠みでわかるのはせいぜい対句の有無と語序くらいである。よって礼讃偈の訓読においては、もとより詩文学としての韻律と声律の妙など捨てられていることになる。

こうした性格をもつ礼讃文献の資料は、教義書とは別の視点で取り扱うべきなのである。すなわち文学作品としても俎上に載せなければならないはずである。ところがこれまで礼讃偈を詩文学の観点から全面的に検討することがなかったようである。そこで本章においては、偈頌や讃文を「詩」として捉えうるか否かを検証し、その妥当性について述べ、さらに儀礼としての善導所撰の礼讃偈が、なぜ後世にいたってなお『観経疏』にまして大きな影響力をもちえたかを明らかにしようと思う。なお、「詩」としての観点とは、中華伝統の韻文の三要素である音数律（句中の字数）・声律（句中の平仄）・韻律（句末の押韻）の律動（詩律ともいう）を意味する。これらを基準として検証していくことになるが、音数律については、漢訳経典の偈と異なり、礼讃偈は一句中の字数が五言または七言のどちらかに統一されていることから、ここでは主に声律と韻律が問題とされてくるのである。

第一節　礼讃偈の文学性——詩から見た場合の効用——

漢詩文の分野では唐一代を四つに区分する（四唐）。初唐（六一八～七一二）、盛唐（七一三～七六五）、中唐（七六六～八二六）、晩唐（八二七～九〇六）である。[3] 現在では詩文学の世界を離れて、便宜的に歴史や思想の分野でもこの区分を用いることもある。この時代区分からすると善導は初唐に位置づけられ、近体詩（＝今体詩）のスタイル（律詩・絶句の規格）が決定する李白や杜甫が活躍する盛唐に先んじている。しかしその近体詩の萌芽は南朝の斉・梁にあり、初唐においてはすでにその規格が十分に見られるのである。したがって、たとえ李杜以前とはいえ、善導の讃偈に詩の格律を求めることは、決して不当な要求ではない。少なくとも『無量寿経』の内容に制約を受けた礼讃偈（日没礼・初夜礼）は例外としても、善導自作の自由な詩（日中礼、『観経疏』と『法事讃』の讃偈）であれば、これを求めても構わないと考えられる。それをいち早く試みたのが、記主良忠であった[4]。

ところが、近年において六時礼讃全般を詩における格律の観点から本格的にその用字を校讎した論考は皆無である[5]。ただし以下の両氏には若干の関説がある。一人は岩井（図下）大慧であった。「聖武天皇宸翰雑集に見えたる隋大業主浄土詩について」（一九二八年）および「広法事讃を通して再び聖武天皇宸翰浄土詩を論ず」（一九三四年）を発表し[6]、聖武天皇宸翰にかかる隋煬帝の浄土詩と彦琮の讃偈（晨朝礼）との関連を明らかにし、さらに付随する諸問題を究明する論考であった。ただし当然ながら韻律だけを論じたわけではなく、晨朝礼以外にいたってはまったく顧みられることはなかった。もう一人は上杉文秀である。名著『善導大師及往生礼讃の研究』（法藏館、一九三一年）の中で、礼讃偈の韻律にも関説した。しかし諸資料の通覧が物理的に困難な当時の環境に加え、漢詩の格律全般にわたって精査検討することを目的としているわけではなかった。

そこで本章においては、良忠と両氏が先鞭をつけた韻律をめぐって、善導を含むあらゆる礼讃偈を韻文文学作品としての詩の視座から、声律と韻律に合致しない用字を考証して本来的なテキストを推定的に復元していくとともに、これに付随して文学的あるいは詩的評価を下し、また実際の儀礼における実用性の高さを量りたいと思う。これまでの礼讃偈の研究は、全般的に文義や系譜だけを対象とすることが多く、文学的評価はなされなかったようである。礼讃文類を仏典としての「偈」と見ると同時に、漢籍としての「詩」という観点からも再評価することによって、これまで不透明であった諸問題に一筋の光をあてたいのである。かつて大原性実が『観経疏』の偈を引いて、「或いは七言或いは五言の短詩を詠ずるが如くである。もとより尋常守文奴のとうていよくするところに非ず。ややもすれば無味乾燥に流れんとする随文解釈をして、到るところ緑地帯の清涼味を掬せしむ筆格は、ひとえに大師の芸術的天分のよく然らしめるところと嘆ぜざるを得ない」と述べ[7]、また藤田宏達も『往生礼讃偈』の讃偈について、「五言ないし七言の絶妙な詩で構成している点は、ひとえに善導の豊かな宗教的・芸術的天分によるといわねばならない。善導が格調の高い美文・詩作において非凡の才能をもっていたことはその著作の随所に看取されるが、いまこの書を見ると、思想性よりはむしろ芸術性を盛りこもうとしたように見受けられる」と述べている[8]。いったい善導の詩作のどこがどのようにすばらしく、「尋常守文奴」ではなく、「芸術的天分」の文だと言うのだろうか、「絶妙な詩」や「格調の高い美文・詩作」とは何を指してこのように評価しているのだろうか。このような主観的な感慨はその時代の個人の鑑賞の域であって、何ら学術的な説得力をもちえない。唐代の作品であるからには、同じく唐代の韻文の規格や他の作品群の中で客観的な比較検証を通過させた上で、主観を排除して過不足なく評価を下すべきではないだろうか。善導自作の讃偈は、時として詩としての規格を逸脱し、また彦琮の晨朝礼と比べて平仄においても対偶においても大きなひらきが認められるので、右の両氏のことばはいささか褒詞がすぎる。個人としてそのように高く評価して味わうことは自由であるが、もし正当な検証もなく主観によって逆に過小評価されたならば、それは原作者にとってははなはだ不本意であり、評者においては不遜な所作となる。そこで次節からは表面的な結論をいそがず、いったい作品のどこが文学的なのか、つまり「偈」ではなく「詩」と言えるのかを、彦琮の晨朝偈および善導の日中偈を詩律の格式に準じて明らかにしたい。

第二節　彦琮の晨朝礼

前述のように、岩井による調査は、『聖武天皇宸翰雑集』に収められている「浄土詩」と『往生礼讃偈』と『五会法事讃』所収の晨朝礼讃偈における字句の異同を白黒圏点で示し、押韻を基準として宸翰の浄土詩こそが彦琮（五五七～六一〇）の原本により近しいものと判じた論考であった。ただ詩律全般にもとづいて文字を取捨する判定を下したわけではない。つまり漢詩として彦琮の偈を正面から評価したという論考ではないのである。[9]その後に発表された武内義雄の「聖武天皇宸翰雑集隋大業主浄土詩と往生礼讃」（一九五七年）は、岩井の成果（一九二八）（一九三四）にふれることなく、また『聖武天皇宸翰雑集』と晨朝礼讃偈の校訂を語義の面から行っただけの報告であった。[10]遡って、六時礼讃にはじめて註解した記主良忠も、その『往生礼讃私記』巻下（『浄全』四・四一〇下）において彦琮偈の韻目を示し、その句末字の取捨をしているが、やはり声律（平仄）の規格にもとづいて五言のうち第一字から第四字までの校勘には及んでいない。さらに降って聖冏の『往生礼讃私記見聞』巻下は、韻について簡潔かつ要領よくまとめているものの（『浄全』四・四七一下～四七二下）、やはり平仄の規格において誤解がある（『浄全』四・四七五下）。[11]しかし『往生礼讃偈』の各偈に対して韻律を持ち込んできたということは、詩の立場からの検討を試みていたという点で評価されてよい。

善導が晨朝礼に組み入れたのは彦琮の偈であった。彦琮は文帝や煬帝と交わり、『衆経目録』を編纂し、多くの著作を遺した博学多才な文化人でもあった（『続高僧伝』二訳経篇）。その浄土詩は古来名作と評されてきたが、[12]それらの評は対偶の妙に終始するだけだった。単に対偶だけならば漢詩必須の可視的条件であるので当然のことである。ここで不可視の詩律をいくつか例にとって流布本テキストの一九偈を検証してみたい。さらに、善導が選定した一九偈以外の讃偈[13]についても調査しなければならない。

なお敦煌本の『往生礼讃偈』に関しては廣川堯敏「敦煌出土善導『往生礼讃』古写本について」を参照されたい[14]。また『往生礼讃偈』の校異と考証については松陰了諦『往生礼讃本文校異並に前序の研究』（興教書院、一九三七年）の労作がある。近年では『浄土真宗聖典　七祖篇――原典版――』（本願寺出版社、一九九二年）が有用であるが、これらは日本の写本刊本にもとづく校異であり、中国伝存本としてオリジナル性をとどめていると考えられる敦煌石室に蔵されていた数多くの写本との対校はなされていない。また国際仏教学大学院大学学術フロンティア実行委員会編集発行による『日本古写経善本叢刊第四輯　集諸経礼懺儀　巻下』（二〇一〇年）には、四種の『集諸経礼懺儀』巻下、七寺蔵『阿弥陀往生礼仏文』、建長三（一二五一）年刊本『往生礼讃偈』の解題・影印・翻刻が掲載され、また上杉智英によって諸本校異一覧が作成されているので、たいへん有用である。

ここでは、まず彦琮の偈の諸本を、詩律を基準に校勘することによって、現行流布本（元禄七〈一六九四〉年の沙門義山摹刻本）の改めるべき文字を数例あげて検討してみる。用いる資料は現行流布本、誓願寺本、七寺蔵『阿弥陀往生礼仏文』[15]、『集諸経礼懺儀』（以下『礼懺儀』）、『浄土五会念仏略法事儀讃』（以下『略本』）、『聖武天皇宸翰雑集』（以下『宸翰雑集』[16]）、そして敦煌本の『浄土五会念仏誦経観行儀』（以下『広本』）。伯二〇六六、北八三五〇、俄蔵B2である[17]。なお参考までに『広韻』の韻目を括弧に示した。浄土教の礼讃文類はそのほとんどが隋から宋初までの資料であることから、『切韻』（陸法言撰、六〇一年成書）の体系を引く最終増訂版の『広韻』（陳彭年撰、一〇〇八年成書）が有用となるからである。

なお、この彦琮の晨朝礼に関して、『宸翰雑集』を底本[18]に各本と校合し、韻律にもとづくテキストを作成したので、第三部資料篇、資料①彦琮の讃偈（『聖武天皇宸翰雑集』浄土詩）を参照されたい。

【第一〇偈】

浄国無衰変　一立古今**然**（平仙）
光台千宝合　音楽八風**宣**（平仙）
池多説法鳥　空満散華**天**（平先）
得生不畏退　随意既開**蓮**（平先）

第七句は現行流布本、誓願寺本、七寺本、『礼懺儀』、北八三五〇（服二八）では、すべて「得生不畏退」であり、『略本』も同じである。これに対して『宸翰雑集』では「已生得不退」とされており[19]、『広本』（伯二〇六六）は「得生不衰退」に作る。前二者はいずれも下三連（下三文字が同じ平仄）の禁忌を犯しており、『広本』だけが禁忌を回避している。なおその場合に二四不同の規則を犯すことにもなるが、これは奇数句の挟平格であるので問題はない。よって韻律からすると、『広本』の一例しか確認できないが、「衰」の字を採用できる。ただし後述するように、彦琮偈は近体詩への過渡期にあるので、完全に五律の規則に合致するのではない。

【第一三偈】

普勧弘三福　咸令滅五**焼**（平宵）
発心功已至　係念罪便**消**（平宵）

鳥華珠光転　風好楽声**調**（平蕭）
但忻行道易　寧愁聖果**遥**（平宵）

第五句は、現行流布本・誓願寺本では、「鳥華珠光転」であり、「華—光」が二四不同を犯している。これに対して『宸翰雑集』、『広本』、『礼懺儀』、北八三五〇（服二八）、七寺本（第一五偈）[20]は、いずれも「鳥化珠光転」に作る。「化」は去声禡韻であり、「化—光」の平仄が規格に準じている。そもそもこの第一三偈は、『観経』の宝池観にもとづく内容と考えられる。すなわち、宝池観の「如意珠王より金色微妙の光明を涌出す。その光、化して百宝色の鳥となる。和鳴哀雅にして、つねに仏を念じ、法を念じ、僧を念ずることを讃う」の経説に準じて把握しなければならない。したがってこの第一三偈は「鳥は化するに、珠の光より転ず」と訓むべきである。浄土の化作された鳥は、宝池の中にある摩尼宝珠が放つ光から転じて現れ出てくるという意である。松陰了諦〔一九三七〕では語義から「化」を採用しているが（同書一二九頁）、声律（平仄）からも「化」でなければならない。なお『略本』にこの第一三偈はない。

【第一四偈】

珠色仍為水　金光即是**台**（平咍）
到時華自散　随願華還**開**（平咍）
遊池更出没　飛空互往**来**（平咍）
直心能向彼　有善併須**回**（平灰）

第四句は、現行流布本・誓願寺本では、「随願華還開」であり、これは二四不同の規格に合致しているが、下三連の禁忌を犯している。「開」（上平声咍韻）は韻字であるため、第三字の平声「華」を仄声の文字にしなければならない。そこで『宸翰雑集』、『広本』、『礼懺儀』、北八三五〇を見ると、なるほど「随願葉還開」に作り、禁忌を回避している。これはまた、第三句と結構上対偶になっていることから、必ず「葉」（入声葉韻）でなければならない。なお七寺本はこの偈を欠いている。

到　時○　華○　自●　散
—　—　—　—　—
随　願●　葉●　還○　開

【第一六偈】

台裏●天人○現●　光中○侍者●**看**◎（平寒）
懸空○四宝●閣●　臨迴○七重○**欄**◎（平寒）
疑多○辺地●久●　徳少●上生○**難**◎（平寒）
且莫●論余○願●　西方○已心○**安**◎（平寒）

第四句は、現行流布本、『略本』、誓願寺本、および七寺本（第一七偈）では、「臨迴七重欄」であり、二字目は平声の「迴」または「廻」に作る。これはどちらにしても二四不同を犯している。一方、『宸翰雑集』、『広本』、『礼懺儀』、北八三五〇はそろって「臨迥七重欄」とする。したがって規格はずれの「迴」「廻」であってはならず、上声迥韻の「迥●」（とおい・はるか）を採用すべきである。これも松陰前掲書は、直前第三句「懸空四宝閣」からの関係で、「蓋し前句に「懸空」（上を見る）とあるに対せば、「臨迥」（下を見る）といふを可とすべきがやうである」と述べ（同書一二九頁）、語義から「迥」を採用しているが、やはり声律の観点からしても「迥」でなければならない。訓読では「迥（とおき）を臨む七重欄」と訓み、「四宝閣の高所から見下ろすと、はるか遠くまで七重の欄が巡っているのが見える」と理解すればよい。

第八句は、現行流布本・誓願寺本では、「西○方○已●心○安◎」であり、これもまた二四不同を犯している。一方、『宸翰雑集』、『広本』、『礼懺儀』、北八三五〇、七寺本はそろって「西○望●已●心○安◎」とするので平仄がうまく配置されている（「望」は『広韻』で平去両読）。なお尾聯は対句をとらないので、第七句の結構と相違しているが、最後に詩全体をまとめる機能を担っているので「西望」のほうが意味としてはふさわしいと思われる。なお『略本』だけは「西望心已安」として「已」と「心」を逆にしている。この場合は第二字目の平仄配置からして、「望」よりもむしろ「方」をとるべきである。つまりここの句は「西望已心安」か「西方心已安」のどちらかでなければならない。また現行本の「己」は誤植であり、「已」に改めるべきである。

【第一七偈】

六根○常○合●道●　三塗○永絶●**名**◎（平清）
念頌●遊○方○偏●　還時○得忍●**成**◎（平清）
地平○無○極●広●　風長○是処●**清**◎（平清）
寄言●有●心○輩●　共出●一苦●**城**◎（平清）

第八句は、現行本・誓願寺本では、「共出一苦城」であり、これも二四不同を犯している。一方、『宸翰雑集』、『広本』、『礼懺儀』、北八三五〇、および七寺本はそろって「共出一危城」である。娑婆世界を「苦」（上声姥韻）とするも、また「危」（上平声支韻）とするも、いずれも文意は通じるが、韻からして「危」でなければならない。

以上のように現行本の文字に平仄が合致しないものが見られる。他の彦琮偈の格律がほぼ規格どおりに作詩されていることを鑑みて、本来彦琮の作詩における平仄の破格はなかったと判断し、現行本の「畏」「華」「華」「廻」「方」「苦」は、それぞれ諸本によって「衰」「化」「葉」「迴」「望」「危」に校讎できるのである(21)。

さて、その他の文字の校異を確認してみても、平仄において問題は生じていないことから、あとはよりふさわしい文字を語義と品詞や対句を考慮に入れつつ選択することになるだろう。また韻律についても一例だけ異同を示しておく。それは第五偈の第二句の韻字についてである。流布本、誓願寺本が「光含法界団」に作り、『宸翰雑集』、『礼懺儀』、『広本』、俄本では、すべて「光含法界円」に作る（七寺本は「園」〈平声元韻〉に誤写している）ように、前者の脚韻字「団」は上平声桓韻、後者「円」は下平声仙韻である。これについては押韻する第四句の韻字との関連で見極めなければならない。諸本を比較すると以下の三系統があることが判明した。

〈流布本・誓願寺本〉

心帯真慈満　光含法界**団**（平桓）

無縁能摂物　有相定非**難**（平寒）

〈宸翰雑集〉

心帯真慈満　光含法界円（平仙）
遍土花分映　列樹蓋重懸（平先）

〈その他（礼懺儀・広本・俄本）〉
心帯真慈満　光含法界円（平仙）
無縁能摂物　有想定非難（平寒）

句が錯綜しているが、いずれにせよ第四句の韻字と押韻すればそれで問題ないのだから、まず流布本系については前述の良忠が、韻律によって用字を選択しているとおりである。[22] 次の〈宸翰雑集〉は、第四句韻字が「懸」なので「円」を採用してしかるべきである。ところが、〈その他〉の系統は押韻させる配慮を怠っている。第四句韻字が「難」であるからには、第二句韻字は「円」ではなく「団」にすべきであった。この異読については良忠が指摘しているように、『礼懺儀』や『広本』などに早い時期からテキストの錯綜があったということである。それは岩井論文（一九三四、一二二一～一二二九頁）や前掲松陰書にも指摘されている。

さて、現行の『往生礼讃偈』に組み入れられた彦琮の晨朝礼の中で近体詩の格律に合致しないものをあげるならば、第一三偈第四句の「係念罪便消（仏に念いをかけると、罪はただちに消える）」における平仄（二四不同）である。四字目の「便」は〝すぐさま〟の意で、去声線韻となる。しかし「便」には他に平声先韻を韻目とする〝へつらう〟の意がある。本来同一文字における語義の区別は、声調を変える破読によって解消させるものであるが、[23] 詩においては、時としてあえて通用させることがある。よって彦琮としては、この「便」を〝すぐさま〟の語義のままで、脚韻は平声先韻の詩韻として作詩したことが予想されるのである。

次に下三連の避忌に関しては、総計七句[24]に見られる。反法・粘法については第四句の粘法を例外としてまったく規則に準じていない[25]。さらに五言詩の初句押韻について言えば、第六偈「功」(東韻)、第八偈「成」(清韻)がそれである。近体詩にあっては一般に七言詩というのが相場であるが、中唐王建(?～八三〇ごろ)の五絶「故行宮」(上平声東韻)など、初句押韻の作品はいくらか存在する。

このように、『往生礼讃偈』に引用された彦琮の偈(一九偈)は、押韻が完璧であり、韻をふまない奇数句末の仄声字も整っている。句中の平仄の配置(二四不同)も、先の「便」が解消されるであろうことから完璧となる。なお第五偈第五句「華随本心変」、第九偈第三句「偏求有縁地」、第一二偈初句「光舒救毘舎」、第一七偈第七句「寄言有心輩」[26]の各奇数句は、本来〈△○○●●〉とすべきところを、いずれも〈△○●○●〉となって二四不同を犯している(△は平仄を問わない)。しかし第三字目を仄声字に変えているので問題はなく、これを挟平格と言う。また対句に関しても頷聯・頸聯で見事に配置されている。とくに第一偈と第二偈に同じ韻字(深・林・音・心)を用いており、しかも完璧な対偶の結構である。韻律に関して言えば六時礼讃において彦琮の偈に勝るものはないと断言できる。善導の偈もこのような美しい韻律の調べにのって作詩されているわけではない。

最後に、彦琮の浄土詩三二偈のうち善導が晨朝礼として引いた一九偈以外の讃偈を、『広本』をもとに『宸翰雑集』で校勘した上で検討してみると、格律に合致しないものは、以下のとおりである。

①二四不同：一箇所だけ見られる。第二二偈第二句「正観一経開」●○●○◎

②下三連　：これは五言の下三字の平仄が同じになり、リズムが偏るので禁忌とされる。第三の五、一二の一・五、三二の三・五句の総計五箇所。

③初句の押韻：第七偈「儔」（下平声尤韻）

彦琮のすべての偈を諸本にもとづいて検討することにより、善導所掲の一九偈と同様な結論が導き出されるのである。韻律（押韻）は万全であり、声律（平仄）については二四不同はほぼ万全であるが、反法と粘法が第四偈「五山毫独朗……」以外、一定の規則に従っていないことや、下三連・孤平の禁忌を犯す句があることから、古体の五言古詩から近体の五言律詩への過渡期であることが十分に確認できる。そうは言っても韻律の規格に準じようとするあまり、意味の流れを遮断してしまうことは、逆に詩情を損なうことになる。近体詩にあっても破格はありうることで、彦琮の偈に詩律と合致しない句があろうとも、すこしも問題はないのである。なお『広本』と『宸翰雑集』所収の彦琮偈の韻律を比較すると、後者がより原初形態に近しい善本であることが判明した。これに関しては岩井の結論（前掲岩井〔一九三四〕一三一～一三二頁）を支持しうるものである。現存最古の写巻ということに加え、御物という資料自体の伝承の信頼度から察して、その可能性はすこぶる高いものと考えられる。

『続高僧伝』二訳経篇に立伝されている彦琮伝は、その博識ぶりや皇帝をはじめ知識層との幅広い交誼、数多くの著作について伝えている。[27] 唐の興起を待たずに逝った彦琮の偈は、「賦詞は弘贍にして……」（五〇・四三九下）とコメントされるように、南北朝末から隋という時代にあって、他の文人の詩に比しても、何ら遜色なく光彩を放っていると言えよう。すべてを平声で押し、二四不同は完全であり、換韻もない（一韻到底）ことから、善導に先んじていながら、近体詩に向かって最大限に万全を期し、古詩の終焉を見事に飾る作風と評価することができる。そして、このことは後に法照の『広本』巻中にすべての偈（三二偈）が編入されることからも立証できるのである。よって、この晨朝礼讃偈は、晨朝礼讃詩とも称しうる詩律を具えた偈と考える。正倉院に蔵される『宸翰雑集』に引かれる彦琮の讃文が「偈」とされず、「浄土詩」と呼称されているのも十分に首肯できるのではなかろうか。

第三節　善導の日中礼

六時礼讃中、この日中礼二〇拝のうち一八偈が善導自作の偈である。七言一句で、各偈は八句からなるが、換韻を多用し、しかも仄声で押韻するものが目立つ古詩である。ここでは一八偈すべてを検討してみる。用いるテキストは、現行流布本・誓願寺本・七寺蔵『阿弥陀往生礼仏文』（『礼懺儀』系統）・刊本『礼懺儀』巻上と巻下、敦煌本の斯二五五三・斯二五七九・斯二六五九・伯二七二二・伯二〇六六・伯二九六三・北八三五〇（服二八、BD八二二八）、そして京都国立博物館蔵守屋孝蔵旧蔵『広本』巻下である。(28)

【第一偈】

観彼●弥陀○極楽●界●　広大●寛平○衆宝●**成**◎（平庚）
四十●八願●荘厳○起●　超諸○仏刹●最為○**精**◎（平庚）
本国●他方○大海●衆●　窮劫●算数●不知○**名**◎（平庚）
普勧●帰西○同彼●会●　恒沙○三昧●自然○**成**◎（平庚）

この第一偈は「成・精・名・成」で押韻する（下平声清韻）。第二句「広大寛平衆宝成」の四字目の「平」について、平水韻では冒韻であるが、広韻では冒韻とはならない。平仄の配置は第三・第六句以外、みな近体詩の規格にそっている。

【第二偈】

地下荘厳七宝幢　無量無辺無数億（入職）→「億数」（去遇）
八方八面百宝成　見彼無生自然悟（去暮）
無生宝国永為常　一一宝流無数光（平唐）
行者傾心常対目　騰神踊躍入西方（平陽）

この八句偈は、『観経疏』定善義（水観）と同じ讃偈であり、換韻ではあるが、ひとまず「地下荘厳……」と「無生宝国……」とに分けて検討する。

まず「地下荘厳……」の四句について、第二句目「無量無辺無数億」に用字の異同がある。すなわち「無数億」系統本と「……無億数」系統本である。現行流布本、誓願寺本、および『観経疏』定善義は「無数億」に作り、七寺本、『礼懺儀』（巻上・巻下）、伯二七二二、斯二六五九、北八三五〇は「無億数」に作る。「量・辺・数」とする前者流布本系は「めかた・ひろさ・数」のことであるから意味上の均衡がとれ、「量・辺・億」とする中国刊本写巻伝承系よりも落ち着きがよさそうである(29)。しかし結論から言うと、後者でなければならない。これについてはすでに上杉文秀（一九三二）（四七七頁）が関説しているように、前者流布本系は押韻を閑却した語序になってしまったわけである。すなわちこの偈は仄声詩であり、「数」は去声遇韻、そしてこれと押韻する第四句は「見彼無生自然悟」とある。その脚韻字「悟」は去声暮韻で通押（平水韻ではともに遇韻）となる一方、「億」は入声職韻であることから、この第二句は「……無億数」でなければ韻がそろわない道理なのである。なおこの仄声押韻の偈は『広本』に引かれない。それには明確な根拠があるが、それについては後述する。

後に述べるように、日本に伝承される流布本の系統は、文義や語義を基準として校讎者によって用字の取捨交替や語序の倒置が行われることから、そこには中国の韻文である詩としての格律が反映されてこない。しかしこの偈頌を韻文と捉える立場からすると、平仄・押韻を顧慮せずに校讎するわけにはいかないのである。この「無数億」と「無億数」の事例からも、わが国と中国では礼讃偈を捉える視点に相違があることが知られよう。これについても後述する。

次に「無生宝国……」の四句について、この偈は「常・光」（下平声陽韻）、「方」（下平声唐韻）を韻字とし、二四不同・二六対もうまく配置され、しかも粘法でもあり、近体詩の格式を具えた完全な正格である。

【第三偈】

地上●荘厳○転無○極●　金縄○界道●非工○**匠**◉（去漾）
弥陀○願智●巧荘○厳○　菩薩●人天○散華○**上**◉（去漾）
宝地●宝色●宝光○**飛**◎　一一●光成○無数●**台**◎（平咍）
台中○宝楼○千万●億●　台側●百億●宝幢○**囲**◎（平微）

換韻の讃偈である。「地上荘厳……」の四句は去声漾韻の初句踏みおとし。これも『広本』に見られない。「宝地宝色……」の四句は脚韻字「飛・囲」が上平声微韻、「台」が咍韻で古通韻となる。初句「宝地宝色宝光飛」の末字「飛」は、『礼懺儀』（巻下）の高麗本で「厳」（下平声厳韻）に、斯二六五九は「非」（上平声微韻）に作る。前者は文義通ずるも韻が合わず、後者は文義通ぜずして韻は合う。ここは流布本をはじめとする諸本の「飛」がよい。

ここに中国伝存本と日本伝存本の特徴がよくあらわれていると言えるのである。

【第四偈】

一一台上虚空**中**（-ng）　荘厳宝楽亦無**窮**（平東 -ng）
八種清風尋光出　随時鼓楽応機音（平侵 -m）
機音正受稍為**難**　行住坐臥摂心**観**（平桓）
唯除睡時常憶念　三昧無為即涅**槃**（平桓）

はじめの四句の韻字は「中・窮」が上平声東韻で、「音」が下平声侵韻となっており失韻となっている。上杉文秀（一九三二）は「音の字は叶韻歟」（四七九頁）とするが、誤りである。[30] 周祖謨によれば「東・冬」と「侵」（韻尾 -ng と -m）の通押は三国から隋にかけて三例見られるだけであり、[31] その韻字は「風」に限られ、もと侵部の「風」が、両漢になるとしだいに東冬部と通押し、三国になってほぼ決定的となるとする。したがって唐代において通押と言えるものではなかろう。たとえば善導と同じ初唐の王梵志の通俗詩にあっても、臻摂 -en（歯茎鼻音）と深摂 -em（両唇鼻音）の押韻は若干存在するが、深摂 -em と軟口蓋鼻音の -ng 韻尾は押韻しないのである。[32] この第四偈をとってみても、善導が韻書の拘束を受けずに、自由に讃偈を作っていたことを知ることができよう。

次の四句「機音正受……」は「難・観・槃」が上平声寒韻・桓韻となっている。この偈も『広本』に引かれない。先と同様に、しかるべき根拠があるので後述する。なお、第四句末の「機音」は第五句頭にも置かれている連珠讃である。

【第五偈】

宝国●宝林○諸宝●樹●　宝華○宝葉●宝根○**茎**◎（平庚）
或以●千宝●分林○異●　或有●百宝●共成○**行**◎（平庚）
行行●相当○葉相○次●　色各●不同○光亦●**然**◎（平先）　→「行○行◎……」は拗救
等量●斉高○三十●万●　枝条○相触●説無○生○（平庚）　→「無○因◎」（平真）、「因○**縁**◎」（平先）

はじめの四句は下平声庚韻で押韻する（初句は踏みおとし）。「行行相当……」の第四句「枝条相触説無生」の下二字「無生」には諸本に異同がある。現行流布本は「無生」（下平声庚韻）、すべての敦煌本と『礼懺儀』および七寺本は「無因」（上平声真韻）であり、高麗本の『礼懺儀』だけが「因縁」（下平声仙韻）に作る。第二句の脚韻字「然」（下平声仙韻）からして、この第四句は「因縁」を採用したいところである。なお「無因」では通押するが、意味をなさないと思われる。意味をとるならば流布本の「無生」がよい。踏みおとしは、ままありうることで、どうしても譲れないときには、破格の文字を用いるのである。あるいはもう一つの考えとして、流布本「無生」はそのままであり、第二句の脚韻字「然」（平声先韻）が誤りで、庚韻を韻目とする何らかの韻字であった可能性もあるが、現在のところ確証は何もない。

【第六偈】（換韻）

七重○羅網●七重○宮○　綺互●回光○相映●**発**◉（入月）
化天○童子●皆充○満●　瓔珞●輝光○超日●**月**◉（入月）

行行宝葉色千般　　華敷等若旋金輪（平諄）
菓変光成衆宝蓋　　塵沙仏刹現無辺（平先）

「七重羅網……」の四句は仄声詩で「発・月」ともに入声月韻であり、二四不同、二六対は十分である。「行行宝葉……」の四句の脚韻字「般・輪・辺」はそれぞれ上平声寒韻・上平声諄韻・下平声先韻であるが、古韻通となる。二四不同と二六対は整っている。なおこの第六偈は、日中偈にあって二四不同、二六対が唯一完全に配置された偈であり詩でもある。しかし法照の『広本』では刪削されている。その理由も後述する。

【第七偈】
宝池宝岸宝金**沙**　　宝渠宝葉宝蓮**華**（平麻）
十二由旬皆正等　　宝羅宝網宝欄巡（平真）　→「**遮**」（平麻）
徳水分流尋宝樹　　聞波観楽証恬怕（入陌）
寄言有縁同行者　　努力翻迷還本**家**（平麻）　→「言」：敦煌本作「語」

「宝池宝岸……」の第四句「宝羅宝網宝欄巡」の「欄巡」について、『礼懺儀』と『広本』（巻中下ともに）と守屋旧蔵本は「欄遮」に作り、斯二六五九、伯二七二二、北八三五〇、七寺本は「蘭遮」に作る。「欄」、「蘭」の異同は問題とならないが、『往生礼讃偈』の日本伝存の流布本「巡」（上平声諄韻）と、中国伝存の「遮」（下平声麻韻）の相違が問題となる（上杉文秀前掲〔一九三一〕四八三頁・松陰了諦前掲〔一九三七〕一三六頁を参照）。

流布本系統では、意味からして「巡」を採ったと推察されるが、言うまでもなく「沙・華」が下平声麻韻であることから、同韻目の「遮」を採用すべきである。よってここでは「宝の欄は巡れり」のように［主語「欄」＋謂語「巡」］の結構で訓んではならない。初句の「宝池宝岸宝金沙」と第二句「宝渠宝葉宝蓮華」の句作りからして、「宝欄遮」（宝の欄遮）のごとく訓むべきである。なお「欄遮」は諸辞書に見えないが、語順が逆の「遮欄（＝遮闌・遮蘭）」は、遮ったり阻んだりするものであることから、(33)結局は「欄楯」（垣根・フェンス・欄干）と同義ということになる。したがって本文の「欄遮」はこの常用の「遮欄」を倒置させた詩語ということになる。詩においては、平仄や押韻を整えるために、たとえ熟した語彙であっても、倒置することは常套の修辞技法である（小川環樹〔一九五八〕一三八頁参照）。

第六句末「恬怕」は、「恬」も「怕」もともに静かで安らかなさま。しかしその場合の「怕」は入声陌韻なので押韻しないことになる。善導の時代はまだ入声韻尾が残存しているのであるが、「怕」は去声禡韻の字音では「おそれる」の意となっている。字音の区別による語義の相違を示す破読であるが、あるいは去声禡韻で読みながらも、意味は「しずか」の語義として読唱していた可能性がある。なお、法照『広本』巻中（伯二〇六六）の「西方礼讃文　善導和上」には「恬葩」とある（八五・一二五二中）。「葩」は「はな、はなびら、はなやか、あざやか」の意でしかも平声麻韻なので押韻することになる。ただし「恬葩」で文脈が通るかというと、いささか疑問である。

第七句「寄言有縁同行者」の「言」は流布本系統に見られる用字であり、これを『礼懺儀』、七寺本、斯二六五九、伯二〇六六、伯二七二二、伯二九六三、北八三五〇、守屋本では「語」に作る。ここは流布本系統の「言」（上平声元韻）よりも、むしろ「語」（上声語韻）が採用され、「寄語有縁同行者」としなければならない。これによってこの第七偈八句すべての二四不同・二六対は整うことになる。

思うに流布本にある「言」は、彦琮晨朝偈の第一七偈尾聯にある「寄言有心輩」に導かれた校勘ではなかろうか。彦琮の讃偈では二四不同を犯しているようでもあるが、実は下三字を本来「○●●」とすべきところを「●○●」にした挟平格であることから、禁忌に抵触するものではないのである。しかも句中の平仄数の均衡からしても「言」の措辞でなければならないわけである。しかし善導の偈では、韻からして必ず「語」でなければならない。たとえ「寄言有縁同行者」と「寄言有心輩」がまったく同じ句作りであろうとも、用字は定められた格にもとづいて取捨されるべきなのである。

【第八偈】（換韻・踏みおとし）

一一金縄界道上　宝楽宝楼千万億（入職）
諸天童子散香華　他方菩薩如雲集（入緝）
無量無辺無能計　稽首弥陀恭敬立（入緝）
風鈴樹響偏虚空　歎説三尊無有極（入職）

脚韻が現行本も各種敦煌本もすべて、第二・第八句が入声職韻で、第四・第六句が入声緝韻となっており、諸本に異同はない。

しかしこの脚韻の配置からして、本来は尾聯（第七・第八句）が頷聯（第三・第四句）の位置にあったとも考えられる。そのように配置しなおすことによって脚韻が合うからである。ちなみに『詩経』や晩唐以後の詩、さらには近代白話詩ならともかく、この時代の詩において、右のような変則的押韻例である〝抱韻〟はないのである。[34] また句の位置を入れ替えたとしても、その内容は『観経』宝楼観の文義に抵触することはない。よって第八偈は左のように再構すべきである。

一一●金縄○界道○上●　宝楽●宝楼○千万●**億**◉（入職）
風鈴○樹響●偏虚○空○　歎説●三尊○無有●**極**◉（入職）
諸天○童子●散香○華○　他方○菩薩●如雲○**集**◉（入緝）
無量○無辺○無能○計●　稽首●弥陀○恭敬●**立**◉（入緝）

はじめの四句で浄土の楼閣と楽器や風鈴樹の響き（依報）を詠い、後の四句で諸天と菩薩のありさま（正報）を詠った偈となって、まとまりとしては良くなる。依正二報がそれぞれ四句をもって構成されるのが原初形態であったに違いない。それはこの第八偈だけが、変則的に押韻していたとは思えないからである。おそらくは転写されていく過程で頷聯が誤って尾聯に置かれてしまったのだろう。このように、たとえ校讎テキストが他に存在しなくとも、原初形態を推定することは可能なのである。なお二四不同と二六対については、「無量無辺無能計」の一句以外は万全である。

【第九偈】（換韻）
弥陀○本願●華王○座●　一切●衆宝●以為○**成**◎（平清）
台上●四幢○張宝●縵●　弥陀○独坐●顕真○**形**◎（平青）

真形○光明○偏法●**界**◉　蒙光○触者●心不●**退**◉（去隊）
昼夜●六時○専想●念●　終時○快楽●如三○**昧**◉（去隊）

「弥陀本願……」（初句踏みおとし）の四句が平声清韻と青韻で押し、「真形光明……」は「界」（去声怪韻）、「退・昧」（去声隊韻）の古韻通である。「真形」は連珠讃となっている。

【第一〇偈】
弥陀○身心○偏法●界●　影現●衆生○心想●**中**◎（平東 -ng）
是故●勧汝●常観○察●　依心○起想●表真○**容**◎（平鍾 -ng）
真容○宝像●臨華○座●　心開●見彼○国荘○厳◎（平厳 -m）
宝樹●三尊○華偏●満●　風鈴○楽響●与文○**同**◎（平東 -ng）

諸本ともに韻字「中・同」は平声東韻、「容」は平声鍾韻で通じるが、「厳」（平声厳韻）だけが押韻しない。厳韻と東・鍾韻は、同じく鼻音陽類であっても、その韻尾 -m と -ng は唐代以降は通押とはなりがたい。なお二四不同は初句以外まとまっている。「真容」は連珠讃である。

【第一一偈】
弥陀○身色●如金○山○　相好●光明○照十●**方**◎（平陽）

唯有●念仏●蒙光○摂●　当知○本願●最為○**強**◎（平陽）
六方○如来○舒舌●証●　専称○名号●至西○**方**◎（平陽）
到彼●華開○聞妙●法●　十地●願行●自然○**彰**◎（平陽）

いわゆる三尊礼の弥陀礼である。下平声陽韻の初句踏みおとしである。平仄配置は決して良好とは言えない。

【第一二偈】（換韻）
観音○菩薩●大慈○悲○　已得●菩提○捨不●**証**◉（去径）
一切●五道●内身○中○　六時○観察●三輪○**応**◉（去径）
応現●身光○紫●金○**色**◉　相好●威儀●転無○**極**◉（入職）　→「応現……」は拗救
恒舒○百億●光王○手●　普摂●有縁○帰本●**国**◉（入職）

観音礼で、「観音菩薩……」の四句が去声証韻の初句踏みおとし。「応現身光……」は「色・極」が入声職韻、「国」が入声徳韻で押している。

【第一三偈】（換韻）
勢至●菩薩●難思○**議**◉（去寘）　威光○普照●無辺○**際**◉（去祭）
有縁○衆生○蒙光○触●　増長○智慧●超三○**界**◉（去怪）

法界●傾揺○如転●**蓬**◎（平東）　化仏●雲集●満虚○**空**◎（平東）
普勧●有縁○常憶●念●　永絶●胞胎○証六●**通**◎（平東）

勢至礼で、「勢至菩薩……」が「議」（去声寘韻）・「際」（去声祭韻）・「界」（去声怪韻）で古韻通である。「法界傾揺……」は「蓬・空・通」がともに上平声東韻で押している。

【第一四偈】（換韻）
正坐●跏趺○入三○昧●　想心○乗念●至西○**方**◎（平陽）
観見●弥陀○極楽●界●　地上●虚空○七宝●**荘**◎（平陽）
弥陀○身量●極無○**辺**◎（平先）　重勧●衆生○観小●**身**◎（平真）
丈六●八尺●随機○現●　円光○化仏●等前○**真**◎（平真）

「正坐跏趺……」が「方・荘」（平声陽韻）、「弥陀身量……」は「辺」（下平声先韻）、「身・真」（上平声真韻）の古韻通である。二四不同・二六対は、第七句を除いてうまく配置されている。

【第一五偈】
上輩●上行○上根○**人**◎（平真）　求生○浄土●断貪○**瞋**◎（平真）
就行○差別●分三○品●　五門○相続●助三○**因**◎（平真）

一日●七日●専精○進●　畢●命乗台○出六●**塵**◎（平真）
慶○哉難○逢今得●遇●　永●証無為○法性●**身**◎（平真）

【第一六偈】
中輩●中行○中根○**人**◎（平真）　一日●斎戒●処金○**蓮**◎（平先）
孝養●父母●教回○向●　為説●西方○快楽●**因**◎（平真）
仏与●声聞○衆来○取●　直到●弥陀○華座●**辺**◎（平先）
百宝●華籠○経七●日●　三品●蓮開○証小●**真**◎（平真）

【第一七偈】
下輩●下行○下根○**人**◎（平真 -jĕn）　十悪●五逆●等貪○**瞋**◎（平真 -jĕn）
四重●偸僧○謗正●法●　未曾○慚愧●悔前○**愆**◎（平仙 -jɛn）
終時○苦相●如雲○集●　地獄●猛火●罪人○**前**◎（平先 -ien）
忽遇●往生○善知○識●　急勧●専称○彼仏●名○（平清 -jɛng）
化仏●菩薩●尋声○到●　一念●傾心○入宝●**蓮**◎（平先 -ien）
三華○障重●開多○劫●　於時○始発●菩提○**因**◎（平真 -jĕn）

この讃偈は『観経疏』散善義にも見られる三品礼偈である。よって双方を相互に検討しなければならないが、韻を問題する上で支障ないほどに、ほとんど用字に交替はない。各讃の句数は上品・中品が八句からなり、下品だけが一二句からなる。

まずは上輩の讃偈から。これは脚韻からして七律と考えられるものである。「人・瞋・因・塵・身」はいずれも上平声真韻であり、平仄の配置にしても、近体詩への過渡期であるこの時代としては、反法・粘法の配慮がないことは当然としても、二四不同・二六対は概ね良好と言えるのではないだろうか。

次に中輩の七律であるが、脚韻は「人・蓮・因・辺・真」[35]で、上平声真韻と下平声先韻を用いているが通押であり、近体詩以前としては当然ながら許容範囲となる。しかし南北朝後半以後に真韻と先韻の押韻は激減してくるので、これは浄土教礼讃偈の通俗化のあらわれを意味するものとみなすべきである[36]。

下輩の讃偈だけが一二句からなっており七言の排律とみなされる。脚韻は「人・瞋・愆・前・名・蓮・因」で、やはり先に同じく上平声真韻と下平声先韻を押している。ただし第八句の韻字「名」の韻目だけが下平声清韻であり、その韻尾 -ng と真仙先韻の韻尾 -n とは善導の時代においては押韻しがたい。また第一一句「三華障重開多劫」の「華」（平声）は『観経疏』、七寺本においても、また各種敦煌本でもすべて「華」または「花」に作り、『礼懺儀』巻下だけが「業」（仄声）に作る（四七・四七三中）。二四不同・二六対の格式からして、当然ながら平声の「華・花」を採用すべきである。なお良忠所見本の『観経疏』は「業」となっていたようである[37]。写本で「華」と「業」の字姿が近似していることによる単純な誤写であろう。平仄については概ねよい。

【第一八偈】

一六句からなる排律であり、『広本』はじめ各種敦煌写巻と大いに異なるところである。流布本系統は以下のとおりである（ただし日本伝来本の中には初句「弥陀仏国能所感」の欠落している版本がある）。

弥陀○仏国●能所●感●　西方○極楽●難思○**議**（去寘）
渇聞○般若●絶思○漿○　念食●無生○即断●**飢**（平脂）
一切●荘厳○皆説●法●　無心○領納●自然○**知**（平支）
七覚●華池○随意●入●　八背●凝神○会一●**枝**（平支）
無辺○菩薩●為同○学●　性海●如来○尽是●**師**（平脂）
弥陀○心水●沐身○頂●　観音○勢至●与衣○**被**（上紙）
欻爾●騰空○遊法●界●　須臾○授記●号無○**為**（平支）
如此●逍遥○無極●処●　吾今○不去●待何○**時**（平之）

この流布本の押韻は四声相配の古通韻と考えられ、平仄にしても二四不同と二六対が完全である。また下三連と奇数句末の仄声字も概ね良好である。敦煌諸本を校讎すると以下のようになる。

底本：斯二五五三
校本：伯二七二二（伯①）・二九六三（伯②）・二〇六六（伯③）・斯二六五九（斯①）・守屋本（守）

楽何帝楽事　難思**議**　帝→諍（伯②）、帝楽→諦（守）、帝→諦（伯③）
無辺菩薩為同学　性海如来尽是**師**　辺→過（伯②）
渇聞波若絶思漿　念服無生即断**飢**　波→般（伯②③、守）、念→無（斯①）

一切荘厳皆説法　無心領納自然**知**
七覚華池随意入　八背凝神会一**支**　背→輩・支→枝（伯②③、守）
弥陀心水沐身頂　観音大勢与衣**披**　勢→聖（伯②）、大勢→勢至（伯③）、披→彼（斯①）
欻爾騰空遊法界　須臾授記号無**為**
如此逍遥極楽処　吾今不去待何**時**　極楽→無極（伯①、斯①）・快楽（伯②、守）、吾→人（伯②、守）

以上、善導の日中偈はほとんどが七言八句からなり、換韻の偈が目立ち、また仄声で押韻するものも多いことがわかった。さらに平仄（二四不同・二六対）はさほど巧みに配置されておらず、第六偈および第七偈が完全である以外、規格にそうのは一偈中に五句または六句にとどまる程度である。さらに下三連や孤平・孤仄はたくさん見られる。こうした点は彦琮の晨朝偈と大いに異なるところである。それは彦琮偈が五言古詩から近体詩へ向かっているのに対して、善導の讃偈は七言古詩と評される詩体だからである。これは唐代になって本格的に作られる詩のスタイルで、近体詩のような厳格な規則がまだ整わない自由な詩歌である。この七言古詩は、新しいだけに作詩者らによってさまざまな作風が試されている。おそらく善導も最新の詩のスタイルを取り入れて、浄土教の礼讃儀礼に供したのではないだろうか。なお「不思議」の「議」は去声であるが、その読唱音は平声であったと推察される(38)。

また、すでに述べたように、声律と韻律にもとづくテキスト校訂と原初形態の復元についても、明るい材料が提供できた。ただし作詩者によっては、当然のごとく詩律を重視する以上に語義（詩情・意境）を重視することがあるわけで、韻字の配置がよいものが必ずしも原初テキストであると断定するものではない。ともあれ、礼讃偈テキストを語義から校讎するだけではなく、詩律からも校讎する必要があることは十分に提言できたと思う。

【付：「無常偈」】

ついでながら『往生礼讃偈』の無常偈も確認しておこう。その典故については、早く良忠の『往生礼讃私記』（『浄全』四・三九二下〜三九五上）に見られる。ここでは必要な場合のみ諸本との校異を示すにとどめる。

①日没無常偈

人間悤悤営衆**務**（去遇）　不覚年命日夜**去**（去御）
如灯風中滅難期　忙忙六道無定**趣**（去遇）
未得解脱出苦海　云何安然不驚**懼**（去遇）
各聞強健有力時　自策自励求常**住**（去遇）

これは『坐禅三昧経』と『無量寿経』が典故となっている。偈の形態は、二四不同・二六対や反法粘法は言うに及ばず、下三連、平声押韻の格律にすべて違反しているので七言古詩ということになる。

このように仄声で押韻する詩は、陰鬱として晴れない気持ちや、絶望、落胆といった詩情をかもし出す効用がある。(39) 仄声押韻の作例は、盛唐王維（七〇一〜七六二）の「竹里館」（五言詩・去声嘯韻）などがよく知られており、やはりしんみりとした雰囲気を演出している。ひるがえってこの日没無常偈を見るに、人の一生のはかなさと煩悩に苛まれている現実が吐露されており、明るく気持ちが晴れ晴れとした偈ではないことは既知のとおりである。この日没無常偈は、上記の典故にもとづいて善導が改作し、その際に脚韻を配慮して再構したものと思われる。措辞による韻の交替によって、無常という悲哀と、だからこそ精励すべき壮健とをともに具えた、いわば悲壮的な詩情を演出した偈となったのである。

②初夜無常偈

煩悩深無底　生死海無辺（平先）
度苦船未立　云何楽睡眠（平先）
勇猛勤精進　摂心常在禅（平仙）

はじめの二句は先に同じく『坐禅三昧経』であり、後の四句は善導自身の作詩と考えられる。現行本は六句からなるが、『礼懺儀』では「勤修六度行　菩提道自然」（下平声仙韻）が後に接続して八句になる。[40]無論八句のほうが安定感をますが、六句でも支障はない。原初形態がどちらであれ、押韻（下平声先韻・仙韻）は完全で、二四不同は第三句以外が格律に準じている。

③中夜無常偈

汝等勿抱臭屍臥　種種不浄仮名人（平真）
如得重病箭入体　衆苦痛集安可眠（平先）

現行本の字に若干の異同があるものの、『大智度論』一七の禅波羅蜜品の偈をそのまま典故としている。[41]『大智度論』には偈頌も多く見られ、中には的確に押韻するものもある。[42]この偈も押韻するとは言っても、漢詩としてはすべて破格である。用字は仄声が多いことから詩情はやや暗くなっている。

④後夜無常偈

時光遷流転　忽至五更初（平魚）

無常念念至　恒与死王居（平魚）
勧諸行道者　勤修至無余（平魚）

六句からなるこの偈の脚韻は、「初・居・余」が平声魚韻であり、初句と第六句の平仄（二四不同）が合わないが、概ねよく作詩されている。

⑤平旦無常偈

欲求寂滅楽　当学沙門法（入乏）
衣食支身命　精麁随衆得（入徳）

『摩訶僧祇律』二一を典故としている。現行本と字句の異同があり、[43]校勘しても詩の格律に合致しない。翻訳であることから、これも偈ではあっても詩と言うわけにはいかない。ただ二四不同については偶然にもかなり規格にそっている。それは初句の仄声「得」（入声徳韻）を善導が平声「求」（平声尤韻）に改めたからではあるまいか。こうして『摩訶僧祇律』から部分引用して平仄を整えたのは、詩に仕立てようとする意図が善導にあったものと思われる。

⑥日中無常偈

人生不精進　喩若樹無根（平痕）
採華置日中　能得幾時鮮（平仙）
人命亦如是　無常須臾間（平山）

勧諸行道衆　勤修乃至真（平真）

前半の四句は『尸迦羅越六方礼経』（一・二五一下）を典故とし[44]、後の四句は『礼懺儀』を典故とする。句末の押韻については、たとえすべて平声の陽声韻尾（-ŋ）による収束音であろうと、他の格律がよくない。

第四節　善導の日中礼が『広本』で刪削された理由

善導自作の日中礼は、五会念仏を創始した法照（七四六～八三八）[45]の『広本』巻下（伯二九六三・守屋本）に「善導和上　西方讃」として引かれることになる[46]。しかしそのすべてが引かれているのではなく、刪削された偈が一二ある（四句をもって一偈と数えた場合）。すなわち左に示したものがそれである。ここでは、「善導後身」（善導の生まれ変わり）と評価された法照が、なぜこれら一二偈を自著に転載しなかったのかを考察する。

〈第二偈〉

①地下荘厳七宝幢　無量無辺無億数[47]（去遇）

八方八面百宝成　見彼無生自然悟（去暮）

〈第三偈〉

②地上荘厳転無極　金縄界道非工匠（去漾）

弥陀願智巧荘厳　菩薩人天散華上（去漾）

〈第四偈〉

③一一台上虚空中　荘厳宝楽亦無窮（平東）　※初句東韻

八種清風尋光出　随時鼓楽応機音（平侵）
④機音正受稍為難　行住坐臥摂心観（平桓）※初句寒韻
唯除睡時常憶念　三昧無為即涅槃（平桓）
〈第六偈〉
⑤七重羅網七重宮　綺互廻光相映発（入月）
化天童子皆充満　瓔珞輝光超日月（入月）
⑥行行宝葉色千般　華敷等若旋金輪（平諄）※初句寒韻
菓変光成衆宝蓋　塵沙仏刹現無辺（平先）
〈第八偈〉
⑦一一金縄界道上　宝楽宝楼千万億（入職）
諸天童子散香華　他方菩薩如雲集（入緝）
⑧無量無辺無能計　稽首弥陀恭敬立（入緝）
風鈴樹響遍虚空　歎説三尊無有極（入職）
〈第九偈〉
⑨真形光明遍法界　蒙光触者心不退（去隊）※初句怪韻
昼夜六時専想念　終時快楽如三昧（去隊）
〈第一二偈〉
⑩観音菩薩大慈悲　已得菩提捨不証（去証）

一切五道内身中　六時観察三輪応（去証）
⑪応現身光紫金色　相好威儀転無極（入職）　※初句職韻
恒舒百億光王手　普摂有縁帰本国（入徳）
〈第一二偈〉
⑫勢至菩薩難思議　威光普照無辺際（去祭）
有縁衆生蒙光触　増長智慧超三界（去怪）

これら善導の日中偈における平仄の配置は概ね良好であり、韻も押しているにもかかわらず、法照によって切り捨てられた。その理由に関しては以下の推断がほぼ可能となる。

一二偈のうち、①「地下荘厳……」、②「地上荘厳……」、⑤「七重羅網……」、⑦「一一金縄……」と⑧「無量無辺……」、⑨「真形光明……」、⑩「観音菩薩……」と⑪「応現身光……」、⑫「勢至菩薩……」の九つの偈は、括弧に『広韻』による韻目を示したように、いずれも仄声で押韻していることに注意しなければならない。原則的に近体詩においては平声で韻をふみ、かつ換韻しないのが通例となっており、これが古体詩との最も大きな相違である。時代的には善導は古体詩の終焉に属しており、詩の区分で言えば初唐（六一八～七一二）にあたる。日中偈には仄声の押韻や換韻が用いられていることから、明らかに古体の作風である。ところが法照の活動年時は盛唐（七一三～七六五）から中唐（七六六～八二六）という近体詩が急進的に全盛していく時期にあたるので、広略『五会法事讃』を編集する際にこれら仄声で押韻する善導の偈をことごとく削除していたと考えてよいのである。古詩や絶句に見られ、しかも律詩にあっては変格となる仄声押韻を意識的に斥けたものと推断してほぼ誤りないはずである。法照に引かれた日中偈がすべて平声押韻であることから、この説は動かしがたいだろう。

それならば、残る③④⑥の三つの偈はどうであろうか。この三偈はどれも平声で押し、脚韻字に関しては近体詩に準じている。ところがこれら三偈は、それぞれ平声東韻の③から平声桓韻の④に、入声月韻の⑤から平声諄韻・先韻の⑥へと、中途で韻を換えているのである。このような換韻も、先に同じく古詩の典型であって、近体詩の格律ではありえないのである。よって削除される対象となったと考えられよう。[48] ことに③は前節でも述べたように脚韻字が「中・窮」（東韻）と「音」（侵韻）であり、その陽類韻尾 -ng（軟口蓋鼻音）と -m（両唇鼻音）は、通俗詩は除いて、法照が活動した盛唐や中唐の近体詩においては、決して通押することのない失韻なのである。

つまり法照としては、善導自作の日中偈を『広本』に編入する際に、近体詩にない仄声押韻の偈と、換韻の偈を刪削の対象としたと言えるのである。現に『広本』における法照自作の讃偈をはじめ、引用されている各人の讃偈をすべて検討すると、例外なく平声で押しており、換韻の讃偈もないことから、これは首肯できることである。このとに仄声詩の旋律は唱和するときにやや暗くなりがちである。これを法照が忌避したことも刪削した要因の一つとも考えられるが、結局のところ近体詩の格律に従った法照の編集方針が、刪削せしめた根本原因であったと断定してよい。

善導と法照は、その時代が百数十年あまり離れている。詩の世界で一〇〇年の時間のずれというのは、その作風にさほど大きな変動はなく、漢魏両晋南北朝から初唐にいたる詩は、おしなべて「古詩」の中にまとめられるほどに、その変遷は緩やかである。しかし忘れてならないことは、この善導と法照の間に、漢詩文の世界ではあまりにも著名で、しかもその後の詩（近体詩）の格律を決定的にする、詩仙李白（七〇一～七六二）と詩聖杜甫（七一二～七七〇）が活躍しているということである。わずか百数十年ほどの世代のずれでしかないが、詩文学では大きな変革の基点を挟んで、善導と法照の両者が対峙していたことになるわけである。当然ながら法照は李杜の詩の洗礼を受けている。その近体詩という当時にあっては最先端の詩形で、流麗にして正当な詩の価値観にもとづいて、善導の偈を取捨選択したまでのことであった。このように考えなければ、法照によって刪削された謎は解けないはずである。

以上、法照は善導の偈を近体詩の格律によって評価し再編成したわけだが、その再編成された『広本』というテキストを、今度は筆者が評価することにしよう。そこで刪削された一二の偈のうち、①、②、⑨、⑫に注目したい。これらの讃偈は本来ひとまとまりになっていた偈である。しかし法照がこれらの偈を韻にもとづいて取捨したために、詩意が損なわれ、文章の流れが断絶してしまっているのである。煩瑣になるので、ここでは⑫第一三偈とその前の第一一・一二偈（いわゆる三尊礼）のみを例にあげて論じる。

〈第一一偈　弥陀礼〉

弥陀身色如金山　相好光明照十方
唯有念仏蒙光摂　当知本願最為強
十方如来舒舌証　専称名号至西方
到彼華開聞妙法　十地願行自然彰

〈第一二偈　観音礼〉

観音菩薩大慈悲　已得菩提捨不証
一切五道内身中　六時観察三輪応

応現身光紫金色　相好威儀転無極
恒舒百億光王手　普摂有縁帰本国

〈第一三偈　勢至礼〉
A勢至菩薩難思議　威光普照無辺際
有縁衆生蒙光触　増長智慧超三界
B**法界傾揺如転蓬　化仏雲集満虚空**
普勧有縁常憶念　永絶胞胎証六通

法照に削除された偈（すべて仄声押韻）

このうちゴシック体で示した部分が、法照によって『広本』（伯二九六三と守屋本）に採用された讃偈（平声押韻）であり、ゴシック体でない第一二観音礼と、第一三勢至礼のA「勢至菩薩……」の四句が删削された讃偈（仄声押韻）である。つまり『広本』では、弥陀礼につづいて勢至礼のB「法界傾揺……」が連写されているわけである。こうした編集によって、勢至礼Bの主体が勢至菩薩ではなく、阿弥陀仏になってしまうのである。意味の流れからすると、あまりにも杜撰な編集であり、読者を当惑させる処置であったことは否めない。このような恣意的な編集をするならば、いっそうのこと勢至礼Bも削除すべきである。そしてまた、こうした抄出は何よりも原作者である善導の意を損なうことであり、改竄の誹りは免れえないであろう。しかし、おそらく法照（または書写人）としては、執拗に近体詩の格にこだわっただけであり、意味内容の流れよりも、むしろ平仄からくる音楽的旋律をより重視した上での編集だったのであり、実はこうしたところに『広本』の性格が見えているのである。すなわち教義的論理性よりも、むしろ実用に供するためのテキストであったということである。

なお、広略二種の『五会法事讃』には他にも善導和上の「西方礼讃文」などが収められている。廣川堯敏〔一九八四〕は、「伝善導作の礼讃偈」においてふれており、それらは善導自作の礼讃偈であるということが確定しえないという。したがってここではあえて取りあげないことにした。後世にいたり時・処・諸縁の要請に応じて改変された可能性が高いので、疑わしい資料とは線引きをした上で検討する姿勢を堅持しなければならないであろう。

第五節　韻によるテキスト考

本節では韻にもとづく『往生礼讃偈』のテキストの系統を鳥瞰してみる。したがって、彦琮の晨朝礼讃と、善導の日中礼讃に限定し、詩律をともなわない他の讃偈を対象とするものではないことを諒とされたい。

まず中国に伝存する諸本については、智昇が『礼懺儀』を撰述し、それをみずから編纂した『開元釈教録』に入蔵させたことによって、後の『貞元新定釈教目録』でもやはり入蔵されることになる。これによって『礼懺儀』巻下に収められる善導の『往生礼讃偈』は必然的に入蔵されることになり、以後一切経を備えることは善導の『往生礼讃偈』を備えることにもなってくる。こうして『礼懺儀』所収の入蔵本『往生礼讃偈』と、非入蔵本『往生礼讃偈』に分かれることになる。さらに後世の礼讃偈において『往生礼讃偈』の抄出や改変がなされ、法照の広略二種の『五会法事讃』にもまた編入されることになる。これらは敦煌石室写本として見ることができる。

一方、日本に伝存する諸本においては、正倉院聖語蔵の『聖武天皇宸翰雑集』、七寺蔵の『阿弥陀往生礼仏文』と、諸写刊本の流布本系統に分類される。

このように、ひとまず中国に伝わる系統と日本に伝存する系統とに大きく分類できるのであるが、ただしこれは必ずしも韻にもとづく厳密な分類ではない。

A中国伝存：①入蔵本『往生礼讃偈』→『集諸経礼懺儀』所収本

②非入蔵本『往生礼讃偈』→各種敦煌写巻(49)

③法照『五会法事讃』・守屋本・敦煌石室別行本

B日本伝存：①正倉院聖語蔵『聖武天皇宸翰雑集』・七寺蔵『阿弥陀往生礼仏文』

②浄土宗・浄土真宗が相伝する写本刊本（流布本系統）

本章では平仄の配置や押韻の状況によって用字を吟味し、よりよい善本としての用字確定を試みてきた。そのテキストは、大きくA中国伝存系統と、B日本伝存系統に分類できるが、これを韻文としての格律からさらに分類すると、【A①②③・B①】と【B②】になる。すなわち流布本系統とそれ以外ということである。この分類は納得のいくものである。わが国は漢字の字形・字義・字音が一組になったものを大陸から取り入れたわけだが、このうち字音が正確に請来されることはなかった。つまり呉音・漢音・唐宋音など時代別・地域別の音を取り入れてはいるものの、声調（tone）は、大陸に捨ててきたわけで、このため四声のない日本における漢字音は、平坦で抑揚の緩やかなものとなってくるわけだ。『往生礼讃偈』が日本にもたらされ、実際の儀礼において唱和する際において、声調はほとんど感知されてこなかったということ、すなわち平仄の配慮がなされることはなかったということである。このように、韻律も含め漢語の律動を無視した用字の交替を重ねてきて、流布本へと継承されるのである。

一方中国に残存しているテキストは、韻律の規格にそうことが詩の条件であるという意識が常にはたらいているためであろう、たとえ用字を交替させたとしても、その交替した文字においてさえ平仄や脚韻が十分に配慮されていることがわかる。時には意味内容を犠牲にしてまでも、旋律を重視して韻を牽強に合わせてくる場合さえもある。(50)

また日本の写巻でも、『聖武天皇宸翰雑集』のような古いテキストは、大陸の写巻をそのまま書写しているようであり、このため韻律に乱れは生じていないのである。おそらく鎌倉以降の日本では漢語の声調を、一般の作詩においては配慮することはあっても、実際に『往生礼讃偈』が唱えられるときには顧慮しないわけで、このため意味上からだけの用字の取捨にふりまわされることに終始し、中国詩としての性格（格律全般）をまったく反顧しなかったことにこそ、テキストに相違が生じた原因があるに違いない。無論、中華の発音声調が必ずしも日本人の琴線に響く旋律であるとは限らないから、日本人による読唱音に中国語の音韻体系をそのまま受け入れる必要はないだろう。仏教の礼讃であろうと詩歌であろうと、その音楽性においては、その民族固有の感性に適応して展開することは当然のことだからである。

なお『礼懺儀』は、同じく智昇が編纂した『開元釈教録』以降入蔵されてきている事情を反映してか、かなり正確に伝承されてきているようであり、また『聖武天皇宸翰雑集』は御物として保管され、転写をへていないので、原本の状態をよくとどめているものと言える。そして七寺蔵『阿弥陀往生礼仏文』は、入蔵された『礼懺儀』の系統に属す写巻であることから、日本伝存であっても中国伝存系統に含められるようである。

さて、経典の写本には誤写が少なからず見られるが、礼讃偈の写本、ことに中国伝存の写本は韻の方面から言うと、総じて言えばかなり正確に写されているようである。その理由としては、単なる積善功徳、先亡追福の写経が寺院の経蔵ふかくに秘匿されることが多いことに反し、礼讃偈は実際の現場で必携となる実務品だったことに起因するのであろう。(51) 実務品として使えるテキストに仕上げるからこそ誤写は少ないのである。このため写巻のテキストは概ね原本のままか、そうでなくても音義が通る佳本として伝存するのである。ところが日本の伝存諸本（流布本系統）は、義がふさわしくなければ、音を無視してまでも――あるいはそうとは知らないままに――用字を交替させたので、しだいに原本から離れていくことになったのである。

＊　　＊　　＊

わが国において善導の六時礼讃に節をつけて唱和したのは、法然の弟子の住蓮と安楽にはじまるとされ、そしてこれに博士を定めたのが太秦の善観房であったということは、『徒然草』（第二二七段）に見られる。これ以降、六時礼讃はあまたの変遷をへながら今日に継承されているというが、変遷してきたということは以下のことを示唆している。つまりわが国では時代、地域、宗派によって相違し、一定の規則によって讃偈が唱和されることがなく、漢語の韻律上の制約を取りさって、博士節を独自につけてきたということである。『法然上人行状画図』二三三（『法然上人伝全集』二二四頁、法然上人伝全集刊行会、一九七八年）の、

そのころ上人の門徒住蓮安楽のともがら、東山鹿谷にして別時念仏をはじめ、六時礼讃をつとむ。さだまれるふし拍子なく、をのをの哀歎悲喜の音曲をなすさま、めづらしくたうとかりければ（後略）

という記載はこれをよく物語っている。(52) この「さだまれるふし拍子なく」という六時礼讃における日本独自の展開によって、礼讃文類が本来もつ漢語としての特性が喪失され、ために語義上からだけの用字の取捨選択が行われることになる。こうして六時礼讃のテキストは、中国系統（＝韻律による用字取捨本）と日本浄土教各宗伝承の流布本系統（＝語義による用字取捨本）に二分されていくことになったのである。

そもそも漢語の正確な発音を大陸におきざりにし、独自の博士節を付した上で儀礼の実用に供したのだから、わ

が国で行われる用字の取捨（テキスト校訂）は語義だけで判断する作業だった。ただしかし、こうした礼讃文類を中国詩として捉えた場合には、それではすまされない。詩の生命線である声律と韻律、これを閑却した用字の取捨は、彦琮や善導といった実際の作者に対し、その教養や感性をないがしろにしたはなはだ不遜な処置となろう。さらにこうした日本におけるテキストの扱いによって、当該テキストの原初形態がはるか闇のかなたに遠ざかるという弊害もともなうのではなかろうか。清朝の考証学が古典の研究における字音の重要性を喚起して始動し、これによって音韻学が飛躍的に前進するとともに、訓詁学に応用され、長い星霜をへて容易に解読しえなかった多くの漢籍が本来の姿を取り戻すことになった。当該の資料が韻文の体裁をとっている資料であれば、考証学の開花を待たずとも、古くから正当な校勘手法とされてきたわけであるが、礼讃偈という韻文資料においては、今日までこれがなされてこなかったのが実状である。今後は詩律学を基調としたテキストの作成（あるいは原初形態の復元）が俟たれる。

おわりに

本章では『往生礼讃偈』にある彦琮と善導の讃偈を中国の韻文作品である詩として評価しうることを提唱し考察して、これによってテキスト校訂の可能性を示唆し、原初形態の復元を類推し、さらに近体詩全盛の渦中にある法照による彦琮偈と善導偈の引用状況を鑑みることで、両師の詩偈に対する当時の評価を垣間見てきた。そして同時にこれら一連の研究の必要性を喚起した次第である。

まず彦琮の偈にあっては、脚韻（一韻到底）および奇数句末の仄声字が完璧であり、二四不同も完璧となる。また対偶表現にしても考慮されて作詩されている。また『往生礼讃偈』に引かれなかった彦琮の偈はすべて、『聖武天皇宸翰雑集』や『浄土五会念仏誦経観行儀』巻中でうかがうことができる。そちらでも脚韻（すべて平声）と二四不同はほぼ万全であるが、反法粘法・下三連・孤平の禁忌を犯す句が若干ある。しかし、それは時代的に見て当然のことである。ともかく彦琮の讃偈は、古体から近体への過渡期に位置づけられる作風であると同時に、詩としても評価できる作品であり、それだけに『浄土五会念仏誦経観行儀』に三二首のすべてが転載されたのである。

一方、善導の偈については、全般的に言って、換韻があり、平仄配置が甘く、古通韻が多く、仄声で押韻するものがあり、同韻目の字や同字を一偈中に用いることからして、近体詩ではないし、もとよりそれを目論んでいたわけでもなさそうである。これは初唐になって新たに誕生し、自由な作風が許容される七言古詩である。よって盛唐から中唐に活動し近体詩の洗礼を受けた法照の広略『五会法事讃』にそのすべての讃偈が転載されることはなかったのである。もとより彦琮の晨朝偈と同じ観点から比較することは公平とは思えないが、善導の日中偈は、これにつぐ出来栄えであると言える。善導没後にあって、法照をはじめとするその周辺において、善導の讃偈が改変され引用されていることは、各種敦煌石室写巻が証明している。これによって儀礼方面における善導への高い評価は、教義方面に比して揺るぎないものであったと推察される。

他方、龍樹の『十二礼』の偈はさほど引かれることはなく、天親の『往生論』の偈に及んでは善導の『往生礼讃偈』に引かれる以外は皆無のようである。また曇鸞の『讃阿弥陀仏偈』や迦才『浄土論』のそれも、やはりどこまでも「偈」であって、「詩」の旋律を有しておらず、実際の唱和において不向きであったことが予想される。それは善導の『般舟讃』も同じ事情であるが、これらについてはすでに各論篇第二章で述べたところである。

翻訳経典や撰述経典、さらに註疏においても概ね「偈」の表記で一貫しており、中華で作られる礼讃文類においてもやはり「偈」が踏襲され、「詩」と表記されることはない。しかし、これまで述べてきたように、少なくとも

『往生礼讃偈』に組み込まれた彦琮の晨朝偈は、近体詩への前夜を思わせる、優れた詩と評価できるものであった。正倉院の御物である『聖武天皇宸翰雑集』には「隋大業主浄土詩」を表題とするほどである。誰によってこの呼称が与えられたのかは未詳であるが、ともあれ題号に「詩」とあるごとく、彦琮の「晨朝礼讃偈」は、「晨朝礼讃詩」と称して憚ることのないほどに優れた詩文学作品と評すことができるのである。

そもそも「礼讃偈」と言い習わしているために、「偈」という先入観が拭えないままであって、「詩」として評価することを怠っていたのではなかろうか。「隋大業主浄土詩」という題号の存在は、我われに深い反省を喚起してくれる貴重な資料である。当該テキストの文字の校讎にせよ、その文学的評価にせよ、どれもしかるべき手つづきをへてなされなければならないわけである。すなわち、偈を詩として見る眼もあわせてもつべきなのである。

註

（1）円仁の『入唐求法巡礼行記』には五台山竹林寺を訪れて、かつてここで法照が「念仏三昧」を修したことを伝え、帰朝後は東塔に常行三昧堂を建設し、「五台山念仏三昧法」を弟子に伝授し、さらに弟子の安然は、『金剛界大法対受記』六（『大正蔵経』七五・一七九上中）に、「五会」について述べた上で、「慈覚大師、五台山に入りて、その音曲を学び、以て叡山に伝う」と記すことからも、円仁が比叡山に伝えた五台山の念仏とは、やはり法照の五会念仏法であったとみなすべきであろう。

（2）『金剛界大法対受記』六（七五・一七九上中）を参照。

（3）小川環樹『中国詩人選集　唐詩概説』一八頁（岩波書店、一九五八年。後に『小川環樹著作集』第二巻二二頁、筑摩書房、一九九七年）を参照。

（4）良忠は『往生礼讃私記』や『法事讃私記』において処々に韻にもとづく用字の解説や取捨選択を行っている。なお『観経疏伝通記』においてはまったく行われていない。

（5）ただし張先堂は法照の『五会法事讃』の各礼讃偈における詩律を論じている。「敦煌本唐代浄土五会賛文与仏教文学」（『敦煌研究』一九九六年第四期）を参照。

（6）ともに『東洋学報』一七の二（一九二八年）、二一の二（一九三四年）。後に『日支仏教史論攷』（東洋文庫、一九五七年、および原書房、一九八〇年）に収められる。

（7）『善導教学の研究』六八頁（永田文昌堂、一九七四年）を参照。

（8）『人類の知的遺産18　善導』一六二頁（講談社、一九八五年）を参照

（9）岩井は問題提起するにとどめている。同論文の註記（127）（128）を参照。

（10）武内義雄「聖武天皇宸翰雑集隋大業主浄土詩と往生礼讃」（『文化』二一の六、一九五七年）。本論文には私蔵本『南都秘极』第壱集（佐佐木信綱編、一九二一年）における浄土詩の影印部分が掲載されている。

（11）漢詩研究の近代的研究は、王力などによって、それまで不明瞭であった規格が解明されてきた。よって日本の中世においてそれが意識されていたはずはないので、良忠や聖冏に非があるわけではない。本章は現今の研究成果にもとづいて、良忠や聖冏を補足解説するものである。

（12）岩井（圀下）前掲論文、上杉文秀〔一九三二〕四三五〜四三八頁、藤原凌雪『往生礼讃概説』一七三頁（永田文昌堂、一九六二年）など。

（13）『浄土五会念仏誦経観行儀』中（八五・一二四九上〜一二五一上）

（14）小沢教授頌寿記念『善導大師の思想とその影響』（大東出版社、一九七七年）所収

（15）『七寺古逸経典研究叢書』第六巻（大東出版社、二〇〇〇年）所収の廣川堯敏「七寺蔵『阿弥陀往生礼仏文』について」を参照。

（16）『聖武天皇宸翰雑集』については、大谷大学図書館所蔵『南都秘极』第壱集（佐佐木信綱編、一九二一年）に影印されている雑集を参照した。なお、『南都秘极』は限定配布（一二〇冊）だけあって容易に閲覧することができないが、前掲の武内義雄〔一九五七〕は私蔵本『南都秘极』の浄土詩の影印部分を掲載している。

（17）『俄蔵黒水城文献⑥』（上海古籍出版、二〇〇〇年）の俄蔵B2は冊子本で、「唐彦琮法師集」として、讃偈を九偈

あげている。その順序を流布本で対照すれば、一・二・三・四・一九・二〇・五・六・七の各偈である。

(18)『聖武天皇宸翰雑集』は、合田時江編『聖武天皇『雑集』漢字総索引』（清文堂出版、一九九三年）の影印を用いた。

(19) 佐佐木信綱〔一九二二〕、および武内義雄〔一九五七〕。

(20) 七寺本は首部残欠で、五念門の部分から巻尾までが現存している。尾題は「阿弥陀往生礼仏文」、その他書誌については、華頂短期大学編『第八十一回大蔵会展観目録――浄土教と平安写経・七寺の世界――』（京都仏教各宗学校連合会、一九九七年）の解題および註（11）を参照。その本文からして『礼懺儀』の系統であることがわかる。

(21) これはあくまで韻律に従って用字を取捨できる例を五つ示したのであるが、前掲の上杉文秀〔一九三一〕（四五九頁・四六一頁・四六四頁）において、このうち「華」「華」「迴」の三例を、意味上から訂正できると述べている。

(22)「或ル本ニハ円ト云フ。先・仙ノ韻ナリ。今ハ寒ノ文字ノ韻ヲ用ヒ、団ノ本ヲ正ト為ス」（『往生礼讃私記』下、『浄全』四・四一〇下）

(23) 志村良治『中国中世語法史研究』二二頁・二五八頁（三冬社、一九八四年）を参照。

(24) 諸本によって校勘した場合、下三連の禁忌を回避できるものがある。しかし回避できていないものもあり、それをあげると、第一偈の第四句、以下二の三、五の七、八の三、一〇の五・七、一六の三の総計七箇所になる。

(25) 粘法は盛唐になって意識されてくるので、初唐のころまでの作品には失粘が多い。

(26)「寄言有心輩」の「言」は『広本』では「語」に作る。それに従うならば「寄語有心輩」（●●○●）となり、二四不同は守られることになる。

(27) 彦琮の事績に関しては、「「通極論」訳注（上）」（『東方学報』四九、一九七七年）を参照。

(28) 各写刊本の調査は、前掲の廣川堯敏「敦煌出土善導『往生礼讃』古写本について」および「礼讃」に詳しい。なお、北京のBD八二二八と斯二五五三はきれいに接続するので、もと同一写本であったが、前半は北京に移送され、後半は英国にもたらされたことがわかる。

(29)『法事讃』巻下に「見仏荘厳無数億」（四七・四三七中）とある。流布本はこうした用例を考慮して、「無数億」

としたのであろうか。なお『般舟讃』では「無億数」が五例ある。

(30) そもそも「叶韻」は清朝において古音学が発展してきたときに、語音の発展を閑却した考えであるとして、顧炎武(一六一三～一六八二)らによって強く批判されている。王力『古代漢語』第二冊古漢語通論《詩経》的韻部(中華書局、一九六二年)を参照のこと。なおもとは陳第(一五四一～一六一七)の提唱である。

(31) 周祖謨『魏晋南北朝韻部之演変』二〇頁・四九九頁・九六二頁(東大図書公司、一九九六年)を参照。

(32) 将冀騁「王梵志詩用韻考」(『敦煌吐魯番学研究論集』書目文献出版社、一九九六年)、および劉一之「従王梵志詩的用韻看唐代中原方音」(『聖徳学園岐阜教育大学紀要』三四、一九九七年)を参照。

(33) 【遮闌・遮蘭・遮欄】⑥遮蔽物、欄阻物。(『漢語大詞典』一〇巻一一五九頁)。

(34) 小川環樹『中国詩人選集　唐詩概説』一四八頁(岩波書店、一九五八年)を参照。

(35) 『広本』(伯二〇六六)を翻刻した『大正蔵経』(八五・一二五二上)は、「因」を「国」に誤植している。

(36) なお、王力「南北朝詩人用韻考」五一頁(『清華学報』一一巻三期、一九三六年、後に『龍虫並雕斎文集』第一冊、中華書局、一九八〇年、『王力語言学論文集』商務印書館、二〇〇〇年に再録)では、初唐の詩文の通押はひろいものであると述べている。これもまた俗化であり大衆性を示すものであろう。讃偈は大衆動員の宗教儀礼において用いられる性格から、当代当地の字音で発声されるのであり、韻書の拘束を受けることはないのである。

(37) 『観経疏散善義伝通記』(『浄全』二一・四三二下)を参照。なお松陰前掲書においても、語義から「華」が採用されている(同書一三八頁)。

(38) 橘千早『敦煌変文韻文考』九〇頁(一橋大学大学院社会学研究科に提出した博士論文、二〇〇九年)は敦煌変文の中にも「議」を平声で読唱していたと思われる事例を報告している。

(39) 飯田利行は「仄韻の詩は、おしなべて、暗い感じをもつ内容を詠う場合が多い。また行きづまり出口を見失ったような窮状やしんみりとした世界を訴えるのに適しているようである。それは詩の形態が、音律節奏を主とし、それらが内容を規定する仕組みになっているからである」と言う(『漢詩入門韻引辞典』五五頁、柏書房、一九九一年)。

(40)『集諸経礼懺儀』巻上は三階教の『七階仏名経』による。
(41)現行本の「等」「屍」「衆」はそれぞれ、『大智度論』(二五・一八四中)で「起」「身」「諸」に作る。
(42)羅什訳の仏典の偈については拙著〔二〇一三〕各論篇第七章を参照。
(43)現行本の「求」「学」「支」「得」はそれぞれ、『摩訶僧祇律』(二二・二四二下)で「得」「習」「繋」「等」に作る。
(44)この『尸迦羅越六方礼経』にあらわれる偈の韻律は見事に整っている。安世高訳と伝えられるが当然ながら否定できる。そして少なくとも偈の部分に関しては中国述作に相違なかろう。拙著〔二〇一三〕各論篇第二章を参照。
(45)法照の生卒年時に関しては諸説あるが、今は劉長東「法照生卒、籍貫新考」(『敦煌文学論集』四川人民出版社、一九九八年)に従った。
(46)法照の『五会法事讃』は白話と思わせる語文が多く含まれており、それは早く胡適の「仏教的翻訳文学(下)」(『白話文学史』上巻、一五二頁、上海新月書店、一九二八年)において指摘されている。浄土教文献における語彙語法研究については、『観経疏』で試みたので(拙文〔一九九九①〕)、『五会法事讃』についても別に検討すべきである(本書各論篇第九章を参照)。
(47)前述したように、流布本系統は「無数億」であるが、韻からして流布本系統以外にある「無億数」を採用すべきであり、これが原初形態に相違ない。
(48)ただし日中偈の第一四偈の「正坐跏趺……」は、平声陽韻から平声真韻への換韻であるにもかかわらず、法照によって刪削されなかったことは疑問として残る。
(49)ただし敦煌石室から発見された『往生礼讃偈』の断簡のすべてが非入蔵本であるとは限らない。中には入蔵された『集諸経礼懺儀』所収の『往生礼讃偈』の断簡も存在する可能性もあるだろう。しかしこの『往生礼讃偈』という資料の場合、一切経中の写本(入蔵本)とそうでない写本(非入蔵本)とを見分けることは困難であり、比較的粗悪な料紙で書写され、行取りや字体の乱雑ぶりからして、日常的に用いるために書写された資料であるように感じられる。したがってここでは敦煌写本を一応、非入蔵本としておく。
(50)すでに述べたように、善導日中偈の第三偈の流布本が「宝地宝色宝光飛」とするところを、斯二六五九では「宝地宝色宝光非」となっていること。同じく日中偈の第五偈に、流布本で「枝条相触説無生」とするところを、敦煌諸本では「枝条相触説無因」となっていることなどである。それぞれ後者の敦煌本は意味をなさない用字であるが、韻を合わせてきている。すなわち意味の伝達よりも形式を優先させているのである。

(51)　少なくとも中国国家図書館（北京図書館）所蔵の敦煌写巻からは、そのような印象を強くした（一九九八年七月の調査）。拙稿「発願文小考――成立と展開――」（『浄土宗学研究』二五、一九九九年）の註記（24）を参照。

(52)　現在浄土宗における礼讃の節回しは、戦後になってから檀信徒にも対応しうるように発声が短くなり、唱えやすく改訂されたものである。これは岩田宗一が、「往生礼讃声明はまさに日本声明の特性をそなえた声明であるということが云えるのである。すなわち唐の善導の手になるこの往生礼讃偈が、わが国の念仏者の手に受け継がれ、その音楽的側面に限って見ても、日本人の音感とその様式に基づいた日本的な展開をとげるに到ったということが云えるであろう」（「わが国における往生（六時）礼讃声明の歴史的展開と現状」藤堂恭俊編『善導大師研究』四八〇頁、山喜房仏書林、一九八〇年）と結論づけていることからも納得のいくものである。

第四章　善導『観経疏』における讃偈の律動

はじめに

前章までは中国の浄土教礼讃偈の変遷を律動に焦点をあてつつ世親の『往生論』に説かれる願生偈から順次ふりかえり、またそれぞれの礼讃偈の作風から時代区分の設定を試みた。そこでは善導の五部九巻の中では唯一『般舟讃』だけが、詩律方面からながめたときに前時代的な作風であると評価したのであるが、同じく善導の『往生礼讃偈』に説かれる自作の讃偈は時代に即応した進展の跡が見られることが判明した。これはつまり中国浄土教における礼讃偈の変遷の分岐点が善導その人の作品中に存在しているということであり、そして、それは後に作られるすべての礼讃偈の雛形ともなっているのである。それは他でもなく中国伝統の詩歌として絶対条件とされる押韻がはじめて具備されたからである。その点で善導が中国の浄土教礼讃儀礼に果たした役割はすこぶる大きいと言えるのである。そこで本章においては『観経疏』の讃偈における律動についても述べてみたい。

第一節　『観経疏』の性格と善導の宗教活動

善導によって集記[1]された『観経疏』は言うまでもなく『観無量寿経』の註疏であるが、他の経疏類と並べてみるといいささか珍奇な印象を受ける。中国仏教における経疏というものは、それがたとえ逐字釈であろうと達意釈であろうと、一貫して散文によって綴られるのが通例である。さらに僧侶や在俗知識人などといった有識者をその読者対象とするのであるから、当然ながら彼らを意識した作品となるのであり、したがって彼らの知的欲求を満足させるような内容と文体が要求されるはずである。それはあたかも学僧が独房のような狭隘で陰鬱とした僧院にこもり、思索を重ねた知的営為の末に、庶民の要求からはるか遠ざかり、いわば浮世離れした高踏な論陣を張るさまを想起させる。ところが、善導の『観経疏』はそうした要素をまったく感じさせないのである。中国仏教の経疏にあって『観経疏』が珍奇だと言えるのはそうした理由からである。では、具体的にはいかなる点が指摘でき、またそれはいったい何に由来しているのだろうか。

『観経疏』の構造と用語は確かに慧遠（五二三～五九二）の『観経義疏』の影響を強く受けているが、それ以外の点での異なりはむしろ顕著であり、その内容・語彙語法から見て読者を想定して著されたのではなく、むしろ聴者——しかも在俗信者——を想定して語られたような印象を受けるのである。[2]その根拠は左記のとおりである。

①説話的な譬喩譚が冗長である。[3]
②難解な仏教用語に必要以上の解説を加えない。[4]
③前後で整合しない叙述が見られる。[5]

④口語的な語彙と語法を多用している。[6]

⑤三福の孝養父母の解説が過剰に長い。[7]

⑥至誠心釈における四重破人への対応。[8]

⑦定善義と散善義に讃歌が挿入されている。[9]

このような事実によって、『観経疏』がデスクワークの所産ではなく、度重なる『観経』の講筵から生まれた、いわば講経録の類ではないかと想定することができるのである。それは師の道綽は二〇〇遍にも及ぶ『観経』の講経を開筵し（「恒講無量寿観、将二百遍」）、弟子の懐惲もまた『観経』を数十遍講じている（「毎講観経・賢護・弥陀等経、各数十遍」）[10]。善導も同じように講経を行い、これを通して積み上げられた成果を経疏的な体裁にまとめたのが『観経疏』であったのだろう。合計して五〇箇所の「問うて曰く」と、それに応じた「答えて曰く」は、南北朝以来の講経における都講の質疑と法師（または講師）による応答の繰り返し（問答体）という伝統を継いだものであろう。ただし『観経疏』は、後世の敦煌石室本にある講経文のような講経儀礼の現場を彷彿とさせる臨場感に富んだ資料ではない。儀礼として組織立てられた講経の現場にそのまま用いられたという体裁にはなっていないものの、講経を通して積み上げられてきた成果を経疏的な体裁にまとめたものとみなすことは十分に可能である。また付言すれば、法眼宗第三祖の延寿（九〇四～九七五）の『万善同帰集』において、『観経疏』像想観が「上都儀に云く」（『大正蔵経』四八・九六一中）として引用されている。[11]「上都儀」とは固有の典籍名ではなく、上都（長安）で行われていた何らかの儀式・儀軌（について記されている典籍）という意味であろう。つまり延寿のころの『観経疏』はその流伝が不安定であったと同時に、「儀」とあることから、これが教義書としては認識されていなかったことを物語るのではないだろうか。

これらの①から⑦の詳しい解説はそれぞれの註記を参照していただくとして、ここではこのうち⑥に関して、すなわち経疏である『観経疏』の中に挿入された讃歌（礼讃偈）について、その律動を中心に卑見を開陳するものである。

『観経疏』が講経――とりわけ在俗信者を対象とする俗講――の産物であるということは、中国仏教の経疏に照らしても了解されることである。前述したように経疏は一般的に言って散文で解説されるものであり、そこに自作の韻文（または偈）を挿入するということはきわめて珍しい事例だからである。[12] ところが後世の講経儀礼における前後の仔細な行儀を除いて、中心となる経文解釈にあっては、【A経文朗読（経）→B散文解釈（白）→C韻文斉唱（唱）】の三段構造となっている。『観経疏』は基本的には【A経文朗読（経）→B散文解釈（白）】の構成となっているが、後述するように部分的に【C韻文斉唱（唱）】が挿入されているのである。あるいは『観経疏』の原初形態としては、みなこのような三段構造になっており、成書される際に【C韻文斉唱（唱）】が省かれたものとも考えられる。ちなみに『法事讃』巻下は「高座入文」と「下接高讃」の連続であり、これは【A経文朗読（経）→C韻文斉唱（唱）】の構造をとっており、中間の【B散文解釈（白）】が省かれたものである。実際の儀礼においては必ず都講による【B散文解釈（白）】が存在するはずで、これもやはり成文化されたときに省かれたと考えられる。[13]【B散文解釈（白）】は、参集する者の能力や条件などを勘案して、その都度、時宜に応じて自由に語られていく性格であるので、成文化するときには除かれたのであろう。法師による【A経文朗読（経）】と列席僧侶たちによる【C韻文斉唱（唱）】はすでに決められている文言で、改変することができないので、これだけが記録されたことになる。したがって現存する『法事讃』そのものは敦煌の講経文のような体裁にはなっていないが、巻下は『阿弥陀経』による講経が行われたのである。[14] 韻文が挿入されるのは、講経儀礼において常套であり、これは法事を執行する僧が俗人とともに唱和するためである。以上のことをふまえるとき、『観経疏』は俗人への『観経』の講説であったと想定することが可能となるのである。確かに敦煌石室から発見された数多くの講経文のテキストは、経文が細かく裁断され、そのたびに韻文の讃偈が挿入されており、善導のそれと若干の異なりはあるが、それら九、一〇世紀の資料と七世紀の善導の『観経疏』や『法事讃』巻下が同じでなければならないという道理はない。

ところで、伝記からうかがい知ることのできる善導の実像は決して学僧ではない[15]。持戒持律を堅持し、生涯乞食を行い、浄土変相図を三〇〇幅（または二〇〇幅）も描き、『阿弥陀経』一〇万巻（または数万巻）を書写し、また塔寺を造営修繕し、自行化他の活動を行っていたことが記されているだけである。これら善導の活動のうち、浄土変相図について張彦遠の『歴代名画記』によると、当時の長安と洛陽には多くの画師（画匠）がおり、それぞれ寺院の壁画を描いていたと伝えている。とくに著名な画師としては隋から初唐にかけてホータン出身の尉遅跋質那と、その息子で初唐に活躍した尉遅乙僧とがいた。彼ら父子は仏画を得意とし、とくに尉遅乙僧は洛陽の大雲寺で西方変相図を画いている。また高祖治政の尹琳は善導所居の実際寺浄土院の壁画を画き、光宅寺の西方変相図も画いており、慈恩寺にも出入りしている。その弟子李仲昌、李嗣誠も仏事・仏道・鬼神の絵を得意としていた。降って玄宗の開元年間（七一三～七四一）に活躍した呉道玄も西方変相図をはじめ各種経変（維摩、地獄、金光明、本行、日蔵、月蔵の各経典の変相図や、道教の明真経にもとづく経変）を描いている。常識的に考えるならば、こうした著名な画師であれば、相応の対価が求められていたと考えられる。また『阿弥陀経』の書写についても、一八五七字（流布本）からなる本経は四枚の料紙（一紙四七六字×四紙＝一九〇四字）に収まることから、古来「四紙経」と呼称される。一〇万巻を書写するためには四〇万枚の料紙を調達するとともに、多くの写経生を雇用しなければならないから、やはり膨大な資金が動いていたことは疑いえない。

それにしてもこれほど経費がかかる事業を行ったということは、生産活動が禁じられている出家者には大きな負担であったはずで、そうした善導の資金繰りとしては以下のことが考えられるのではないだろうか。すなわち『観無量寿経』の講経（『観経疏』）、施主の要請による法事（『法事讃』）、尋常六時の礼讃（『往生礼讃偈』）などの諸儀礼を行い、それらを通して得た布施（資金）をもって上記のような諸の文化事業を完遂していたということである。また、こうして完成した数多くの浄土変相図や『阿弥陀経』は寺院や信徒らに頒布されていたと考えられ、その頒布ということが次の新たな活動の呼び水になるわけで、そのような有機的循環的な活動を長安において展開していたと思われる。要するに、『観無量寿経』の講経や『阿弥陀経』を用いた法事を積極的に執り行い、そこで得た布施をもって画師と写経僧に依頼し、完成された浄土変相図によってまた『観無量寿経』の講経を行い（『観経疏』）、書写された『阿弥陀経』を再び施主に頒布することによって法事を行っていた（『法事讃』）ということである。このように個々の活動はそれで完結していたのではなく、次の事業へと展開されることになり、布教活動全体を支えていたと考えられるのである。

さらに善導による寺院の造営修繕と儀式儀礼との関連についても以下の資料が示唆している。『続高僧伝』三〇雑科声徳篇の最後にある宝巌の伝である。宝巌は善導よりも約六〇年の年長であり、当時にあっては講経で名を馳せた人物である（五〇・七〇五中下）。

釈宝巌は京室の法海寺に住す。気調は閑放にして言笑は人を聚む。情は俗を導くに存し、時に共に之を説法師と目づく。講経論〔師〕とは名同じく事異なる。（中略）毎に京邑諸集の塔寺をして肇めて興すに、費用の資とする所、泉貝に匪ざるはなし。玉石通集すと雖も蔵府開き難し。〔宝〕巌座に登るに及ぶや、案几に顧望し未だ言を吐くに及ばざるに、物を擲げ雲崩し須臾に坐没す。方に乃ち人に命じて物を徙し福門を談叙す。先に善道の欣うべきを張り、中ごろに幽途の厭うべきを述べ、後に無常逼奪して終に長逝に帰すを以てす。耳を提し掌を抵ちて速に時心を悟らしむ。髪を解き衣を撤き名を書き数を記し、剋済して成造せざるはなし。咸く其の功なり。（中略）貞観の初年（六二七）を以て住寺に卒す。春秋七十余なり。

長安で寺院を建造するには莫大な費用が必要であったが、政府からの援助は期待できることではなかった。しかし宝巌はその卓越した話法のおかげで、高座に登るだけで、「物」（おひねり）が演壇めがけて投げ込まれたという。こうして彼は寺院建造の資金を調達することができたのである。講経でも唱導でも声望のある僧に対しては惜しみない施しがあったのである。

また入唐求法沙門円珍（八一四～八九一）の『仏説観普賢菩薩行法経記』巻上には（五六・二二七下）、

講と言うは唐土の両講なり。一に俗講、即ち年に三月、縁に就きて之を修す。只だ男女を会して之に勧めて物を輸りて造寺の資に充てしむ。故に俗講と言う。僧をば集めざるなり。云云。二に僧講、安居の月に法を伝うる講これなり。俗人の類を集めざるなり。もし之を集めたる僧は官責を被る。

と述べられている。俗講（在家信者を対象とする通俗的な講経）と僧講（出家僧を対象とする高度な講経）には相当厳格な相違があったようである。そのうち俗講の目的というものが単に仏法を広めることだけではなく、寺院造立の資金調達でもあったことが右の一文から了解されよう。

したがって善導が浄土変相図を製し、『阿弥陀経』を書写し、さらには塔寺を造営修繕するだけの莫大な資金は、そうした講経（俗講）・説法・法事などによって賄っていたと考えられるのである。[16] そこからは学僧というよりは、むしろ大衆の中に身をおき、声（美声）・弁（弁舌）・才（才知）・博（博識）が要求される唱導僧（説法師）、または講経師[17]、そして法事儀礼の挙行によって教化につとめていた実像が浮かびあがってくる。この『観経疏』にしても『法事讃』にしても、儀礼（講経や唱導）に関わりのある資料である。もちろん敦煌石室から発見された後世の講経文や変文などとは異なるが、その内容と構造からこれを否定することはできないのである。

余談ながら、その善導の儀礼を継承したと思しき弟子に、道詮なる者がいる。偽撰戒珠集『往生浄土伝』には以下のようにある。[18]

> 釈の道詮は蘇州の出身である。幼いときに出家し、導禅師に師事して往生浄土の行を習得した。道詮が伝授されたのは六時礼懺であり、〔導禅師は〕「この六時礼懺の行によって輪廻を脱し浄土に往生することができる。一生これを行えば、〔往生の〕大事にそなえることになろう」と告げた。〔これを聞いた道〕詮は歓喜して道場に入り、ひたすら礼懺を行った。

文中にある「導禅師」とは善導であろうし、授けられた「六時礼懺」とは『往生礼讃偈』にもとづく礼懺儀礼と考えることができよう。『往生礼讃偈』や『法事讃』には懺悔も多く説かれており、そのため礼懺とも言われる。礼懺と礼讃は、仏を礼拝するときの、内（自己）に向けられる感情〈懺悔〉の吐露と、外（仏）に向けられる感情〈讃歎〉の吐露の相違であって、いわば崇拝対象を前にした際の感情の表裏をなしている（各論篇第五章を参照）。

いずれにせよ、善導の儀礼は弟子へと確実に稟承され、さらに後には近体詩の洗礼を受けた中唐の法照禅師へと受け継がれていくのである。

第二節　『観経疏』の有韻讃偈とその評価

『観経疏』における讃偈は、玄義分の帰敬偈（十四行偈）、定善義の水想観・宝樹観・宝池観・定善義の末尾、散善義の上輩・中輩・下輩の各末尾に見られる。それらは世親『往生論』の願生偈、または善導自作の讃偈のいずれかであり、序分義に讃偈は説かれていない。しかし前述したように、この『観経疏』が講経の産物であると想定したとき、おそらくは他の観法においても同じように讃偈（押韻は問わない）が挿入されていたと言える。たとえば水想観における最初の讃偈では、「又天親讃云」として世親の願生偈「観彼世界相……」の四句が引かれている。この「又」の字はこれに先立って何らかの讃偈がすでに引かれていたことを予想させる接続詞であるが、それに相当するような讃偈はどこにも見られない。おそらく実際の講経の際には何がしかの讃偈が挿入されていたはずであり、それをうけての「又」であったと考えられる。ところが成書の段階でその讃偈が除かれたにもかかわらず、「又」はそのまま留めおかれてしまったと理解することは可能である。

この推論の当否はともかく、以下に『観経疏』に説かれるすべての讃偈をあげる（初句のみを示す）。

玄義分

・道俗時衆等（五六句）……帰敬偈（善導）

序分義（讃偈なし）

定善義

・観彼世界相（五言四句）……水想観（世親）
・地下荘厳七宝幢（七言八句）……水想観（善導）
・西方寂静無為楽（七言八句）……水想観（善導）
・帰去来（五言八句）……水想観（善導）
・宝地荘厳無比量（七言一八句）……水想観（善導）
・安楽国清浄（五言四句）……水想観（世親の改作）
・正道大慈悲（五言四句）……宝樹観（世親）
・備諸珍宝性（五言四句）……宝樹観（世親）
・弥陀浄国（雑言一二句）……宝樹観（善導）
・極楽荘厳安養国（七言一六句）……宝池観（善導）
・初教日観除昏闇（七言三二句）……定善義総讃（善導）

散善義

・上輩上行上根人（七言八句）……上輩観（善導）
・中輩中行中根人（七言八句）……中輩観（善導）
・下輩下行下根人（七言一二句）……下輩観（善導）

ここでは近体詩の規格にもとづいて、右の讃偈の律動を吟味する。ただし玄義分冒頭の十四行偈（一句五字、四句一行からなる一四偈）と、序分義に引かれている天親『往生論』の願生偈は、ともに声律（平仄）と韻律（押韻）

を具えていないので、これらは検討の対象とはなりえない。さらに宝樹観の偈も雑言であり韻文ではないのでこれも除外する。

ただし十四行偈に関しては韻律を具えていないが、声律に関してはそうとも言い切れないので、以下に各句の平仄を示しておく（三七・二四五下〜二四六上）。

道俗●時衆●等　各発●無上●心　生死●甚難○厭　仏法●復難○欣
共発●金剛○志　横超○断四●流　願入●弥陀○界　帰依○合掌●礼
世尊○我一●心　帰命●尽十●方　法性●真如○海　報化●等諸○仏
一一●菩薩●身　眷属●等無○量　荘厳○及変●化　十地●三賢○海
時劫●満未●満　智行○円未●円　正使●尽未●尽　習気●亡未○亡
功用●無功○用　証智●未証●智　妙覚●及等●覚　正受●金剛○心
相応○一念●後　果徳●涅槃○者　我等●咸帰○命　三仏●菩提○尊
無碍●神通○力　冥加○願摂●受　我等●咸帰○命　三乗●等賢○聖
学仏●大悲○心　長時○無退●者　請願●遥加○備　念念●見諸○仏
我等●愚痴○身　曠劫●来流○転　今逢○釈迦○仏　末法●之遺○跡
弥陀○本誓●願　極楽●之要●門　定散●等迴○向　速証●無生○身
我依○菩薩●蔵　頓教○一乗●海　説偈●帰三○宝　与仏●心相○応
十方○恒沙○仏　六通○照知○我　今乗●二尊○教　広開○浄土●門

願以●此功○徳　平等●施一●切　同発●菩提○心　往生○安楽●国

全五六句のうち網掛けした一四句、つまり全体の四分の一が破格となっている。五言の場合の平仄配置は、二字目と四字目が①●●、②○○、③●○、④○●のうちのどれかになる。このうち①②が破格で、③④が正格ということから、実のところ句中の平仄が破格になる確率も、また正格になる確率もともに二分の一である。そうした確率から十四行偈五六句を見れば、破格は四分の一にとどまっているということは、善導が自覚的に声律を配慮したと認めてもよいのではないだろうか。

また十四行偈のあとには序題門があるので、その文章の律動についても確認してみた[19]。序題門の内容は句端の言辞の「竊以」、「但以」、「仰惟」のところで分けることができ、はじめの「竊以」ではじまる文章は以下のようになっている（三七・二四六上）。

竊以（句端の言辞）
真如○広大●　五乗○不測●其辺○
法性●深高○　十聖●莫窮○其際●
真如○之体●量量○性　不出●蠢蠢●之心○
法性●無辺○辺体●　則元○来不●動
無塵○法界●　凡聖●斉円○
両垢●如如○　則普●該於含識●

恒沙○功徳●　寂用●湛然○

これは四六体の対句が施され、しかも平仄の配置もほぼ規範に従って配置された美文であると言える。六朝以来の散文は言うまでもなく押韻こそ具えてはいないが、それでもより技巧を凝らした散文に仕上げようとする作者の意図がはたらいている。その代表が平仄と対句である（福井佳夫〔一九九八〕を参照）。そして漢語文献の序文が日本の文献のそれと大きく異なる点は、音声の美を追求することである。それはあらかじめ定められている規範にそって韻律と声律の組み合わせを配慮しつつ漢字を点描する作業に他ならず、文章そのものが芸術と言われる所以がここにある。十四行偈にせよこの序題の文章にせよ、善導がこれらの序文を書物の顔として声律の美を意識していたことは確実である。ただし、その後の「但以」、「仰惟」ではじまる文章はみな句中の字数にばらつきがあり、対句や平仄といった修辞は認められないことから、完全な美文ということではないようである。

本章では韻律を具えていない讃偈は基本的に対象外とするので、ここでは善導自作と思しき水想観、宝樹観、宝池観、定善義総讃、上中下輩の各讃偈のみを検証する。その際に注意すべきことは、盛唐の李白や杜甫以降に規格化されていく近体詩の詩律が、初唐に属す善導の讃偈と合致する道理はないということである。よって讃偈が近体詩の詩律に拘束されていないことは言うまでもないが、その規格の萌芽はすでに南北朝から漸次顕在化してきているので、比較する際の便宜からこれを用いて論じることにする。また韻書は『切韻』（陸法言撰、六〇一年成書）の最終増訂版である『広韻』（陳彭年撰、一〇〇八年成書）を用いる。以上のように韻書や実際の詩文に照合させながら客観的に評価していく態度をとり、ここではできるだけ主観を排除することにつとめた。

以下に『観経疏』における善導自作の讃偈をすべてあげて検討を加える。善導当人が「一句一字不可加減」と釘をさしたためであろうか、諸本を比較しても韻字や平仄が変わるような文字の異同は少ない。しかし、必要な校異（『往生礼讃偈』との同文箇所）はその都度示すことにした。

定善義

水想観1（三七・二六三上）

地下荘厳七宝幢　無量無辺無数億（入職）……『往生礼讃偈』作「無億数」（去遇）
八方八面百宝成　見彼無生自然悟（去暮）
無生宝国永為常　一一宝流無数光（平唐）
行者傾心常対目　騰神踊躍入西方（平陽）

八句あるが、換韻されていることから二偈とみなして検討する。まずはじめの四句であるが、現行本の第二句「無量無辺無数億」の韻字「億」は入声職韻なので失韻となってしまう。幸いなことに、この讃偈は『往生礼讃偈』の日中礼にも見られる。日本伝来の『往生礼讃偈』の諸本はいずれもみなこれと同じく「……無数億」に作るが、中国伝存系（敦煌石室写本）では「……無億数」（去声遇韻）に作る。これによって第四句の韻字「悟」（去声暮韻）と押韻することになり、しかも二六対にも準じることになる。『観経疏』は日本伝来本のみが現存しているだけで、敦煌本をはじめとする中国伝存本が発見されていないが、ここは敦煌本の『往生礼讃偈』によって校訂することができる。各論篇第三章でも述べたように、日本伝来本の『往生礼讃偈』は語義から本文を校訂することがある。「一句一字不可加減」の『観経疏』であっても、わが朝に舶載されて以後に『往生礼讃偈』にもとづいて校訂されたと考えられるのである。この「……無数億」と「……無億数」の異読はその好例であり、原初形態としては必ず「……無億数」であったに相違ない。

また初句の韻字についても七言句は押韻を要求するので、暮韻または遇韻を用いるべきであるが、「幢」（江韻）を置いているのは破格である。句中の平仄にしても第三・第四句がともに二六対を犯している。したがって伝統の詩律からすれば、決して美麗に修辞された作風ではない。規格には概ね合致しているが、浄土のありさまを単調に綴っているだけで、対句や典故といった修辞技法は用いられておらず、作品としては立体性を欠いている。ここに彦琮の晨朝礼のような修辞や詩情の豊かさはない。したがって文学的な高評は望むべくもなく、むしろ俗文学の範疇で扱うべきである。

つづく「無生宝国〜入西方」の四句は、二四不同・二六対・反法・粘法・脚韻が完全で、正格（初句押韻「常」）の七絶となっている。この偈は近体詩の格律を具えた作風であり、十分に唐詩の体裁をとっている。

水想観2（三七・二六三上）

西方寂静無為楽　畢竟逍遙離有**無**（平虞）
大悲薫心遊法界　分身利物等無**殊**（平虞）
或現神通而説法　或現相好入無**余**（平魚）
変現荘厳随意出　群生見者罪皆**除**（平魚）

初句の韻字「楽」は踏みはずしているが、平声の虞韻と魚韻で押している。第三句と第六句を除いて二四不同も二六対もともに規格にそう。

水想観3（三七・二六三上）

帰○去●来○　　　魔○郷○不●可●**停**◎（平青）
曠●劫○来○流○転●　　　六●道○尽○皆○**経**◎（平青）
到●処●無○余○楽●　　　唯○聞○愁○歎●**声**◎（平清）
畢●此●生○平○後●　　　入●彼●涅○槃○**城**◎（平清）

初句は東晋の田園詩人陶淵明（三六五～四二七）の「帰去来兮辞」を典故としている。淵明の故郷に対する懐慕の念を想起させることで、願生者の浄土に対する欣慕の思いを重層的に深めていこうとする修辞技法である。またこれは浄土への往生を「還帰」という善導独自の表現を生み出す因子になったことも重要である。これについては、各論篇第七章において述べる[20]。粘法（二三句と四五句と六七句の平仄配置の対応）を採らないが、二四不同と反法（一二句と三四句と五六句の平仄の不対応）は完全であり、また平声青韻と平声清韻の押韻も許容範囲である。

水想観4（三七・二六三上中）

①宝●地●荘○厳○無○比●**量**◎　　　処●処●光○明○照●十●**方**◎（平陽）
　宝●閣●華○台○皆○遍●満●　　　雑●色●肸○朧○難○可●**量**◎（平陽）
②宝●雲○宝●蓋●臨○空○覆●　　　聖●衆●飛○通○互●往●**来**◎（平咍）

宝幢○旛蓋●随風○転●　宝楽●含輝○応念●**迴**◎（平灰）
③帯惑●疑生○華未●発●　合掌●籠籠○喩処●**胎**◎（平咍）
内受●法楽●無微○苦●　障尽●須臾○華自●**開**◎（平咍）
④耳目●精明○身金○色●　菩薩●徐徐○授宝●**衣**◎（平微）……この聯の前後に欠聯あるか？
⑤光触●体得○成三○忍●　即欲●見仏●下金○**台**◎（平咍）
法侶●迎将○入大●会●　瞻仰●尊顔○讃善●**哉**◎（平咍）

この偈は一八句からなる。まず①は平声陽韻（初句押韻）で押韻し、二四不同と二六対の平仄配置は整えられている。②は平声咍韻・灰韻で押し、平仄配置は二四不同・二六対ともに規格に準じた反法。また対句によって立体感をかもし出している。③は平声咍韻で押し、第三句以外の平仄は規格にそう。

④は第二句韻字「衣」は微韻であり、前後の韻字はみな咍韻である。『切韻』において咍韻は②のように灰韻と同用であるが、微韻は独用であって、咍韻とは押韻しない。したがって韻律からするとこの「耳目精明身金色　菩薩徐徐授宝衣」の一聯の前後どちらかに、微韻を韻字とする別の聯が存在していたと考えられる。おそらくは伝写される過程でその二句一聯が脱落したのであろう。この偈は①から⑤まで一八句九行からなるが、もとは四句一偈であり、二〇句一〇行で構成されていたはずである。

⑤は平声咍韻で初句は失韻。この偈は第四句以外すべて平仄の配置が悪い。第三句は二四不同・二六対はよいが、下三連の禁忌を犯していることからしても、韻文ではあるが伝統的な詩としての体裁は保持していない。

宝池観（三七・二六五上）

極楽●荘厳○安養●国●　八徳●宝池○流遍●満●（上緩）
四岸●含暉○間七●宝●　水色●分明○映宝●光◎（平唐）
体性●柔軟●無堅○触●　菩薩●徐行○散宝●香◎（平陽）
宝香○宝雲○成宝●蓋●　宝蓋●臨空○覆宝●幢○（平江）
宝幢○厳儀○囲宝●殿●　宝殿●宝鈴○垂珠○網●（上養）……「宝網」の誤りか？
宝網○宝楽●千重○転●　随機○讃歎●宝宮○楼○（平侯）
一一●宮楼○有仏●会●　恒沙○聖衆●坐思○量◎（平陽）
願此●有縁○常憶●念●　捨命●同生○彼法●堂◎（平唐）

押韻や平仄配置は決して良好とは言えないが、よく見ると、「宝香―宝香」「宝蓋―宝蓋」「宝幢―宝幢」「宝殿―宝殿」「珠網―宝網」「宮楼―宮楼」が前句末と後句頭に同じ語彙を連ねることで、不十分な押韻と平仄にかわって一定のリズムを生み出すことに成功している。詩にはこのような奇抜な作例はないが、宗教歌曲であればこその妙作と言える。これは善導による創始であって、『往生礼讃偈』や『法事讃』にも若干見られ[21]、また法照の『浄土五会念仏誦経観行儀』に収められる作者未詳の「極楽連珠讃」（八五・一二六〇下）にも見られる。語彙が句間をまたぎ、あたかも数珠のように連続するので「連珠讃」と名づけられるのである。ただし、一作品中に同じ語彙を用いることは正統な詩にあっては禁忌とされるので、こうした讃偈を文学の範疇で扱おうとするならば、当然ながら俗文学として評されるべきである。なお第一〇句の句末「珠網」は諸本ともに文字の異同はないが、他はすべて同一語彙が「宝○」で連続していることを考慮すると、おそらく「珠網」ではなく「宝網」の誤写ではないかと思われる。

つづく最後の偈「一一宮楼～彼法堂」は、偏格の七絶で、初句の下三連、第三句の二六対も規格にはそわない。

定善義の総讃（三七・二七〇上中）

①初教○日観●除昏○闇●　想水●成氷○浄内●心○（平侵）　日想観・水想観
地下●金幢○相映●発●　地上●荘厳○億万●重○（平鍾）　宝地観
②宝雲○宝蓋●臨空○転●　人天○音楽●互相○尋○（平侵）　〃
宝樹●垂瓔○間雑●菓●　池流○徳水●注華○中○（平東）　宝樹観・宝池観
③宝楼○宝閣●皆相○接●　光光○相照●等無○蔭●（去沁）　宝楼観
三華○独迴●超衆●座●　四幢○承縵●網珠○羅○（平歌）　華座観
④稟識●心迷○由未●暁●　住心○観像●静坐●彼●（上紙）　像想観
一念●心開○見真○仏●　身光○相好●転弥○**多**◎（平歌）　真身観
⑤救苦●観音○縁法●界●　無時○不変●入娑○**婆**◎（平戈）　観音観
勢志●威光○能震●動●　随縁○照摂●会弥○**陀**◎（平歌）　勢至観
⑥帰○去●来○　極楽●安身○実是●**精**◎（平清）　普想観
正念●西帰○華含○想●　見仏●荘厳○説法●**声**◎（平清）　〃
⑦復有●衆生○心帯●惑●　縁真○上境●恐難○**成**◎（平清）　雑想観

致●使○如来開漸●観●　華○池丈六●等金○形◎（平青）〃

⑧変●現○霊儀雖●大●小　応物●時宜○度●有情◎（平清）〃

普●勧○同生知識●等●　専心○念仏向西○傾◎（平清）総結偈

定善義は三二句八偈からなる総讃でしめ括る。それらは良忠が『観経疏散善義伝通記』（『浄全』二・三七〇上）で指摘するように、日観から順に十三観の内容が韻文で讃詠されているのである。[22]概ね韻字は平声で押し、平仄（二四不同・二六対）も完璧とは言えないまでも、ほぼ問題はない。

①から④までの讃歌について、平仄はよしとしても押韻が変則的である。深摂の「侵・沁」韻は声調こそ異なるが、ともに歯音開口の四等で、韻尾は -iĕm と推定されるし、通摂の「鍾・東」は韻目が異なるが押韻の許容内となっている。そしてこれら五つの韻字は交互に押韻単位に出現しているということになる。ここで想起されるのが『往生礼讃偈』における善導自作の日中礼である。その第八偈にはこれと類似の押韻現象が見られるので、煩をいとわず以下に示す（四七・四四六上）。

一一金縄界道上　宝楽宝楼千万億（入職）

諸天童子散香華　他方菩薩如雲集（入緝）

無量無辺無能計　稽首弥陀恭敬立（入緝）

風鈴樹響遍虚空　歎説三尊無有極（入職）

首聯と尾聯が同韻目（入声職韻）であり、頷聯と頸聯が同韻目（入声緝韻）となっている。緝韻の字が職韻の字に挟まれているのでこれを抱韻と呼ぶが、この時代にこうした作例は存在しないようなので、以下のごとく尾聯を頷聯へと前置させることによって原初形態を復元した（各論篇第三章）。

一一金縄界道上　宝楽宝楼千万**億**●（入職）
風鈴樹響遍虚空　歎説三尊無有**極**●（入職）
諸天童子散香華　他方菩薩如雲**集**●（入緝）
無量無辺無能計　稽首弥陀恭敬**立**●（入緝）

これによって押韻は完全となり、しかも意味の流れからも、前四句は浄土の荘厳を歌い、後四句は天人や菩薩について歌いあげることになる。この定善義の総讃の偈においては、十三観法を偈に仕立てて順次排列されているので、『往生礼讃偈』のようにはいかない。しかし、だからといって韻律が配慮されていないと言うことはできない。確かに変則的な押韻ではあるが、偶然ではこのような組み合わせにはなりえないので、善導が自覚的な韻律配置を行っていたことは明らかである。

つづく⑤は平仄・押韻ともに万全な偏格の拗体。⑥は破格であるが、脚韻は平声清韻で押韻している。⑦も⑤に同じく平仄も万全、偏格の拗体で、韻は平声清韻と青韻で押韻する。最後の⑧も平仄の配置はよく、下平声清韻で押している。

以上のように、形態の観点から定善義総讃の格律を簡単に述べたにすぎないが、近体詩確立以前にあって、詩と称されるものは、全八偈のうち半数ほどということになろうか。ただし句中の節奏点（四字目と七字目の後にある停頓）は問題ない。平仄と押韻については不十分ではあるが、前述したように浄土教礼讃偈の韻律は、『切韻』のような韻書の拘束を受けない自由な音韻体系をもって措辞され、また善導の讃偈は近体詩のスタイルを方向づけた李杜の盛唐に先立つ作風であることから、後世の敦煌変文や敦煌講経文と同じような通俗的な要素が認められるのである。

散善義

上輩生想（三七・二七五上）

上輩●上行○上根○**人**◎（平真）　求生○浄土●断貪○**瞋**◎（平真）
就行○差別●分三○品●　五門○相続●助三○**因**◎（平真）
一日●七日●専精○進●　畢命●乗台○出六●**塵**◎（平真）
慶哉○難逢○今得●遇●　永証●無為○法性●**身**◎（平真）

散善義における讃歌は上中下の三輩のおわりにそれぞれ置かれ、またこれらはみな『往生礼讃偈』の日中讃にも見られる。よって双方を相互に検討しなければならないが、実は韻律を問題とするに支障ないほどに、ほとんど用字に相違はない。各讃の句数は上輩と中輩が八句からなり、下品だけが一二句からなる。その詳細は各論篇第三章を参照されたい。

まずは上輩の讃偈から。これは脚韻からして七律と考えられるものである。「人・瞋・因・塵・身」の韻字はいずれも平声真韻であり、平仄の配置にしても近体詩への過渡期であるこの時代としては、反法・粘法への配慮が行き届かないとしても、二四不同・二六対は概ね良好と言えるのではないだろうか。

中輩生想（三七・二七六上）

中輩中行中根**人**（平真）　一日斎戒処金**蓮**（平先）
孝養父母教迴向　為説西方快楽**因**（平真）
仏与声聞衆来取　直到弥陀華座**辺**（平先）
百宝華籠経七日　三品蓮開証小**真**（平真）

中輩の讃歌も初句押韻の七律である。脚韻は「人・蓮・因・辺・真」[23]である。平声真韻 -jĕn（臻摂開口）と、平声先韻の「蓮」「辺」はともに開口四等音で、-ien（山摂開口）と推定される。近体詩では真韻（諄韻・臻韻と同用）が他の韻目と押韻するのは、文韻・魂韻がそれぞれ十数例ある程度である。一方の先韻（仙韻と同用）は魂痕韻と二例の通韻があるだけである。[24]そして真韻と先韻の通韻は、唐代でわずかに張説「唐陳州龍興寺碑」と、王友方「王氏龕銘」に見られる二例にとどまる。[25]また遡って魏晋には少なからず見られるが、南北朝では劉宋に二例、梁に四例ほどでしかなく、さらに隋詩の中には真先を同用する作例は見当たらない。[26]したがってこの中輩における真先の通韻の例は南北朝以来の残存形態などと言うことはできそうにない。馬宗霍「唐人用韻考」[27]の語を借りればそれを「雑用」という。降って唐末五代の敦煌変文や講経文に見られる俗講資料中の韻文では、韻尾が -n や -ng の陽声韻は当たり前のごとく同用の扱いがなされ、両唇音韻尾 -m もしばしば押韻単位に配置されるようになってくる。加えて入声韻尾（-p, -t, -k）の用韻も区別しないものがある。おそらくは北方音においては -m, -p, -t, -k が消失過程にあったのであろうが、いずれにせよそれは資料そのものの通俗性を顕著に示すものであり、伝統の詩文とは大きく乖離した作風であることには相違ない。礼讃偈は大衆とともに読唱される音楽儀礼であり、文人知識人を対象として鑑賞や評価される目的で作られるものではない。したがってその性格上、韻書の拘束は受けず、もっと自由な表現が許容されていたのである。平仄配置についても八句のうち半数が整っているにとどまる。このように押韻も平仄も近体詩のそれではなく、大衆を動員する講経儀礼の現場に供する目的で作られたこの讃歌は、日中礼讃や、さらに中唐の法照によって編纂された広略二種の『五会法事讃』においても同じことが言えるのである。

下輩生想（三七・二七七中下）

下輩●下行○下根○**人**◎（平真）	十悪●五逆●等貪○**瞋**◎（平真）
四重●偸僧○謗正●法●	未曾○慚愧●悔前○**愆**◎（平仙）
終時○苦相●如雲○集●	地獄●猛火●罪人○**前**◎（平先）
忽遇●往生○善知○識●	急勧●専称○彼仏●名○（平清）
化仏●菩薩●尋声○到●	一念●傾心○入宝●**蓮**◎（平先）
三華○障重●開多○劫●	於時○始発●菩提○**因**◎（平真）

下品の讃歌だけが一二句からなっており、七言の排律とみなされる。脚韻字は「人・瞋・愆・前・名・蓮・因」で、中輩の讃偈に同じく平声真韻と平声先韻の混用があり、また第八句の韻字「名」は平声清韻 -jɛng であり、そ

の舌根音韻尾 -ng と真仙先韻の韻尾 -n とは、善導の時代においては押韻しがたい。第一一句「三華障重開多劫」の「華」は、『往生礼讃偈』の名古屋市七寺所蔵本においても、また各種敦煌本でもすべて「華」または「花」に作り、『集諸経礼懺儀』巻下だけが「業」（入声業韻）に作る（四七・四七三中）。一四不同・二六対の格式からして、当然ながら平声の「華」または「花」を採用すべきである。なお、「華」「業」「葉」はその字姿から、写本においてしばしば誤写されることがある。松陰了諦『往生礼讃本文校異並に前序の研究』（興教書院、一九三七年）は、その本文校訂において語義から「華」を採用しているが（同書一三八頁）、唐代の詩歌である以上、むしろ韻律から「華」を導き出されなければならない。校訂の結果は同じく「華」であっても、その根拠の違いは大きい。語義からのみ校訂しようとした松陰の判定では日本伝存本系統（漢字音を無視して語義のみで校訂する系統）と同じ轍をふむことになる。なお、良忠所見本の『観経疏』は「業」となっていたようである[28]。

＊　＊　＊

以上のように『観経疏』に含まれる讃偈の押韻については、韻文として疑問なしとは言えない。少なくとも『唐詩選』に選抜されているような韻文の体裁を具備していないことは確かである。完璧な格律を具えた讃偈があるかと思えば、その直後にそれとは対照的な明らかな失韻の讃偈や、初唐の王梵志などの白話詩人の作品にすらも用例がなかったり、たとえその用例があったとしてもきわめて罕見な通押例となっているのである。そうした現象は実は『往生礼讃偈』の日中礼にも、また『法事讃』の讃偈においても同じことが言える。つまり「詩」ではなくして、どこまでも「偈」であったということである。

さて、善導よりも少し後、天台山国清寺に住まい、襤褸を纏う珍無類な寒山と拾得という詩人がいた（ともに生卒年不詳）。寒山は三百余詩、そして拾得は六十余詩を残しており、それら作品はともに白話詩と評されている。その拾得の作品中に次のような詩がある。[29]

我詩也是詩　有人喚作偈　詩偈総一般　読時須子細

拾得みずからは詩を作っているつもりでも、人はそれを偈と呼ぶ。確かに詩と偈とは概ね同じものではあるが、作品を鑑賞する際にしっかりと見極めなければならないというのである。この拾得の時代（おそらく盛唐のころ）では、一般に詩と偈は区別されていたということである。それがどのように峻別されていたかは不明であるが、詩は中華伝統の韻文、偈は仏典とともにもたらされた外来の韻文であるという相違であり、前者は正統、後者は非正統という意識があったものと推察される（拙著〔二〇一三〕の総論篇第三章）。白話詩人であった拾得の作品は、その内容からも韻律からも中華伝統の詩の範疇には収まらず、仏典における偈と同類であると判定されていたのである。

善導が作った讃偈は、視覚的には確かに中華伝統の詩の体裁を踏襲するが、もとよりそれを目指していたものではない。それはたとえば前章で指摘したように、『往生礼讃偈』の晨朝礼に収められる隋の彦琮の讃偈（礼讃儀式用に作られた作品ではない）とはその作風に大きな異なりがあり、[30]かつ後章で述べるように中唐の法照の広本および略本『五会法事讃』にある讃偈（礼讃儀式用に作られている）とは概ね同類ということである。[31]実際の宗教儀礼に用いる讃歎の歌（偈）と、鑑賞に供される歌（詩）とは本質的に異なるのであり、当時からこうした浄土教の讃偈を詩と認める者はいなかったに違いない。しかし逆に言えば、それは『観経疏』が講経にもとづく資料であったという証左ともなる。つまり【B散文解釈（白）】の後につづく【C韻文斉唱（唱）】は、大衆とともに儀礼の中で行われる一連の行儀であり、したがって、文人知識人によって鑑賞されたり、また他人からの評価を期待しつつ作られる韻文とは趣を異にし、そこには宗教儀礼の現場で用いられる通俗的な性格が露呈しているということなのである。

第三節　初唐の通俗詩

ここでは善導とその前後の時代にかけての詩文の用韻を簡単に確認しておこう。詩文と言ってもあくまで礼讃偈のような通俗的な格律に比肩される作品の用韻を検討するのであって、たとえば初唐の四傑であり駢儷文の作者としても名高い王勃・駱賓王・楊炯・盧照鄰における『切韻』の音韻体系にそった作品群などの正当な詩文を取りあげる必要はない。ここでは善導の礼讃偈がいかに通俗的であるかを確認する作業の一環として、王梵志・寒山・拾得らの白話詩の用韻を取りあげることが得策である。

ところで初唐の通俗詩の研究成果としては、胡適の『白話文学史』（上）にある「唐初的白話詩」（上海新月書店、一九二八年）がまず屈指される。そこでは民歌・打油詩（社会や人物を嘲笑風刺する内容の詩）・歌妓・宗教と哲理が白話詩の淵源であるとして、とくに王梵志・王績・寒山の白話詩を列挙し、その語彙や内容における白話的性格を述べている。ただし胡適は押韻や平仄といった詩律における通俗性にまで積極的に踏み込んで論及しているのではなかった。近年刊行された項楚等『唐代白話詩派研究』（巴蜀書社、二〇〇五年）においては、さらにすすんだ成果が盛り込まれている。まず唐代以前の白話詩として、南北朝から宝誌・傅大士・釈亡名・衛元崇とその作品を簡単に紹介している。唐代では王梵志・寒山に加え、龐居士、そして禅僧の作品を取りあげている。しかし、やはりそれら作品の韻律には及んでいない。

そこで、もっぱら詩律方面の通俗性を扱った論文をあげるならば、唐代を直接扱ったものではないが、王力の「南北朝詩人用韻考」があげられるだろう。[32]そこでは詩文の用韻について、『詩経』時代は厳格であり、漢魏両晋宋にいたると緩くなるが、斉梁陳隋では再び厳格になるも、初唐の詩文においてはまた緩くなる（とくに入声の用韻）と指摘されているように、初唐の詩文は押韻の許容範囲が南北朝後期よりも緩い傾向があると述べているのである。ではそれはいかなる作者の作品を指して言うのだろうか。王力の論文はあくまでも南北朝期の用韻を対象としているので、初唐の作品に及んでその詳細な検討はなされていないが、おそらくは全般的な傾向であるということなのだろう。そしてとくにそれが顕著であるのが、王梵志であったに相違ない。

王梵志と言えば初唐の白話詩人として注目され、その作品は敦煌石室から多く発見されたことによって知られるようになったが、その生卒年代が不明であった。潘重規は「白話詩人王梵志の出生時代について――『全唐詩』における王梵志詩未収録の謎を解く――」において隋末の出生で七世紀中に没したと考釈している。[33]近年の研究においては生卒ともに七世紀の人物であるということは概ね承認されているようである。[34]この王梵志の作品は語彙や内容だけではなく、句末の押韻からも通俗的な作風であると言うことができる。その作品はこれまでに敦煌写本や唐宋詩話、小説類、それに禅語録などに引用される作品も蒐集することによって、三百九十余首の現存が確認され、その多くが五言の詩であることが知られている。仏教・戒律・世相・社会批判・世訓などさまざまな内容にわたり、その通俗的な作風は盛唐の白話詩人、たとえば寒山や拾得にも影響を与えたと言われる。

王梵志詩の押韻状況に関しては、将冀騁の「王梵志詩用韻考」に報告されている。[35]それによると、王詩の用韻には二五部あり、それら韻部間の通押が数多く指摘されている。その中でもたとえば魚模部と支微部の通押、歌戈韻と灰咍韻、陽唐韻と江韻・青韻、痕韻と侵韻、清韻と侵韻、真韻と侵韻、緝韻と没韻・術韻などの通押が見られる。これらはきわめて罕見な押韻例であって、同時代の詩文中にあっては異彩を放っている。また劉一之「従王梵志詩的用韻看唐代中原方音」[36]においても、約四〇〇首にのぼる王梵志詩の脚韻を悉皆調査し、その押韻状況を詳細に検討し、民間の流行歌であり、唐代中原の実際の話音を反映したものであると結論づけている。

参考までに王詩の中から特徴的な用韻の例を三首、寒山と拾得の詩から一首ずつあげておく（括弧には『広韻』の韻目を示す）。なお王詩のテキストは、項楚『王梵志詩校注』（上海古籍出版社、一九九一年）が、寒山と拾得の詩についても項楚『寒山詩注（附拾得詩注）』（中華書局、二〇〇〇年）が有用である。

①王梵志詩（項楚校注本、二二七頁）

見有●愚痴○君　甚富●無男○女（上語）
不知○死急●促　百方○更造●屋（入屋）
死得●一棺○木　一条○衾被●覆（去宥）
妻嫁●他人○家　你身○不能●護（去暮）
有時○急造●福　実莫●相疑○悞（去暮）

②王梵志詩（項楚校注本、五二九頁）

有恩○須報●上　得済●莫孤○恩（平痕）
但看○千里●井　誰為●重来○尋（平侵）

③王梵志詩（項楚校注本、五三三頁）

先得他恩重　酬償勿使軽（平清）
一湌何所直　感荷百千金[37]（平侵）

④寒山詩（項楚校注本、六五八頁）
余家有一宅　其宅無正主（上麌）
地生一寸草　水垂一滴露（去暮）
火焼六箇賊　風吹黒雲雨（上麌）
子細尋本人　布裹真珠爾（上紙）

⑤拾得詩（項楚校注本、八八九頁）
雲山畳畳幾千重（平鍾）　幽谷路深絶人蹤（平鍾）
碧澗清流多勝境　時来鳥語合人心（平侵）

まず上去入で押韻する①は、陰類の韻字に入類「屋 -k」が混在している。②と③は善導の礼讃偈にもその用例があった。②は舌尖韻尾 -n と両唇韻尾 -m の通押、そして③は舌根韻尾 -ng と両唇韻尾 -m 韻尾の通押である。④の寒山の詩は声調においては上声と去声、そして韻目にあっては麌 -ju・暮 -uo・紙 -jĕ の通押となっている。⑤は先の③に同じく舌根音と両唇音の韻尾 -jwong と -jəm の通押である。寒山と拾得はともに南方に生まれ、天台山国清寺に住していたので、もっぱら北方で活動していた善導とは、たとえ時代が近くともその用韻を一様に捉えることに問題なしとは言えないが、中原を活動域とし善導とほぼ同時代とされる王梵志詩の押韻とも通じるものがあることから、やはりともに唐代前半における通俗詩と評されるのである。唐代の詩文全般における用韻については、馬宗霍「唐人用韻考」、および鮑明煒『唐代詩文韻部研究』[38]において詳細にされているが、王梵志詩のこうした押韻のありようを非通俗詩のそれと比較すると際立っていることは明らかである。つまり、大多数の唐詩の押韻が『切韻』の分韻に従っているにもかかわらず[39]、その規範にそっていないのが王詩であり、語彙や内容だけではなく韻律の方面からも通俗的であると言われる所以はそこにある。

ところで小川環樹「唐詩の押韻――韻書の拘束力――」では唐代の韻文について、

俗語文学においては、破格の押韻が見られるが、それは当時の口語音によるもので、韻文であっても韻書の拘束力が及ばなかったものであろう。その種の作品を、『全唐詩』はほとんど収めない。ただ寒山詩の如きは、例外であって、俗語を用いること多く、押韻にも破格が少なくない。

と述べている[40]。小川はそれらの詩における押韻の許容規定に相違が生じた理由として、作者が用いた韻書の相違であると指摘する。つまり作者が『切韻』を用いるか、あるいは『切韻』以前の旧韻書によって作詩するかによって相違するとして、古い韻書が唐代中葉をすぎてなお（『切韻』が成立した後も）、作詩者たちを拘束しつづけていたとみなしているのである[41]。

陸法言は『切韻』の序文において「欲広文路、自可清濁皆通」と述べたように、みずからが編纂した『切韻』の細かすぎる分韻が、文士の作詩における障壁となるので、必ずしもこれを遵守する必要のないことを示唆した。しかし、たとえ規範を緩和したとしても、それには必ず限度があるわけで、文人知識人の作る韻文であればそれだけ許容範囲も狭まっているのであり、逆に通俗的な詩歌であればあるほど許容範囲は広く、隣接する韻目の文字とも押韻させていたのである。右の王梵志詩や寒山と拾得の詩がそれであるが、王梵志らの押韻が緩いと言っても、すべての作品がそうであるというのではなく、多くは『切韻』の韻目に従った押韻単位を有していることを付言しておく。

ところが浄土教礼讃偈の通押はそうした通俗詩とされる作品よりもさらに緩く通押している。そうした観点からすると、浄土教の礼讃偈はむしろ『切韻』をはじめとする諸種の韻書にすらも依拠せず、もっぱら作者みずからが識別する漢字音にもとづいて自由に作られていると言わねばならない。儀礼の盛行を期すにあたって、歌詞や押韻に代替するメロディが具わっているならば、厳密な意味で伝統の詩文のように的確に押韻させる必要もないだろう。宗教的情意を高揚させ、参会者に感動を与える条件は、何も韻書に合致した音韻体系を当該の礼讃偈に反映させる配慮だけではないはずである。ここに韻文としての礼讃偈における顕著な特色が見えているのである。

おわりに

中国浄土教における善導への評価について言えば、敦煌文献など現存する善導の著作からして、ほぼ『往生礼讃偈』に対するものに限られている。これは善導が儀礼、ひいては伝道において大きな貢献を果たしていたことを証明しているのである。なぜその影響が大きく、しかも広範に及んだのかを推察するに、それは天台や三階教などですでに行われていた諸儀礼を受容しながらも、そこに独自で新たな創作を導入したからであると思われる。それは以下の点にまとめることができる。

讃偈の挿入（『観経疏』が講経儀礼の産物であること、「上都儀」という呼称）

音数律の配慮（七言一句：唐詩のスタイル・流行の詩形・軽快感がある）

声律の配慮（句中の平仄配置：音楽性をよりいっそう高める。しかし不十分）

韻律の配慮（偶数句末の押韻：押韻する浄土教礼讃偈の先がけ）
韻律の通俗性（韻書の拘束を受けない、韻尾 -n, -ng, -m の緩さと抱韻）
讃偈の合間の挿入句（拍子をとる合いの手・和讃・和声、礼讃儀礼の大衆化）
前句末と後句頭の詞彙を同じくする連珠讃（韻律に代替するリズム効果）
浄土教理からの解放（教理に拘束されない〈還帰往生〉[42]、通俗性）

現存する礼讃偈諸資料からしても、これらはどれもみな善導による創始であり。またそれ以後の浄土教礼讃偈にも継承されていく。南北朝から隋にいたる浄土教儀礼については体系的な儀礼書が遺されておらず、またそのようなものが存在したか否かも不明である。仏教が大いに盛況していく初唐にあって、浄土教儀礼を組成するためには、新たな創意を盛り込んでいく必要があったと考えられる。そこで善導は、右の諸要件を導入することで儀礼の盛行を実現しようとしたのであろう。かつて大谷光照や小野勝年は、唐代の仏教儀礼を詳細に論及した[43]。大谷はこの時代の仏教儀礼の特徴として、国家的色彩が強いこと、宗派的相違がほとんど認められないこと、はなはだ複雑化したこと、祈禱的な目的が本来の目的にかわったことをあげ、小野ではこれに加えて法会の音楽性と対民衆性の増大をあげている。本章ではさらに文学性（俗文学性）を唐代仏教儀礼の要因の一つに加えることができるものと結論づけたい。

註

（1）「集記」という表現については総論篇第二章で述べた。
（2）拙文〔一九九九①〕〔二〇〇五①〕を参照。なお今岡達音はかつて、「導師の観経疏（教相を明かす）は学生に対する説明書であって、之は庶民大衆に対して無益の書である」（『浄土学』八、一九三四年）と述べたが、筆者の考えはまったく逆であり、むしろ庶民大衆への説教であったものと想定するものである。

（3）これは言うまでもなく散善義の廻向発願心釈に説かれる二河白道の譬喩譚である。道綽の『安楽集』にもその同類の内容が見える。『観経』を講経すること二〇〇回に及んだ道綽の活動と善導の活動が重なっているように感じられる。他にもいわゆる王舎城の悲劇（とくに禁父縁と禁母縁）を詳説し、また孝養父母の解説中にも長い引文が示されており、これらは出家者に対する解説としてはあまり意味がない。また就人立信釈で説かれる四重の破人なども含め、在俗信者を対象として説かれたものと推察できる根拠となるものである。

（4）難解な用語など、在家信者にとって必ずしも詳説する必要のない用語に対してはほとんど解説していない。なお慧遠の『観経義疏』も必要以上の解説を控えている。しかしそれは善導の場合とは相違する。『観経義疏』には「文顕可知」や「文皆可知」という文言がいたるところに散見され、これは経文のとおりであり、詳細に解説する必要のないことを意味する。この態度は吉蔵や天台智顗の『疏』にもあり、およそ出家者であれば誰もが周知していることを詳述する煩を避けているのである。また「広如別章」や「義如別章」という文言もしばしば見られる。これは自著の『大乗義章』において詳述しているので、そちらを参考にせよという指示である。これらからも慧遠の『観経義疏』が在家を対象として撰述された経疏ではないことは明瞭なのである。

（5）「已下九悪九善者、至下九品中次応広述」とあるように後述すると言いながら後述していないこと（『大正蔵経』三七・二五九下）、また至誠心釈の利他真実の解説をしていないことなどをあげることができる。

（6）拙文（一九九九①）を参照。善導の文章は、語彙の附属部品があまりにも多く、時にかえってくどさを感じることさえある。それは美文のスタイルや文言の語彙とは到底言えないもので、読者を前提として編まれたのではなく、その語り口調で綴られている文章は、むしろ聴者の存在を想定しないと解けない文章構造とも言えるだろう。ただし巻第一（玄義分）における口語の語彙語法は、残る三巻と比べて相対的に少なくなっている。

（7）拙文（一九九九①）を参照。三福（世福・行福・戒福）を解説する際、世福の孝養父母に対する解釈が他に比して異様に長い（孝養父母と他のすべての三福が解説される比率は六：四）。『観経疏』が出家僧への講経であったならば、これほどの解説は意味をなさないが、在家に対する俗講の教本と考えれば、その謎は解けるのである。出世間の存在である僧が、世間の君主や父母へ礼敬するべきか否かの問題は、古く東晋の時代からの懸案であった。もちろん、出家後に父母と接触がなくなるわけではなく、むしろ父母を仏道に導くことをもって、出家者の孝養とするのが本義である。また姚氏の道安（『続高僧伝』二三護法篇）の伝に、「初安之住中興（大中興寺）、携母相近、毎旦出覲、手為煮食、然後上講。雖足侍人、不許兼助。乃至折薪汲水、必自運其身手。告人曰、母能生養於我、非我不名供養。卒于母世、初無一息」（五〇・六二九中）とあるように、住持する寺の近隣に母親を住まわせ、母が逝去するまで他人の手をかりずにみずからが献身的に扶養する僧もいた。よって二親への礼敬と扶養とは同一にみなすべきではない。ただ、隋唐の仏教教団は君親への礼敬を拒否していることは事実であり、とくに摘記しておくべき事件は、龍朔二（六六二）年四月一五日に、三代皇帝高宗が父母と君主や皇后・皇太子への礼敬を命じる勅を発布したが、威秀や道宣など二百余人の僧が同月二一日に蓬萊宮におしかけて不拝を上奏するという挙にでたことである。その後二〇〇人の僧たちは道宣の西明寺に集まり合議したということである（『宋高僧伝』一七の威秀伝）。二〇〇人もの僧侶を動員して行われたシュプレヒコールの渦中にあって善導がこれを知らなかったはずはない。まして西明寺は善導が活動していた光明寺と大路を挟んだ東隣の名刹でもある。以上を勘案するとき、『観経疏』で孝養父母を詳細に解説するということは、本書が出家僧侶へ向けた説教ではなかったということを示唆するものである。なお慧遠『観経義疏』の孝養父母には、わずかに「孝養と奉持師長は上を敬う行なり」（三七・一七八中）と記すだけある。

（8）　この四重破人は、就人立信釈として説かれており、別解、別行、異学、異見をもった者（凡夫、十地未満、十地、化仏報仏）によって批判され折伏されようとも、みずからの信を放棄してはならないという、いわばそれぞれの批難に対応したケース別対処方法を示したものである。

（9）　経疏という文献において文中に讃偈が挿入される道理はないが、『観経疏』には少なからず讃偈が挿入されている。とりわけ定善義には集中的に一一の讃偈が示されている。これは本書が単なる註経の書ということではなく、それらの讃偈を唱和するような儀礼の現場で用いられていたことが想定できるのである。

(10) 道綽については『続高僧伝』二〇（五〇・五九三下）にあり、懐惲については『実際寺故寺主懐惲奉勅贈隆闡大法師碑銘并序』（最近の成果としては、大内文雄「唐代仏教石刻文の研究（二）」『真宗総合研究所研究紀要』一八、二〇〇一年）を参照。

(11) 延寿の『万善同帰集』巻上に、「上都儀云、夫帰命三宝者、要指方立相、住心取境。不明無相離念也。仏懸知凡夫繋心尚乃不得。況離相耶。如無術通人、居空造舎也」（四八・九六一中）とある。これは善導『観経疏』（像想観）の「今此観門等、唯指方立相住心而取境、総不明無相離念也。如来懸知、末代罪濁凡夫、立相住心尚不能得、何況離相而求事者、如似無術通人、居空立舎也」（三七・二六七中）に相当する。

(12) 韻文ではないが、自作の無韻の偈を解説文中に挿入する例としては李通玄（六三五〜七三〇）の『新華厳経論』がある（佛教大学非常勤講師伊藤真氏の指教による）。

(13) たとえば『続高僧伝』三〇雑科声徳篇の釈善権を一例としてあげよう。唱導僧の善権は、法会における説法が見事であったことから、その語りの部分が筆写されることになった。しかし、それを知った善権は、「〔善〕権曰、唱導之設、務在知機。誦言行事、自貽打棒。雑蔵明誡、何能輒伝。宜速焚之、勿漏人口。故〔善〕権之導文、不存紙墨」（五〇・七〇四中）と述べているように、その法会に集う目の前の聴衆の機微を敏感に感じ取って、その場で即興的に語られるものであり、それを記録にとどめて後世に遺すことは、まったくのナンセンスであると突っぱねている。こうして善権が語った唱導のネタ本は書物として伝えられることはなかったという内容である。このように、各種法会や儀式における「白」というものは、その場その場で臨機応変に語られる性質から、記録されない傾向にあると言える。また、入矢義高編『仏教文学集』（平凡社、一九七五年）の解説には、「「降魔変文」では、（中略）この図巻には白の文句は書かれていない。ということは俗講僧（講釈師）にとって「唱」うことがいかに重要なウェイトを占めていたかを示唆する。「唱」にくらべると、白での語りの部分はかなり自由裁量が利いて、繁簡長短の変化は、そのときどきで自由に使い分けができたことと推察される」（同書四二六頁上）と述べているように、散文解釈（白）はその時その場の法会に参会した者の能力や条件に応じてなされるものであるので、書面には記録されないということである。ただし現存の敦煌文献中にも、たとえば『妙法蓮華経講経文』や『父母恩重経講経文』には散文解釈は遺されており、『維摩詰経講経文』（伯三〇七九）には散文解釈がはじまる文頭に小さく「白」の文字が明記されているものもある。なお、敦煌写本中の『預修十王生七経』にも蔵川の讃が挿入されているテキストがある。あるいは、これも講経文であろうと考えられる。

（14）劉長東は『晋唐弥陀浄土信仰研究』（巴蜀書社、二〇〇〇年）において、『法事讃』を講経資料ではないと判定しているが（同書二八二～二九一頁）、筆者はこれに同意するものではない。その詳細は各論篇第五章に譲る。

（15）柴田泰「二つの善導観――日中善導比較考――」（今西順吉教授還暦記念論集『インド思想と仏教文化』春秋社、一九九六年）で言及されている中国における善導像は、あくまでも後世の伝記によって作られる宋代の善導像である。宋代以後にあっては、まず伝記からは諸行厳修の高僧として評価され、著作からは『往生礼讃偈』と『観経疏』の玄義分に説かれる専雑二修の行者として評価され、またこうしたところから蓮社第二祖の地位が与えられたのであるが、本章で言うところの善導は早期の伝記とその著作五部九巻から帰納的に抽出される善導像である。

（16）俗講を開筵する目的が寺院の造立修繕であったことについては、斎藤円真「円仁見聞の俗講――講経との関連において――」（塩入良道先生追悼論文集『天台思想と東アジア文化の研究』山喜房仏書林、一九九一年）を参照。

（17）『高僧伝』一三唱導篇（五〇・四一七下）に、「唱導者、蓋以宣唱法理開導衆心也。（中略）夫唱導所貴其事四焉、謂声・弁・才・博。非声則無以警衆。非弁則無以適時。非才則言無可採。非博則語無依拠。至若響韻鍾鼓則四衆驚心、声之為用也。辞吐後発適会無差、弁之為用也。綺製彫華文藻横逸、才之為用也。商推経論採撮書史、博之為用也」（唱導とは、思うに仏の教えを宣唱して人々の心を開導することであろう。（中略）そもそも唱導において大切なのは美声・弁舌・才知・博識の四つである。まず美声でなければ人々を驚かすことはできない。弁舌がなければその時々の状況に応じられない。才知がなければ言葉遣いに華やかさがなくなる。博識でなければ言葉に典拠を求められないのだ。もし音声の響きが良ければ出家も在家も心驚くでしょう。それは美声のはたらきによるものです。もし話しの前後で内容が矛盾しなければ、それは弁舌のはたらきによるものです。もし美しく飾りたてられた言葉遣いであれば、それは才知のはたらきによるものです。もし仏教の経論やその他史書から名句を引いてくれば、それは博識のはたらきによるものです）とある。また、多田伊織『日本霊異記と仏教東漸』第四章唱導と仏教類書を参照（法藏館、二〇〇一年）。

(18) 真福寺善本叢刊六巻『伝記験記集』八一頁（臨川書店、二〇〇四年）に「尺道詮者蘇州人也。少出家、従導禅師、習浄土業。授以六時礼懺曰、此業能超生死至浄刹。一生行業、即弁大事。詮歓喜入道場、専心行礼懺」とある。

(19) 良忠は『観経疏伝通記』で『観経疏』に十四行偈と序題の二つの序があることについて、「問う、十四行偈は即ち是れ序分なり。亦た序題を置く。二序何の別あるや。答う、前の偈は疏の序にして偈文を以て今乗二教広開浄土門と云う故なり。今の序は経序にして即ち要門弘願を立てて経の意を述ぶるが故に。此の観経に於いて立つ所の序題なるが故なり」と述べている（『浄全』二・一一六上）。

(20) 王梵志詩三百九十余には「帰去来」の句が一つ見られる。王梵志の生卒年代は現在なお不明であるが、項楚等『唐代白話詩派研究』（巴蜀書社、二〇〇五年）にはこれまでの成果を紹介している。それによると早い時期の設定では隋に生まれ初唐に活動したとされ、遅い設定では開元年間（七一三～七四一）ごろまでとする見解もある。もし隋から初唐にかけての生存であれば、善導に先んじて陶淵明の「帰去来」をみずからの詩に転用していたことになる。

(21) 本書各論篇第三章、第六章を参照。

(22) 良忠『観経疏定善義伝通記』（『浄全』二・三七〇上）に、「於中有三十二句。初三十句別讃十三観、後之二句総勧知識、令専念仏」とある。

(23) 『浄土五会念仏誦経観行儀』（伯二〇六六）を翻刻した『大正蔵経』（八五・一二五二上）は、「因」を「国」に誤植している。

(24) 鮑明煒『唐代詩文韻部研究』一五〇頁・一九一頁（上海古籍出版社、一九九〇年）を参照。

(25) 前掲鮑明煒〔一九九〇〕一六八頁を参照。

(26) 李栄「隋韻譜」（『音韻存稿』商務印書館、一九八二年）を参照。

(27) 『音韻学通論』第四（商務印書館、一九三一年）所収。

(28) 『観経疏散善義伝通記』（『浄全』二・四三二下）参照。

(29)　寒山や拾得の詩については、項楚『寒山詩注（附拾得詩注）』（中華書局、二〇〇〇年）が参考となる。同書八四四頁を参照。

(30)　彦琮の偈は「浄土詩」とも呼称されてわが国に伝えられたように、対句・平仄配置・押韻など、どれをとっても中華伝統の詩としての風格を具えている。もともと浄土教の儀礼（礼讃儀礼）のために作られた作品でないことは明らかである。各論篇第三章を参照。

(31)　法照をはじめとする中唐までの讃偈を多く収録する『浄土五会念仏誦経観行儀』（広本）と『浄土五会念仏略法事儀讃』（略本）の諸讃偈は、胡適が指摘したように内容・韻律ともに同時期の詩と比較すると明らかに通俗的である（「仏教的翻訳文学（下）」『白話文学史』上巻、二一一頁、上海新月書店、一九二八年）。ただしそれらは善導の讃偈ほど俗化したものではない。なぜなら初唐の善導と中唐の法照との間には、盛唐の李白や杜甫が擡頭して近体詩が構築され、それ以後の作品は讃偈であろうともその影響を多分に受けていたからである。各論篇第九章を参照。

(32)　『清華学報』一一巻三期（一九三六年）、後に『龍虫並雕斎文集』第一冊（中華書局、一九八〇年）、また『王力語言学論文集』（商務印書館、二〇〇〇年）に再録される。

(33)　岡村繁教授退官記念論集『中国詩人論』（汲古書院、一九八六年）を参照。

(34)　註記（20）を参照。

(35)　『敦煌吐魯番学研究論集』（書目文献出版社、一九九六年）所収。

(36)　『聖徳学園岐阜教育大学紀要』三四（一九九七年）

(37)　「百千金」：異本には「百金傾」「百千傾」「金百傾」の異読がある。ここは「傾」（平清）が採用されるべきであろうか。

(38)　同書の付録「初唐詩文的韻系」（上海古籍出版社、一九九〇年）を参照。

(39)　前出の鮑明煒（一九九〇）における各摂の韻譜を参照。また小川環樹『中国詩人選集　唐詩概説』一五〇頁（岩波書店、一九五八年、後に『小川環樹著作集』第二巻に所収、筑摩書房、一九九七年）においても述べられている。

（40）小川環樹『中国語学研究』一一〇頁（創文社、一九七七年）
（41）小川前掲書一〇九頁
（42）本書各論篇第七章を参照
（43）大谷光照『唐代の仏教儀礼』（有光社、一九三七年）、小野勝年「円仁の見た唐の仏教儀礼」（福井康順編『慈覚大師研究』天台学会、一九六四年）を参照。

第五章　善導『法事讃』の儀則

はじめに

『法事讃』の撰述目的を考察するに、文中に「施主」「今の施主」「今日の施主」「我が施主」という表現が、巻上のはじめと、巻下のおわりに集中的に一六回もあらわれることは重要である。巻上のそれは、施主のために諸仏菩薩を奉請して法事の準備を整え、巻下では法事を依頼した施主の功徳に対して相応の利益があらわれるようにと祈願している。したがって本書は特定の施主の依頼によって挙行され、その施主の功徳を積累するために行われる一日限りの別時儀礼として撰述されていたことになる。(1) 浄土教の儀礼書の中にはこのような「施主」という文言があらわれるのはきわめて稀であるが、これは本書が儀礼執行の現場で用いられていたことを想起させるものである。なお同じ別時行儀である『般舟讃』は、施主のためではなく自己の行として、また一日ではなく七日から九〇日と長期にわたって行われる行法である。

また巻下の末尾に、「行者等に白す。一切の時、常に此の法に依り、以て恒式と為せ。応に知るべし」（『大正蔵経』四七・四三八中）とあるように、特定の施主の求めに応じて行われる法事儀礼にあっては、定められた作法に則り行うべきことを強調している。それは、中唐の法照によって撰述された『浄土五会念仏略法事儀讃』（『略本』）

においても、「専心に五会の真声を学び取り、未来に伝えて広く群品を度せ。若し師に学ばずして濫りに人に授与せば、転た後学を誤り其の宗旨を失わん。即ち却って其の咎を招き、福田を利すことなからん」（四七・四七五中）にも通じる。およそ、行儀というものがしかるべき手順や規範にそって執行されるべきことが求められていたということである。本章においては次章で明らかにする『法事讃』の文学的評価の前提として、その儀則内容を整理することを目的とする。

第一節　構造

劉長東は『晋唐弥陀浄土信仰研究』（巴蜀書社、二〇〇〇年）を上梓し、善導の著作についてその梗概を述べているが、そこでは敦煌講経文と『法事讃』とを比較し、『法事讃』には①散文解釈がない、②経文の区切りが長い、③行儀執行者の役割の相違、④上巻の前奏性儀式が長い（奉請の有無と讃偈の多少）という四点をあげて、これが講経の産物でないことを論じている（同書二八七～二九一頁）。しかし、筆者はこれに賛同しない。そもそも『法事讃』は初唐の作品であり、劉が比較対象とした現存する敦煌の講経文類は概ね一〇世紀から一一世紀のテキストであり、両者の時間的な隔たりはあまりにも大きいことから、構造や内容を比較すること自体が適切ではないと考えるからである。むしろ『法事讃』巻下の『阿弥陀経』解釈は、経文と讃偈の連続で構成されていることから、こうしたテキストが後世の講経文を産出する雛形になっていると想定したほうが穏当であると考える。よって、劉が指摘した『法事讃』と講経儀礼との四点の差異から、本書が講経儀礼のためのテキストではないという見解に反論することは難くない。

まず①については、これは入矢義高が述べるように、経文解釈の部分は時宜に応じて改変されるものなので省略されることがある（後述する）。②については、『法事讃』は確かに講経そのものを目的としているのではなく、施主の依頼に応じた法会であり、他の関連行儀も執行する関係上、現場において時間の短縮が必要だったと類推できる。それだからこそ経文を細かく区切らず、一段ずつの大雑把な区切りを設けたものと考えられる（『法事讃』は『阿弥陀経』を一七段に分けている）。③については前述のごとく『法事讃』と後世の敦煌講経文類を同列に考察しようとすることにそもそも無理がある。また、当然ながら大規模の講経もあれば、小規模の講経儀礼もあるはずで、儀式の規模によって行儀執行者の人数やその役割分担も異なるであろうことを勘案すべきである。④についても③と同じように、異なる時代の儀礼と、それぞれの主たる目的の相違からくるものである。

しかし、劉に反論するとはいえ、『法事讃』が敦煌の講経文に示されるような次第順序で行われていた講経儀礼そのものであったと主張するわけではない。施主の依頼によって施主のためになされる法会において、『阿弥陀経』の読誦とその講説、そしてその音楽的な讃偈が適切な律動にのせて唱和されていたことを事実として指摘したいのである。ここで、ひとまず『法事讃』の構造を良忠の『法事讃私記』による科文で示し（『浄全』四・三四上）、行儀の進行次第を確認し、また儀礼の次第を順に示しておきたい。括弧には『大正蔵経』の頁数を示した。

【良忠による科文】

①序分

奉請四天王～直取涅槃城（四七・四二四中下）　＊または奉請四天王～作声召請云

②正宗分

序曰竊以～常住三宝（四七・四二四下～四三七下）

A　序曰竊以～斉臨彼国（四七・四二四下）……「行の大意を序す」

B　凡欲為自～作声召請云（四七・四二四下）……「軌則を教う」

C　般舟三昧～常住三宝（四七・四二五上～四三七下）……「正しく行法を明かす」

③流通分

歎仏呪願～巻末（四七・四三七下～四三八中）

【儀礼の次第】

◎巻上

・奉請文「奉請～涅槃城」

・表白文「竊以娑婆～斉臨彼国」

・道場の準備・尊像の安置・入浴・被着浄衣

・召請する人と和讃（和声）する人は起立し、大衆は着座する

・召請人が代表して焼香・散華し、尊像を一匝し、召請して唱える

召請人が「般舟三昧楽」と唱えると、和讃人が「願往生」と唱える

召請人が「大衆同心厭三界」と唱えると、和讃人が「無量楽」と唱える。以下同じ

・召請人が大衆に向かって唱える「敬白道場衆等……」

仏恩は莫大であること。施主のために仏菩薩を奉請すること

・下座が高座につづいて唱える「願往生願往生……」
施主のために道場に入り、施主の善根功徳を証明し、菩提の芽を増長したまえ
※以下、高座と下座が交互に施主と衆生のために諸賢聖の入道場を奉請する
・奉請がおわると行道。代表者が華を持って道場の西南角に立ち、行道人に華を配る。行道人は行道する際にその華を受け取ってから仏前に至って散華する。これを七遍繰り返してから、本座の場所に戻り立つ。そして代表者が梵唄を唱えおわるのを待って、その場に座る
・道場の衆（下座）が行道する。その際に代表者（梵人声）が行道讃梵偈を唱えている
・代表者（梵人声）が唱えおわると、下座は起立して讃じ唱える
・高座が懺悔文を唱える
（以上で巻上がおわる。奉請と懺悔のみが説かれている）

◎巻下
・一七段に分けて阿弥陀経の読誦と讃文を繰り返す
・十悪に対する懺悔文
・讃偈によって衆生の往生浄土を勧める
・高座は特定の人物に行香と行華せしめ、讃歎人を行道の所に立たせ、小者に讃歎・礼拝・供養・如法行道・散華させ、尊像を三匝七匝させ、仏前に立って後讃を唱えさせる
・高座が後讃「般舟三昧楽……」を唱え、下座が和讃（和声）の「往生」「無量楽」を唱える
・仏前で起立して讃偈を唱える。送仏偈を含む（高座の人？）

・敬礼常住三宝（三宝礼？　※遵式『往生浄土懺願儀』が文献上の初出）
・歎仏の呪願「竊以弥陀〜帰於浄土」を唱える
・七礼敬を唱える
・随意を唱える

こうした構造や実際の進行次第については、すでに藤原幸章〔一九六七〕によって十分な考察が加えられているごとく、天台の『法華三昧懺儀』の構造〈①厳浄道場、②浄身、③修三業供養〈三宝礼〉、④請三宝、⑤讃歎三宝、⑥礼仏、⑦懺悔〈五悔〉、⑧行道、⑨誦経〈法華経〉、⑩坐禅実相正観〉にほぼ対応している。加えて当時長安の都を席巻した三階教の儀礼からも影響を受けていたことは予想できる。[2]『続高僧伝』一六習禅篇の信行伝に、「また京師に寺を五所に置く。即ち化度・光明・慈門・慧日・弘善等これなり」（五〇・五六〇上）とあるように、善導が往来した光明寺には浄土院だけではなく三階院が布置されていた。その光明寺に三階教の祖師である信行の弟子慧了が掛錫していたことも、『金石続篇』第五所収の『大唐光明寺故大徳慧了法師銘』から確認することができる。[3]慧了は七歳で出家し、一三歳で信行の弟子となっており、顕慶元（六五六）年八月五日に光明寺の禅坊にて□四歳（□は破損のため未詳、「七」または「八」であろう）で没している。信行の没年は開皇一四（五九四）年であるので、少なくともこの年には一三歳以上であったはずである。すると享年は七四歳、または八四歳のいずれかということになろう。長安に建造された三階教の五つの拠点の中に光明寺が含まれていることと、そこに三階僧慧了が住僧となっていた事実から、善導における三階教から影響は、この最も近しい慧了を通して受けていると考えられなくもない。

第二節　講経儀礼との関連性

唐代では俗講が大いに盛況する。大寺院に民衆を集めては特定の経典を講義する儀礼である。しかしそれは単なる講義ではなく、また参集する民衆も決して傍観者ではない。宗教的な雰囲気の中に身をおき、実際の儀礼に主体的に参加することがねらいであったのだ。その儀礼の進行次第は、概ね以下のとおりである。

A経文朗読（経）→B散文解釈（白）→C韻文斉唱（唱）

実はこの次第、善導の『観経疏』にも一部採用されていることから、『観経疏』も講経の産物であったと想定できるのであった（各論篇第四章を参照）。そしてこの『法事讃』でも同様なことが言える。『法事讃』巻下にある「高座入文」と「下接高讃」の連続は、

A経文朗読（経）　→　C韻文斉唱（唱）

となっており、B散文解釈（白）が存在しない。しかし実際の儀礼では必ずB散文解釈（白）が存在していたはずで、成文化されたときに省かれたと考えられる。その証拠として、たとえば『続高僧伝』三〇雑科声徳篇に隋の釈善権（五五三～六〇五）を一例としてあげることができるだろう。唱導僧の善権は法会における説法が見事であったことから、その語りの部分、すなわちB散文解釈（白）が筆写されることになった。しかし、それを知った本人は以下のように述べたという（五〇・七〇四上中）。

時に竊に其の言を誦し写して巻軸と為すもの有り。以て〔善〕権に問わば、〔善〕権曰く、「唱導の設、務めて

機を知るに在り。言を誦し事を行ぜば、自ら打棒を貽るなり。雑蔵、明誠は何ぞ能く輒ち伝えん。宜しく速かに之を焚くべく、人口に漏すこと勿れ」と。故に〔善〕権の導文は紙墨に存せず。

善権は法会で語るB散文解釈（白）の部分は、そこに集う聴衆の機微を話者が敏感に感じとり、その場で即興的に語られるものであって、それを記録にとどめて後世に遺そうとすることは、まったくのナンセンスであると突っぱねている。こうして善権が語った唱導のネタ本は文字として伝えられることはなかったというのがこの伝の内容である。このように、各種法会や儀式におけるB散文解釈（白）というものは、その場その場で臨機応変に語られる性質から、文字として記録されない傾向にあると言える。また入矢義高編『仏教文学集』（平凡社、一九七五年）によると、「「降魔変文」では、（中略）この図巻には白の文句は書かれていない。ということは俗講僧（講釈師）にとって「唱」うことがいかに重要なウェイトを占めていたかを示唆する。「唱」にくらべると、白での語りの部分はかなり自由裁量が利いて、繁簡長短の変化は、そのときどきで自由に使い分けができたことと推察される」（同書四二六頁上）と述べているように、B散文解釈（白）はその時々の法会に参集した者の状況によって対応がとられるものであるので記録されることはないということである。ただし、現存の敦煌文献中にも、たとえば『妙法蓮華経講経文』や『父母恩重経講経文』には、B散文解釈（白）に相当する部分が遺されており、『維摩詰経講経文』（伯三〇七九）にもB散文解釈（白）がはじまる文頭に、小さく「白」という文字が記されている。「白」とは経文を解説した文言という意味である。

善導の『法事讃』は、法師のA経文朗読と列席者らによるC韻文斉唱はあるが、都講が行うB散文解釈は存在しない。おそらくは、もとは存在したのであろうが、参集する者（ここでは法事を依頼した施主）の能力や条件などを勘案して、その都度、時宜に応じてある程度自由に語られていくものであることから、成文化するときには刪略されたものとも考えるべきである。A経文朗読では『阿弥陀経』本文を読み、C韻文斉唱では経文に応じた讃偈を歌うのであるが、これらの経文と讃偈は既定の文言であり、いついかなる法会であろうと、また誰を対象にした法会であろうとも変更されることはない。したがって、この両者だけが文字に記録されたということである。もし実際に儀礼の現場で用いられた『法事讃』を復元するとしたら、【A経→B白→C唱】のようになるはずである。

『法事讃』巻下（四七・四三四上）

①高座入文……A経文朗読（経）

舍利弗西方世界有無量寿仏無量相仏無量幢仏大光仏大明仏宝相仏浄光仏如是等恒河沙数諸仏各於其国出広長舌相遍覆三千大千世界説誠実言汝等衆生当信是称讃不可思議功徳一切諸仏所護念経

②都講解釈……右の経文を時宜に応じて解説したB散文解釈（白）

③下接高讃云……C韻文斉唱（唱）

願往生願往生

西方諸仏如恒沙　各於本国讃如来（平咍）
分身百億閻浮内　示現八相大希奇（平支）
五濁凡夫将謂実　六年苦行証無為（平支）
降魔成道説妙法　種種方便不思議（去寘）
普勧衆生帰浄土　前思却慮更生疑（平之）

我今舒舌以為証　西方極楽必須依（平微）
衆等回心皆願往　手執香華常供養

法事の次第としては、まず美声の法師が経文を声高らかに読みあげ、その後に都講が当該の経文を易しく解説し、そして最後に讃偈（韻文）によって合唱する。『法事讃』のようなA経文朗読（経）とC韻文斉唱（唱）の繰り返しは、敦煌石室から少なからず発見された『預修十王生七経』のテキストを想起させる。そこでは経文の後にそれに見合う韻文の讃文（七言一句）が挿入されている。その讃文は成都府大聖慈寺沙門の蔵川なる人物によって挿入されたようであるが、この経文と讃文の繰り返しは、あるいは講経文とも考えられる。彩色を施した絵入りの『預修十王生七経』もあることから、これは絵巻そのもの、あるいは連環画のようなものとして活用されていたはずである。それは日本で言うところの絵解きそのものでもある。さらに、「謹啓、諷閻羅王預修生七往生浄土経、誓勧有縁、以五会啓経入讃、念阿弥陀仏」（『卍続蔵経』第一五〇冊七七七頁上）とあるように、ここに法照の五会念仏すらも挿入されていたのだから、かなり大がかりな仏教儀礼として行われていた可能性がある。

法会とは称しながらも、こうした大衆参加の娯楽性を包摂した儀礼が唐代において盛んに行われたことは、円仁の『入唐求法巡礼行記』にも記されているところである（小野勝年〔一九六四〕）。そして、それらは敦煌石室本の中に講唱体（散文講義と韻文斉唱からなる文体）として当時を語る貴重なテキストとして遺されている。そうした通俗性と娯楽性の豊かなテキストではないにしても、『法事讃』と『観経疏』はその構造として類似性が認められる。善導の作品が後世の講唱体文学を生み出す素地の一つになっていたものと考えられるのである。

いずれにせよ、『法事讃』は施主の依頼によって挙行される法会であり、その実際の法会において、『阿弥陀経』

のA入文（経）→B解説（白）→C讃偈（唱）が繰り返されていたことは十分に推測される。そして、これは後世の講経文が産出される雛形となっていると考えるほうが、より納得がいくのではないだろうか。

なお、敦煌本『法事讃』巻上は、かつて橘瑞超『二楽叢書』第一号（私家版、一九一二年）において流布本と対照の上で翻刻され、その影印は『国家図書館蔵敦煌遺書』一二三巻（北京図書館出版社、二〇〇九年）に収められている（BD一四一五五）。敦煌本によって現行流布本を校訂することができる。その一部は総論篇第三章で紹介した。

第三節　皇帝、皇后に対する祈願

『法事讃』巻下の七礼敬を唱和する直前には、以下のような文が添えられている（四七・四三八上）。

又願、此功徳資益大唐皇帝、福基永固、聖化無窮。又願、皇后慈心平等、哀愍六宮。又願、皇太子承恩厚地、同山岳之莫移、福命唐唐、類滄波而無尽。

『法事讃』にこうした皇帝、皇后、皇太子への言及（ご恩と安穏）が見られることに対して、金子寛哉〔一九八六〕や爪田一寿〔二〇〇六〕は善導と皇室との関連性に言及している。しかし皇帝への安寧を祈願することは敦煌石室本の講経文にも広く見られる文言であって特別なことではない。『阿弥陀経講経文』（斯六五五一、伯二一二二、伯三二一〇など）や、『仁王般若経講経文』（伯三八〇八）には以下のようにある。

『阿弥陀経講経文』（斯六五五一、王重民『敦煌変文集』四七一頁、人民文学出版社、一九五七年）

先用荘厳可汗天王、伏願、寿同日月、命等乾坤、四方之戎虜来庭、八表之華夷啓伏、奉為可汗大王、諸天公主、伏願雲仙化態、鶴質恒芳、長承聖主之恩、永沐皇王之寵。

『阿弥陀経講経文』（伯二一二二、王重民『敦煌変文集』四八四頁）

伏願我今聖皇帝、宝位常安万万年。（中略）東宮内苑彩頻妃、太子諸王金葉茂。公主永承天寿禄、郡主将為松比年。朝廷卿相保忠貞、州県官僚順家国。

『仁王般若経講経文』（長興四年中興殿応聖節講経文、伯三八〇八、王重民『敦煌変文集』四一三頁）

謹奉上厳尊号帝皇陛下、伏願聖枝万葉、聖寿千春（中略）皇后伏願常新令範、永播坤風（中略）淑妃伏願霊椿比寿劫石斉年（後略）

こうした講経文を一見すればわかるように、皇室と国家の祈願文は講経儀礼における常套となっているので、『法事讃』にこうした記載があるからといって、必ずしも善導と皇室との関わりとして捉えるべきではなく、単に儀礼における流れの中で組み込まれている美辞麗句にすぎないのである。講経儀礼にも僧侶への講経である僧講と、在家者への講経である俗講とがあるが、皇室への敬意を表して祈願することは俗講における通例であって僧講のそれではない(4)。これは敦煌写本の善導『往生礼讃偈』の日中礼の別行本（斯二六五九、伯二七二二）においても見られることである。その別行本は各種法会などに応じて原本を改編して利用されるもので、この敦煌本の日中礼にもやはり転用改編した痕跡が認められる。つまり、そこには日中礼の讃偈がはじまる前に胡跪供養文、作梵、歎仏呪願、釈迦礼、三宝礼が置かれているのである。これは法会において唐突に日中礼をはじめるのではなく、法会の流れを斟酌することから新たに前置きされたものと考えてよい。この日中礼の別行本の中、歎仏呪願においては、

今衆等於時、礼懺念誦功徳、資益梵釈四天王龍八部一切業道天曹地府等、皇帝皇后皇太子慈悲平等、聖化無窮、文武百官、恒居禄位。

と記されている(5)。善導の『往生礼讃偈』そのものには存在しない文言が、この日中礼の別行本には加えられているということである。また先述したように藤原幸章〔一九六七〕が指摘するとおり、『法事讃』は天台智顗『国清百録』巻一の敬礼法第二と構造的、内容的に酷似しており、以下のように皇帝への呪願が挿入されていることも共通する点である（四六・七九四下）。

為武元皇帝元明皇太后七廟聖霊、願神遊浄国、位入法雲。敬礼常住諸仏。
為至尊聖御、願宝暦遐長、天祚永久、慈臨万国、拯済四生。敬礼常住諸仏。
為皇后尊体、願百福荘厳、千聖擁護。敬礼常住諸仏。
為皇太子殿下、願保国安民、福延万世。敬礼常住諸仏。
為在朝群臣百司五等、願翼讃皇家、務尽成節。敬礼常住諸仏。

さらに円仁の『入唐求法巡礼行記』巻三には、開成五（八四〇）年五月のこととして、五台山竹林寺での設斎における礼仏式の模様を伝えている。その記事の中には以下のように記されている（鈴木財団本『大日本仏教全書』七二巻一一〇頁下）。

聖化無窮の為に常住三宝に敬礼す。

この他にも敦煌石室写本の『廬山遠公話』（斯二〇七三）には、道安が講経する様子を描き、そこに皇帝への祈願文として、

開経已了、嘆仏威儀、先表聖賢、後談帝徳、〝伏願今皇帝、道応龍図、徳光金園（中略）願諸王太子、金支永固、玉葉恒春。公主貴妃、貞華永曜。朝廷卿相、尽孝尽忠。郡県官僚、唯清唯直〟

と唱えられている様子を伝えている。(6) さらにまた、三階教の『七階仏名経』にも寅朝礼懺文の中に、

為皇帝聖化無窮　　敬礼常住三宝
為太子諸王福延万葉　　敬礼常住三宝
為国土安寧法輪常転　　敬礼常住三宝

とある。かつて、小野勝年〔一九六四〕が、「この俗講は俗人に対する教化を兼ね天子の長寿や天下の泰平を祈願することも目的としたもの」（一八二頁）と述べていたのは、そのあたりの事情を語ったものであろう。

法照の『浄土五会念仏略法事儀讃』（『略本』）にも同じように祈願文が添えられている。本書については後述することであるが、僧俗がともに寺廟において挙行される儀礼であり、その「荘厳文」において明示されている（四七・四七五下）。

惟願釈梵護世衛国衛人、八部天龍調風調雨。伏願皇帝輪宝飛来、韜戈偃鉀、舜沢遐霑於万国、尭風遠備於八荒。太子声飛洊雷、諸王志堅盤石、公主銀楼耀彩、卿相永鎮台衡無戎。（後略）

法照には他に『浄土五会念仏誦経観行儀』三巻（『広本』）がある。儀式の規模の大小によってテキストを適宜運用することになるが、『広本』の巻上が散逸しているので全貌は不明であるとしても、おそらく巻上には右に示した『略本』の「荘厳文」に相当するものが収載されていたと考えられる。

以上のことから、皇帝、皇后、皇太子などへの安寧祈願は、唐以前からの通俗儀礼や設斎、そして追善と功徳積累の法事全般においての常套句であり、『法事讃』にそうした言及があるという理由だけで撰述年代を推測することには無理があり、また善導が特定の皇帝、皇后、皇太子を意識した上で述べていたとは限らないということになる。(7) またそれを根拠として善導と皇室との関係を論ずることは有効とは思えないのであり、(8) むしろ、皇室の安寧に言及しているところにこそ儀礼の通俗性を認めるべきである。つまり、『法事讃』によって挙行される法会とは、在俗信者を対象とした別時儀礼であるということを示す決定的な証文とみなすべきなのである。

第四節　礼讃と礼懺の関係

『法事讃』には巻上巻下を問わず、数多くの讃歎文と懺悔文が説かれており、ともに読唱するようになっている。よって『阿弥陀経』の読誦とその講説、讃歎と懺悔の読唱を中心にした儀礼が『法事讃』ということでもある。仏や浄土への讃歎、それに自己の罪業に対する懺悔は、ともに普遍的な宗教行為と思われるが、浄土教の儀礼においてこの両者はしばしば礼讃（礼拝と讃歎）と礼懺（礼拝と懺悔）の中で説かれる傾向にある。両者はともに礼拝という身業を通して関わっているということである。

各論篇第二章では、第一節「浄土教礼讃偈の成立——礼拝と讃歎の結合——」を設けて、浄土教における身業の礼拝と口業の讃歎が結合した経緯について論じたので、ここでは身業の礼拝から展開される口業の讃歎と懺悔の両者が信仰の表裏をなす関係にあることについて述べてみたい(9)。

仏教信仰は、信仰される側（仏）と信仰する側（人）の存在を前提として成立する。そして両者が関わるとき、信仰する側（人）には対極方向にはたらく二つの感情が生まれるはずである。一つは自己をはるかに超越した救済者の存在に対する畏敬であり、もう一つはその救済者と対照的に脆弱無力な自己の存在に対する絶望である。換言すれば前者は外へと向けられる感情の吐露（讃歎）であり、後者は内に向けられる感情の吐露（懺悔）である。両者はあくまでも基層部分では同一にして相即不離にして、一方の深まりに呼応するかのように、他方も相乗的に深まっていく関係にあると言える。そしてこの二面的な感情が実際の行儀の上に具現化されてくると、「礼」という身体行為から、外に向けられる「讃」の行儀もあれば、また逆に内に向けられる「懺」の行儀もあるということになる。もし、これを資料の上から分類するならば、前者の礼讃（礼拝→讃歎）は、曇鸞の『讃阿弥陀仏偈』や、善導の『往生礼讃偈』がその好例であろうし、後者の礼懺（礼拝→懺悔）の例としては、三階教の『七階仏名経』や、智昇の『集諸経礼懺儀』、遵式の『往生浄土懺願儀』をあげることができよう。

しかしながら、礼讃と礼懺とは、ある一つの資料において、どちらか一方に偏って説かれるというものではない。たとえば善導の『往生礼讃偈』にも懺悔は説かれている。それは礼拝と讃歎と同じほどに重要な位置を占めていると言える。『往生礼讃偈』の六時の表題には、それぞれ「中下懺悔亦得」（日没）、「懺悔同前後」（初夜〜日中）と細字割註で示されているように、これは六時にそれぞれ礼拝と讃歎を行い、各時の最後に懺悔文を加えることを義務づけていることになる。具体的には要・略・広のいずれかの懺悔文を儀式の規模などに合わせて適宜挿入することになっているのである。したがって、礼讃は礼懺とも言える。

『往生礼讃偈』にも懺悔は説かれ、また『集諸経礼懺儀』にも讃歎が説かれていることからも、礼讃と礼懺とは本質的には信仰の深まりが、実際の行為としてあらわれてくる表と裏、外と内をなすものなのである。それは、この善導の『法事讃』においても「高接下讃云」だけではなく、「高接下懺云」とも指示され、讃歎文と懺悔文の双方を唱和する構造になっていることからも明らかである。

あたかも振り子のように、右方への振幅が、それと同程度の振幅を左方にも生じさせるように、みずからの三業のはたらきをもって内なる懺悔へと振幅すれば、次は同じだけ外への讃歎として振幅することに喩えてもよいだろう。一方の振幅が大きければ他方も大きく、小さければ他方も小さくなるのであり、その均衡は常に一定であり、しかも連続運動をすることで、しだいに信仰が醸成されてくるはずである。礼讃と礼懺はまさしく仏への礼拝という行為を基軸として、そこから生まれる三業の振幅である。そして、これは善導の深心釈にあてて考えることが可能である。懺悔は信機に相当し、讃歎は信法に相当する。つまり信機、信法という静的な「信」が単にそれでおわるのではなく、懺悔、讃歎という動的な実践へと展開されていくのが善導浄土教の大きな特色なのである。

ところで天台の遵式（九六四～一〇三二）の『往生浄土懺願儀』一巻は、十科に分けた儀礼が述べられている。十科とは、「一厳浄道場、二明方便法、三明正修意、四焼香散華、五礼請法、六讃歎法、七礼仏法、八懺願法、九旋誦法、十坐禅法」（四七・四九一上）である。ここに「六讃歎法、七礼仏法、八懺願法」が並んでいることに注目できる。つまり、これら讃歎、礼拝、懺悔が各別に行われるのではなく、連続して挙行される中で、信仰と実践における自覚が生まれる効果があるということである。さらに元照（一〇四八～一一一六）にも『浄業懺願儀』があったが、残念ながら散逸している（その序文のみが『楽邦文類』二〈四七・一七〇上中〉に収められている）。おそらくは『往生礼讃偈』『集諸経礼懺儀』『往生浄土懺願儀』などと同じように、讃歎、礼拝、懺悔の三者が体系的な行儀として示されていたのではないだろうか。

おわりに

『法事讃』は施主からの依頼によって挙行される儀式であり、施主の功徳を積累することを目的としている。まずこれをもって本書撰述の由来とみなさなければならない。その内容は主に礼拝、懺悔、讃歎を中心とする構造で、讃偈においてはA経文朗読（経）→C韻文斉唱（唱）の流れで伝えられているが、実際の儀礼においてはB散文解釈（白）が挟まれていたはずが、成文化された際に略されたと考えた。また文中に皇室への安寧祈願が含まれていることを根拠として善導と皇室の関係を認めようとする報告もあるが、これを通俗儀礼の常套句とみなすならば、両者の関わりを積極的に肯定することはできない。そして最後に本書にはいたるところで懺悔と讃偈が説かれていることから、自己への懺悔と仏への讃偈という相反する行為が、実は礼拝が介在することで成立している（礼懺と礼讃）ことを論じた。本章では次章の律動論の前提とすべく、『法事讃』の儀則と題してその構造全体を述べたつもりである。

註

（1）小西存祐は「法事讃は一言していふと、阿弥陀経の転読といふことを中心にして組みたてられてゐる浄土門の一つの行法で、その作法を書き表はしたものが上下両巻ある。（中略）つまり法事讃は、読誦の行によつて極楽の二報荘厳を讃美するといふことがその主眼で、言換へればこの行法の主体は転経といふことに在る」（「『法事讃』を通して見たる善導大師」『摩訶衍』九、一九三〇年）と述べ、大原性実は「本書は往生浄土の行法として仏事供養を修する場合の規儀を明かされたもので、専ら『阿弥陀経』による臨時行法の儀則であり」（『善導教学の研究』四一頁、永田文昌堂、一九七四年）と述べている。しかしながら、施主の依頼によって行われることが大前提であり、これが目的であることを忘れてはならない。

（2）廣川堯敏「敦煌出土七階仏名経について――三階教と浄土教の交渉――」（『宗教研究』二五一、一九八二年）、道端良秀「善導と三階教」（『中国仏教史全集』六巻、一九八五年、初出は一九三二年）、柴田泰山「三階教文献と善導」（『東アジア仏教研究』六、二〇〇八年）

（3）矢吹慶輝『三階教之研究』五〇頁（岩波書店、一九二七年）

（4）敦煌本の『阿弥陀経講経文』（斯六五五一、伯二一二二、伯三二一〇）を参照。善導の『法事讃』が後世成立したと思われる『阿弥陀経講経文』とどれほどの関わりがあるかについても今後検討されなければならない。

（5）敦煌本の『往生礼讃偈』は少なからず現存しているが、斯二六五九（『敦煌宝蔵』二二・七九）、伯二七二二（『敦煌宝蔵』一二三・四八六、『法国国家図書館蔵敦煌西域文献』一七・三六五）は、いずれも日中礼の別行本である。廣川堯敏「敦煌出土善導『往生礼讃』古写本について」（小沢教授頌寿記念『善導大師の思想とその影響』大東出版社、一九七七年）を参照。なお、スタイン本の「於時」を、ペリオ本では「依暁」としている。

（6）黄征・張涌泉校注『敦煌変文集校注』二六四頁（中華書局、一九九七年）。和訳として入矢義高編『仏教文学集』一一七頁下（平凡社、一九七五年）がある。

（7）たとえば、現在の浄土宗の法会において、たとえ寺院・住職と皇族とのつながりはなくとも、以下の回向文を唱えることになっている。①「天皇陛下　宝祚延長　聖化無窮　玉体安穏」、②「神武天皇大尊儀　御歴代天皇大尊儀　明治天皇大尊儀　大正天皇大尊儀　昭和天皇大尊儀　増上御菩提」。唐代のそれは現政権への祈願文であり、浄土宗で唱えている回向文は、①が今上天皇への祈願であり、②が過去の歴代天皇への追福であろう。このように宗教行為、宗教儀礼において過去と現在の皇室の福楽安寧を願うことは、時代や国家を問うことなく、安楽な生活をおくる国民として、その恩恵に感謝を込めて儀礼の中で感謝と報恩として行うことなのである。繰り返すが、これは仏教儀礼（とくに在家信者に対する俗講儀礼）の常套なのである。

（8）国家事業としての龍門石窟の奉先寺洞開鑿にあたって、善導が検校僧に抜擢されたことについては、確かに皇室との何がしかのつながりを予想させるものであろう。しかし、それがいかなる経緯によって抜擢されたのかは、まったく不明である。したがって、龍門石窟に関してすらも積極的に皇室と善導との関係を立証することはできない。

（9）かつて廣川堯敏〔一九八四〕では「礼懺文と礼讃文」の節を設け、諸資料を分類して簡単な解説を付しているが、そこでは両者の関連性には及んでいない。

第六章　善導『法事讃』における讃偈の律動

はじめに

中国浄土教における讃偈は通俗的な宗教音楽儀礼の材料であり、寺廟に大衆を集めてともに唱和するような庶民の娯楽に近い性格を具えていた。しかし、その構造や句式から見ると、単に宗教儀礼の材料というだけではなく、文学作品としても捉えることができる讃偈もある。そして、文学作品とみなす以上は、経典の註疏とは別の角度からアプローチしなければならないはずである。

本章は善導の『法事讃』における文学的評価、すなわち讃偈を詩として捉えられるか否かを検証することを目的とする。とくに韻文の生命線ともいえる律動――規則的・周期的に繰り返される音楽的なリズムであり、ここでは音数律、声律、韻律の三要素――に焦点をあててその文学的要素を解明する。前章までは善導の『般舟讃』（各論篇第二章）、『往生礼讃偈』（同第三章）、『観経疏』（同第四章）において同様に検証してきたが、ここでは『法事讃』における有韻の讃偈を扱う。

第一節　韻文の三要素

後漢以後の中華の詩の多くは一句の字数をそろえる、いわゆる斉言詩の作例が圧倒的に多い。一字一音節の漢字は、句中の字数を均一にすることで暗唱するにも読唱するにも規則的な律動を確保することになる。これを音数律という。また句中の音のリズムを調整する修辞を平仄といい、五世紀後半以後の詩作中に顕在的となってくる。これを声律という。そして偶数句末に同じ韻母の文字を配置する押韻という修辞がある。これを韻律という。これらは時代的な変遷や、厳緩の異なりはあるものの、『詩経』以来の韻文の必要条件となっている[1]。当然ながら、この音数律（字数）、声律（平仄）、韻律（押韻）は、作者によって意図的に作品の中で配慮されることになる。とくに純文学作品においては顕著であり、唐代では七言詩が科挙の試験科目に課せられ、また李白（七〇一～七六二）や杜甫（七一二～七七〇）によって近体詩が形成されていくことで、それ以後の詩歌には不可欠の格律要素となったのである。

善導は李白や杜甫に先んじており、またその讃偈は宗教作品であって、純粋文学作品ではないが、南北朝以来の詩の伝統を受け継ぎ、これら三要素を自覚的に取り入れていたことは確実である。それは詩歌が第三者に評価され、口ずさむことを前提として作られているように、讃偈もまた儀礼の場で僧俗とともに唱和することを前提として作られているからである。口誦歌詠するからには、規則的・周期的に繰り返される音楽的リズムとしての律動を配慮しないわけにはいかないはずであって、実は善導こそそれを痛感していたのである。すでに各論篇第二章で述べたように善導以前の浄土教の讃偈はすべて無韻であった。善導の作品の中では『般舟讃』の讃偈は無韻で音楽的な律動（とくに韻律）は認められないが、『往生礼讃偈』と『観経疏』、そしてこの『法事讃』の三部はみな律動が機能している。善導は『般舟讃』にもとづく儀礼に不都合を感じていたからこそ、後に律動を配慮した讃偈を作っていったと考えるのが自然である。唐一代の浄土教礼讃偈を鳥瞰するとき、善導の『般舟讃』が前時代的な作風の終焉であり、それ以外の作品はみな有韻に仕立てられている事実から考えて、中国浄土教礼讃儀礼の画期は善導の作品中にあったということになり、これはまた結果的に五部九巻の成立順を知る有力な手がかりにもなっているのである（総論篇第二章を参照）。

①音数律

さて、『法事讃』の現行本は写本と版本とに関わりなく、また近現代の活字テキストであろうと、その一部の讃偈を除いて、多くは散文の行取りによって排版されている。つまり以下に示すように、「下接高讃云」や「高接下讃云」と前置きされていながらも、これにつづく文章が韻文として扱われてこなかったということである。(2)

下接高讃云（『大正蔵経』四七・四二六中）

衆等希聞諸仏法龍宮八万四千蔵已施神光入道場証明功徳復満願因茲離苦見弥陀法界含霊亦除障我等身心皆踊躍手執香華常供養

高接下讃云（四七・四二六中）

龍宮経蔵如恒沙十方仏法復過是我今標心普皆請放大神光入道場証明功徳復除罪増長施主菩提芽衆等各各斉心

念手執香華常供養

こうした散文の行取りのまま読者に提供されてきたという事実は、『法事讃』の讃偈を詩歌として正しく評価しようとする姿勢がなかったことを意味する。しかし、「讃じて云く」とある以上は、何らかの律動上の配慮が加えられた文章であることを予想してしかるべきである。この点を猛省するとともに、今後新たな校訂テキストを作成する場合、『往生礼讃偈』と同じように視覚的にそれが讃偈であると把握できるように排版した上で提供しなければならない。つまり以下のような韻文としての行取りに改めるということである。

下接高讃云

衆等希聞諸仏法　龍宮八万四千蔵　已施神光入道場　証明功徳復満願

因茲離苦見弥陀　法界含霊亦除障　我等身心皆踊躍　手執香華常供養

高接下讃云

龍宮経蔵如恒沙　十方仏法復過是　我今標心普皆請　放大神光入道場

証明功徳復除罪　増長施主菩提芽　衆等各各斉心念　手執香華常供養

これによって、この讃偈が七言の音数律によって一句を成す律詩であることが視覚的に明確となるのである。

また、同じく巻上の「行道讃梵偈」の直後にある以下の讃偈も確認してみよう。ここも先に同じく現存する写本版本から活字本にいたるまで、みな左のような散文の行取りになっている。

下接梵人声立讃云（四七・四二八上）
願往生願往生道場衆等爾許多人歴劫已来巡三界輪廻六道無休止希見道場請仏会親承供養難思議七周行道散華訖悲喜交流願滅罪乗此善根生極楽華開見仏証無為衆等持心就本座手執香華常供養

これを韻文の行取りに改めると以下のようになる。

下接梵人声立讃云
願往生　願往生　道場衆等**爾許多**人　歴劫已来巡三界　輪廻六道無休止
希見道場請仏会　親承供養難思議　七周行道散華訖　悲喜交流願滅罪
乗此善根生極楽　華開見仏証無為　衆等持心就本座　手執香華常供養

このように改めることによって七言一二句の讃偈であることがわかると同時に、第二句だけが八言になっていることにさえも気づくことができる。『法事讃』の中国国家図書館蔵敦煌写本(3)でも同じく八言になっているが、おそらく善導の原初テキストにあっては他の句とそろって七言であったことは十分に予想できるのである。七言の場合の句中の停頓は上四字の後にあり（〇〇〇〇／〇〇〇）、他の句もみなそうしたリズムを刻んでいることから、「道場衆等／爾許多人」で停頓が置かれるはずである。すると下の句「爾許多人」はもと三字であったはずが、後に一字が加えられてしまったということになる。それは「爾」字に相違ない。

善導の讃偈はこの『法事讃』だけではなく、著作全般で右のような七言一句の音数律を維持している[4]。それは隋唐の詩壇で隆盛していく七言詩の潮流に便乗する姿勢のあらわれであり、五言詩よりも通俗的で軽快なリズムによって礼讃儀礼を行うことが儀礼の盛況、ひいては浄土信仰の拡張に一役かうものと期待されたからであろう。

こうした音数律への配慮というものは、右に示した讃偈の例だけではなく、散文にも認められる。『法事讃』の序文がそれである。韻文としての讃偈は五言と七言のどちらかであるが、散文では四言と六言のどちらか、またはその混淆体によって表現される。『法事讃』の序文は声律も配慮されているので、次項で詳しく述べることにする。

②声律

『法事讃』巻上の巻頭にある「序曰竊以」から「斉臨彼国」にいたる序文は、散文でありながらも声律を完璧に具えた美文によって綴られている。序文とは当該文献の顔であり、作者の撰述意図などが盛り込まれるものであって、同時に句作りや文章表現、そして語彙にまで彫琢を凝らした美文に仕立てるのが常套である。それは他者の目にさらされることを前提としているからに他ならない。またそれは文人知識人としての教養であり、証であったのである。現行『法事讃』における散文体の序文三三四字を、あえて断句した行取りに転換すると以下のようになる。文字の傍らに平声（○）と仄声（●）を付した。

序曰

①竊以……（句端の言辞、以下同じ）

娑婆○広大●　火宅●無辺○　六道●周居○　重昏○永夜●
生盲○無目●　慧照●未期○　引導●無方○　倶擢○死地●
循還○来去●　等逝水●長流○　託命●投神○　誰之○能救●

②斯乃

識含○無際●　窮塵○之劫●更踰○　自爾●悠悠○　遇勝●縁之○何日●
上従○海徳●　初際●如来○　乃至●今時○　釈迦○諸仏●
皆乗○弘誓●　悲智●双行○　不捨●含情○　三輪○普化●

③然我

無明○障重●　仏出●不逢○　設使●同生○　還如○覆器●
神光○等照●　不簡●四生○　慈及●無偏○　皆資○法潤●
雖沈○法水●　長劫●由頑○　苦集●相因○　毒火●臨時○還発●

④仰惟

大悲○恩重●　等潤●身田○　智慧●冥加○　道芽○増長●
慈悲○方便●　視教●随宜○　勧念●弥陀○　帰乎○浄土●

⑤地則

衆珍○雑間●　光色●競輝○　徳水●澄華○　玲瓏○影徹●
宝楼○重接●　等輝○神光○　林樹●垂瓔○　風塵○雅曲●
……「輝○」は「耀●」の誤りか
華台○厳瑩●　種種●希奇○　聖衆●同居○　明踰○千日●

⑥身則
紫金○之色●　相好●儼然○　進止●往来○　乗空○無碍●
若論○依報●　則超絶●十方○　地上●虚空○　等皆○無異●
他方○凡聖●　乗願●往来○　到彼●無殊○　斉同○不退●

⑦但以
如来○善巧●　総勧●四生○　棄此●娑婆○　忻生○極楽●
専称○名号●　兼誦○弥陀経●

⑧欲令
識彼●荘厳○　厭斯○苦事●　三因○五念●　畢命●為期○
正助●四修○　則刹那○無間●　回斯○功業●　普備●含霊○
寿尽●乗台○　斉臨○彼国●

この『法事讃』の序文は句末押韻を具えた韻文ではないが、右のような行取りに改めることによって、実に美麗な序文であったことが確認できる。「竊以」「斯乃」「然我」などの二字からなる句端の言辞を挟みながら、全般的に四言を基調とするスタイルを採っている。時に四言の単調さを回避すべく六言を挿入していることも、善導による意図的な配慮とみなされる。そして、何よりも注目すべきはその平仄配置の見事さである。視覚的に捕捉できない音声を、漢字の右に○（平声）と●（仄声）を付すことで、この文章が一句として破格がないほどに完璧に仕上げられていることがわかる（⑤の第六句にある「輝○」は「耀●」の誤りであろう。後述する）。平仄とは句中の文字の声調を異にする修辞技法であり、韻文作品だけではなく、六朝の駢儷文（四六文、四六駢儷文）にも配慮される美文の条件と言える。(5) 四言各句の第二字と第四字、そして六言句ではこれに第六字を加えて、平声と仄声（上声、去声、入声）の文字を配置しており、しかも句間の粘法と反法とが一つの乱れすらなく、この序文の最初から最後まで一貫していることがわかる。たとえば初句が○―●（平―仄）の配置であれば、第二句はその反対の●―○（仄―平）となるように漢字を配置する。これを反法という。そして第三句は第二句と同じく●―○（仄―平）とする。これを粘法という。さらに第四句は第三句と逆となる粘法に仕立てるので、初句と同じ○―●（平―仄）となるように、あらかじめ定められた法則の中に漢字を嵌めこむ。こうした点描画さながらの作業の繰り返しによるきわめて装飾的な修辞法を駆使した文書は六朝で盛況する。平仄を整え対句を用いることで、より技巧を凝らした散文に仕上げようとする作者の意図がはたらいており、それは唐代の韓愈（七六八～八二四）によって古文復興運動が推進されるまで多く作られるようになった。(6) ここに一例として陳の徐陵（五〇七～五八三）による『玉台新詠』の序文の一部を示しておく。

加以……（句端の言辞）
天時○開朗●　逸思●彫華○
妙解●文章○　尤工○詩賦●
瑠璃○硯匣●　終日●随身○
翡翠●筆床○　無時○離手●
清文○満篋●　非惟○芍薬●之花○

新製連篇○　寧止葡萄之樹●
九日登高○　時有縁情之作●
万年公主●　非無累徳之辞○
（中略）
於是……（句端の言辞）
麗以金箱●　装之宝軸●
三台妙跡●　龍伸蠖屈之書○
五色花箋○　河北膠東之紙●
高楼紅粉●　仍定魚魯之文○
辟悪生香○　聊防羽陵之蠹●
霊飛太甲●　高擅玉函○
鴻烈仙方○　長推丹枕●

この六朝における美文の代表とも言われる『玉台新詠』序の四六体とその声律の規範は、しっかりと『法事讃』の序文に受け継がれている。今、『法事讃』の序文の句端の言辞①「竊以」ではじまる一二句をもって具体的に検証してみよう。まず各句の句中の第二字と第四字を見ると、すべて平声（○）と仄声（●）が異種となる漢字を配置していることがわかる。次に隣接する句間の平仄を見ると、奇数句と次に接続する偶数句では異なる平仄配置となし（反法）、その偶数句とさらに次に接続している奇数句では同じ平仄配置となっている（粘法）。そして一二句全体を鳥瞰的視点で捉えるならば、中央で折りたたむと、その右（a～f）と左（g～l）の平仄が完全に対応していることを確認できる（左図参照）。つまりaとl、bとk、cとj、dとi、eとh、fとgが対称となって配置されているということである。

a	娑婆○広大●
b	火宅●無辺○
c	六道●周居○
d	重昏○永夜●
e	生盲○無目●
f	慧照●未期○
g	引導●無方○
h	倶摧○死地●
i	循還○来去●
j	逝水●長流○
k	託命●投神○
l	誰之○能救●

これは音声的にはシンメトリー（symmetry）の美を形成していることになる。シンメトリーとは主に建築や偶像など造形デザイン方面の芸術作品における対称性をいい、その均衡を配慮した様式美として古代エジプトやギリシャから用いられてきた技法である。善導は文章デザインをシンメトリーとして設計し創作したのであり、これは音楽における芸術作品と言える。多くの言語において、はじめから読んでもおわりから読んでも、同じ音節の順になる回文という一種のことば遊びがある。右の序文はさしずめ声律（平仄）による回文である。善導は『玉台新詠』序にあるような六朝以来の美文の条件としての四六体とそこにあらわれる声律に準拠させつつ、意匠を凝らして『法事讃』の序文を創作していたのである。句中では平仄を異種にし、句間では反法と粘法を用いて変化をつけ、それらの「異種」と「変化」という不均衡を、作品全体の中でシンメトリーとなるように調整することによって、総体的な調和をはかっていく技法、そうした秀麗な文章を『法事讃』の顔（序文）として、これを読む者、聞く者、そして儀礼に参集する者の耳目をまずは引きつけようとしたのである。後に示す讃偈では句末の押韻が配慮されているのでそこは韻文であるが、この序文は押韻することはないので、韻文ではなく散文である。しかしながら、音数律と声律が首尾よく

整えられている事実は、散文でありながらも韻文のような美しい彫琢が施された美文として正しく評価すべきなのである。漢語文献における序文が日本の文献のそれと異なる最大の特質は、音声の美を追求することにある。善導もこの点を意識して序文を起草していたことになる。いずれにせよ、散文の行取りで書写され排版されている現行テキストを四句ごとに断句し、さらにその平仄配置を確認する作業を通して、これまで語られることがなかった善導の文才を正しく顕彰することができた。ことばの表面的な意味だけでなく、そこに潜む内在的な善導による配慮が、以上のように明らかになったのである。

なお、⑤の第六句「等輝神光」は平仄に不具合がある。現存テキストはみな「輝」に作るが、おそらくこれは「耀」に相違ない。意味は同じであり、なおかつ字体も近似しているので、転写の過程で本来の「耀」が「輝」に誤写されて今日にいたっていると考えられる。他の句の平仄が一つ残らず完璧に整っていることから、善導のオリジナルテキストでは必ずや「等耀神光」となっていたはずである。

こうした『法事讃』の序文に音数律と声律という美文としての修辞が施されていた事実を高く評価する一方で、以下の点にいささか違和感をおぼえる。それはこの序文の中に五言の句が四つ混在しているということである。「等逝水長流」、「則超絶十方」、「兼誦弥陀経」、「則刹那無間」がそれである。偶数音節の連続によって散文としてのリズムを維持しようする四六体の中に奇数音節の挿入は、どうもしっくりとこない。単調なリズムを崩す目的で音数律に変化をつけることはあるが、その場合は二句一対で構成するのが美文というものである。つまりリズムを崩す場合であっても、必ず規範的に崩すのが常道なのである。ところがこの序文中の四つの五言の例は、四言が連続する中に単独であらわれて、二句一対に仕立てられているのではない。よって、おそらく句頭の「等」「則」「兼」「則」はそれぞれ不要な成分であって、善導の原初テキストにはなかったのではないかと愚考するものである。(7)

なお『観経疏』玄義分の冒頭にある「十四行偈」も押韻しない偈である。五言一句で総計五六句あるが、押韻しないばかりか声律についても良好とは言えない。

道●俗●時衆等　各●発●無上心　生●死甚○難厭　仏●法復○難欣
共●発金○剛志　横超○断●四流　願●入弥○陀界　帰依○合●掌礼
（中略）
十○方恒○沙仏　六○通照○知我　今●乗二○尊教　広○開浄●土門
願●以此○功徳　平等●施一●切　同●発菩○提心　往生○安●楽国

右に引いた前後四行一六句の中でさえも五句が破格（●●または○○）となっており、全五六句における破格は四分の一の一四句になる。「十四行偈」は音数律こそ五言一句に仕立てて視覚的に韻文を装っているが、実際には韻律を具備しておらず、声律にあっても十全ではない。またこの「十四行偈」に接続する「竊以……」ではじまる序題門の律動についても確認してみたが、やはり句作りにばらつきがあり、声律も一部を除いて良好とは言えない（各論篇第四章）。一方、『法事讃』冒頭の序文四言一句はその音数律から散文の体裁であるにもかかわらず、声律が完璧に配慮されているのである。

以上、ここでは『法事讃』序文における散文としての四言と六言の声律を確認してみたところ、ともに規範に従っていると言える。以下の③韻律に示す讃偈にも○（平声）と●（仄声）を付したので適宜確認していただきたい。

③韻律

ここでは『法事讃』の五言偈、および七言偈における韻律の例を若干示す。各句には平仄を示し、偶数句末の括弧には『切韻』（陸法言撰、六〇一年成書）の最終増訂版である『広韻』（陳彭年撰、一〇〇八年成書）の韻目を示した。

◎巻上（四七・四二七上中）

請観世音讃云

奉請○観世●音　散華楽　慈悲○降道●**場**◎（平陽）　散華楽
斂容○空裏●現　散華楽　忿怒●伏魔○**王**◎（平陽）　散華楽
騰身○振法●鼓　散華楽　勇猛●現威○**光**◎（平唐）　散華楽
手中○香色●乳　散華楽　眉際●白毫○**光**◎（平唐）　散華楽
宝蓋●随身○転　散華楽　蓮華○逐歩●**祥**◎（平陽）　散華楽
池回○八味●水　散華楽　華分○戒定●**香**◎（平陽）　散華楽
飢湌○九定●食　散華楽　渇飲●四禅○**漿**◎（平陽）　散華楽
西方○七宝●樹　散華楽　声韻●合宮○**商**◎（平陽）　散華楽
枝中○明実●相　散華楽　葉外●現無○**常**◎（平陽）　散華楽
願捨●閻浮○報　散華楽　発願●入西○**方**◎（平陽）　散華楽

五部九巻にあらわれる讃偈の中で、この請観世音讃と、『観経疏』水想観の「帰去来」ではじまる讃偈、宝樹観にある雑言偈を除き、善導自作の讃偈はみな一句七言となっている。無韻の『般舟讃』ですらも隋唐で盛況する新鮮で軽快なリズムの七言偈を採用しているにもかかわらず、こうした五言偈は形式的で重厚感があり、旧套を墨守しようとする善導の擬古的な姿勢を垣間見ることができる。なお、敦煌本『法事讃』巻上（『国家図書館蔵敦煌遺書』一二三）にこの請観世音讃は存在しない。以下、参考までに『観経疏』水想観の五言偈を示す。どちらの五言偈もともに押韻は完全であり、しかも声律においても二四不同がきっちりと配慮されている（三七・二六三上）。

帰○去●来○　魔○郷不●可○**停**◎（平青）
曠●劫来○流転●　六●道尽○皆●**経**◎（平青）
到●処無余○楽●　唯○聞愁●歎●**声**◎（平清）
畢●此生平○後●　入●彼涅○槃**城**◎（平清）

つづいて『法事讃』の七言偈も巻上と巻下から二つずつ以下に示す。あわせて声律も確認していただきたい。

◎巻上（四七・四二六下～四二七上）

下接高讃云

願往生　願往生

十方菩○薩大●慈○悲　不●惜身●命度●衆●**生**◎（平庚）
六●道分○身随類●現　為●説妙●法証無○**生**◎（平庚）

無生○浄土●随人○入　広大●寛平○無比●**量**◎（平陽）
四種●威儀○常見●仏　法侶●携将○入宝●**堂**◎（平唐）
衆等●身心○皆踊●躍　手執●香華○常供●養

偶数句末には完璧な押韻が配慮され、奇数句末は初句を除いてみな仄声が配されている。さらに第四句末と第五句頭に同じ語彙「無生」を配置した連珠讃の形態をとっていることまでも了解できる。声律についても一〇句あるうち八句が規範にそっている。なお、最終句にある「手執香華常供養」（上声養韻）は、『法事讃』の各偈の最後に配置される常套句なので押韻単位からは除外する。ただし、当時の儀礼においては平声陽韻で読唱していたと思われる。

◎巻上（四七・四二八上）

高接下讃云
願往生　願往生　慇懃○頂礼●楽聞○経○（平青 -ieng）
衆等●斉心○生渇●仰　不貪○王位●捨千○**頭**◎（平侯 -ǝ̆u）
聖人○所重●不過●命　標心○為物●不生○**憂**◎（平尤 -jǝ̆u）
七寸●長針○遍体●入　普願●群生○入法●**流**◎（平尤 -jǝ̆u）
自取●身皮○写経○偈　諸天○泣涙●散華○**周**◎（平尤 -jǝ̆u）
千灯○炎炎○流身○血

感傷○大士●身心○痛　微微○含笑●願無○瞋○（平真 -jĕn）
仰願●同聞○同断●悪　難逢○難遇●誓当○専○（平仙 -jεn）
念念●回心○生浄●土　畢命●入彼●涅槃○門○（平魂 -uən）
各各●傾心○無異●想　手執●香華○常供●養

右一八句のうち青韻と侯韻は明らかな失韻となるが、その後には尤韻がつづきリズムを維持している。最後は真・仙・魂を韻目とする文字が並べられている。推定中古音を示したように[8]、厳密に言えば押韻しないが、同じ鼻子音 -n の収束音でそろえており、また脚韻のすべてが平声であり、押韻しない奇数句末はみな仄声の漢字を用いているので、明らかな韻律配慮があったものと考えるべきである。

◎巻下（四七・四三二中）

下接高讃云

願往生　願往生
極楽●荘厳○出三○界　人天○雑類●等無○**為**◎（平支）
法蔵●行因○広弘●願　設我●得仏●現希○**奇**◎（平支）
或現●鳥身○能説●法　或現●無請○能応●**機**◎（平微）
或使●微波○出妙●響　或使●林樹●讃慈○**悲**◎（平脂）
或使●風光○相応●動　或令●羅網○説音○**辞**◎（平之）

一切●荘厳○声遍●満　恒沙○天楽●自依○時◎（平之）
為引●他方○凡聖●類　故仏●現此●不思○議●（去寘）
我等●聞之○身毛○竪　砕骨●慚謝●阿弥○師◎（平脂）
一受●専精○不惜●命　須臾○即到●豈為○遅◎（平脂）
衆等●回心○皆願●往　手執●香華○常供●養

右全二〇句の中で「不思議」の「議」のみが去声寘韻ではあるが、善導の作品中ではしばしば句末に「……不思議」が置かれることがあり、これと前後して押韻する句はみな平声の陰声韻尾（-i）で収束していることから、礼讃儀式における不思議の「議」字の読唱音は平声支韻であったことが予想される。[9] したがって右の讃偈は実のところみな押韻していることになる。また、第一六句で阿弥陀仏を「阿弥師」としていることは、すでに記主良忠が『法事讃私記』巻中（『浄全』四・六九上）において、

阿弥師とは、陀と云うべしと雖も、韻を用いんが為に、師と云う也。

と述べたとおりである。短いコメントではあるが、これだけで十分に納得できる解説である。こうしたところにこそ、『法事讃』の讃偈は宗教歌でありながらも文学的な意匠が発揮されていると言える。この讃偈の声律にしても二〇句のうち一三句が正格の二四不同と二六対が整っている。

◎巻下（四七・四三二下）

下接高讃云

願往生　願往生
果得●涅槃○常住●世　寿命●延長○難可●**量**◎（平陽）
千劫●万劫●恒沙○劫　兆載●永劫●亦無○**央**◎（平陽）
一坐●無移○亦不●動　徹窮○後際●放身○**光**◎（平唐）
霊儀●相好○真金●色　巍巍○独坐●度衆●**生**◎（平庚）
十方○凡聖●専心○向　分身○遣化●往相○**迎**◎（平庚）
一念●乗空○入仏●会　身色●寿命●尽皆○**平**◎（平庚）
衆等●回心○皆願●往　手執●香華○常供●養

善導の讃偈の多くは四句または八句で換韻するが、右の例は六句で換韻している。また声律は一四句中、一〇句が規範にそっている。

ここで例示した讃偈はどれもみな押韻と平仄配置は概ね良好である。善導が活躍したころには、すでに『切韻』（六〇一年成書）が成立していた。『切韻』は隋以前の音韻体系を反映するものの、その後ながらく文学界において作詩上の標準音となることにより権威を保つ。善導がこの『切韻』を実見していたのかは不明であるが、その拘束を必ずしも受けていなかったことは、讃偈の韻律を調査することで容易に判断できる。善導の作品は、詩歌としての芳香をただよわせながらも、一方ではどこまでも宗教的讃偈としての通俗的な作風であると評価できる。無韻の

『般舟讃』は論外として、『往生礼讃偈』日中礼に比べたとしても、『法事讃』のそれはどうしても韻文作品としての完成度に欠けることは否めない[10]。しかしながら、それは同じく唐代の詩作品にも言えることで、王力は「南北朝詩人用韻考」で初唐の詩文の通押が緩いことを論証し、また金文京も「詩讃系文学試論」で、敦煌講経文の押韻は破格でありながらその平仄は正格を具えるものがあるとして、『阿弥陀経講経文』三二句が無韻であっても平仄は忠実であると指摘しているとおりである[11]。

以上、『法事讃』を研究の俎上に載せる場合には、まずもって現在のテキストの行取りを韻文の行取りに組み版する作業からはじめなければならない。現存する資料から見て、浄土教の礼讃文は南北朝の末から唐代を通して実際の儀礼に供すべく作られている。その中には新作だけではなく、旧作の改訂も少なからず含まれている。あるものは古体詩、またあるものは近体詩の格律を具え、そしてまたあるものは両者が混淆並存した讃文として仕立てられている作品さえもある。それは韻文としての数ある規範のうち、とくに韻律と声律においてあらわれてくる。その律動を問題とする讃偈は、唐代になって善導が儀礼として整理するものであり、その音韻体系は、当然ながら『切韻』を規範として実際の音価を推定したり、文学的評価の基準として設定することができる。隋の仁寿元（六〇一）年に撰述された『切韻』は、五、六世紀の南北漢字音を反映し、その音韻体系は宋の大中祥符元（一〇〇八）年成書の『広韻』に引き継がれていることからも、詩歌の分野では四〇〇年以上の長きにわたって、その権威を維持しつづけていたからである。讃偈を韻文として評価しようとするからには、韻律をとくに重視しつつ、声律・音数律・対句・反法・粘法・節奏・典故などにも気配りし、そしてとくに中唐の法照（七四六～八三八）以後の讃偈については、李白や杜甫によって確立される近体詩の禁忌である同一句中の冒韻、下三連や孤平、さらに奇数句末の平声字の使用と換韻などについても注意をはらいながら確認していかなければならない。韻散ともに漢語の美文とはしかるべき法則に従って文字が点描され、その組み合わせによって豊かな律動が生み出されるものであるからには、そうした作者による文学的な配慮を閑却したままで、単に讃偈において可視的に表現されていることばの意味だけを追いかけようとすることは、その作者に対して不遜な態度となるのではないだろうか。

第二節　その他の修辞

韻文の修辞技法としては前節でふれた音数律・声律・韻律に限られるのではない。『法事讃』にはそれ以外にも種々の修辞が含まれており、それらによってより音楽的な儀礼が実現したものと言えるだろう。

①和声の挿入

『法事讃』は『般舟讃』と同じく讃偈に和声が挿入されていることも注目すべきである。讃偈の各句間に、「願往生」「無量楽」「往生楽」「散華楽」の三字句が挿入されている。これは合いの手または囃子詞であり、法会において大衆がともども斉唱する際に、一定のリズムを確保することに一役かっている。善導はそれを「和讃」（四七・四二四下）と述べている。讃偈を一句唱えるごとに、それと異なる唱者が和声を挿れていく音楽法要で、こうしたアンサンブル（重奏）を繰り返して儀礼の盛況を期すのである。以下に示す讃偈に、「大衆は心を同じくして三界を厭え」や、「大衆は心を同じくして高座を請え」とあるのは、施主や在俗信者も加わって行われる法会であったことがわかる。多人数によって合奏として繰り返される音響効果により、宗教儀礼はより豊かなものとなるので、後の浄土教礼讃儀礼においてもこの和声は常套の手法として取り込まれていく。

般舟三昧楽　願往生　大衆同心厭三界　無量楽
般舟三昧楽　願往生　三塗永絶願無名　無量楽
三界火宅難居止　願往生　乗仏願力往西方　無量楽
般舟三昧楽　願往生　念報慈恩常頂戴　無量楽
（中略）
大衆同心請高座　往生楽　為度群生転法輪　往生楽
難思議　往生楽　双樹林下　往生楽　難思　往生楽
衆等傾心楽聞法　往生楽　手執香華常供養　往生楽
難思議　往生楽　双樹林下　往生楽　難思　往生楽

先に示した五言の請観世音讃にも、「散華楽」の和声が挿入されていたが、浄土教礼讃儀礼において、この和声を導入した先駆者こそ善導であった。これは後に善導後身（善導の生まれ変わり）と尊称される法照によって撰述された『浄土五会念仏誦経観行儀』（『広本』）や『浄土五会念仏略法事儀讃』（『略本』）においても継承されていくのである。

②連珠讃

純粋文学作品としての詩文では一作品中に同じ漢字を使用しない要請があるが、『法事讃』ではあえてこれを打ち破り、偶数句末とそれにつづく奇数句頭に同字を配置している。語彙が句間をまたぎ、あたかも数珠のように連続するので、後に「連珠讃」と名づけられるようになる。同じことは『往生礼讃偈』日中礼や、『観経疏』宝池観の「極楽荘厳安養国……」ではじまる讃偈にも見られる。こうした連珠讃は、やはり法照の『浄土五会念仏誦経観行儀』に収められる作者未詳の「極楽連珠讃」においても踏襲されることになった（各論篇第三章、第四章、第九章）。

巻下（四七・四三〇下）

或現真形無利物　或同雑類化凡愚（平虞）
分身六道無停息　変現随宜度有流（平尤）
有流見解心非一　故有八万四千門（平魂）
門門不同亦非別　別別之門還是同（平東）
同故即是如来致　別故復是慈悲心（平侵）
悲心念念縁三界　人天四趣罪根深（平侵）

巻下（四七・四三六下）

三界無安如火宅　六道周慞競出門（平魂）
門門不同八万四　各各皆当心眼前（平先）
棄棄欲出還回去　為箇無明誤殺人（平真）
貪財愛色無厭足　虚華幻惑詐相親（平真）
財尽色落相嫌恨　須臾義断若屠怨（平元）

屠怨遍満娑婆内　　有識含情皆亦然（平仙）
為此如来偏指授　　勧使専修浄土因（平真）
浄土因成自然到　　終時合掌奉香煙（平先）
香煙直注弥陀仏　　聖衆持華迎我身（平真）

右のように「有流→有流」から「香煙→香煙」にいたるまで、連続する語彙は、そのほとんどが偶数句末から奇数句頭へと重ねられている。中華の韻文は押韻を要求するため四句・六句・八句というように偶数句によって構成される。したがって読者や鑑賞者というものは、偶数句にいたってその作品が完結することを無意識のうちに予測しているものである。ところがこうした「連珠讃」のように偶数句末から奇数句頭への語彙の連接は、作品そのものがさらに継続することを意識させる効果がある。この修辞技法は中華伝統の純文学作品に見ることのできない作風となっている。右に示した例はある程度まとまって語彙の連接が認められる例であるが、『法事讃』には上下両巻にわたって連珠讃が散見される。このような遊び心と思しき奇抜な発想は、先の和声に同じく善導による創始であることは止目すべきであり、こうした点に大衆動員の儀礼における通俗性を見てとることができるのである。これらはその後の中国浄土教儀礼のありかたを方向づけた善導の功績として、高く評価し称賛されてよいのである。

③還帰往生

『法事讃』においては、浄土に往生することを「還」や「帰」で表現することがある（四七・四三二中、四三四中、四三七上、四三八上）。

1、道場清浄希難見　弥陀浄土甚難聞（平文）
難聞難見今得会　如説修行専意専（平仙）
願仏慈悲遥摂受　臨終宝座現其前（平先）
既見華台心踊躍　従仏逍遥帰自然（平仙）
自然即是弥陀国　無漏無生還即真（平真）
行来進止常随仏　証得無為法性身（平真）

2、北方諸仏如恒沙　皆舒舌相証牟尼（平脂）
為我凡夫来出世　随縁説法応時機（平微）
時機相感聞即悟　如説修行不致疑（平之）
七日称名無間雑　身心踊躍喜還悲（平脂）
慶得希聞自家国　諸仏証判得還帰（平微）

3、去来他郷不可停　従仏帰家還本国（入徳）
一切行願自然成　衆等各各生浄土（上姥）

4、又願、修羅息戦諍、餓鬼除飢虚、地獄与畜生、倶時得解脱、竪通三界、横括九居、莫不等出娑婆、同帰於浄土。

善導の人間観は、『観経疏』に示されるように「常に没し常に流転して、出離の縁なき」凡夫である。したがって阿弥陀仏の願力のままに口称することでしか救済の見込みはないとする。要するに輪廻を繰り返す衆生は、はじめて浄土に往生することが約束されるということなので、あくまでも「往」くということになる。しかしながら、善導は時に「還帰（かえ）」ると表記する。これは善導独特の表現法であり、こうした矛盾とも思える文言が『法事讃』にも散見されるのである。この問題に関しては五部九巻の中に見られる全一一の用例にもとづいて詳述したのでそちらを参照されたい（各論篇第七章）。

第三節　押韻からわかる脱句の存在

このたびの『法事讃』の韻律調査からは思いがけない副産物を得ることができた。それは現存する『法事讃』のあらゆるテキストには、みな二箇所の脱句があるという発見である。善導は常に偶数句ごとに押韻単位を定めていることは、筆者による調査で明確となっている。ところが、それらの中に奇数句の讃偈が含まれているのである。

巻上の讃偈（四七・四二七上）

為今施主及衆生　　奉請賢聖入道場（平陽）
証明功徳修供養　　三毒煩悩因茲滅（入薛）
無明黒闇罪皆除　　願我生生値諸仏（入物）
念念修道至無余　　回此今生功徳業（入業）
当来畢定在金渠

この讃偈は九句からなり、まったく押韻することがない。しかし、『法事讃』の讃偈はみな偶数句からなり、しかも概ね偶数句末で押韻していることを考慮すると、この九句の讃偈だけを例外とみなすことはできず、もとは一〇句または一二句の構成であったはずが、転写の過程でどこか一句、あるいは三句の脱落があったものと想定せざるをえない。ではその脱句はどこなのか。それは押韻の状況を調査することによって容易に判断できる。第一句から後方に向かって押韻単位を確認すると右のように失韻となるが、逆に最終句「当来畢定在金渠」を押韻単位とみなして前方に向かって確認してみると左のようになる。

為今施主及衆生　奉請賢聖入道**場**（平陽）
証明功徳修供養　□（平陽）
三毒煩悩因茲滅　無明黒闇罪皆**除**（平魚）
願我生生値諸仏　念念修道至無**余**（平魚）
廻此今生功徳業　当来畢定在金**渠**（平魚）

このように句を配置しなおすならば、詩歌として押韻する正格句式を保つ讃偈であったことがわかるのである。その場合、おそらく第二句の「……道場」と押韻する韻字をもつ第四句がもとは存在していたはずが、いつの段階か脱落してしまったと考えられるのである。この巻上は中国国家図書館蔵本にも遺されているが、残念ながら現存諸版本（流布本）と同じであった。

巻下の讃偈（四七・四三七上）

（前略）

正由不遇好強縁　致使輪回難得**度**（去暮）
今日今時聞要法　畢命為期誓堅**固**（去暮）
堅固持心不惜身　慚愧釈迦諸仏**恩**（平痕）
標心為説西方楽　欲使斉帰入正**門**（平魂）
正門即是弥陀界　究竟解脱断根**源**（平元）
去来他郷不可停　従仏帰家還本国（入徳）
一切行願自然成

右の讃偈にも同じく脱句があるに違いない。全一九句の奇数句となっており、それは諸本もすべて同じである。やはり先と同じ理由から、もとは二〇句（または二二句）あったものと予想し、前方から押韻単位を括っていくと、最終三句「……還本国」で失韻となってしまう。おそらくはそのあたりに句が抜けていると予想しつつ、逆に最終句「一切行願自然成」を押韻単位の句として、その韻字「成」から前方に向かって押韻単位で括ると、「去来他郷不可停」の「停」と押しており、同時におわりから四句目が欠落していることもわかる。よって韻律をもとに句を並べ替えると左のようになる。また、ここに「堅固」と「正門」の連珠讃があることは前述のとおりである。

（前略）

正由不遇好強縁　致使輪廻難得**度**（去暮）
今日今時聞要法　畢命為期誓堅**固**（去暮）
堅固持心不惜身　慚愧釈迦諸仏**恩**（平痕）
標心為説西方楽　欲使斉帰入正**門**（平魂）
正門即是弥陀界　究竟解脱断根**源**（平元）
［　　　　　　　］　去来他郷不可**停**（平青）
従仏帰家還本国　一切行願自然**成**（平清）

以上、韻律から判断して、『法事讃』の現存テキストにおける讃偈の脱句を指摘することができるのであるが、残念なことに現時点でこれを立証できるテキストが現存していない。しかし、『法事讃』はこの奇数句となっている二つの讃偈を除き、すべての讃偈が偶数句の構成であり、概ね押韻している事実から推察するに、右の二例ももとは偶数句で、しかもきっちりと押韻していたはずであったが、転写されていく過程で一句（または三句）が脱落してしまい現在にいたっていると判断すべきなのである。たとえ校本がなくとも、韻律からそのように言えるのである。ところで、どうしてこのように句が脱落したのかと言うと、前述したように本書が散文体の行取りで書写され排版されつづけてきたからである。もし七言ごとに整然と書写あるいは排版されていたならば、誰もが容易に気づくようなことである。ではどうして『法事讃』が散文体の行取りで書写され排版されてきたのか、その理由はよくわからないが、結果的にそれがわざわいして句の脱落を見抜けなかったということになる。今後新たなテキストを作成するならば、韻文と散文はそれぞれ視覚的な区別を明確にした上で印行すべきである。

おわりに

善導の『法事讃』は、施主からの依頼によって挙行される儀式であり、施主の功徳を積累することを目的としている（各論篇第五章）。主に礼拝、懺悔、讃歎を中心とする構造で、とくに讃歎にあっては七言一句の詩体によって作られている。詩体であるからこそ、音数律、声律、韻律を意図的に配慮した文学作品としての一面も具えているのであった。しかし、それは純文学ではなく、むしろ通俗文学とみなすべきである。[12] もちろん通俗文学であるからといって低く評価されることではない。科挙の標準韻書である『切韻』の拘束を受けることのない自由な宗教歌として、また当時当地の語音を反映した作品として、民衆とともに一堂に会して行われる感興的な儀式においては、むしろこの通俗性こそが有効であったと言える。その讃偈の一部は、中唐の法照禅師が編纂したアンソロジーである『浄土五会念仏誦経観行儀』、および『浄土五会念仏略法事儀讃』にも若干の改訂をともないながら「宝鳥讃」「往生楽願文」と名づけられて取り入れられていることからも追認できるものである。

最後に『法事讃』に説き示されている儀礼において、善導が施した配慮をもう一度確認しておきたい。

①序文は四言を基調とした美文に仕立てている。とくに平仄配置は完璧であり、一つとして破格は存在しない。讃偈は詩文学の条件である音数律、声律、韻律の三要素が具わっている。まず音数律では流行の七言を取り入れ、声律では二四不同(にしふどう)と二六対(にろくつい)が調整されており、韻律では偶数句末に不規則（鼻子音 -ng, -n, -m の混在など）ながらも押韻している。必ずしも純文学のそれではなく、いくぶん緩慢とした完成度である。それは礼讃偈がどこまでも宗教儀礼に供されるものであると同時に、その大衆娯楽性を示唆するものであるからである。

②讃偈の句間に「願往生」「無量楽」「往生楽」「散華楽」の和声（和讃、合いの手）を挿入した。大衆とともに重奏形態によって行う華やかな音楽的な演出効果は、単調となりがちな独唱を回避することになった。

③偶数句末から奇数句頭に語彙を連続させる連珠讃の導入。文学作品としては禁忌ではあるが、あえてこれを導入することで読唱リズムを調整した。

④前章で述べたことであるが、『法事讃』は身業の礼拝のみならず懺悔（高接下懺云）、および讃歎（高接下讃云）を唱和するように組まれている。仏への身業礼拝にともなって、懺悔は内（自己）への向けられる口意業であり、讃歎は外（仏）へと向けられる口意業として表裏一体になっている。このように変化に富み、三業による儀礼を実現したのが『法事讃』であった。

註

（1）拙著（二〇一三）の総論篇第一章を参照。

（2）江戸期の版本も、また浄土宗の『浄土宗全書』でも、真宗の『浄土真宗聖典　七祖篇——原典版——』（本願寺出版社、一九九二年）でも、『法事讃』の版本・活字本は、たとえ韻文箇所であっても改行することなく、すべて散文体の行取りで排版されている。

（3）中国国家図書館蔵本BD一四一五五（『国家図書館蔵敦煌遺書』第一二三冊、北京図書館出版社、二〇〇九年）。本写本は七〜八世紀ごろの唐写本で、大谷家旧蔵本である。なお橘瑞超『二楽叢書』一号（私家版、一九一二年）に流布本との対照が掲載されている。本写本については総論篇第三章を参照。

（4）『法事讃』では後に紹介するように「請観世音讃」だけが五言一句である。

（5）六朝以来の美文と言われる四六文や駢儷文については、古田敬一・福井佳夫『中国文章論　六朝麗指』（汲古書院、一九九〇年）や、福井佳夫『六朝美文学序説』（汲古書院、一九九八年）を参照。

（6）福井佳夫〔一九九八〕を参照。

（7）中国国家図書館蔵本ではこの巻頭部分が欠落しているので不明である。

（8）李方桂『上古音研究』（商務印書館、一九八〇年）を参照。また李新魁『漢語音韻学』一三一頁（北京出版社、一九八六年）、劉綸鑫『音韻学基礎教程』（中国社会科学出版社、二〇〇一年）には、カールグレンや王力、李方桂など九人が推定した中古音を一覧にしている。

（9）敦煌変文の中にも「議」を平声で読唱していたと思われる事例が報告されている。橘千早『敦煌変文韻文考』九〇頁（一橋大学大学院社会学研究科に提出した博士論文、二〇〇九年）を参照。

（10）ただし、巻上の前半は不十分であっても、巻上の後半以後の讃偈は律動全般において良好となっていくことも確認している。その理由はよくわからないが、あるいは巻上の偈が仏菩薩と高座の奉請文や、煩悩に束縛され輪廻を繰り返す人間のありさまを説いた文がつづくからであろうか。それに対して巻下の讃偈は仏や浄土への讃歎の内容であり、それだけに律動がより配慮されたのかもしれない。

（11）王力「南北朝詩人用韻考」（『清華学報』一一巻三期、一九三六年、後に『龍虫並雕斎文集』第一冊、中華書局、一九八〇年、『王力語言学論文集』商務印書館、二〇〇〇年に再録）、金文京「詩讃系文学試論」（『中国――社会と文化――』七、東大中国学会、一九九二年）を参照。

（12）『法事讃』の讃偈の通俗的要因は他にもあげられる。たとえば「専専」「勤勤」「炎炎」「微微」「没没」「惛惛」「棄棄」「循循」「唐唐」など、しかるべき状態をあらわす同字二音節の畳字を用いる傾向がある。一句七音節という限られた字数の中でこうした重字を多用するということは、一音節分の無駄な成分が含まれるということになる。単に書面の文字を確認するのであれば、「専」「勤」「炎」「微」「没」「惛」「棄」「循」「唐」の一音節だけでよいが、儀礼の現場で大衆とともに唱和する際には、音声の流れが軽快で、しかも意味が強調され明確になるという効果が期待できる。発声するごとに消えてゆく音声だからこそ、重字を多用することに、その歌曲としての実効性が発揮されるのである。

第七章　善導の讃偈に見られる還帰往生という修辞法

はじめに

ここで言う「還帰」とは善導がしばしば用いる表現であり、「往生」に代替されることばである。これまで多劫にわたって輪廻の境涯に身を没してきた凡夫は、このたび仏縁によって阿弥陀仏の名を称えることで、はじめての往生を約束される。ところが、善導は一方でこれを認めながらも、もう一方で「還帰」（かえる）を用いているのは、先の「はじめての往生」と矛盾するものである。本章は、善導による還帰の表現が散文ではなく、讃偈（韻文を含む）の中に集中して用いられていることに注目しながら、そもそもどうして還帰と表現したのか、その根拠を探るとともに礼讃儀礼の俗文学的な性格の一端を示したいと思う[1]。

第一節　還帰往生の用例

善導は『観経疏』において「楷定古今」を宣言し、浄土教人師の中で口称の一行をもって浄土往生の正因とし、それまでの浄土教実践体系に変革をもたらした。縦には「万年三宝滅　此経住百年　爾時聞一念　皆当得生彼[2]」と述べ、横には「定為凡夫、不為聖人」[3]と述べたように、縦（時間）の救済と横（空間）の救済を開いた。さらには「上尽一形、下至十声一声等」[4]というように、念仏の数量に幅をもたせたわけである。その横にも縦にも通じる道こそ、時代と機根を超越した普遍的な二尊（釈迦牟尼仏と阿弥陀仏）の教え、すなわち往生浄土の開示であった。浄土とは阿弥陀仏によって建立された清浄厳飾な世界、そして往生とはその世界に往き生まれることである。此土の現実に眼をやれば、末法、凡夫という時代的、機根的な制約を受けている一切衆生が、彼土の未来へと一念の間に十万億刹土という時間的空間的な制約を超えて阿弥陀仏の懐に入り浄土の住人となる。

ここで浄土とか往生ということをきわめて端的に言うと、今述べたとおり、清浄厳飾な弥陀の世界であり、その世界に往き生まれるということである。このごくありふれたことばを善導はしばしば別な表記をすることがある。浄土を「本国」「本家」「自家国」と呼び、往生を「還」「帰」「還帰」というように。また両者を連ねて「還本国」「帰本国」と表記することもある。いずれにしてもその内容から、浄土であり往生であり往生浄土であることに違いはない。しかし、たとえ意味するところが同じであっても、それではすまない問題が発生しているのである。

このたび仏縁によってはじめて浄土に「往（ゆ）」くはずが、なぜ「還帰（かえ）」るとされるのか、善導はその理由を明らかにしていない。寡聞ながら、善導に先立つ浄土教において、浄土に往生することを、このように「還」や「帰」を用いる例は皆無である。おそらくは善導が五部九巻の中ではじめてこうした表記をとったというのが事実であろう。「還・帰・還帰」の表記をとるものは、『観念法門』を除く著作中に一一例見られ[5]、そのうち一〇例が讃偈（韻文を含む）の中においてあらわれる。その讃偈にある一〇の「還帰（かえ）」るを中心に検討してみよう。近年真宗では、親鸞の用例をめぐって盛んに議論されているが[6]、ここではあくまでも善導の用例を、詩文学（典故と韻律）の観点から考察する。なお、往生という語彙を還、帰、還帰で代用することを、ここでは一括して「還帰往生」と呼称するこことにする。

まずは、ここに五部九巻中の還帰往生を示唆する一一の用例をすべてあげる。なお押韻している偈は、必要な場合のみ『広韻』（陳彭年撰、一〇〇八年成書）の韻目を示した。

『観経疏』（順に『大正蔵経』三七・二六三上、二七〇上）

①帰去来　魔郷不可停（平青）
曠劫来流転　六道尽皆経（平青）
到処無余楽　唯聞愁歎声（平清）

②帰去来　極楽安身実是精（平清）
正念西帰華含想　見仏荘厳説法声（平清）

『往生礼讃偈』（四七・四四六上）

③宝池宝岸宝金沙（平麻）　宝渠宝葉宝蓮華（平麻）
十二由旬皆正等　宝羅宝網宝欄遮(7)（平麻）
徳水分流尋宝樹　聞波観楽証恬怕（入陌）
寄言有縁同行者　努力翻迷還本家（平麻）

『般舟讃』（順に四七・四五〇中、四五一中、四五四上、四五五中）

④念念相纏入悪道　分身受報不相知
或在猪羊六畜内　被毛戴角何時了
慶得人身聞要法　頓捨他郷帰本国
父子相見非常喜　菩薩声聞亦復然
⑤十方如来舒舌証　定判九品得還帰
父子相迎入大会　即問六道苦辛事
⑥想一蓮華百宝葉　丈六化仏坐華台
身雖大小能除障　観音勢至等同然
四種威儀常自策　命尽須臾帰自然
自然即是弥陀国　究竟常安無退時
⑦化仏菩薩尋声到　我故持華迎汝来
行者見仏光明喜　即坐七宝蓮華上
従仏須臾還宝国　到即直入宝池中
七七華開得見仏　観音大勢慈光照

『法事讃』（順に四七・四三二中、四三四中、四三七上、四三八上）

⑧道場清浄希難見　弥陀浄土甚難聞（平文）

難聞難見今得会　如説修行専意専（平仙）
願仏慈悲遥摂受　臨終宝座現其前（平先）
既見華台心踊躍　従仏逍遥帰自然（平仙）
自然即是弥陀国
⑨北方諸仏如恒沙　皆舒舌相証牟尼（平脂）
為我凡夫来出世　随縁説法応時機（平微）
時機相感聞即悟　如説修行不致疑（平之）
七日称名無間雑　身心踊躍喜還悲（平脂）
慶得希聞自家国　諸仏証判得還帰（平微）
⑩去来他郷不可停　従仏帰家還本国
一切行願自然成　衆等各各生浄土
⑪又願、修羅息戦諍、餓鬼除飢虚、地獄与畜生、倶時得解脱、竪通三界、横括九居、莫不等出娑婆、同帰於浄土。

この一一の用例のうち、まず『観経疏』の二例は、東晋の田園詩人陶淵明（三六五～四二七）の「帰去来兮辞」を典拠とする。これについては後述する。

『往生礼讃偈』の一例は、最終第八句の下三字に「還本家」を用いている。前後の文の状況から娑婆の凡夫が浄土という本来の住居に還るということは明らかである。これは詩として余韻を残すという効果がある。この偈は第六句を除いて、第一・二・四・八句が平声麻韻で押していることから、意図的に「本家」を用いることで押韻する讃偈に仕立てたのである。加えて平仄配置（二四不同・二六対）に合致していることからも、この『往生礼讃偈』の各讃偈は礼讃詩、すなわち詩文学作品として評価すべきである。「本家」と措辞すれば、「往」よりはむしろ、「還」や「帰」が文脈上ふさわしいのは、現代中国語でも（回家）、また現代日本語でも（帰宅する）、ことば遣いとしての道理である。自分の家は「往」くところではなく、「還」るところである。

『般舟讃』の四例のうち三例は、漢詩の規格である下三連を回避することになる。下三連は、二四不同・二六対以上に忌まれるものであるから、還や帰を用いたと考えられる。④「帰本国」の「帰」は、状態を表す「帰命」や「帰依」の意味（心の拠り所とする）でとれそうであるが、その直前に「他郷（娑婆）を捨てて」と動作を表す文脈となっているのだから、ここも同じく動作を表す「帰る」と理解するほうが落ち着きがよい。⑤は十方諸仏の証誠を得て浄土に還帰し、父（弥陀）と対面するということである。⑥「帰自然」についても浄土に帰命帰依するとれそうでもあるが、直前に「命尽きて須臾に」とあり、臨終の状況であるので「帰る」としたほうがよさそうである。⑦「還宝国」は、前後の文相から宝国（浄土）に還る主体は娑婆の凡夫である。前述したように、四例中三例は作詩上、二四不同・二六対以上に忌避される下三連の禁忌を回避するために、「還帰」（ともに仄声）を用いたとも考えられるが、この『般舟讃』の偈は、『観経疏』や『往生礼讃偈』、それに『法事讃』と異なり、無韻の偈であり、詩としての評価を下すことができないことから、やはり単なる偶然であったとすべきであろうか。

『法事讃』には四つの用例がある。⑧「帰自然」も、先ほどと同じように帰命帰依のようであるが、前に「臨終に宝座其の前に現ぜしめたまえ」とあり、状況は臨終であることから「帰る」の意味がふさわしい。⑨「得還帰」は、凡夫が今生にはじめて阿弥陀仏の法門に出会い、踊躍するほどに歓喜するわけである。北方の諸仏はその念仏行者の往生を証誠し、今まさに凡夫を「自家国」、すなわち極楽に還帰させようとするのである。⑩「還本国」については、前後の文相から娑婆の凡夫が母国としての浄土に再び還るということは明らかである。また、ここで娑婆のことを「他郷」と表現していることには注目できよう（他に「魔郷」とも）。浄土に対しては本国と言い、親しみのある表現であるが、その一方で実際に生を享け現実に生活している娑婆をこのようによそよそしく呼ぶことはたいへん興味ぶかい。最後は唯一の散文部分の用例である⑪「帰於浄土」についても帰命帰依でとれるが、直前に動作を表す「出娑婆」とあるので先の④と同様に「帰る」と受け取ったほうがよい。この四例のうち、二例は先に同じく下三連への回避である。また⑧「帰自然」と⑨「得還帰」は、押韻させるための措辞である。

第二節　善導の人間観と還帰往生

浄土教において「本国」というときに、いかなる印象をもつことができるだろうか。もし浄土の仏、菩薩、聖衆、往生人の立場からすれば本国といえば阿弥陀仏の浄土に他ならない。しかし善導をも含めて現に娑婆に居住する者にとっては、そのようにはならないと思われる。本国ということばには、国籍のある国・母国や、もともと居している所という一般的なイメージがある。また還や帰の字義から、もともと居していた空間に戻るということが想起される。還本国や帰本国という場合など、そうした印象は決定的である。我われ凡夫は本来的に阿弥陀仏の浄土の住人であり、このたび娑婆の世界から晴れてお国帰りするということになりかねない。さしずめ還相廻向によって穢土に出現し、役目をおえて母国たる極楽へ弥陀によって連れ戻されるとなる。善導が浄土の語に対して本国、本家、自家国とし、また往生に対して還、帰を使用したその裏には、何か根拠があると思えてならない。

善導の人間観に関してはすでに先学によってすでに解明されているので、[8]ここで新しい観点から述べるものは何もない。総じて『観経疏』や『往生礼讃偈』の深心釈にあるとおりである。曠劫から三界に沈み輪廻を繰り返している罪悪生死・煩悩具足の凡夫である。時には「衆生散動、識劇猨猴、心遍六塵、無由暫息」[9]と言い、また「貪瞋邪偽、奸詐百端、悪性難侵、事同蛇蝎」[10]と言い、そして「臭屍」[11]とも述べられているように、善導はいたるところで人間を規定している。決して卑下しているわけでなく、ただ現実をあるがままに直視し、内省することにより、こうした人間観が生じてきたのであろう。さて、この人間観から考察すると、凡夫は明らかに浄土に還帰る主体とはなりえない。我われは現実には凡夫であり、昔も今も浄土の住人ではない。我われのような娑婆の住人にとって、本国とは六道に他ならないのである。六道こそ常没流転の凡夫の母国であり本国であるはずである。すでに凡夫の本国が六道なのだから、それとは別に還帰する場所などはどこにもないということになる。一方では娑婆の住人を常没流転して出離の縁のない凡夫と規定しながらも、もう一方ではその凡夫の本国（母国）を阿弥陀仏の浄土であると暗に表現している。これをいかに解釈すればよいのだろうか。

もし主体が仏、菩薩、聖衆、往生人として、これらの還や帰を使用するならば何の問題もないわけで、実際に善導はそうした使用例もある。[12]

諸仏随縁還本国（『法事讃』）……仏
二明先動本国相（『観経疏』勢至観）……菩薩
還本国飯食経行（『法事讃』）……往生人

このような例は他にも散見できる。[13]しかし、先ほどあげた還帰の一一例は、すべて娑婆の住人が主体となっており、善導は六道をすみかとする常没流転の凡夫の母国を弥陀の浄土とし、そこに帰るとしているのである。

なお、先にふれた還相廻向についてであるが、確かに善導は、「また廻向と言うは、彼の国に生じ已り、還りて大悲を起こし、生死に廻入して衆生を教化するを亦た廻向と名づく[14]」や、「誓いて弥陀安養界に到り、穢国に還来す[15]」として還相廻向を説いている。しかしその還相廻向とここで論ずる還帰とは明らかに異なる。善導の還相廻向とは娑婆の凡夫が往生後の還来をみこしてそれを願うことであって、この娑婆に還相廻向した者の存在を認めているというようなことではない。故に還、帰の主体は善導の人間観からして、浄土から還相廻向した者ではなく、無始劫より六道を流転して仏や浄土とは無縁だった今ここにいる凡夫でなければならないのである。

第三節　五部九巻末書における解釈

さて、それでは五部九巻の末書において、こうした還帰往生がどのように理解されているのだろうか。そこでつぶさに末書を見るにつけ、浄土宗三祖良忠や、四祖良暁などが解釈を試みていることがわかった。

まず良忠は『観経疏伝通記』において（『浄全』二・三一一下）、

「帰去来」等とは、これ乱句の讃なり。総讃にまた「帰去来」等の乱句あり。宝樹観の中にも同じく此の例あり。また智昇の『諸経礼讃（ママ）』に此の文を引きて、「帰去来　魔郷輪廻不可停」と云う。已上。

と述べ。これについで、「問う、始めて浄土に生まるに、何云ぞ帰るや」という問いを提起している。我われは曠劫流転の凡夫であり、六道をすみかとしてきた罪悪生死の存在である。これは先に述べた善導の人間観、凡夫観そのものであった。こうした凡夫はこれまで三界に没していたが、このたび阿弥陀仏と縁を結び、三界の繋縛から解放され、はじめて浄土に往くことになったはずである。にもかかわらず、どうして善導は「かえる」と言うのであろうか、という問いである。これに対して以下のごとく応じている（『浄全』二・三一一下）。

　答う。先師の云く、此は能家に約すなり。私に云く、悟は本より自なり。迷は是れ常に他なり。故に穢土の他国より浄土の本国に還帰するなり。

まずは先師（二祖聖光）の口伝として「約能化」の説をあげている。良忠は詳説してはいないが、つまり「帰」は能化である阿弥陀仏を中心に考えてこのように表記されるというのである。確かに凡夫が摂取されるには阿弥陀仏の来迎を待たなくてはならないわけで、凡夫がみずからの力量で往生するものではない。つまり凡夫は、弥陀や聖衆が浄土から来現するのを待って華台に乗じ、そして再び仏、聖衆が浄土に帰るのに連れられて往くわけである。善導が「帰」と表記するのは、あくまでも能化である阿弥陀仏を主体にするからであるとするのが聖光の「約能化」の義である。

　次に良忠みずからの見解である「悟は本より自なり。迷は是れ常に他なり。故に穢土の他国より浄土の本国に還帰するなり」については、良暁の『観経疏伝通記見聞』によると「是れ約所化の義なり」（『続浄全』三・二三九上下）とあるので、先の聖光の説が能化に約す義であったことに対峙している。ここに「帰」について「約能化」の義と「約所化」の義の二方向から善導の矛盾に対処しようとするわけである。今、約能化の義はしばらくおくとして、良忠の約所化の義を考えてみる。悟りは本来的には自己のものであり、迷いは自己とは関係ない他のものであるというのである。仏性を具え、染汚のない清浄な悟りの姿こそ本来あるべき理想的な姿であるが、その仏性は現に煩悩によって覆われているとする。故に本来あるべき煩悩のない仏性のみの状態へ戻るということである。一切の衆生は本来的に仏性を内にひめている。しかし五濁の世、無仏の時に生を享けた凡夫は自己の罪障を取り除き、内の仏性を外にあらわすことが不可能である。ところが浄土は罪障もなければその名称すらない清浄な世界である。ひとたびその浄土に往生すれば滅罪され不退転に住するから、三界の垢はみな除かれて仏性のみが顕在化する。仏性をあらわにすることは、人間の本来あるべき覆いのない姿であり、そのような真実理想の姿に帰るということである。それを善導は「帰」と表記する、というのが良忠による約所化の義の梗概である。なお、この義は聖冏の『往生礼讃私記見聞』下では「迷他悟自義」（『浄全』四・四七七上）と名づけられている。

良忠の「約所化」（迷他悟自義）は、確かに善導の教理にそむくものではない。なぜなら第一に善導は『観経疏』玄義分の序題で以下のように仏性を説くからである（三七・二四六上）。

竊に以みるに真如は広大にして、五乗すら其の辺を測らず。法性は深高にして十聖すら其の際を窮めることなし。真如の体量と量性とは、蠢蠢の心を出でず。法性の無辺と辺体とは、則ち元来不動なり。無塵の法界、凡聖斉しく円かに、両垢の如如、則ち普く含識を該ぬ。恒沙の功徳、寂用湛然なり。但た垢障の覆うこと深きを以って浄体を顕照するに由なし。

仏性のことを浄体と述べており、凡夫の本性として仏性が具わっていることを認めている。また『法事讃』においても「弟子道場の衆等、曠劫よりこのかた、乃ち今身に至り今日に至るまで、その中間において身口意業を放縦して、一切の罪を造る」(四七・四二九中下)とし、これについで衆生が娑婆世界で楽行する障を一七項目にわたって仔細に述べている。その第一六番目に以下のようにある(四七・四二九下)。

　因果を識らざる觝突の業を楽行し、身中に如来の仏性あるを知らざる障り。

衆生は幾度も生死をめぐり多くの罪を造ってきたが、その身中には元来仏性が具わっていることをここでも述べていることから、善導が凡夫の中に仏性を認めていたことは明らかである。そして第二に良忠が「迷いは是れ常に他なり」というのと、善導が娑婆を魔郷といい、他郷ということとその内容は合致している。このことから良忠の「約所化」(迷他悟自義)は善導の意をよくくんでいるとも思われる。

以上、聖光と良忠は約能化の義と約所化の義によって説明をしているが、そこにまったく問題がないというわけではない。まず聖光の約能化の義については、前にあげた『往生礼讃偈』と『法事讃』の用例では通用しなくなる。③「寄言有縁同行者」とあることからそれにつづく「還本家」の主体は同行者(＝娑婆の衆生)でなければならないはずである。また、⑩「従仏帰家還本国」を分析すると「帰家」の主体は浄土から来迎された仏のことであるから約能化の義と言えるが、それにつづく「還本国」の主体は明らかに娑婆の凡夫である。これは良忠の『法事讃私記』下において、すでに約能化説の破綻が指摘されている(『浄全』四・九〇下)。こうしたことから聖光の約能化の義はすべて用例に適応されるわけではないのである。

また良忠の約所化の義（迷他悟自義）については、聖聡が『法事讃私記見聞』において、「行者は本と理性を具う。極楽に生まれて本具の理を顕わすが故に還と云う也」（『浄全』四・六四八上）と補足して述べているように、本来凡夫にも具わっていながら、この娑婆世界では顕現不可能な仏性を往生後に顕現せしめて本来の姿に戻る。故にこれを還という。すなわちここでは往生浄土＝還帰仏性が成立しているわけである。しかしこの良忠が言うような人間の本来の姿に帰る、すなわち仏性とか理性に帰るという意味あいをあまりにも強調しすぎると、かえって事浄土へ往生するという善導の独自の指方立相釈の存在意義が薄らいでしまう。あくまでも善導は往生浄土と表現するかわりに還帰本国と表現しているにすぎないのであり、この大前提から離れてはならないであろう。人間として本来あるべき姿（＝仏性、理性）に帰るというように仏性をもちだして情緒的に解釈することは、楷定古今した善導の本意から乖離するものではないだろうか。

このように善導の還帰に対して聖光、良忠ともに挑んでいるものの、いずれも表層的な部分にとどまっているように感じられ、これで善導の人間観と還帰往生の矛盾がすべて氷解したというわけではなさそうである。

第四節　中国詩における帰去来

ところで善導が『観経疏』で二度にわたって述べる「帰去来」（①②）とは、前述したように東晋の田園詩人陶淵明の「帰去来兮辞」を典拠とする。したがって善導が往生のかわりに陶淵明の帰去来を用いたことについて考える必要がある。(16)

典拠は中華の文章論にあってはとくに重んじられる修辞技法の一つである。それはすでに『論語』述而篇において、「述べて作らず、信じて古を好む」（述而不作、信而好古）とあるように、先人賢者の言説をそのまま祖述すべきであって、濫りに自説を創作しないということであり、そこには中華の尚古思想が息づいている。時に断章取義となったとしても、古典の中から名句を借用し、それをいかなる文脈の中で用い、また排列するかによって、逆に自説を開陳するということになる。これは何も散文だけに限ったことではなく、句中の字数制限を受ける韻文においてはいっそうその傾向を強める。つまり中国詩において必須となる作詩法でもある。名文・名句を典拠として引くことで、彼の情景を彷彿とさせ、自作の詩を立体的に浮かびあがらせる効果があるということになろう。

陶淵明は東晋の尋陽柴桑（江西省九江市九江県）の人で、安帝の義熙元（四〇五）年にこの作品を詠んでいる。酒や琴をこよなく愛し、自然の中に身をおくことを好んだが、貧困により役人として任地に赴くも、ある出来事をきっかけに望郷の念がまし、妹の死去を契機に着任三月とたたないうちに任を辞して郷里へ帰る。その際に詠んだものがこの「帰去来兮辞」である。陶淵明はその冒頭で次のように述べる。テキストは逯欽立輯校『先秦漢魏晋南北朝詩』中冊（九八六頁、中華書局、一九八三年）。

帰去来兮（かえりなんいざ）、田園将に蕪れなんとす　胡ぞ帰らざる。既に自ら心を以て形の役と為す、奚ぞ惆悵として独り悲しむや。已往の諫むまじきを悟り、来者の追うべきを知る。実に途に迷うこと其れ未だ遠からず、今の是にして昨の非なるを覚りぬ。（後略）

さあ、帰ろう。故郷の田園がいまにも荒廃しそうなのに、どうして帰らずにいられようか。みずから求めて精神を肉体の奴隷と化してしまっているのに、ひとりくよくよと嘆き悲しんだところで、どうなるものでもない。過ぎ去ったことは、今さら悔んでもしかたがない。これからのことは心掛けひとつでどうにでもなる。

（訳文は松枝茂夫・和田武司訳注『陶淵明全集』下一四二～一四三頁、岩波書店、一九九一年）

と詠い、そして、

帰去来兮（かえりなんいざ）、請う　交わりを息めて以て遊を絶たん。世と我れとは相違えるに、復た言に駕して焉をか求めんや。親戚の情話を悦び、琴と書とを楽しんで以て憂を消さん。農人　余に告ぐるに春の及ぶを以てし、将に西疇に事有らんとす、と。（後略）

さあ、帰ろう。世俗との交遊は謝絶したいものだ。世間とわたしとはそりがあわないのに、また仕官して何を求めようというのか。親戚の者たちのうちとけた話を喜び、琴や読書を楽しみにして余生を送れば、心のうさは晴れようというものだ。農夫がやってきて、春が来ましたよ、そろそろ西の田で仕事がはじまりますよ、と告げる。（前掲『陶淵明全集』下一四六～一四七頁）

とも詠う。「帰去来兮」は、動詞の「帰」に語気詞の「去来兮」を接続させた造語であり、「去来」は動詞の意味を強める効果があり、さしずめ「さあ！」「いざ！」「それ！」に相当する。現在の日本では「帰りなん、いざ」と訓読することが一般である。なお、「兮」は『楚辞』やその系列の賦などの作品にはよく見られる口調を整える助詞にすぎない。

淵明は名声を得て地位にとどまることなどに関心はなく、したがって任を辞すことに何の躊躇もない。そして、かつて悠々自適にすごした郷里の山河、草木、朋友と酒に想いを寄せ、心の底からわき上がる帰郷への期待を初句の「帰去来兮」に込めて詠んだのである。「帰去来兮」を初句にかかげたことで、その想いと期待がいかに急を要しているか、またいかに強いかを示し、後続する文章の内容をあらかじめ読者に伝える効果がある。そして「去来」を添加することで表現上に語気が強まり、心の内を端的に表明することに成功している。こうした点で、この作品は今日にいたるまで読む者の心を惹きつけているのではないだろうか。

淵明の作品集はその没後、またたく間に広まり、南北朝ではすでに江湖に知られる東晋の田園詩人として人気を博していた。善導がその名句として名高い「帰去来」を自作の礼讃偈の初句に配置したことは、後につづく文意の方向づけをあらかじめ行い、淵明の他国にあっての帰郷の念を、我われ凡夫の他郷・魔郷（娑婆世界）にあっての往生浄土の念へと重層的、立体的にかけ合わせて、欣求の心をますます高揚しようとした一種のレトリックとして用いたものと考えてよい。陶淵明が任地において格差社会に対する憤懣から、一転して自己の本心に従って帰郷を決意した際に思わず吐露した「帰去来兮」と、善導が此土得仏の望みを捨て、浄土への想いを募らせ、その親しみの情から詠った「帰去来」、そこにはともに現実に対する絶望感と、未来に対する期待感とが込められているのである。なお善導が「兮」を用いないのは、礼讃偈が詩の格律を具えており、淵明の作品のような賦の系列ではないからである。善導は娑婆を魔郷、他郷といい、浄土を本国、本家、自家国ともいう。よって、善導にとっての郷里とは浄土に他ならないのであり、浄土こそが本国であり郷里である以上は、そこに「往く」のではなく、「帰る」と表現することは、ことば遣いとして適切なものである。なつかしく憧憬の故郷とは、誰にとっても往くところではなく、帰るところだからである。

さて、淵明の「帰去来」は、後に梁の呉均（四六九〜五二〇）の「贈別新林」（『先秦漢魏晋南北朝詩』中冊一七三五頁）にも用いられている。呉均は字を叔庠といい、呉興故鄣の人。天監のはじめに呉興郡の主簿となり、梁の武帝にも認められた。著作に『斉春秋』三〇巻、『廟記』一〇巻、『十二州記』一六巻などがある。また詩作品も多く遺しており、その作風は古気があり、好事家からは呉均体と評せられて、これを倣う者がいたという。以下に「贈別新林」を示す（私訳を付した）。

僕本幽并児　抱剣事辺陲　風乱青糸絡　霧染黄金羈　天子既無賞　公卿竟不知　去去帰去来　還傾鸚鵡杯　気為故交絶　心為新知開　但令寸心是　何須銅雀台

天子さまはもうお褒めにならない　公卿さまもついにはご存知ない
さあさあ　帰ろうじゃないですか　また鸚鵡貝の杯で乾杯しましょう

軍兵として遠く西陲のはずれにまではるばる行軍してきたが、我われがこの地で命をかけた戦いに明け暮れていることなど、中央では誰も気にかけてもくれない。その虚しさから「去去帰去来」と思わず口をついて出たのであろう。戦いをやめて急いで郷里に帰還しようという気持ちが詠われているのである。

次は、降って善導と同じ初唐の作品から数例紹介する。まずは王梵志である。その生卒年代や具体的な活動内容などは現在なお不明な点が多いが、項楚等『唐代白話詩派研究』（巴蜀書社、二〇〇五年）にはこれまでの王梵志の事績に関わる成果を網羅的に紹介している。それによると、早い時期の設定では隋に生まれ初唐に活動したとされ、最も遅い設定では開元年間（七一三〜七四一）ごろまで生存していたとする見解もある。もし隋から初唐の生存であれば、善導に先んじていることになる。その作風は、仏教詩人と評されるように、仏教思想や仏教用語を多用し、なおかつきわめて通俗的な作風となっている。作品は散逸したものが相当数あると想定されているが、敦煌石室本など三百九十余首が遺されている。その中に「相将帰去来」ではじまる五言詩が見られる。テキストは項楚が校注した『王梵志詩校注』（六二六頁、上海古籍出版社、一九九一年）が有用である。なお前掲の項楚等『唐代白話詩派研究』（一六九頁）も参照されたい（私訳を付した）。

相将帰去来　閻浮不可停　婦人応重役　男子従征行
帯刀擬鬭殺　逢陣即相刑　将軍馬上死　兵滅他軍営
血流遍荒野　白骨在辺庭　去馬猶残跡　空留紙上名
関山千万里　影絶故郷城　生受刀光苦　意裏極惺惺

さあともに帰ろう　いつまでも閻浮提におるべきではない
女には重役が課せられ　男には遠征の任があるのだから
刀剣をさすのは戦いのため　敵にでくわせば殺しあう
将軍は馬の背に死し　軍兵は敵軍に倒される
流血は荒野にあまねく　白骨は辺境の地にころがり
軍馬は亡骸を残し　兵士は死して名簿に記されるのみ
いく山いく関はるか越え　この身は故郷にすでにない
戦の苦しみを背負ってこの世に生まれたが　来世を思うと意は晴れる

はじめの二句「相将帰去来　閻浮不可停」では、「さあともに帰ろう」と述べ、それは閻浮提には苦役が多いからであるとして、その中でも従軍の苦役を語っている。ここでは浄土とは表記されていないので、いったいどこに帰るのかは不明である。しかし、このはじめの二句が最終二句「生受刀光苦　意裏極惺惺」と呼応しているのは明らかである。すなわち閻浮提で生を享けた以上は、男子であれば遠征が課せられ、女子はその間家を守り夫の凱旋を待たなければならない。これは決して避けることができない運命であるということ。だからいつまでもこのような苦悩多い世界にとどまるわけにはいかないということである。しかし、来世のことを思うと、そうした辛さもなくなり心意は晴れやかになるという。仏教詩人の王梵志であればこそ、たとえそれが西方の極楽と限定できないとしても、少なくとも仏の浄土とみなしても問題はないのではなかろうか。なお、この二句「相将帰去来　閻浮不可停」は、善導『観経疏』にある「帰去来　魔郷不可停」(三七・二六三上)に酷似しているように思える。また、王詩の中には構文の似た「隠去来」が二首あることを付言しておく。

次に紹介するのは、白話詩人として知られる寒山である。寒山は拾得とともに天台山国清寺に居し、教団の拘束を受けることなく、襤褸を纏った風来坊である。活動年代は初唐というだけで詳しい伝歴は不明である。その寒山には三〇〇を超える詩が遺されており、テキストとしては項楚が校注した『寒山詩注（附拾得詩注）』(中華書局、二〇〇〇年)が有用である。寒山詩の中、「帰去来」が見られるのは三首あるが[17]、ここではそのうち一首だけを示す(項楚本三二五頁)。私訳を付す。

富貴疎親聚　只為多銭米　貧賤骨肉離　非関少兄弟
急須帰去来　招賢閣未啓　浪行朱雀街　踏破皮鞋底

豊かなときは遠い親戚まで集まる　お金や食べものが目当てなのさ

貧しいときは身内すら離れて行ってしまう　わずかな兄弟であってもだ
さあ急いで帰ろうじゃないか　招賢閣の門戸はまだ開かれていないようだ
それまで朱雀大路をぶらつくとしよう　たとえ靴の底が破れようとも

富めるときと貧しいときで接し方が変わるような血縁者などに見切りをつけ、さあ急いで招賢閣に帰ろうじゃないかという内容である。招賢閣とは文字どおり賢者を招く楼閣で、いわば迎賓館のことであるが、富に応じて心変わりする縁戚よりも、貧と富とにかかわらず人の資質そのものを認めて親交を深めてくれるような賢者こそ信頼にたるものだということである。そうした賢者らが集う建造物を招賢閣と言っているわけであるが、そのような建物が実際にあるわけではなく、それは心の中で理想として思い描いたサロンとも言える。したがって、まだその扉は開かれていないのであり、そうした建物が立地するのは、それにふさわしい都城の中心的な大路である朱雀街であろうから、その理想郷である招賢閣の扉が開かれるまでは（つまり賢者たちが参集するまで）、朱雀街の付近を散歩して待っていようかといった心境を詠いあげているのである。損得勘定で動く親戚縁者との関わりから解放されて、理想とする招賢閣の賢者らを慕う強い思いから「急須帰去来」が措辞されているのであり、ここでもやはり善導が娑婆の束縛を逃れて、理想とする浄土への憧憬を吐露する「帰去来」と共通するものを感じとることができる。

この他にも善導と同時代の駱賓王（?～六八四）は、「帝京賦」（『全唐詩』八三五巻）の中で隠棲を願って「帰去来」を用いている（第八九句～九八句）。さらに中唐の詩人として「長恨歌」や「琵琶行」などを遺し、わが国でも早くから『白氏文集』が愛されている白楽天（白居易、七七二～八四六）の作品中にも、少なからず「帰去来」が用いられている[18]。ここでは一例のみを示す（『全唐詩』一七〇巻）。

天落白玉棺　王喬辞葉県　一去未千年　漢陽復相見　猶乗飛鳧舄　尚識仙人面
鬢髪何青青　童顔皎如練　吾曾弄海水　清浅嗟三変　果愜麻姑言　時光速流電
与君数杯酒　可以窮歓宴　白雲帰去来　何事坐交戦

唐代では右の白楽天の他にも、王績（五八五〜六四四）、王之渙（六九五〜?）、李白（七〇一〜七六二）、顔真卿（七〇九〜七八五）、高適（?〜七六五）、杜甫（七一二〜七七〇）らもこぞって「帰去来」を用いていることを確認した。中には明らかに陶淵明を意識した使用例もあるが、それだけに唐代にあっては、すでに人口に膾炙した名句であったことは否定できないだろう。中華の文学作品における典故という修辞技法は、それが江湖に知られた名言名句であるほど借用される傾向にあり、作者の平面的な情景描写に、それに類似する過去の名作中の名言名句を引いて重ね合わせることによって、立体的でよりリアルな情景描写が浮きあがってくるのである。そのような意味で、善導による浄土への往生の念は、陶淵明による望郷帰郷の念が重なることによって、いっそう読者や鑑賞者の心にリアルなイメージとして響いてくるのである。

第五節　還帰往生の当否

善導の還帰往生を考える上では、一一例のうち一〇例が韻文を含む讃偈にあらわれて、叙述文（散文）にはあらわれにくいことに注意をはらうべきである。善導の各礼讃偈は、宗教的主体的な陳述書であると同時に、その格律からして「詩」と評価できる[19]（『般舟讃』を除く）。すなわち第三者からの評価を受けることを前提として作られる詩文学作品でもあるわけだ。文学は真実・事実そのままを表明せず、誇張と空想によって創造することが許される領域である。善導の讃偈だけにとどまらず、浄土教の讃偈とは、長行部分に比すれば、そこに一種のレトリックがなされていても不思議なことではない。また中華においては、書かれた文章が評価を受ける以上、修辞が文人知識人としての必須の条件でもあったのだ。思うに善導が本来表現したかったのは「還」や「帰」などではなかったはずである。むしろ、欣求の対象としての浄土を「本国」「本家」「自家国」とし、またその対極にあって厭離すべき娑婆を「他郷」や「魔郷」と表現したかっただけではなかろうか。ただし、ひとたび「本国」「本家」「自家国」と表記すれば、「往」くよりも「還帰（かえ）」るとするほうが、ことば遣いとしてふさわしくなる。これは極楽と阿弥陀仏への親しみの感情のあらわれであり、大衆が一堂に会してこれらの讃偈を唱和する際、厭穢欣浄の心情を高めるために、善導が用いた効果的な修辞だったものと考えられよう。そのように考えるとき、善導の「還帰」の措辞は、さして大きな問題にはならないであろう。字面のみにとらわれている以上、詩としての正しい評価は遠ざかるのではなかろうか。

こうした観点をいささか補強するならば、たとえば先の『法事讃』⑧の用例では、

道場清浄希難見　弥陀浄土甚難聞（平文）
難聞難見今得会　如説修行専意専（平仙）
願仏慈悲遥摂受　臨終宝座現其前（平先）
既見華台心踊躍　従仏逍遥帰自然（平仙）

とある。つまり生死輪廻しているものが、弥陀の浄土に「今」会うことができた（第三句）とあることからも、最後の「帰」は実は「往」の意であることがわかる。文字どおりに「もといた所へかえる」のではなく、「本来居すべき所へゆく」と理解すべきである。

また『法事讃』と『般舟讃』に見られる「帰自然」についても、先の「帰去来兮辞」に同じく、陶淵明の「帰園田居　其一」（四〇二年作）にある「返自然」を想起する。

久在樊籠裏　　久しく樊籠の裏に在りしも
復得返自然　　復た自然に返るを得たり

郷里から遠く離れ、久しく世俗にまみれた生活をつづけてきたが、元来そうした生活が肌にあわず、生まれ故郷がなつかしく思われて、とうとう帰郷した。淵明はその田園生活を謳歌してこのように吐露しているのである。善導も「帰自然」と表記することで、浄土を本来自分が居すべき場所とみなし、同時に典故を用いることで、この淵明の「帰園田居」を彷彿とさせ、欣求の思いを重層的に表現したものと考えられるのである。なお森三樹三郎は、善導が用いたこの「自然」は、「おそらく荘子を意識するか、少なくとも何程かの連想が働いていた」としている[20]。『法事讃』の「逍遥帰自然」（四七・四三二中）、「逍遥快楽国」（四七・四三四下）、「逍遥入宝国」（四七・四三五上）には、それぞれ『荘子』の逍遥遊篇に見られる畳韻語の「逍遥」が用いられており、また『荘子』は南北朝隋唐の文学界・宗教界にも多大な影響を及ぼしたので、森説も一理あるが、『広韻』の韻目を示したように、ここは単に偶数句末の「聞」、「専」、「前」と押韻させるために、ふさわしい韻字を用いざるをえず、たとえば「本国」、「本家」「自家国」や「浄土」、あるいは「宝国」などを用いれば失韻となることを回避した、善導による詩人としての配慮だったのである。よって「自然」は作詩上の格律の問題であって、善導の意図としては、「浄土」や「極楽」を言い換えたことばにすぎないわけである。『往生礼讃偈』を文学作品としてみなすとき、表面的な措辞に惑わされてはならないということである。

還帰とあるからといって、もと居た場所に帰るということではない。ここに拘泥しているうちは文学表現としてのレトリックを見抜くことができない。そこには必ずしも仏教教理に合致させなければならないということはないわけである。我われは、そのレトリックの中に善導の真意を読み取らなければならない。よって「還帰」という表現の中に、本来身をおくべき所に居す、という真理を見抜かなければならないのである。かつて、「こうしたこと（還帰の表記をとること）は浄土教の本質的教理から離れるおそれもあるが、長安の浄土教教化者として民衆の中に身を投じた善導には、時として一分の隙も許さない教理を超越し、宣教者としての顔をもつことは必然的な要求であったはずである。還帰などの表記は詩的情緒を高揚し、民間的レヴェルで読む者、聞く者、そして往生を願い念仏行に励む者の心に強く訴える効果があるわけで、それが偈頌（詩）の中にあらわれていればなおさらである。これは善導の宣教者としての、そして詩人としてのささやかな配慮ではなかったか。そしてまた詩人、善導としての繊細な才をも無視できないわけで、こうしたところに教理に束縛されない自由な善導の姿があり興味深く感じられる」と述べたのは[21]、そういうことなのである。

ところで、善導はなぜ浄土を「本国」「本家」「自家国」、娑婆を「他郷」「魔郷」などと表現したのだろうか。おそらく、そこには善導の宗教体験というものが介在しているのではなかろうか。宗教体験などというと、宋代に戒珠、慈雲、王古、王日休などによって編まれた往生伝を連想する。それらの中には念仏する善導の口から仏や光が出たり、師の道綽をして三罪三懺せしめるというように、超人的資質を具備した者として描かれているが、そうした諸伝記はひとまずおくとする。ここではその一々を取りあげはしないが、とくに『観経疏』の三縁について注目したい。三縁とは、善導独自の教理であって、『観経』仏身観の「一一光明遍照十方世界念仏衆生摂取不捨」について解説を加えたものである。念仏するにつけ、仏と衆生が親縁、近縁、増上縁という三つの深い関係をもつというのであるが、かたや西方清浄世界の阿弥陀仏、かたや末法五濁の流転凡夫と互いに相反する両者の対面が称名によって現実のものとなることを善導は説いてくる。そしてこの教理は善導の思弁的発想ではなく、あくまでも経験的発想に他ならない。なぜならこの三縁の義は第八像想観において説かれている善導独自の仏身論に導かれているからである。善導は法界身としての阿弥陀仏を衆生界の身とみなし、その衆生界に仏心が遍満し、また仏身も遍満し、そしてそれが障碍なしというように阿弥陀仏のありようを心遍、身遍、無障碍の三義で概念規定している（三七・二六七上）。

法界と言うは三義あり。一には心遍ずるが故に法界を解す。二には身遍ずるが故に法界を解す。三には障碍なきが故に法界を解す。正しく心到るに由るが故に、身また随いて到る。身は心に随うが故に是法界身と言う。法界と言うは是れ所化の境、即ち衆生界なり。身と言うは是れ能化の身、即ち諸仏の身なり。入衆生心想中と言うは、乃ち衆生念を起して諸仏を見んと願ずれば、仏即ち無碍智を以て知るに由り、即ち能く彼の想心の中に入りて現ず。但だ諸の行者、若しは想念の中、若しは夢定の中に仏を見る者は即ち斯の義を成ず。

これは浄影寺の慧遠を代表とする論師の解釈と異にしており、他ならぬ善導の念仏の実践にもとづいた概念であったと考えられる。こうした実践にもとづいた仏身論は、第九真身観へと受け継がれていくのである。それがこの三縁である。すなわち心遍が親縁に、身遍が近縁に、無障碍が増上縁にそれぞれ対応して、ここに仏身論にもとづく仏凡の呼応関係が具体的なかたちとなって明示されているわけである。つまり像想観における普遍的原理としての三身同証という仏身論（心遍、身遍、無障碍の三義）が基底にあり、そこから真身観における念仏の実践によって凡夫と直接に結びつく個別的展開としての報身という仏身論（親縁、近縁、増上縁の三縁）へとその思想体系を構築させていったのである。

善導は自己の宗教体験から阿弥陀仏との間につながりを感じていた。それが三縁という教理として、文字の上にあらわれてきたのである。実践をとおして阿弥陀仏と自己に親密なつながりを直感していた。そこのところを善導は親縁で以下のように説いている（三七・二六八上）。

> 衆生行を起こすに、口に常に仏を称うれば、仏は即ち之を聞きたまう。身に常に仏を礼敬すれば、仏は即ち之を見たまう。心に常に仏を念ずれば、仏は即ち之を知りたまう。衆生仏を憶念すれば、仏は亦た衆生を憶念したまう。彼此の三業、あい捨離せず。

仏との親密さを衆生の身口意の三業において見出しているのであり、これは『法事讃』にも見られる（四七・四二八上）。

> 弘誓多門にして四十八なり　偏に念仏を標して最も親と為す　人よく仏を念ずれば仏も還た念じたまう　専心

に仏を想えば　仏も人を知りたまう

単に心を代表する精神的な親密さを感じていたのではなく、称名の実践にもとづいて、仏との全人格的（三業）な親密さを体験していたわけである。「彼此の三業、あい捨離せず」とは善導の確信にみちた力強いことばであって、宗教的表現の極致に他ならない。

体験によって得られた境地から先の用例をながめるとき、そうした体験というものが文字となって吐露されていることに気づかされる。「本国」「本家」「自家国」や、「還」「帰」といったことばは、阿弥陀仏とその浄土に対する親しみの顕現であるといえよう。「浄土」や「往生」といえば、一般的であり形式的な域を出ない。しかし「本国」や「還帰」は個別的であり経験的である。「還本国」などのことばに出あうとき、この意味を往生浄土であるととおりいっぺんにかたづけてはならない。還帰と表現する背景には、人間善導が全身全霊をもって阿弥陀仏と対面している姿があるに違いない。

ところで、先に示した『法事讃』の⑧「従仏逍遥帰自然」（四七・四三二中）にある「逍遥」についても注目したい。これは『荘子』を典故とすることは言うまでもない。『法事讃』には他にも「従仏逍遥入宝国」（四七・四三五上）の用例がある。この荘周の『荘子』三三篇の内篇第一逍遥遊篇にある逍遥とは、あらゆることがらから解放され、拘束を受けない自由な精神的境地を意味する。福永光司は「何ものにも束縛されることのない絶対に自由な人間の生活という意味」と述べ、そうした人物を「至人」と尊称し、さらに「至人もしくは神人のとらわれなき生活、自由無碍の境地を、荘子独特の奇想天外の譬喩と機智縦横の筆によって描いたものである」（『荘子内篇』逍遥遊篇一頁、朝日新聞社、一九六六年）と述べている。大海を悠然と回遊する鯤という大魚がその姿を鵬なる巨鳥に転じたかと思うと、あらゆる束縛を受けることなく不安や恐怖もなく悠然と大空に飛翔するという、いわば壮大な空想をめぐらしたファンタジーを描いている。ところでこの『法事讃』の「従仏逍遥帰自然」や「従仏逍遥入宝国」に対して、『般舟讃』には「命尽須臾帰自然」や「従仏須臾還宝国」とある。一方は「逍遥」、一方は「須臾」とされている。念仏行者はその没後「即得往彼」であればこそ、『般舟讃』の「須臾」でなければならず、のんびり悠長に浄土に向かう「逍遥」は教義的にふさわしい表現ではない。しかしながら、善導の思惑はそのような字義に拘泥することにはなかった。善導は『荘子』の「逍遥」を自作の讃偈に借用することで、かの大鳥がそうだったように、念仏行者が阿弥陀仏の誓願に包まれて何の不安や恐怖もなく悠然と浄土に向かっていくありさまをイメージさせようとしていたのである。

以上、「帰去来」を借用したのは異郷にある陶淵明の帰郷の切なる思いを連想させるためであり、「逍遥」を借用したのは『荘子』にある大鳥が悠々と天空を飛翔するさまを連想させようとしたのである。つまり教義として正しい「須臾に浄土に往く」を、典故を用いて確信犯的に教義に反する「逍遥として浄土に帰る」に改めることによって、読者（唱者）をして浄土に向かう思いをいっそう高め、確信と安心感をもって悠然と旅立つことをイメージさせようという修辞なのである。そして、もしそのようにイメージさせることができたならば、善導の思惑はまんまと成功したということになる。教義とは異なる表現をするのは確かに危険をはらむが、その一方で教義を伝えるために巧みな手段（方便）を用いたものとして評価すべきなのである。

必ずしも浄土を浄土といわず、往生を往生といわず、時には体験的な表現である「本国」や「還帰」をもまじえる。確かにこれは先に述べたごとく、深心釈に見られる善導みずからの人間観とは相反し、そのため「はじめての往生」にもかかわらず、「還帰」するというのだから、論理的整合性に欠いているが、常に論理や思弁にとどまっているとしたら、すでにそれは宗教ではないだろう。それを超えたところに真の宗教があるはずである。宗教には体験という側面が重要な位置をしめていることを忘れてはならない。そしてそれによって先徳たちは自己の教理に熱い血をかよわせていたのである。不安と緊張がともなう「魔郷」へ「往」くよりも、癒しと救いのある「本国」に「帰」るほうが安堵感をもたせ、讃偈を唱和する民衆の心を捉えることは容易であったはずである。宗教歌としての讃偈において還帰という文学表現（詩語）が加えられているということは、それを端的に物語るのではなかろうか。

なお、「善導後身」（善導の生まれ変わり）と称されるほどに浄土教の儀礼に貢献した法照（七四六〜八三八）は、善導に倣って自作の帰西方讃（八五・一二六一中下）において、各偈の初句に「帰去来」を配置している。これは多人数で合奏する際の合いの手（和声、和讃、囃子詞）としての機能を担っているのである。

おわりに

本章を整理する。まず善導はその著作中にしばしば還帰往生と説いている。字義どおりに理解すれば、浄土に帰るということになる。ところが善導の人間観からながめると、罪業によって過去から永遠に生死を繰り返してきた凡夫が、はじめて弥陀の本願にふれて念仏することによって、はじめての往生が実現するというものであった。ここに「帰」と「往」の間に矛盾が生じている。それに対して聖光や良忠は約能化と約所化の義をもって理解しようとしたのであった。ところでこの「還帰」に関しては、すでに中国の詩歌における用例があった。善導の一一の用例も、一例を除いては讃偈という宗教歌の中にあらわれているという事実から、また典故と平仄や押韻など詩の格律を具えているものもあることから、これを中華の詩歌とみなさざるをえないということになる。したがって字義どおりに受け取るよりも、文学的なレトリックとして理解することが最も理にかなっていることが判明したのである。

善導の讃偈は宗教的・個人体験的な陳述であると同時に、その格律からして「詩」と評価できる。すなわち文学作品でもある。文学は真実・事実そのままを表現せず、誇張と空想が許される世界である。善導の偈を空想とは言わないが、散文部分の陳述に比すれば、そこに一種のレトリックがなされていても不思議なことではないし、レトリックを加えることが文化人、知識人としての証でもあるのだ。文字どおりに受け取れば、「還帰」では理屈がとおらないが、善導は娑婆を「他郷」や「魔郷」として厭離しておき、極楽を「本国」「本家」「自家国」とする。そのように表記したからには、「往(ゆ)」くよりも「還帰(かえ)」るほうがことば遣いとしてふさわしいのは当然である。これは極楽と阿弥陀仏への親しみの感情のあらわれであり、大衆が一堂に会して讃偈を唱和する際に、厭穢欣浄の情意を高めるために、善導が用いた効果的な修辞だったのである。善導が教理に束縛されず、おおらかに作詩していたということが、ここから知ることができるのである。

浄土や往生といった仏教用語を用いず、あえて詩的でやわらかく味わいのある詩語を採った。それは他でもなく所化のためではなかっただろうか。隋から唐にかけてとくにこうした讃偈が広く行われており[22]、この流れに乗じて能化としての善導も礼讃儀礼を民衆教化の場で役立てた。その際に、「往」を「還」や「帰」に置きかえたということである。こうした配慮によって無味な宗教儀礼に文学的な潤いが添加され、浄土教儀礼がいっそう盛況することが期待できたのである。我われは中国の出家僧が宗教者であるとともにみな文学者でもあることを忘れてはならない。善導も例外ではなく、宗教者としては「浄土に須臾に往く」と教義どおりに表現し、文学者としては「浄土に逍遥として帰る」と修辞を加えて表現したのである。

【付記】

註（6）に示したように、浄土真宗における「還浄」の問題については、親鸞の使用例をめぐっての宗門と宗侶との真摯な対論であり、その議論そのものはとても有益なことである。善導や親鸞の用例に拠るならば、「還浄」の使用は何ら問題ないことであるが、生死を繰り返してきた凡夫にとって、浄土ははじめて往く場であり、決して帰る場ではないことは確かなことである。

また法然についてはその著書や法語類において何ら言及することはなかった。よってその是非は不明ではあるが、法然の関心事とは、浄土に「往」くでも、また浄土に「帰」るでもなく、念仏によって浄土に「生」まれることにあったと考えるべきである[23]。

註

（1）善導の還帰往生については、すでに拙文「善導の還帰往生」（『印度学仏教学研究』四二巻二号、一九九四年）や、「善導の還帰往生という修辞法」（『仏教学部論集』九七、二〇一三年）でも述べている。

（2）『往生礼讃偈』（『大正蔵経』四七・四四一下）

（3）『観経疏』（三七・二四七下）

（4）『往生礼讃偈』（四七・四三九中）

（5）前掲の拙文（一九九四）においては一二例としたが、このうち『観経疏』玄義分「当称仏時、化仏菩薩、現在其前、金光華蓋、迎還彼土。華開已後、観音為説大乗、此人聞已、即発無上道心」（三七・二五一上）の用例は削除すべきであった。「迎還彼土」の主体は「化仏菩薩」と理解できるからである。

（6）浄土真宗で還浄をめぐって論議されている。主要な成果を発表順に列挙する。
・東光爾英「真宗における「帰：カエル」についての一考察」（『宗学院論集』六二、一九九〇年）
・齊藤隆信「善導の還帰往生」（『印度学仏教学研究』四二巻二号、一九九四年）
・深川宣暢「お浄土にかえるとは、どういうことですか？」（『季刊せいてん』四四、一九九八年）
・沖和史「ふたたび浄土にかえる（還浄）について」（『季刊せいてん』四七、一九九九年）
・沖和史「還浄の論議における解釈技法の問題」（『日本仏教学研究』六六、二〇〇一年）
・沖和史「「浄土にかえる」という表現をめぐって」（『教学研究所紀要』九、二〇〇一年）
・安藤光慈「還浄に関する教学的整理」（『教学研究所紀要』九、二〇〇一年）
・沖和史「還浄運動をどう評価するか？――反差別運動における現場と教学の往復運動覚書――」（『同和教育論究』二三、二〇〇二年）
・沖和史「「浄土にかえる」という表現は「宗義になきおもしろき名目」か？（1）」（『密教学』三八、二〇〇二年）
・沖和史「「浄土にかえる」という表現は「宗義になきおもしろき名目」か？（2）」（『密教学』三九、二〇〇三年）
・山田明宏「還浄説の考察」（『宗学院論集』七五、二〇〇三年）
・内藤知康『往生と還浄』（永田文昌堂、二〇〇四年）
・沖和史「「還浄」の出典解釈に関する批判的考察」（頼富本宏博士還暦記念論文集『マンダラの諸相と文化』下巻、法藏館、二〇〇五年）
・沖和史「「還浄」の語義――念仏者が「浄土にかえる」ということ――」（『印度学仏教学研究』五七巻一号、二〇〇八年）

（7）日本伝来の流布本は「欄巡」に作るが、「欄巡」の「巡」（平声諄韻）については、『集諸経礼懺儀』・『広本法事讃』・守屋旧蔵本・斯二六五九・伯二七二二・北八三五〇・七寺蔵『阿弥陀浄土礼仏文』は、ともに「遮」に作る。ここは「遮」（平声麻韻）を採用すべきである。各論篇第三章を参照。

（8）善導大師の凡夫観については、高橋弘次『法然浄土教の諸問題』（山喜房仏書林、一九七八年、改訂増補一九九四年）、宮林昭彦「善導大師の人間観」（小沢教授頌寿記念『善導大師の思想とその影響』大東出版社、一九七七年）などに詳しい。

（9）『観経疏』（三七・二六一中）

（10）『観経疏』（三七・二七一上）

（11）『往生礼讃偈』（四七・四四〇下）の中夜偈は、良忠の『往生礼讃私記』（『浄全』四・三九四下）によると「中夜偈者出智度論彼第十七禅波羅蜜品第二十八云」とあり、すでにその典拠を『大智度論』（二五・一八四中）に求めている。

『大智度論』
汝起勿抱臭身臥
種種不浄仮名人
如得重病箭入体
諸苦痛集安可眠

『往生礼讃偈』
汝等勿抱臭屍臥
種種不浄仮名人
如得重病箭入体
衆苦痛集安可眠

善導は「臭身」を「臭屍」に書きかえている。典拠が『大智度論』にあろうと、ひとたび受容され消化されればすでに善導の人間観としても何のさしつかえもないはずである。

（12）『法事讃』（四七・四三七中）、『観経疏』（三七・二六九上）、『法事讃』（四七・四三二上）。ここでは弥陀浄土に往生した者が十方仏国へと飛騰し供養して再び弥陀浄土へと帰ることを説いている。

（13）『観経疏』の用例として「弥陀本国」「本国能人」「本国他方」「還入生死」「勧帰浄土」「西帰」「帰浄土」（順に三七・二五八中、二六四中、二七四上、二七四下、二四八中、二七〇上、二四八中）、『往生礼讃偈』の用例として「須欲帰」「帰本国」「於本国」「還到安養国」（順に四七・四四六中、四四八上、四四一下）、『般舟讃』の用例として「

還即帰還」「一念帰還得千証」（順に四七・四五二上、四五四中）、そして『法事讃』の用例として「帰西安養国」「還来穢国」「帰西路」（順に四七・四二八上、四三一中、四三七上）がある。

（14）『観経疏』（三七・二七三中）

（15）『法事讃』（四七・四三一中）

（16）かつて吉岡義豊は「帰去来の辞について」（『中国文学報』六、一九五七年）において、仏教文献にある「帰命・帰依・南無」と関連づけ、「奉事去来現在仏」は「帰去来」に同じものとみなし、また善導の作品中に「帰去来」は述べられていないとした。しかし、これらはみなはなはだしい誤解である。善導をはじめとする中国の浄土教家たちが「帰去来」と述べたのは、決して「帰命・帰依・南無」の意味で用いたのではなく、あくまでも「往生」の意味で用いていたのである。さらに「奉事去来現在仏」は過去・未来・現在の仏に奉事するという意味であり、仏典にはいくらでもそうした類例はある。そして善導の『観経疏』には「帰去来」を二例ほど検出できるのである。したがって吉岡の仏典における「帰去来」の論点はみな誤りである。

（17）他の二首は以下のとおり。

項楚本三四二頁「之子何惶惶」

之子何惶惶　卜居須自審　南方瘴癘多　北地風霜甚
荒阪不可居　毒川難可飲　魂兮帰去来　食我家園葚

項楚本七四八頁「世間一等流」

世間一等流　誠堪与人笑　出家弊己身　誑俗将為道
雖著離塵衣　衣中多養蚤　不如帰去来　識取心王好

（18）『全唐詩』における白居易の作品から「帰去来」を含む作品を抽出すると以下のものがある。「古風」（『全唐詩』一六一巻）、「行路難」第二首（同一六二巻）、「横江詞」第六首（同一六六巻）、「贈崔郎中宗之」（同一六九巻）、「贈王漢陽」（同一七〇巻）、「潁陽別元丹丘之淮陽」（同一七四巻）、「春陪商州裴使君遊石娥渓」（同一七九巻）、「紀南陵題五松山」（同一八一巻）、「対酒酔題屈突明府廟」（同一八二巻）、「尋陽紫極宮感秋作」（同一八三巻）、「寄遠」

第一一首（同一八四巻）

(19) 各論篇第三、四、六章を参照。

(20) 森三樹三郎「『無量寿経』の漢呉魏三訳に見える「自然」の語について」（坪井俊映博士頌寿記念『仏教文化論攷』佛教大学、一九八四年）を参照。後に『老荘と仏教』（法藏館、一九八六年）に所収。

(21) 前掲拙文〔一九九四〕を参照。

(22) 岸信宏「往生礼讃を通して観たる善導大師」（『摩訶衍』九、一九三〇年）を参照。また法照の広本『五会法事讃』には、彦琮、慈愍慧日、浄遐、神英、霊振、惟休の偈を収載している。

(23) 法然は、その臨終において「われもと極楽にありし身なれば、さだめてかへりゆくべし」と仰せになっているが、これは『法然上人行状絵図』三七（『法然上人伝全集』二四二）の記事であり、自身の著作や法語の記載ではない。他にも『法然上人伝絵』巻下（『法然上人伝全集』五二二上、『昭和新修法然上人全集』四七九頁）や、『拾遺古徳伝絵』（『法然上人伝全集』六三八上）に、「うれしきかなわが心、無為のみやこにかへりゆきて、四生のあるじとあおがれむ事」と仰せになっている。それらは、あくまでもみずからの主体的な宗教観（宗教体験）からの発露であって、我われ凡夫が「浄土に帰る」ことや、それに類するような表現は、その著作中にまったく言及されていない。また前述したごとく、二祖聖光と三祖良忠にしても、それぞれ善導による「浄土に帰る」を解説しているにとどまり、それを肯定も否定もしていない。

思うに、法然は念仏の相続にこそこだわったのであり、それによって結果的に浄土に「生」まれたらよいのであって、その道程的（過程的）な表現としての「往」くにも「帰」るにも関心がなかったのである。つまり「浄土に帰る」という表現法の是非に拘泥していなかったということであり、我われも是か非の一方を採るのではなく、宗祖の姿勢を継いで、「浄土に帰るという表現の是非に拘泥しない」という立場こそを宗義とすべきである。拘泥しない（是でもよし、非でもよし）ということが宗義であるからには、それをふまえた上で展開される宗学においても、是とする立場と非とする立場のどちらも認めざるをえない。それは時・所・諸縁によって宗義をいかに表現するかを議論することが宗学の役割だからである。これが「浄土に帰る」という表現に関する浄土宗における立場であろう。要点をまとめると以下のようになる。

・「浄土に帰る」という表現の根拠は善導の書物の中にある。
・伝記資料の中に限って法然は「帰」と表現している。
・著作や法語類では「往」を用い、「帰」を使用することはない。
・念仏による結果として浄土に「生」まれることが重要であり、過程としての「往」や「帰」という表現法に関心はなかったと考えられる。
・ちなみに二祖と三祖は善導の「帰」を語義解説するだけで、それを使用する是非を論じていない。
・我われは使用の是非に拘泥しない法然の姿勢をもって宗義とすべきである。
・したがって、宗義を根拠とする宗学では是と非の双方を認めるべきであり、「帰」の使用を「不可」とすることはいささか厳しいようである。
・かといって、紛らわしい表現の「帰」をすすんで使用する必要もない。
・もし使用するのであれば、誤解と混乱をまねかないよう、しかるべき説明責任を果たすことが求められる。
・しかるべき説明とは本章の内容そのものであるが、そのような煩瑣な説明を要するくらいなら、はじめから「往」を用いるほうが望ましい。

なお、知恩院所蔵の養鸕徹定上人自賛肖像（寺本哲栄編『徹定上人』総本山知恩院、一九九〇年）には、徹定上人（浄土宗管長、知恩院第七五世、一八一四～一八九一）が没する前年に自身の肖像画に以下の四言四句の偈を添えている。

還彼本家　出此火宅（彼の本家に還り　此の火宅より出でん）
心若蓮花　身如芭蕉（心は蓮花の若く　身は芭蕉の如し）

さらに須賀隆賢『引導下炬集』（隆文館、一九二〇年）には「還郷」「本国に還れ」「極楽は汝の故郷なり」の文例が散見されることを付言しておく。

第八章　法照の広略『五会法事讃』の儀則

はじめに

法照の著作として研究の俎上にのぼってくるのは、『浄土五会念仏誦経観行儀』三巻、および『浄土五会念仏略法事儀讃』一巻（または二巻）がその中心である。ここでは前者を『広本』、後者を『略本』と呼称する。これら広略二種の『五会法事讃』以外の著作については総論篇第四章を、また詩文については次章を参照されたい。

さて、江戸期浄土宗の学僧東日（生没年未詳）[1]は、『浄土五会念仏略法事儀讃演底』で「略とは広に対す。広讃の三巻は未だ此の土に来たらず」（『続浄全』七・二五七下）と述べている。これは東日が『略本』とは別に詳細なテキストの存在を知っていた証であり、それは他でもなく『略本』の本文中に、「若し広く法事を作すには具に五会法事儀三巻に在り。（中略）若し略して法事を作すには即ち此の文に依る」（『大正蔵経』四七・四七五上）と記されているからである。さて、ここで注意すべきことは、この『広本』と『略本』とは単にテキストに広略の相違があるということだけではなく、『広本』下に「広略必ず時を知るべし」（八五・一二五五下）とあるように、儀式儀礼の規模によって使い分けられていたということである。

第一節　『浄土五会念仏誦経観行儀』三巻（『広本』）

①『広本』の成立

本書は、隋から中唐までに作られた浄土教の讃偈と、法照みずからが詠んだ讃偈を載録し、これに念仏誦経などを加えて実際の儀礼に応ずべく組織させた一大儀礼書である。もと上中下の三巻よりなるが上巻は散逸している。永泰二（大暦元年、七六六）年に南岳において五会念仏の啓示を受けたことを契機として五台山に登った法照が、その後大暦九（七七四）年一〇月に太原の龍興寺にて本書を完成させている。そのことを本書巻下の末尾に以下のように述べている（八五・一二六六上）。

時に大暦九年の冬初十月、北京龍興寺に於いて浄土念誦観門を再述す。

「再述」という意味が明確ではないが、おそらくそれ以前にすでに素案のようなものがあり、大暦九年一〇月に正式なかたちとして著すことになったということであろう。『略本』にも（四七・四七六上）、

梁漢沙門の法照、大暦元年の夏四月中、南岳弥陀台の般舟道場に起き、無量寿経に依り作る。

とあるように、大暦元（七六六）年四月には五会念仏が南岳で創始されており、法照は掛錫した諸所の寺院におい

てその儀礼を行っていたのであって、それが大暦九（七七四）年一〇月に正式な儀式次第としてまとめられたとみなすことができよう。それが『広本』ということである（資料篇⑤の法照略年表も参照）。

現在のところ『広本』の刊本は確認されておらず、すべて敦煌石室本として巻中（巻首は残欠）と巻下の写本のみが現存する。それら写本については廣川堯敏〔一九八二①〕、張先堂〔一九九八〕を参照されたい。なお、巻下は完本として遺されている（敦煌石室写本、伯二九六三）。それが書写されたのは乾祐四（九五一）年である。また公益財団法人武田科学振興財団杏雨書屋所蔵の敦煌写本の中にも『広本』の写本が二点現存している（羽六三四、羽七〇四V）。

◎羽六三四（『敦煌秘笈』第八冊三四八～三五〇頁、二〇一二年）：巻下の「浄土法身讃」（法照）、浄土五字讃、厭苦帰浄土讃、後跋の写本である。後跋は『大正蔵経』の底本となった伯二九六三の後跋と異なるので、ここに翻刻しておく。

上来依諸聖教、略述讃揚五会法事軌儀、以為三巻。前之両巻、具有明文、意遣群疑、帰心浄国。衆等若念仏誦讃了、即還依前巻、誦向（廻向）発願文即散応知。時大歴（暦）九年冬初十月、於比（北）京龍興寺、再述浄土念誦観門。意普□□（二字虫損）天人含生蒙潤、皆令脱落塵滓、騰神浄方、証妙覚之円明、共処蓮花之会。願諸智者、深信修行、厭離輪迴生死世界、専称彼仏、同往浄方、疾証菩提。豈非善哉楽哉矣。有縁之者、願共帰西、根性有差、各随業云爾。浄土五会念仏誦経観行儀巻下

◎羽七〇四V（『敦煌秘笈』第九冊一一三頁、二〇一三年）：巻下の「依無量寿観経讃」（法照）のおわりから、「依阿弥陀経讃」（法照）の全文、「歎散花供養讃」（神英）の前部まで。

なお、他に羽一五五（『敦煌秘笈』第二冊四二五～四二七頁、二〇一〇年）の写本や、顕徳六（九五九）年の写本で

ある羽四一二（『敦煌秘笈』第五冊二八四～二八六頁、二〇一一年）にも、それぞれ『広本』と同じ讃偈が収められているが、『広本』とは讃題や順序が異なり、また『広本』に見られない讃偈まで含まれていることから、ここでは別行本とみなしておきたい。

さて、『広本』の構成について、巻中には第七門の『阿弥陀経』から最終の第十門までが収められているので、散逸している巻上に第一門から第七門の途中までが収められていたと考えられる。また巻中の第十門の後に、「上来十段の不同あり。総じて一期の浄土五会念仏〔誦〕経讃観行儀を明かし竟る」（八五・一二五二下）とあるので、第一門から第十門までの儀礼の次第と方法は巻中までで完結していることがわかる。巻下はその開巻に「此の下に一巻の讃あり。第八讃仏得益門より分出す」とあるごとく、巻中の第八門を分出（別出）させたもので、適宜選択できるようにはじめに五言の讃偈を、次に七言の讃偈をそれぞれ分けて収載している。

なお、法照が提唱した五会念仏とは、『略本』にあるように、大暦元（七六六）年の四月に南岳弥陀台の般舟道場において『無量寿経』によって創作された音曲の念仏である（四七・四七六上中）。その内実は『無量寿経』に説かれる浄土の宝樹が風に吹かれて奏でる音声を根拠としており、具体的には五種の音声を集会した口称念仏であり、その称える速度の緩急を意味する。

『略本』（四七・四七六中下）

又釈五会念仏、五者会是数、会者集会。彼五種音声、従緩至急、唯念仏法僧、更無雑念。念則無念、仏不二門也。声則無常、第一義也。故終日念仏、恒順於真性、終日願生、常使於妙理。（中略）此五会念仏声勢、点大尽長者、即是緩念、点小漸短者、即是漸急念。須会此意。

第一会平声緩念　　南無阿弥陀仏
第二会平上声緩念　南無阿弥陀仏
第三会非緩非急念　南無阿弥陀仏
第四会漸急念　　　南無阿弥陀仏
第五会四字転急念　阿弥陀仏

『略本』（四七・四七七上）
五会讃　依無量寿経　釈法照
第一会時平声入　弥陀仏
第二極妙演清音　弥陀仏　弥陀仏
第三盤旋如奏楽　弥陀仏
第四要期用力吟　弥陀仏　弥陀仏
第五高声唯速念　弥陀仏

また緩急はおのずから音階の高低をも導くであろう。したがって、「南無阿弥陀仏」（第一会〜第四会）、あるいは「阿弥陀仏」（第五会）と称える際に、緩から急へと五段階に速度をあげることであり、これにともなって音程もおのずから低音から高音へと変化することであるに相違ない。五会とは念仏そのものの唱法における儀礼であって、時に讃偈を唱和する際に句間に挿入して称えられるものである。

なお伯三二一六（『敦煌宝蔵』一二六・六一八、『法国国家図書館蔵敦煌西域文献』二二・一八四上）には「然念阿弥陀仏、幷唱諸讃、莫令断絶、念得四千口仏名為一会」とある。字義どおりに理解すると、一会につき四千声の念仏を規定しているので五会をみたすと二万声ということになる。これは『広本』や『略本』に見られない解釈なので、法照によって規定されたものとは考えられない。それについては各論篇第十章を参照されたい。

②『広本』巻上の構成（推定）

巻上は散逸しているのでどのような構成になっているのかはわからない。しかし巻中と『略本』の情報から以下の四点は推定できそうである。

・巻中には第七門として『阿弥陀経』の全文と「阿弥陀仏説呪」[2]、「往生西方記験」が収められ、ついで第八讃仏得益門、第九化生利物門、そして最終の第十廻向発願門が収載されている。各門のはじめに門の名称が示されているが、巻中の巻頭にそれが示されておらず、すぐさま『阿弥陀経』の本文からはじまっている。このことから、巻上には第一門から第七門の途中までが収められていたと考えられる。

そして巻中の第九化生利物門の冒頭に「前の八門は是れ因なり。此の第九門は是れ果なり」（八五・一二五二下）とあるように、「第八門」とせず「八門」とあることからして、第一門から第八門まではすべて往生の因行が説かれていたということである。したがって巻上に収められていたはずの内容はすべて因行ということになる。おそらくは観行や懺悔などについて説かれていたのではなかろうか。

・巻下の末に「前の両巻、其れ明文あり、意に群疑をはらい、心を浄国に帰せしむ」（八五・一二六五下）とあるので、浄土教への何らかの疑念や批判があり、それらへの対処法が示されていたようである。

・『略本』に「若し広く法事を作すには、具に五会法事儀三巻に在り。弥陀〔経〕・観経を啓讃し、広く由序を説き、問答の釈疑は並な彼の文に在り」（四七・四七五上）とあることから、『観無量寿経』の讃文・序文・問答も散逸している『広本』の巻上に記されていたと思われる。『略本』の冒頭には問答があるので、単純に『略本』が『広本』のダイジェスト版であったとも考えられる。すると『略本』劈頭部分の云何梵・讃請文・荘厳文に相当するものが『広本』巻上にもあったことを想定できる。

・施萍婷〔二〇〇〇〕は伯二一三〇をもって『広本』の巻上であると述べているが、伯二一三〇は北八三四五（BD〇五四四二）と同一文献であり、第一門から第七門の名称が示されていないことや、『広本』巻中と巻下の諸讃と重複する讃偈が六種存在する（宝鳥讃・極楽厭欣讃・浄土楽讃・念仏之時見仏讃・校量坐禅念仏讃・西方十五願讃）ので、これを『広本』巻上そのものとみなすことはできない。施の憶測はあたらない。

③『広本』巻中の構成

巻中の第十門の後に、「上来十段の不同あり。総じて一期の浄土五会念仏〔誦〕経讃観行儀を明かし竟る」（八五・一二五二下）とあることから、第一門から第十門までの儀礼の次第と方法は、この巻中までで完結していることになる。

〈第七〇〇門〉（門の名称は不明）

・第七門は巻上のおわりからはじまっていたと考えられるが、巻上そのものが散逸しているので不明。

・『阿弥陀経』（流布本系統[3]）を読誦する。

・第二会の念仏を称える。なお阿弥陀仏説呪および往生西方記験は、法事の際には読唱しない。

・宝鳥讃（善導『法事讃』）、または相好讃（『略本』と同じ讃文）を讃誦する。
・諸讃（巻下の讃文も含む）を誦し、廻向発願（第十門）してから散華する。[4]

〈第八讃仏得益門〉
・仏を讃歎することは仏道を成就し、現世では人に敬われ、来世には仏の来迎を得て浄土に往生するという利益がある。
・讃文には長短があるので、短い讃文はすべて誦し、長い讃文の場合は法事の時宜に応じて略してもよい。
・法事を行う際には、『阿弥陀経』または『観経』のどちらか一方を誦す。その後それぞれ諸讃のはじめに宝鳥讃と相好讃を誦す。ただし文中に（八五・一二四五上）、

互[5]いに誦すも亦た得たり。若しくは中間の諸讃、意に任せ時に臨んで取捨して之を用うるも得たり。衆等已後は一讃を誦し竟る毎に即ち仏を念ずること三、五十口せよ。応に知るべし。

とあるように相互に誦讃してもよいということである。つまり諸讃においては任意に取捨して誦すということになる。そして各讃を誦した後には、念仏を三〇声から五〇声ほど称える。
・『広本』巻下の讃偈も含め、適宜取捨選択して誦しおわれば、彦琮の讃偈と帰西方讃、または善導の讃偈と帰西方讃を誦し、最後に天台の廻向発願を誦して散華する。

◎『広本』による法事の次第順序

以下の二種のどちらかを選択することになる。

A（巻上の儀則は不明）→①『観無量寿経』→②第二会念仏（平上声緩念）→③相好讃（『観無量寿経』にもとづく讃）→④諸讃（任意に取捨）→⑤一讃をおえるたびに念仏を三〇声～五〇声→⑥六根讃（『大般若経』にもとづく讃）→⑦彦琮作の讃文（浄土詩）→⑧帰西方讃→⑨天台の廻向発願文→⑩散華

B（巻上の儀則は不明）→①『阿弥陀経』→②第二会念仏（平上声緩念）→③宝鳥讃（『阿弥陀経』にもとづく讃）→④諸讃（任意に取捨）→⑤一讃をおえるたびに念仏を三〇声～五〇声→⑥浄土楽讃（『称讃浄土仏摂受経』にもとづく讃）→⑦善導作の讃文（日中礼）→⑧帰西方讃→⑨天台の廻向発願文→⑩散華

・右のAとBにある④諸讃においては、以下の一七種の讃文を任意に選択して唱えることになる。また巻下に別出されている三〇種の讃文（後述する）からも任意に選択してよい。

1　観経十六観讃（浄遐、七言、『観無量寿経』）…和声「阿弥陀仏」「南無阿弥陀仏」、すべて讃誦する必要なし

2　阿弥陀経讃（浄遐、七言、『阿弥陀経』）…和声「阿弥陀仏」「南無阿弥陀仏」

3　維摩讃（作者不明、七言、『維摩詰経』）…和声「難思議」「維摩詰」

4　涅槃讃（作者不明、七言、『涅槃経』、大会の際に亡者を前にして誦す）…和声「涙落如雲雨」「双林裏」

5　般舟讃（慈愍、七言、『般舟三昧経』、大会の際および亡者を前にして誦す）…和声「願往生」「無量楽」

6　道場讃（善導『法事讃』下（四七・四三七上）、七言）…和声「道場楽」

7　無量寿仏讃（作者不明、五言、『無量寿経』、あらゆる場所で誦す）／この後、観世音菩薩を念じること一〇声～二〇声

8　観世音讃（作者不明、五言、『観世音菩薩普門品』、あらゆる場所で誦す）／この後、勢至菩薩を念じること一〇声～二〇声
9　大勢至菩薩讃（作者不明、七言、『観無量寿経』）
10　出家楽讃（作者不明、六言と七言、『出家功徳経』、あらゆる場所で誦す）…和声「断衆悪」「喰宝薬」「忻大覚」「遇浄壇」「恣物（総？）看」「証涅槃」「称善哉」「讃法王」「住苦方」「是釈迦」「出愛河」「応自開」
11　浄土楽讃（法照、七言、『称讃浄土仏摂受経』、あらゆる場所で誦す）…和声「浄土楽」、中途から速くなる（「此後漸急誦」）
12　請観世音菩薩讃歎（作者不明、『瑜伽師地論』、あらゆる場所で誦す）
13　六根讃（法照?[6]、五言・七言、『大般若経』、あらゆる場所で誦す）…和声「我浄楽」「努力」「難議」、中途から速くなる（「此後漸急誦」）
14　浄土礼讃（彦琮、五言）
15　帰西方讃（作者不明、五言）
16　西方礼讃文（善導、七言）
17　帰西方讃（作者不明、七言）

〈第九化生利物門〉

これまでの八門はすべて往生の「因」であり、この第九門は往生の「果」を説く。すなわち因を修することによって臨終の一念であっても仏の来迎を得て往生し、往生後は六神通を得て無生法忍を覚り、また衆生を導いて解脱

させるという「果」を説く。

〈第十廻向発願門〉

天台智顗の廻向発願文(7)を唱え法事儀式はおわる。廻向が最後に配置されるのは儀礼の常套であって、以下はみなそのようになっている。

龍樹『十二礼』：「我説彼尊功徳事、衆善無辺如海水、所得善根清浄者、廻施衆生生彼国」

曇鸞『讃阿弥陀仏偈』：「欲得往生安楽者　普皆如意無障碍　所有功徳若大少　廻施一切共往生」

迦才『浄土論』所収「讃観音勢至二菩薩偈」：「已讃観音大勢至　即讃十方諸菩薩　願此功徳遍世間　廻共衆生生彼国」

以上の十段の次第をもって最後に散華し五会念仏の儀礼がすべて終了となる。法照はこの後に法会に参集する僧俗に対する心得やみずから願うところを説いている。今それを摘記すると以下のようになる。

・行者（有縁の者）が菩提心を発し生死を厭い無常を観じ、精進して浄土に往生することができるように願う。

・それぞれの地域や人によって念仏誦経誦讃の音声に相違はあるが、大切なことは衆生を往生させ、成仏させることにある。

・もしこの行法で往生できなければ、法照はみずからの舌が堕ちて体に腫れ物ができ、地獄に堕ちて苦を受けてもよいと誓う。この身をもって念仏往生を保証すると述べる。

・この『広本』を書写する際には、写経と同じく扱い、決して粗末な紙に草体で写してはならない。

・この五会念仏を提唱するいわれについて、すなわち永泰二（七六六）年四月一五日からはじまる南岳弥陀台における阿弥陀仏との感応を述べる。

・念仏によって凡夫が見仏できる明文を経典（『観経』『華厳経』『大方等大集経賢護分』『禅秘要経』『涅槃経』）の中に求める。

・濁悪世の凡夫が念仏することなくして見仏はできない。また自力によっては見仏できない。龍樹から善導まで諸大徳はみな念仏三昧を修して見仏している。

・五会念仏と縁があって念仏三昧を修し五会の法事を修める者、菩提を得て衆生を救おうとする者がいたならば、法照は浄土に往生してから、それらの人を守護すると述べる。たとえ諸魔鬼神に修行を妨げられようとも、法照の名を一声多声称えることで、(8) すぐさま行者のもとに趣き擁護し、悪障を除くと誓願する。

・最後に「若し此の願を発すも虚願なれば、身は便ち紅爛して命終わり地獄に堕ち、浄土には生ぜじ」（八五・一二五五下）と述べて巻中をおわる。

④『広本』巻下の構成

巻下はその開巻に以下のように記されている（八五・一二五五下）。

此の下の一巻の讃、第八讃仏得益門より分出す。衆等尽く第三会の念仏を用って之に和すべし。其れ讃文の行人は総じて誦取すべし。もし精熟ならしむれば、切に時に臨んで本を執りて之を読むことを得ざれ。また大会を通して法事を作し之を誦せ。もし大会の日に非ざれば、余の一切処にて誦讃せよ。念仏もて之に和すもみな得たり。広略必ず時を知るべし。応に知るべし。

ここから知られることは以下のとおりである。巻下に採録されている讃偈（三〇種）はみな巻中の第八讃仏得益門から別出させた讃文で、それらの讃偈の中から適宜必要に応じて選択し、それを第八門において用いるということ。またすべての讃偈には第三会の念仏をもって讃文の各句間に挿入唱和せよということ。そして行者はこれらの讃文に熟練し暗記していなければならず、法事の際にはテキストを手にとって読唱してはならないことや、大会の際には讃文を誦し、それ以外の日にはあらゆる場所で誦讃し、その際に念仏を唱和してもよいということ。最後に大規模の法事と小規模の法事では、その時宜にあわせて使い分けるべきであるという判断である。

この法照の指示の後、別出された三〇種の讃文が並べられている。なお前半にすべて七言偈（二五種）を、後半になって五言偈（五種）をまとめている。七言詩が多いのは、法照当時の中国詩において盛況していたことと関係するだろう。

1　依無量寿観経讃（法照、七言）／第七句目から、第三会の念仏を唱和する
2　依阿弥陀経讃（法照、七言）／第七句目から、第三会の念仏を唱和する
3　歎散華供養讃（神英、七言）
4　浄土五会讃（法照、七言）／あらゆる場所で誦す
5　極楽五会讃（法照?、七言）
6　歎五会妙音讃（法照?、七言）
7　極楽欣厭讃（霊振、七言）
8　極楽荘厳讃（法照、七言）
9　厭此娑婆願生浄土讃（慈愍、七言）

10　帰向西方讃（作者不明、七言）
11　念仏之時得見仏讃（作者不明、七言）
12　校量坐禅念仏讃（作者不明、七言）
13　高声念讃（法照、七言）
14　極楽宝池讃（作者不明、七言）
15　六道讃（作者不明、七言）
16　歎弥陀観音勢至讃（法照、七言）
17　西方十五願讃（作者不明、七言）
18　極楽連珠讃（作者不明、七言）
19　帰西方讃（法照、七言）
20　四十八願讃（作者不明、七言）
21　随心歎西方讃（惟休、七言）
22　西方雑讃（作者不明、七言）
23　善導和上西方讃（善導、七言）
24　慈愍三蔵西方讃（慈愍、七言）
25　西方極楽讃（法照、七言）
26　浄土五会讃（法照、五言）
27　西方極楽讃（法照、五言）

28　浄土法身讃（法照、五言）／あらゆる場所で誦す
29　浄土五字讃（作者不明、五言）／あらゆる場所で誦す
30　厭苦帰浄土讃（作者不明、五言）／大会において誦す

第二節　『浄土五会念仏略法事儀讃』一巻（『略本』）

①『略本』の成立

『略本』は「南岳沙門法照　於上都章敬寺浄土院述」（四七・四七四下）とあるように、長安の章敬寺の浄土院において編纂されている。この寺は粛宗皇帝の后章敬皇后のために長安城の東、通化門外に大暦元（七六六）年に創建され、四一三〇間、四八院からなる大寺院であった[9]。後に弟子の鏡霜もここに住して「章敬寺法照和尚塔銘」を撰している。また「若し広く法事を作すには具に五会法事儀三巻に在り。（中略）若し略して法事を作すには即ち此の文に依る」（四七・四七五上）とあることから、先の『広本』が先行して成立し、『略本』はこれを節略して完成したことになる。その『広本』は前述のとおり大暦九（七七四）年一〇月に太原の龍興寺にて完成しているので、『略本』はそれを遡ることはない。

それでは具体的にいつ完成をみたのだろうか。かつて塚本善隆（一九三三）は呂温の『南岳大師遠公塔銘記』（『文苑英華』八六六、『全唐文』六三〇）などの資料をもとに『略本』の撰述を代宗の大暦末（七七九）年もしくは徳宗の時代（七七九〜八〇四）のころであると述べ（同書一八五頁）、現在でも反論は出されていないようであるが、ここでは敦煌写本の伯二一三〇（北八三四五と同本であるが、この部分は散逸している）の記載に止目したい。なぜな

らそこに新たな情報が含まれているからである。

文殊師利説偈与法照。汝等欲求解脱者、応当洗除我慢心。（中略）普賢菩薩説偈云、普勧汝及一切衆（中略）速離愛河登彼岸。法照得偈訖、便辞二聖了、依前却廻還至二石門辺。二童子云、好去。和尚早廻。言未了、遂乃不見。忽看還到本処、天色已至五更、日色已出人面相見、法照所見者並不説、向余伴党、各収拾三衣瓶鉢、行往台山住、経半月已来、随喜頂礼、諸老宿並不放坐、便下五台県山寺安居。是時太原地界所由告節度使□□訓延入太原城内居住。其年有勅天下置般舟道場、諸寺衆□中状於節度使、請法照和尚為道場主。守頻詞説、不□□道場、思惟修習、即作念仏法事並作般舟梵。未経旬日、即有数千人誓為法照念仏弟子、各請願聞。終身修行、於太原一住十有七年。去貞元元年、節度使馬遂入太原、奉勅知昨貞元四年正月廿二日延入京中。現今勅自宸朝供養、勧化衆生、至今見存。並勧一切四衆□等□□、相勧念仏、来世極楽為期耳。(10)

法照の太原滞在期間について、貞元四（七八八）年正月二二日に長安に入るまでの一七年間であったと記されている。したがって五台山から太原に入ったのは遡って大暦七（七七二）年ということになり、その二年後の大暦九（七七四）年一〇月には太原の龍興寺で『広本』を撰述している。(11) いずれにせよ、『略本』が長安の章敬寺で撰述されたのは、法照が『広本』を撰述した後、長安入りした貞元四（七八八）年以後のことと考えられるのである。(12)

②『略本』の構成

前述したごとく広略両本は儀式儀礼そのものの規模の大小によって使い分けられているので、撰述目的においても内容においても基本的に同じであるが、『略本』は『広本』にあったような門（第一門〜第一〇門）を立てて儀礼の次第を分類していない。また『略本』は調巻の相違からテキストによって一巻本と二巻本がある。古写本の現存報告はなく、版本は『大正蔵経』の底本となった大谷大学所蔵江戸期刊本と、正保五（一六四八）年版のテキストがある。

『略本』の「往生楽願文」（四七・四八二下）は、善導の『法事讃』と『般舟讃』の讃偈を合糅したものであり、また「小般舟三昧楽讃文」（四七・四八三上）でもその前半が善導の『般舟讃』の部分引用となっている。もともと押韻しない善導の『般舟讃』から部分的に抜粋し、これを別の句とともに並べ替えることによって押韻する「小般舟三昧楽讃文」に仕立てたのである。つまり法照によって讃偈の再編成が行われているのであって、『略本』を撰集する際に韻律の配慮を加えていたということになる。

今、『略本』の特徴的な点を摘記すると以下のようになる。

・念仏三昧は無上深妙の禅門であるから、この念仏をもって仏事を行う。それを『華厳経』『妙法蓮華経』『維摩詰経』『金剛般若経』によって確認する。
・『無量寿経』により五会念仏の行儀を挙行するにあたって、規模の大きな法事をするときは『広本』三巻を用い、規模の小さな法事を行うときには『略本』を用いること。これについては『広本』巻下にも「広略必ず時を知るべし」（八五・一二五五下）とあることと一致する。
・法事の際は、道俗の中から少なくて三〜五人、多くて六〜七人の美声の者を選んで挙行すること。
・威儀を整え、正しく座り、合掌してもっぱら観仏する。声を等しく調和させ、決してよそ見してはならない。慈悲と救済の心を発し、名声や利益のためにこの儀礼を行ってはならない。

・座主と副座主を一人ずつ選び、座主は諸仏菩薩の奉請、荘厳文の表白、経典と讃文を読誦すべく儀式の順序次第を熟知しておくべきである。また副座主は焼香や打ち物を担当し、他の者と同じく誦讃するので、実際の進行監査について熟知しておくべきである。

・五会の真実の音声を修学し、それを未来に伝え衆生を救済するのだから正しく伝承されなければならない。もし師から学ばずに濫りに他者に授与すれば、未来の人々を誤り大切な教えを失う。それはかえって咎をまねき、何の福徳もない。

・五会念仏の利益とは、現在世では諸の煩悩を離れて五分法身を得、来世には極楽に往生し菩薩の聖位を獲得し不退転となって菩提を成就することである。

・「云何梵」の読唱（作梵）によっていよいよ儀式がはじまる。「云何梵」とは「云何……」ではじまる「梵唄」という意味で、善導の『往生礼讃偈』にも「次作梵」とあるごとく、唐代では諸種の儀式の開始と同時に美声の者によって唱えられる五言八句不押韻の偈である。

・稽請文（釈迦牟尼仏、十方三世諸仏、阿弥陀仏、観世音菩薩、大勢至菩薩、十方諸菩薩、十方声聞縁覚一切賢聖僧を奉請する）

・荘厳文（釈迦は濁世に生まれ弥陀は浄土に現れ、念仏する衆生は諸仏に護念されて往生をとげること。帝釈天や梵天の擁護を願い、帝室などへの祈願文、そして仏法の繁栄を願う）

・散華楽讃（『大般若経』散華品による。釈迦、十方諸仏、弥陀、観音、勢至の聖者を荘厳された道場に奉請する）

・五会念仏の創作（大暦元〈七六六〉年四月、南岳弥陀台般舟道場において『無量寿経』に説かれる「発出五音声」を「発出五会音声」と受けとめて創作した）

・五会念仏の解説（五段階で緩から急へと移り変わる唱法。その詳細は本章第一節で述べた）
・各讃偈の讃題には「○○讃」、「○○讃文」、「○○文」があるが、法照はとくにこれらを区別しているようには思われない。

◎『略本』による法事の次第順序(13)

①焚香→②打磬して聖衆を奉請→③座主が念仏一声→④敬白文→⑤打磬一回→⑥作梵→⑦弥陀三尊と地蔵菩薩を三〇声～五〇声→⑧稽請文（一請一礼）→⑨荘厳文→⑩念仏（念弥陀三尊・地蔵菩薩三〇声～五〇声）→⑪『阿弥陀経』『観経』（読経以降の諸讃文では第三念仏をもって和す。『広本』巻下にも同じ指示あり）→⑫散華楽文→⑬五会念仏→⑭宝鳥讃→⑮諸讃文（一人が五会念仏の音声を絶やさない。決められた句ごとに定型句を唱え打磬する）→⑯散華→⑰道場楽讃（高声）→⑱第三会の念仏を三〇〇声→⑲善導の西方礼讃→⑳天台智顗の廻向発願文→㉑散華

『略本』に収載されているすべての讃偈（四〇種）を以下に示す。右記の⑭から⑰に適宜選んで用いられる。

1　宝鳥讃（善導『法事讃』〈四七・四三二中〉、七言、『阿弥陀経』による）…和声「弥陀仏」
2　維摩讃（作者不明、七言、『維摩詰経』による）…和声「難思議」「維摩詰」
3　相好讃（作者不明、七言、『観仏三昧海経』による）…和声「弥陀仏」
4　五会讃（法照、七言、『無量寿経』による）…和声「弥陀仏」
5　浄土楽讃（法照、七言、『称讃浄土仏摂受経』による）…和声「浄土楽」
6　離六根讃（法照、七言、『大般若経』による、中途から急誦「已後急誦」）…和声「我浄楽」「努力」「難識」

7　正法楽讃（作者不明、七言、『仏本行経』による）…和声「正法楽」「正法不思議」
8　西方楽讃（作者不明、七言、『阿弥陀経』による）…和声「西方楽」「人間楽」「西方楽」
9　般舟三昧讃（慈愍、七言、『般舟三昧経』による）…和声「願往生」「無量楽」
10　菩薩子讃文（作者不明、雑言）…和声「華台裏」「宛転華台裏」「菩薩子」「摂受弥陀仏」
11　鹿児讃文（作者不明、五言）…和声「沙羅林」
12　請観世音讃文（作者不明、陀羅尼）…和声なし
13　道場楽讃文（善導『法事讃』〈四七・四七二下〉、七言）…和声「道場生」
14　往生楽讃文（作者不明、善導『法事讃』と『般舟讃』を混用、七言）…和声「無量楽」「弥陀仏」
15　小般舟三昧楽讃文（善導『般舟讃』の一部が混入、七言）…和声「願往生」「無量楽」
16　相観讃文（作者不明、五言）…和声「希現」「彩憐」
17　出家楽讃文（作者不明、雑言）…和声なし
18　願往生讃文（作者不明、七言）…和声「弥陀仏」「無量楽」
19　般若讃文（作者不明、七言）…和声「弥陀仏」
20　小道場楽讃文（作者不明、七言）…和声「道場楽」
21　大楽讃文（作者不明、五言）…和声「大楽」「菩薩子」
22　嘆阿弥陀仏讃文（作者不明、五言）…和声なし
23　嘆観世音菩薩（作者不明、五言）…和声なし
24　嘆大勢至菩薩（作者不明、五言・七言）…和声なし

25　嘆大聖文殊師利菩薩（作者不明、雑言）…和声なし
26　観経十六観讃（浄遐、七言、『観経』による）…和声「阿弥陀仏」「南無阿弥陀仏」
27　阿弥陀経讃文（浄遐、七言）…和声「阿弥陀仏」「南無阿弥陀仏」
28　新無量観経讃（法照、七言）…和声「阿弥陀仏」「南無阿弥陀仏」
29　新阿弥陀経讃（法照、『広本』巻下「依阿弥陀経讃」〈八五・一二五六中〉に同じ、七言）…和声「阿弥陀仏」「南無阿弥陀仏」
30　歎散華供養讃（神英、『広本』巻下〈八五・一二五七上〉に同じ、七言）…和声なし
31　歎西方浄土五会妙音讃（法照、『広本』巻下「浄土五会讃」〈八五・一二五七上中〉に同じ、七言）…和声なし
32　極楽五会讃（法照か？、七言）…和声なし
33　歎五会妙音讃（法照か？、七言）…和声なし
34　極楽荘厳讃（法照、『広本』巻下〈八五・一二五九上〉に同じ、七言）…和声なし
35　彦琮の礼讃文（彦琮、五言）…和声「願共諸衆生往生安楽国」
36　蔵鉤楽讃（作者不明、七言）…和声なし
37　父母恩重讃文（作者不明、五言）…和声なし
38　新華台讃文（作者不明、七言）…和声なし
39　述観経九品往生讃文（作者不明、七言）…和声なし
40　勧修行偈（作者不明、七言）…和声なし

おわりに

すでに述べたように、『広本』と『略本』とは儀式儀礼の規模に応じたテキストの広略の相違である。各論篇第十章でも述べるが、法照は五会念仏の各会において称える念仏の数量についてとくに指定することはなかった。それは法事そのものの規模（参加者の多少や時間の長短など）がその都度相違するからであった。つまり大規模の法事では『広本』を用い、それよりも小さな法事では『略本』を用いるという判断である。もと地方都市の太原で『広本』を撰述した法照であったが、後に長安に進出して章敬寺の浄土院等で法事を挙行する際に、煩瑣な広式よりもそうした略式の法事を求める都市部の要請に応えた結果、『略本』の誕生となったのではないだろうか。いずれにせよ、五会念仏を中心とする大小の音楽法要が盛んだったことの傍証となるのである。

註

（1）東日の伝については不詳であるが、『浄土五会念仏略法事儀讃演底』の跋文によれば、泉州堺宝泉寺（現在の堺市堺区新在家町）や伊勢射和村伊馥寺（現在の松阪市射和町）を中心として活躍していた、一七世紀後半～一八世紀前半における浄土宗の学僧ということになる。また本書は享保一一（一七二六）年の刊行である。

（2）劉宋求那跋陀羅訳『抜一切業障根本得生浄土神呪』にほぼ同じ（『大正蔵経』一二・三五二上中）。

（3）流布本「聞是諸仏所説名者、及経名者」の部分は『広本』では「聞是経受持者、及聞諸仏名者」とする。

（4）原文には「衆等誦弥陀経了、即誦宝鳥讃、誦諸讃了発願。具在讃後即散」（八五・一二四四下）とある。ここにある「散」を散会（法事が終了して解散する）の意でとる者があるが、「散華」の意でなければならない。『略本』

の序に「従弥陀観経已後諸讃、皆須第三会念仏和之。誦諸讃了欲散、即誦道場楽。音即高声、須第三会念阿弥陀仏三百余声。最後唱西方礼讃・天台智者迴向発願文、取散」（四七・四七五中）とあるように、儀式の途中で解散される道理はなく、また「取散」は華を手にとってから散華するということからも知られよう。この「誦諸讃了発願。具在讃後即散」は『広本』第十門迴向発願門の最後に割註で示されている「即唱随意便散」（八五・一二五二下）を先取りして述べているにすぎないのである。また善導の『法事讃』の各讃後に必ず「手執香華常供養」とあることと符合する。その『法事讃』巻上には「奉請既竟即須行道七遍。又使一人将華在西南角立、待行道人至、即尽行華与行道衆等、即受華竟、不得即散。且待各自標心供養。待行道至仏前、即随意散之。散竟即過至行華人所、更受華亦如前法」（四七・四二七下）とあるように、やはり「散」とは散会の意ではなく、散華と理解すべきである。

（5）なお『大正蔵経』では「平誦」と翻刻されているが、原文は「互誦」である（『法国国家図書館蔵敦煌西域文献』四・一二〇上）。

（6）『略本』には法照作の「離六根讃」があるが（四七・四七八上中）、後半部分に相違があるので、この「離六根讃」のすべてが法照の作か否かは明白でない。

（7）拙文「発願文小考——成立と展開——」（『浄土宗学研究』二五、一九九九年）を参照。

（8）この「至心称念法照名字一声多声」（八五・一二五五下）の文言は、結果的にみずからを神格化することになり、後に法照崇拝として展開する。各論篇第十章を参照。

（9）小野勝年『中国隋唐長安・寺院史料集成』（法藏館、一九八九年）史料篇（三二七頁・四〇五頁）および解説篇（一一二頁）を参照。

（10）『敦煌宝蔵』一一五・一八八上、『法国国家図書館蔵敦煌西域文献』六・二一一下。

（11）『広本』巻下の巻末に「時大歴（暦）九（七七四）年冬初十月、於北京龍興寺再述」（八五・一二六六上）とある。

（12）塚本善隆〔一九三三〕一九〇〜一九一頁、劉長東〔二〇〇〇〕四〇一頁でも述べているように、法照は五台山、太原、長安をしばしば往来しているようであるので、貞元四（七八八）年以前に『略本』が完成していた可能性もありうる。ただし、その場合でも『広本』撰述の大暦九（七七四）年一〇月以後であることは動かない。

（13）『略本』の儀式の順序次第については、中西和夫〔一九七二〕および劉長東〔二〇〇〇〕にも見られる。また科段と『広本』の讃偈との対象は塚本善隆〔一九三三〕および五十嵐明宝〔二〇〇一〕を参照。

第九章　法照の讃偈における律動と通俗性

はじめに

五会念仏の創始者である梁漢沙門法照自作の讃偈について、塚本善隆〔一九三三〕は、「庶民に歌はれんことを期してゐるものの如く」、「通俗普及を第一義とせる平民文学たるの感深きもの」、「法照が用ひし諸讃が通俗普及を事とし、庶民文学に近きこと」と述べ、またさらに、「彼が集め、又述作せし歌讃が、善導より遥かに通俗化し、平易化し、俗語詩、口語詩と云ふべきものが多いことは注意すべきである」とも述べている。[2] これに類似する指摘は河内昭円〔一九七九〕や加地哲定〔一九七九〕、そして張先堂〔一九九六〕にも見られる。[3] とくに河内においては若干の考察を加えており、[4] 筆者は氏の指摘に概ね賛同するものであるが、塚本・張の両氏は具体的な事例をあげて法照の讃偈のどこがそのように通俗的で庶民的と評価されるかについて述べることはなかった。[5]

そこで、本章では法照によって作られた各礼讃偈の旋律を取りあげて、官韻としての『切韻』（陸法言撰、六〇一年成書）の音韻体系や、同時代の詩文学作品に照らし合わせることで、その通俗性・大衆性を、換言すれば讃偈の実効性を明らかにしたいと思う。

本章では『浄土五会念仏誦経観行儀』（以下『広本』）、および『浄土五会念仏略法事儀讃』（以下『略本』[6]）の中に見られる法照自作の讃偈一四種のみを俎上にあげて、その通俗性を明らかにする。塚本善隆〔一九三三〕は作者が示されていない讃偈も法照の作であろうとされたが、[8] たとえば撰者不記載の宝鳥讃や道場讃は法照自作の讃偈ではなく、善導『法事讃』の讃文からの引用であり、また『略本』においても、往生楽願文がやはり善導の『法事讃』と『般舟讃』の合糅であり、小般舟三昧楽讃文でもその前半が『般舟讃』の部分引用である。[9] こうした事例があるので、ここでは正確を期すべく、そうした撰者名不記載の讃偈については、考察の対象から除外しておくほうが穏当であると考える。[7]

はじめに浄土教の讃偈が韻書の拘束を受けないことを述べ、ついで有韻の讃偈が善導によって本格的に創始されたことに及び、法照の讃偈に対する文学的評価を下した先行研究とその問題点を指摘し、『全唐詩』などに収められている法照自作の詩作の格律を述べる。そして本章の主眼である法照自作の讃偈の通俗性を自作の詩や音韻資料によって評価し、最後に讃偈に含まれる方音から、その通俗性・大衆性を指摘するとともに、加えてその実効性についても考察する。

本書の資料篇には、法照の讃偈の校訂テキストや、『洋県志』と『輿地紀勝』の法照関連史料などを示したので、それぞれ参照されたい。

第一節　讃詩と讃偈

浄土教の礼讃偈が登場するのは、現存する確実な資料による限り、菩提流支によって漢訳された天親菩薩の『無量寿経優婆提舎願生偈』（『往生論』『浄土論』）である。そこでは仏・菩薩・浄土のいわゆる三種二九荘厳を、五言一句によって説き示されている。しかし、その偈には中華伝統の詩作に定められている格律規範を認めることはできない。そればかりか、以下のように詞彙の割裂現象すら見られる。意味のまとまりと節奏点が概ね一致をみる中華の韻文における詩律にあって、割裂を引き起こすことはきわめて致命的な欠陥となる（『大正蔵経』二六・二三一上中）。

正覚阿弥陀　法王善住持　→　正覚阿弥陀法王　善住持
是故願生彼　阿弥陀仏国　→　是故願生　彼阿弥陀仏国
同地水火風　虚空無分別　→　同地水火風虚空　無分別
雨天楽華衣　妙香等供養　→　雨天楽華衣妙香等　供養
何等世界無　仏法功徳宝　→　何等世界　無仏法功徳宝

詩における節奏点は五言詩で二字目と三字目の間にあり（〇〇／〇〇〇）、七言詩で四字目と五字目の間にある（〇〇〇〇／〇〇〇）。そしてこれが意味のまとまった単位でもある。ところが右の各聯は［五言―五言］の形式に従い、視覚的には偈頌として斉言五言をもって配置されているものの、詩における二字三字の規範から逸脱しており、しかも意味の流れから配置し区切るならば、矢印の下のように詞彙が聯の起句（奇数句）と対句（偶数句）をまたぐことになってしまう。よってこの『往生論』の各偈は句中の字数が均一ではない散文を、あえて五言ずつに裁断することで、視覚的に偈を装っているだけの体裁でしかない。漢訳仏典においてこのような句をまたぐ詞彙の割裂が発生する最大の原因は、梵語や西域諸語の原意を重視するからであり、また付随的な理由としては訳者の漢語能力、すなわち習得語彙の多寡と漢字音の識別能力、加えて翻訳期間の短縮化にあったと思われる。このような偈は、たとえ原典においては韻文であったとしても、漢訳されることによって、そうした韻律からくる音楽的な豊かな旋律を喪失し、すでに中華の「詩」としての評価の対象ではなくなってしまう。これは何も『往生論』の偈だけに限ったことではなく、漢訳仏典における偈には普遍的に見られる現象であり、たとえ語義の翻訳は可能であったとしても、文章形態の置換は実質的に不可能であり、これが異なる言語を転換する上での限界なのである。この不可避の限界が克服されない限り、楽曲の生命としての旋律は活かせないことになる。これは他でもなく実際の宗教儀礼において実効力をもたないことを意味する。この『往生論』の偈が、後に曇鸞によって註解され、また善導の『往生礼讃偈』に編入されたとはいえ、それ以後は浄土教の讃偈として儀礼の表舞台に出ることがなかった原因はここにあると考えられる（各論篇第二章を参照）。

次に中国人によってはじめて讃偈を撰述したのは、北魏の曇鸞（四七六～五四二？）であり、その『讃阿弥陀仏偈』（『無量寿経奉讃』）は『無量寿経』にもとづいて阿弥陀仏とその浄土を讃歎する一句七言からなる五一偈である。漢訳にともなう拘束を受けないので、句中の意味の切れ目は概ね四字三字（〇〇〇〇／〇〇〇）が遵守されており、そこに節奏点があるにしても、先の『往生論』に同じく脚韻はまったく配慮されていないため、あくまでも「偈」であって、「詩」としての評価の対象とはなりえない。よって浄土教の儀礼を裨益するにはいたらなかったようである（各論篇第二章を参照）。

さて、以下に彦琮と善導の讃偈を取りあげて、後に詳述するであろう法照の讃偈との比較材料をあらかじめ提供しておくことにしよう。

曇鸞の『讃阿弥陀仏偈』の次にくるのが、隋の彦琮（五五七～六一〇）によって作られた讃偈である。各論篇第三章において、彦琮と善導の讃偈を取りあげ、それらの讃偈を「詩」として捉えうるか否かを検証し、その妥当性について述べ、さらに儀礼としての善導所撰の讃偈がなぜ後世にいたってなお『観経疏』にまして大きな影響力をもちえたかを明らかにした。それらの調査によって、彦琮の讃偈はすべてを平声で押し、二四不同は完全であり、換韻もない（一韻到底）ことから、善導に先んじていながら、近体詩に向かって最大限に万全を期し、古詩の終焉を見事に飾る作風と評されるのであるとの結論にいたったのである。つまり「偈」という表記から想起されてくる常識的範疇を超えて、「詩」としても評価しうるものであった。[10] 対句を見事に用いた措辞、十全な二四不同の平仄配置、そして『切韻』系韻書に完璧に合致した脚韻、つまり声律といい韻律といい、中華の詩として高評される作風なのである。それはこの彦琮の讃偈が、正倉院に蔵される御物『聖武天皇宸翰雑集』において、「隋大業主浄土詩」[11]として収載されているように、「……詩」の表題が付与されていることからも首肯できたわけである。隋の大業主（煬帝か）の浄土詩として伝承されてしまったいきさつは、この讃偈が単なる仏教典籍ではなかったことを物語る。彦琮は出家僧でありながら、同時に煬帝とも交往した知識人であり、著作も多数遺している。[12] 彼の浄土詩が善導の『往生礼讃偈』に収められるまでに、いったいどのように用いられていたのかは知る由もないが、「詩」と題されていることや、韻書に完璧に合致しているその作風からして、実際の宗教儀礼に用いることを目的として作られたのではなく、どちらかといえば鑑賞を目的として作られていたように思われる。つまり、もともと文学作品であって、宗教作品ではないということである。いずれにせよ善導より先んじていながらも、詩の観点からながめて善導以上の作品を遺したことは、その文人としての素養であり、知識人としての証であったことに相違ない。

浄土教の礼讃儀礼は唐代になっていっそう増加してくるが、その嚆矢と言えるのが善導によって作られた讃偈である。その著作中に讃偈が示されるのは『般舟讃』『観経疏』『往生礼讃偈』『法事讃』である。しかし、これらのすべてが「詩」の規範にそっているわけではない。そこに讃偈が撰述された背景において、先の彦琮とは相違があったことを認めなければならない。その相違とは韻律上の相違なのであるが、それが何を意味するのかがより重要である。

それは一つには純文学作品・俗文学作品の相違であり、二には鑑賞作品・実用作品の相違である。つまり彦琮の讃偈は詩としての格律をよく具えており、文学的な芳香が紛々としている。そのため実際の儀礼に用いる偈というよりは、前述したとおり知識人によって鑑賞されることを前提とした詩作品としての作風に仕立てられているのであって、「讃詩」とも評すべき作風である。一方、善導の作品はむしろ通俗的であり時処の方音（方言）に準拠した儀礼文としての作風となっている。換言すれば、現場に参列して唱和する当時当地の大衆の存在を前提として成立しており、民間音によって措辞され、実用性がきわめて強かったということが言えるのである。それは、『切韻』系韻書におけるフォーマルな音韻体系の拘束を受けていない作風で、彦琮の「讃詩」に対し、「讃偈」と称すべきものである。出家僧侶でありながら隋室と交往していた半官半僧的な顔をもつ学僧彦琮と、民間に身をおいた唱導僧善導[13]とは、その活動の場を異にしており、それは作り出される韻文の作風においても相違を生じていると言える。

第二節　無韻の讃偈から有韻の讃偈へ

浄土教の讃偈を歴史的に鳥瞰すると、その初期においては句中の字数は五言であり、押韻は認められなかった（無韻）。ところが隋唐以降になると七言の押韻する偈（有韻）に変化していく。まず句中の字数の変移に関しては、中華の詩文学作品の動向と確実に連動していることを指摘できる。詩にあっては先秦の四言から漢代以降は五言詩が急増し、そして唐代にいたると、かわって七言が優勢となってくる。現存する資料からして、このような潮流は浄土教礼讃偈の句式にも影響していると言えるだろう。それはまた、漢訳経典の偈においても時代の推移にともなう変化がはっきりと認められるのである（拙著〔二〇一三〕の総論篇第二章を参照）。つまり、これは内典と外典や翻訳と中国撰述に分類して捉えるべきことではなくして、漢語文献における各領域の枠を超えた、いわば中華における文章論そのものの変遷とみなすべきなのである。

一方、無韻から有韻への変化はより重要な意味をもってくる。世親の『往生論』が北魏の菩提流支によって漢訳され、その『往生論』を註解した同じく北魏の曇鸞は『讃阿弥陀仏偈』を撰した。さらに降っては儀礼書ではないが、迦才の『浄土論』巻上にも七言三六句の讃偈が載せられている。これらはすべて無韻の偈であって、音楽的な豊かな旋律を具えていないばかりか、先述したように『往生論』は五言の節奏点である二字／三字（〇〇／〇〇〇）のリズムすら配慮されることなく漢訳されているのである。これら旋律をともなわない讃偈は、多くの僧俗が集い挙行される際の宗教儀礼においては不向きであったと言えよう。現時点でこうした無韻の讃偈が後に編纂されてくる儀礼書（多くは敦煌石室から発見された各種礼讃儀礼書）において採用された形跡はない。これは無韻の讃偈が、ついにその伝承を断ったことを示唆しているように思われる。おそらくそれら無韻の讃偈が今後発見されることは期待できないだろう。実際の儀礼に応じえない讃偈は淘汰される運命にあったからである。

こうした讃偈の無韻と有韻をめぐっては、善導その人において明確に意識されてくるのである。善導以前の讃偈は彦琮を除いて無韻であり、善導以降になるとすべて韻を配慮して作られるようになる。その分岐点こそが善導の作品中にはっきりと認められるのである。すなわち、『般舟讃』は前時代の讃偈と同じく無韻で作られているにもかかわらず（各論篇第二章）、『往生礼讃偈』『観経疏』『法事讃』は後世のそれと同じく押韻する讃偈となっている

（各論篇第三章、四章、六章）。この事実をいかに考えるべきであろうか。そこから言えることは、楽曲としてのリズムを具えていない『般舟讃』は[14]、斉唱される実際の宗教儀礼に不向きであり、一方、有韻の『往生礼讃偈』『観経疏』『法事讃』は旋律を配慮して作られているので礼讃儀礼においてよりふさわしいということである。おそらくこれら三部の中では無韻の『般舟讃』が他に先行して作られたのだろう[15]。この『般舟讃』による礼讃儀礼は、リズムを有していないことから実効性を欠いた。そこで善導は後に韻律を配慮した讃偈を作るようになったと考えるべきである。これを逆に、旋律豊かな有韻の讃偈が先に作られてから、後に旋律をともなわない無韻の讃偈が作られたとは、到底考えがたいからである。中華の讃偈をふりかえってみると、その誕生から善導の『般舟讃』にいたるまでが無韻であり、同じく善導の『往生礼讃偈』『観経疏』『法事讃』以後になって一貫して韻律を配慮して作られるようになっている。『般舟讃』が後の礼讃儀礼にそのまま採用された形跡はないということは、歌詠としての豊かな旋律をもちえなかったことが要因であったと考えられる。よって、当然ながら『般舟讃』は別行本としても流布することはなかった[16]。要するに中国浄土教史上、儀礼において無韻の偈を用いてきたその寥々たる実効性の乏しさに反省を加えたのは善導であり、後の浄土教礼讃儀礼を方向づけた功績として特筆すべきことである。

第三節　法照の讃偈における文学的評価

『略本』に対してはじめて末書を著したのは東日（生没年不詳）である[17]。その『浄土五会念仏略法事儀讃演底』五巻（『続浄全』七巻所収）は、『略本』中の語彙を詳細に解説し、各讃偈や句ごとの出典を捜索しており、本書の研究には欠くことのできない註書である。また明治二（一八六九）年、東本願寺の夏安居において南条神興が講師をつとめ、その講録が『五会法事讃講義』二巻と題して『真宗全書』（雑及註疏部）に収められている。もちろんこれも『略本』の講義録である。

二〇世紀になると法照研究の成果は格段に充実してくる。早く佐々木月樵〔一九一二〕、望月信亨〔一九二二〕が口火を切り、とくに敦煌石室から『広本』（巻中・巻下のみ）が発見され、『五会法事讃』（以下、『広本』『略本』を総括する場合は『五会法事讃』と称す）の大略が知られるようになると、その敦煌本を含め数々の資料を渉猟した研究が報告されるようになった。塚本善隆〔一九三三〕はその代表的な成果であり、その博識にはただ拱手して為すなしである。こうした先行する成果によりつつ今日にいたるまで、籍貫生卒[18]、事績、師弟や交友人物、『広本』と『略本』のテキスト調査、その系統の整理と比較研究[19]、碑文などの関係資料、五会念仏とその音曲[20]、教理的受容（善導後身）とその後の影響、そして讃偈の文学的評価[21]など、法照研究は概ね完了した感があり、どこに触手をのばしても必ず先行研究の轍を見ることになる。よって新たにこの領域に参入するには、いささか躊躇せざるをえない。枝末問題を提起したところで所詮は二番煎じであり、色あせた報告など読む気にもなれないだろう。

ただしかし、これまで隋唐の浄土教礼讃文献と中国文学との相関関係について、詳細に解明したものは決して多くないことも事実である。一口に文学と言ったところで、これに包摂される内容は多岐にわたるため、礼讃文類との仔細な関連性を容易に解きほぐせるものではないからである。その方面の先行研究としては、遺漏を恐れるが、河内昭円〔一九七九〕、および張先堂〔一九九六〕をあげることができる。まず河内昭円〔一九七九〕は『全唐詩』に収められる法照という名の出家僧の詩三首を取りあげ、この詩僧法照こそ『五会法事讃』を編集した五台山の法照と同一人物とみなし、その詩作に対して客観的な評価を下し、あわせて讃偈の評価にも及んでいる。一方、張先堂〔一九九六〕は、この論文を発表する機縁として、施萍婷〔一九九四〕に導かれつつ[22]、過去の法照研究史をふりかえっている。それによると、これまでの『五会法事讃』の研究は主に日本の研究者によってなされてきたことを高く評価しつつ、同時にそうした研究は写本の調査と比較、その数量と統計、讃文の内容、作者と唐代浄土教の関係、『五会法事讃』と仏教史との関係などに集中しており、いまだ唐代仏教文学遺産としての意義が解明されていないと指摘している。そこで張は『五会法事讃』と仏教文学との関係を明らかにしたいと語っているのである。氏は該文において『五会法事讃』の構造と内容をめぐって、豊富性・音楽性・通俗性・文学性に分類して略述している。[23]しかしみずから述べているように、その調査研究は初歩的な段階であり、挙例解説することもなく、また誤解も少なからずある（後述する）。しかし河内昭円（一九七九）が詩との比較にとどまっていたのに対して、浄土教礼讃偈を中国文学の俎上に載せて検討しようとする積極的な態度については評価されるべきである。その他加地哲定（一九七九）は『五会法事讃』におけるいくつかの讃偈の句間に挿入される「散華楽」や「帰去来」などの詞（これを和声という）について言及している。

以上、張先堂（一九九六）に対しては若干の訂正を要するものの、河内昭円（一九七九）とともに、それまでの研究領域の枠を超えて『五会法事讃』を中国仏教文学の視点から点検を加えようとしている。これは塚本善隆（一九三三）においても明らかにしえなかったことであり、後の研究者に投げかけられた課題だったのである。

ところで『五会法事讃』所収の讃偈をはじめて「詩」と称したのは、胡適（一八九一～一九六二）であったことを指摘しておきたい。米国留学から帰国し、若くして北京大学の教授となった胡適は、米国主義を貫いて儒教的歴史観を払拭し、名著『中国哲学史大綱』を著した。後に台湾へ移住するが、二〇世紀前半の中国を代表する思想家の一人であったことに異論はない。その『白話文学史』上巻（二一一頁、上海新月書店、一九二八年）に収められる「仏教的翻訳文学（下）」において以下のように述べている。「日本と敦煌に保存されてきた唐代の法照らが作った浄土讃文を見ると、それらの中には多くの五言や七言の白話詩がある。これは頌讃がしだいに白話化（口語化）していく証拠である」（原漢語）。そこに氏の具体的な考証はなされていないが、「仏教的翻訳文学（上）」とともに仏典の文章論を取りあげた近代最初期の論考として一読にあたいするものである。なお胡適が「浄土讃文」を「白話詩」と指摘したことについては、後章において筆者の所感を少しく述べる予定である。

また、任半塘は『敦煌歌辞総編』巻中（一〇六三頁、上海古籍、一九八七年）に法照の「帰西方讃」を収めている。[24]該書に収録するということは、単なる漢訳仏典において用いられるような偈とは違って、中華伝統の詩歌として評価しうることを示唆しているかのようである。

先行研究における文学的考察にふれてみたが、次に張先堂（一九九六）が中国文学との関係として述べた部分の論評を試みよう。その第三章「2音楽性」において、「従緩至急」の五会念仏を、念仏だけではなく讃偈にも当てはめている。確かに『広本』の「浄土楽讃」と「六根讃」を誦する際には、「此後漸急誦」（八五・一二四七下、一二四八中）とあり、また『略本』の「離六根讃」にも「已後急誦」（四七・四七八中）とそれぞれ指示されており、これらは『略本』の第四会の念仏「漸急」（四七・四七六下）に相当するが、これら三つの讃文を除く他の讃偈を唱和する際には、そうした指示が一切見られない。よって五会とは、基本的には「南無阿弥陀仏」（第一会〜第四会）、あるいは「阿弥陀仏」（第五会）と唱える際に、緩から急へと五段階に速度を調整することであり、これにともなって音程もおのずから低音から高音へと変化する。なお五会念仏の曲調については中西和夫（一九七二）（一九八五）を参照されたい。[25]

同じく第三章の「3通俗性」には、『五会法事讃』は主に古体詩の体裁をとっているとする。氏の調査によると敦煌文献中に『五会法事讃』の写巻は断片や挟写本を含めて六九種あるという。[26]このうち五言古詩が八種、七言古詩が五九種あり、残る二種は古詩ではないという。さて、はたして『五会法事讃』の各讃偈の大多数が古体詩の詩律を有していると言えるのだろうか。これについては後述するように、少なくとも法照自作の讃偈に関しては古体詩とまでは言いがたい。むしろ李白や杜甫によって練り上げられた近体詩の洗礼を受けて、古詩から脱皮しようとする片鱗を見せているのである。

また張は「4文学性」において、支道林や謝霊運の賦や賛を除いて、その他僧侶が創作した偈や賛は押韻しておらず、その不押韻の賛偈は漢訳仏典における不押韻なる偈頌の影響を受けているとし、「漢訳仏経の偈頌は四言・五言・七言の韻文句式になっているけれど、そこに韻律を求めることはできない。なぜならそれらはすべて押韻していないからである」（原漢語）と述べている。しかし『高僧伝』や『広弘明集』に多く見られる南北朝期の僧侶が詠んだ讃偈詩歌は、張の言うところとはうらはらにしっかりと押韻しており、古詩の格を有しているのである。また漢訳仏典の偈頌がすべて押韻していないということも誤認であることは、拙著〔二〇一三〕の各章において述べたところである。

以上のように十分とは言いがたい張の文学的評価であるが、この方面から法照浄土教の研究に切り込んでいく試みは大きな前進であった。

第四節　法照の詩

今日までの法照研究においては、その扱う資料を広略二種の『五会法事讃』に限ってなされてきている。『五会法事讃』以外の文献が完全なかたちとして今に遺されていないので、それは当然といえば当然であろう（他に『大聖竹林寺記』や『念仏大聖竹林之寺讃仏文』などもあるが現存せず[27]。総論篇第四章を参照)。しかし、先の河内昭円〔一九七九〕が指摘したごとく、『全唐詩』九〇〇巻の中には法照自作の詩三首（五律）が、「寄銭郎中」「送清江上人」「送無著禅師帰新羅」を表題として載録されている。そしてその後、陳尚君によって『全唐詩補編』（中華書局、一九九二年）が編集され、そこにも法照の詩、「寄勧俗兄弟」二首（七絶）が収載されている[28]。出家僧である法照が詩文を遺しているということは、何も特殊な事例というわけではなく、南北朝から隋唐にかけて出家僧が作詩するということは決して珍しいことではない。

さて、前三首は河内昭円〔一九七九〕にも評されているが、ここで煩をいとわずに後二首の詩とともに取りあげて、その格律を讃偈のそれと比較してみよう。

思うに讃偈においては、依拠する経典や論書などの思想的基盤や背景の制約を受け、自由な表現が阻まれないとは言い切れないだろう。ところが背景の拘束を受けない詩は、個人の意境を存分に発揮することができる。よって、法照という一個人が作る中国伝統文学としての「詩」と、同じく法照が作る外来宗教讃歌としての「偈」との間には、いったいいかなる相違点があるのかを浮き彫りにしておきたい。なお引文の括弧には『広韻』（陳彭年撰、一〇〇八年成書）の韻目を示した。

『全唐詩』第八一〇巻（中華書局本二三冊九一三五頁）に、「法照　大歴(ママ)貞元間僧詩三首」として載録されている。

①寄銭郎中

閉門深樹裏　閑足鳥来過（平戈）……「来」、一作「経」
五馬不復貴　一僧誰奈何（平歌）……「五」、一作「駟」

薬○苗●家自有　香●飯○乞時多（平歌）……「薬」、一作「稲」
寄●語○娉娟客　将○心向●薛蘿（平歌）

銭郎中に寄す
門を閉ず　深樹の裏　　閑足　鳥来り過ぐ
五馬　復た貴からず　　一僧　誰ぞ奈何せん
薬苗　家に自から有り　　香飯　乞えば時に多し
語を娉娟の客に寄す　　心を将って薛蘿に向かえ

②送清江上人
越○人僧●体古　清●慮洗○塵労（平豪）
一●国詩○名遠　多○生律●行高（平豪）
見○山援●葛藟　避●世著○方袍（平豪）……「方袍」は僧伽闍衣の意
早●晩雲○門去　儂○応逐●爾曹（平豪）

清江上人に送る
越人　僧体古く　　清慮　塵労を洗う
一国　詩名遠く　　多生　律行高し
山を見て葛藟を援い（ひろ）　　世を避け方袍を著く
早晩　雲門に去き　　儂爾曹を逐うべし

③送無著禅師帰新羅

万里帰郷路　随縁不算程（平清）
尋山百衲弊　過海一杯軽（平清）
夜宿依雲色　晨斎就水声（平清）
何年持貝葉　却到漢家城（平清）

無著禅師の新羅に帰るを送る

万里、帰郷の路　随縁、程を算えず
山を尋ねて百衲弊（やぶ）れ　海を過ぎて一杯軽し
夜宿しては雲色に依り　晨斎しては水声に就く
何の年か貝葉を持ち　却（ま）た漢家の城に到る

陳尚君輯編『全唐詩補編』中冊九三九頁（中華書局、一九九二年）

寄勧俗兄弟　二首

④同気連枝本自栄　些些言語莫傷情（平清）
一回相見一回老　能得幾時為弟兄（平庚）

俗の兄弟に寄勧す　二首

同気の連枝、本と自から栄え　些些の言語、情を傷つくこと莫し
一回相見れば、一回老い　能く幾の時を得て弟兄と為らん

⑤兄弟同居忍便安（平寒）　莫因毫末起争端（平桓）
眼前生子又兄弟　留与児孫作様看（平寒）
兄弟同居し忍びて便ち安んず　毫末に因りて争端を起こすことなし
眼前の生子、また兄弟　児孫を留与し、作様に看る

まず『全唐詩』に収められる三首の五律においては、①「寄銭郎中」（五律）は平起句（偏格）で、第三句「五馬不復貴」がすべて仄声字になっている（校異の「駟」も仄声）以外は、平仄配置（二四不同）と反法・粘法はまったく問題ない。なお脚韻の戈と歌は同用である。②「送清江上人」（五律）も、平起句（偏格）であり、平仄配置と反法・粘法においても近体詩の風格を有していると言える。③「送無著禅師帰新羅」は、仄起句（正格）であり、第三句の「尋山百衲弊」が下三連の禁忌にふれている以外は、やはり平仄配置と反法・粘法も完全である。[29] また『全唐詩補編』の七絶二首④⑤は、ともに仄起句（偏格）で初句押韻、二四不同、二六対は正しく、反法および粘法も十全である。また脚韻の庚と清、寒と桓は同用の範囲を出るものではない。[30]

さて、法照が活躍した時代は詩の区分で言うと盛唐から中唐に位置しており、それは李白（七〇一～七六二）と杜甫（七一二～七七〇）の直後にあたるため、法照の詩は彼らが礎を定め、その後に標準化され権威をもつ近体詩の詩型の影響をまともに受けていると推察される。そして右に引いた五首の詩を近体詩の格からながめると、予想されていたことではあるが概ね近体詩に合致させて作詩されているのである。[31]

以上、『全唐詩』の三首（五律）、および『全唐詩補編』の二首（七絶）から、法照が浄土教礼讃偈だけではなく、中華伝統の詩文をも遺し、それが『切韻』系韻書の音韻体系を具え、また近体詩の格律に準拠して作詩されている

ことを、ここに確認することができるのである。こうした詩作品に対し、その一方で讃偈がいかなる格律で作られていたのか、以下に吟味したい。

第五節　法照の讃偈における通俗性

前節においては法照自作の詩が概ね格式に準拠して作られていることを述べたが、次に法照自作の讃偈が、先の詩とは対照的にきわめて通俗的であることを明らかにする。言うまでもなく、後述する〈C韻律から〉こそ本節の眼目とするが、それに先立って讃偈にあらわれる語彙と挿句についてもその通俗的なることを若干述べておきたい。

〈A語彙から〉

法照自作の讃偈一四種における語彙と語法からその通俗性を確認すると、少なくとも語法に関しては大きな成果を期待することはできなかった。その理由として、讃偈というものは五言や七言というように句中の字数が定められており、また平仄や押韻といった詩律上の制約に拘束されることで、語法としての破格が珍しくないからである。この独特な詩文のスタイルにおいて、その語法上の正格や破格から通俗性を明らかにすることはほとんど不可能に近い。そして、これは語彙にも同じようなことが言える。ただ先述したように、かつて胡適がその『白話文学史』において、『五会法事讃』所収の讃偈を「白話詩」と評しているので、これについて少しく述べよう。いったい『五会法事讃』におけるいかなる讃偈をもって「白話詩」と言えるのか、またいかなる語彙語法をもって「白話化」したと言うのか、胡適自身によって具体的に語られることはなかったが、筆者が通読して気づいたものを摘記すれば、以下の語彙が口語的であることを指摘できるだろう。(32) 煩を避けて用例はそれぞれ一つにとどめる。

〜裏：「精華園○見如来」(八五・一二六一中)、場所を示す接尾辞で「〜に」
〜頭：「極楽前○現」(八五・一二六五中)、物の先端や場所の前方を示す接尾辞で「〜に」
〜得：「持○金花供養仏」(八五・一二六四中)、動詞とその結果(可能・成就)を同時に示す結果補語
耶嬢：「○○莫悲啼」(八五・一二四八下)、母親へのくだけた呼称で「おかあちゃん」
会当：「○○証果得菩提」(八五・一二四八下)、「当」の強意で「必ず」
但使：「○○迴心多念仏」(八五・一二五七中)、仮定の副詞「もし」(順接)・「たとい」(逆接)
但令：「○○念者皆生楽」(八五・一二五六中)、右に同じ
去来：「努力相将帰○○」(八五・一二六一中)、行為や気持ちを促し勧める助辞で「いざ」・「さあ」
急手：「○○専心念彼仏」(八五・一二六四中)、「手」は接尾辞で「いそいで」
難当：「刀山剣樹実○○」(八五・一二六一下)、「承受しがたい」
向裏：「衆生常須○○看」(八五・一二六四上)、「内に含んでもらさない」

以上は口語文献にも頻出する語彙である。さらにまた「時時」「声声」「一一」「個個」「処処」「念念」「渠渠」「巍巍」「如如」「急急」「遅遅」「人人」「寂寂」「勤勤」「紛紛」「各各」「生生」「心心」「層層」「森森」「鬱鬱」「哀哀」などの重字(畳語)を多用していることもやはり口語的な要素と言えるはずである。胡適はこれら語彙を含む讃偈を「白話詩」と想定していたものと考えられる。こうした観点から法照自作の讃偈を含め『五会法事讃』全般をながめるとき、それは確かに通俗的とも言える。しかしこれらの要素は善導の讃偈にも、また法照以後と思しき敦煌石室における諸讃偈にも多少にかかわらず当てはまるのであって、何も法照自作の讃偈に限ってあらわれる顕

在的な「白話化」の特質ということではない。

〈B挿句から〉

法照自作の讃偈一四種のうち、『広本』巻中の浄土楽讃は句間に「浄土楽」なる文字が挿入されている（八五・一二四七中）。

弥陀住在宝城**楼**　浄土楽　傾心念念向西**求**　浄土楽
到彼三明八解脱　浄土楽　長辞五濁更何**憂**　浄土楽
宝楼宝閣宝金**擎**　浄土楽　池水金沙映底**清**　浄土楽
法曲時時常供養　浄土楽　蓮花会裏説無**生**　浄土楽

このような各句ごとに「浄土楽」という挿句を挟む画一的なパターンは、他に離六根讃の「我浄楽」、それに帰西方讃にも四句ごとに挿入される「帰去来」がある。この句間の挿句は法照の作品の他にも多種あり、それらを『広本』の中から拾いあげれば「難思議」「維摩詰」「落涙如雲雨」「双林裏」「願往生」「無量楽」「道場楽」「我浄楽」「努力」「難識」が見られ、『略本』からはさらに「正法楽」「西方楽」「人間楽」「莫著人間楽」を加えることができる。ところでこれら挿句を讃偈に挟み込んだのは法照の創始ではなく、実はもと善導の『般舟讃』において用いられたのを嚆矢とするのである（四七・四四八下～四四九上）。

門門不同八万四　願往生　為滅無明果業因　無量楽
利剣即是弥陀号　願往生　一声称念罪皆除　無量楽
釈迦如来因地時　願往生　頓捨身財求妙法　無量楽
小劫大劫長時劫　願往生　随順仏語誓修行　無量楽

善導は各句ごとに「願往生」「無量楽」を挟んでいる。この『般舟讃』の各讃偈というのは、前述した如く（各論篇第二章）、まったく韻をふむことはなく、このため押韻や平仄から得られる音楽的なリズムはあらわれてこないが、こうした同一の挿句を句ごとに挟んで繰り返し読唱することによって、そのリフレイン効果が一種の〝合いの手〟となり一定のテンポを生み出すことに一役かっているのである。それはあたかも盆踊りの民謡流し（これもまた宗教儀礼である）で、歌詞の合間に「よいしょ」「どっこい」といった囃子詞が加わることを想起させる。善導は韻をふまずリズムのない『般舟讃』に対して、同一の句を各句に挿入し唱和させることで、押韻とはまた一味違ったリズムをもたせたのである。それは、無韻の讃偈であるからこそ配慮されたものと考えてよかろう。そしてこれは同じく善導の『法事讃』にも「和讃」（四七・四二四下）と称して一部導入され、後世にいたって慈愍三蔵が踏襲し、さらに法照をはじめとする浄土教礼讃偈を作る者へと継承されていったのである。ただし三階教の『七階仏名経』や後世の変文や講経文と数多くの敦煌歌辞類には見られないので、これは浄土教の礼讃儀礼における特質であったと言えそうである。なお加地哲定〔一九七九〕はこれらの挿句を「和声」であるとし、またこうした和声を含む中華の詩はすでに魏晋のころから存在すると指摘している[33]。

実はこの一種の〝囃子詞〟あるいは〝合いの手〟による画一的なリフレイン効果を讃偈に導入するということは、

また法照によって組成された五会念仏の唱法に深く関わってくることになる。すなわち「浄土楽」「願往生」などを囃子詞としてきた『広本』の巻中と異なり、巻下においては（八五・一二五五下、一二五六上）、

衆等尽く第三会の念仏を用いて之（讃偈）に和せ。
已後の諸讃は前の第三会の念仏に依って之（讃偈）に和せ。

とあるように、緩急をつけた「阿弥陀仏」や「南無阿弥陀仏」の念仏そのものが囃子詞となって大衆とともに唱和されるからである（『略本』も同様）。ここに讃偈と念仏とが合糅されて交互に唱和されるという法照独自の行儀が成立してくるのである。善導の『般舟讃』における讃偈と囃子詞が織りなす重奏（アンサンブル）は、確実に後世の礎となっており、法照の五会念仏を主とする浄土教の法事儀礼が成立するにあたって、この修辞技法だけにとどまらず、次節で述べるように詩律（韻律と平仄）もそこに加味して、いっそう調和がとれ、躍動感に富み、大衆とともに唱和されるにふさわしい通俗的な讃偈が誕生していくのである。

〈C韻律から〉

語彙や挿句から論じられる通俗性については右に述べたとおりであるが、やはり讃偈を「詩」の観点から捉え、その格律をもってこそ、通俗性、大衆性、そしてその実効性を明らかにしうると考えられる。まず法照自作の讃偈における全般的な特質について略説しておこう。その讃偈は五言偈と七言偈があり、『広本』の西方極楽讃におけるわずか一偈だけが上声で押し（八五・一二六三下）、それ以外はすべて平声で押韻する（ただし不思議の「議」は

『切韻』で去声寘韻であるが、法照は平声支韻・之韻・微韻と押韻させているので、法照による実際の読唱音は平声であったに相違ない[34]。初句押韻は当然ながら五言偈に少なく、七言偈では概ね押している。その押韻単位は四句を基調としており、時に六句を一単位とする偈がわずかに混在する。平仄配置[35]も概ね良好であるが、すでに初唐の末には確立された反法と粘法には規格にそわないものが常見である。

ここで法照自作の讃偈の中で、その格律が標準的な近体詩のそれに合致しない事例を、平仄と押韻の観点からながめてみることにする。標準に合致しない讃偈を取りあげる理由は、それこそが通俗的な作風であると予想されるからである。

まずは平仄配置から。既述のように平仄の配置が良好と述べたのは、句中における二四不同と二六対ということにおいてであって、句と句の間に定められた反法と粘法までもが近体詩の格律に合致していると言うのではない。ここでは紙幅の都合、『広本』巻下の二つの讃偈だけを例として取りあげよう。句末の括弧には『切韻』の最終増訂版である『広韻』の韻目を示した。まずは「浄土五会讃」（『広本』巻下、八五・一二六四中）の例から。

①五会●倍須○**欽**（平侵）　称名○観紫●**金**（平侵）
心中○弁●邪○正●　魔境●不来○**侵**（平侵）……「魔」：『大正蔵経』誤作「観」
②極楽●宝林○**清**（平清）　微風○五会●**声**（平清）
声中○論妙●法●　聴者●悟無○**生**（平庚）
③浄刹●宝林○**明**（平庚）　弥陀○五会●**声**（平清）
聴者●皆生○楽●　不聞○諸苦●**名**（平清）

④白玉●池辺○過（平戈）　蓮花○葉裏●**香**（平陽）
空中○聞梵●響　五会●讃真○**常**（平陽）
⑤暫至●宝城○**楼**（平侯）　逍遥○何所●**憂**（平尤）
唯聞○念五●会　長劫●更何○**憂**（平尤）
⑥宝刹●多真○土（上姥）　威宣○五会●**音**（平侵）
常聞○厳浄●響　従此●漸幽○**深**（平侵）
⑦極楽●黄金○樹（上麌）　花開○五会●**声**（平清）
意欲●令諸○子　聞者●尽修○**行**（平庚）
⑧池蓮○含九●品（上寝）　花接●往生○**人**（平真）
五会●連声○別　従茲○洗客●**塵**（平真）
⑨極楽●誰家○子（上止）　蓮花○葉裏●**生**（平庚）
為由○聞五●会　従此●息塵○**栄**（平庚）
⑩浄国●摩尼○水（上旨）　渠渠○処処●**流**（平尤）
水声○含五●会　聞者●永無○**憂**（平尤）

これらの讃偈をながめると、脚韻は言うに及ばず（換韻はしているが）、二四不同は完璧であり（①の第三句は挟平格）、なおかつ各四句偈における反法と粘法においても③⑦を除いてはすべてまとまっており、完成された「詩」としての評価を下すことができる。つまり、ここから李白や杜甫によって定められていく近体詩の詩形に収めようとする自覚的な態度を見てとることができるのである。

ところが実際にはこのような作風の讃偈は一四種ある法照自作の讃偈において、むしろ特殊な事例なのであって、他の讃偈にあってはこの「浄土五会讃」ほど巧みに作られているわけではない。以下に引く「高声念讃」（『広本』巻下、八五・一二五九下）のそれが大勢であり（『略本』になし、異本として守屋本・斯五五七二・伯三八九二がある）、反法と粘法に規則性は認められないのである。

①第一●能排○除睡●障（去漾）　意令○諸子●離重○**昏**（平魂）
障滅●身○心○必●清○浄●　便見●西方○百宝●**門**（平魂）
②第二●動振●天魔○界（去怪）　令遣●心帰○念仏●**門**（平魂）
但使●魔宮○聞一●念●　因茲○永劫●奉慈○**尊**（平魂）
③第三○声遍●十方○界（去怪）　為令○悪趣●苦皆○**停**（平青）
一一●能聞○無量○寿●　咸登○浄国●住経○**行**（平庚）
④第四●三途○幽苦●息（入職）　須臾○変作●宝蓮○**城**（平清）
罪人○尽処●花間○坐●　登時○聞法●悟無○**生**（平庚）
⑤第五●無令○外●声○入（入緝）　心心○直往●法王○**家**（平麻）
光明○長照●琉璃○殿●　化生○童子●散金○**花**（平麻）
⑥第六●妄念●心無○散（去翰）　弥陀○浄刹●想中○**成**（平清）
宝樹●林間○宣○妙●法●　声声○唯讃●大乗●**経**（平青）

⑦第七●勇猛●勤精○進（去震）　無明○塵垢●自消○**除**（平魚）
念念●常観○極●楽●国●　弥陀○慈主●贈明○**珠**（平虞）
⑧第八●諸仏●皆歓○喜（上止）　当来○護念●信心○**人**（平真）
一一●咸令○不退●転●　臨終○証得●紫金○**身**（平真）
⑨第九●能入●深三○昧（去隊）　寂滅●無為○無漏●**禅**（平仙）……拠守屋本補「無」
念時○無念●見諸○仏●　永超○生死●離人○**天**（平先）
⑩第十●由具●諸功○徳（入徳）　恒沙○福智●果円○**明**（平庚）
臨終○浄国●蓮花○座●　弥陀○聖衆●自親○**迎**（平庚）

この「高声念讃」のように、法照自作のすべての讃偈を詩としての格律からながめたとき、句中の平仄配置にしても、また反法と粘法が近体詩の格に合致していないのは事実である。これは仏教として、また浄土教としての教理的な制約が枷となり、このため定められた韻律上の規範にそって措辞できなかったのであり、ここにこそ逆に詩文学作品には見られない通俗的な味わいがあるというものである。なお右に示した讃偈以外については、本書の資料篇に法照自作礼讃偈のすべてに平仄を傍記しておいたので参照されたい。

さて、平仄配置は以上のとおりであるが、次に中華の詩としての生命線である脚韻の通韻状況についてもここで明確にしておく必要がある。それは法照自作の讃偈の多くが、前節で取りあげた『全唐詩』や陳尚君の『全唐詩補編』にあげられている、同じく法照自作の五首の詩における押韻状況と相違する偈が若干数存在するという事実である。これは「偈」と言われる讃偈と、「詩」として作られた韻文をめぐっての、決して閑却しえない大きな特質なのである。ただそれは法照の讃偈のすべてにわたるものではなく、右に引いた「浄土五会讃」と「高声念讃」の脚韻をながめればわかるように、基本的に押韻単位は『切韻』系韻書における同用の範囲[36]を超えて通韻しているわけではない。

ここでは『広韻』に照らしつつ、その独用と同用の枠を超えて通押させようとしている九偈を取りあげて考証してみよう[37]。それらはすべて鼻子音で終わる陽声韻である。なお『大正蔵経』の翻刻は誤植が多いので注意されたい。

〈『広本』巻中〉

浄土楽讃（八五・一二四七下、一二四八上）

①西方異鳥数無窮（平東）　白鶴孔雀及迦陵（平蒸）

鸚鵡頻伽説妙法　声中演出大乗宗（平冬）

（中略）

②西方浄土七重欄（平寒）　七宝荘厳数百般（平删）

琉璃作地黄金色　諸台楼閣与天連（平仙）

〈『広本』巻下〉

依無量寿観経讃（八五・一二五六上）

③釈迦如来知彼念（去㮇）　須臾没在至王宮（平東）

乃放眉間金色照　韋提障尽観真容（平鍾）

依阿弥陀経讃（八五・一二五六中下）

④釈迦悲智広無辺（平先）　先開浄教利人天（平先）

菩薩声聞無量衆　其時聴在給孤園（平元）

浄土法身讃（八五・一二六五上）

⑤砕末為金礦（上梗）　礦中不見金（平侵）

智者用消錬　真金腹内現（去霰）

⑥仏相空無相（平陽）　真如寂不言（平元）

口談文字教　此界忘相禅（平仙）

（中略）

⑦三乗元不識（入職）　外道未曾聞（平文）

小根多毀謗　誓願不流伝（平仙）

六根讃（八五・一二四八下）

⑧地獄門前有何物（入物）　牛頭獄卒在傍辺（平先）……「辺傍」（平唐）か

手把鉄叉叉入鑊　縦得人身受苦殃（平陽）

〈『略本』〉

離六根讃（四七・四七八中）

⑨有幸得逢善知識（入職）　指示西方快楽門（平魂）

欲得速超生死苦　專心念仏断貪瞋（平真）

まず①についてであるが、法照が活動した中唐において蒸韻が東冬韻と通押（「通押」については拙著〔二〇一三〕の総論篇第一章第二節を参照）することはない。唐詩全般においてもまた韻書の拘束を受けない敦煌変文や敦煌歌辞においても通押例は見あたらない。ただし三国や両晋においてはいくつかの通押例を見出すことができ[38]、三国の例として曹丕（一八七〜二二六）の「黎陽作」の韻字である「陵」（蒸部）、「窮」（冬部）、「風」（冬部）、「中」（冬部）のように、「陵」という漢字音における個別的な演変であった可能性も考慮しなければならないだろう。他にも『広韻』東韻の「雄・弓・夢」字は、先秦において蒸部に属しているが、魏晋になって冬部に転入してくる。また「熊」字も漢代では蒸部であるが、西晋になると冬部に転入するなどの例がある。さてこの「陵」-jəng と、冬韻「宗」-uong は同じ韻尾であっても主母音は相違しており、このため通じることはないはずである[39]。ただしかし、唐詩に東鍾韻と登韻の通押例もあることや、この讃偈の前後は問題なく押韻していることから、「陵」と「宗」は法照によって明らかに押韻するものとして自覚的に措辞されていたと推察されるのである。しかし、その通押はきわめて緩いものであることは否めない。なお『略本』では「大乗字」に作るがこれでは意味をなさない。「宗」を「字」と誤写したことは明白である。

②の「般」（刪韻）と「連」（仙韻）は、それぞれ pwan と ljɛn と推定される。隋唐においてともに山摂[40]に収められるが、両韻字は開合によって介音は相違し、主母音も相違する。隋と初唐でわずかな通押例があげられるのみである[41]。

③の「宮」（東韻）と「容」（鍾韻）の通押は、どの時代においても普遍的に見られる許容範囲である。鮑明煒

〔一九九〇〕は初唐の詩中における東鍾韻のみの通押を一三例あげている（同書二五頁）。敦煌変文にいたっては雑用とも言える緩さを見せている。

④の「天」（先韻）と「園」（元韻）はともに山摂に収められ、それぞれ t'ien と ŋjwɐn に推定される。元先仙韻を同用とする例は少なからずあり、中でも睿宗皇帝の「老子賛」は「年・天・千・元」で押韻する。最後の韻字「元」は『広韻』において「園」と同じ小韻「元」であるから、声母も韻母も同じまったくの同音字ということになる。

さて、⑤⑥⑦の三例が浄土法身讃の後半部分に集中的にあらわれていることにいささかとまどいを覚える。敦煌本の浄土法身讃は大乗法身讃という異名でも伝えられており、その数量は実に多く十数種にのぼる。また写本間の字句の異同もたいへん煩瑣であり、塚本善隆〔一九三三〕では、「広本所収のものと、他の諸本との間には、何れも字句の小異あり。音韻上よりの誤写と思はるるもの多く、この讃が一般の間に実際に詠吟流布してゐたことを暗示してゐる」と述べ（同書二八五頁）、また上山大峻〔一九七六〕では六本の敦煌写本を用いてその校異を示しているのである。[42] これほどのヴァリアントがある讃偈は他に類例を見ないので、時処の要請によって改変されうる儀礼書の性格を如実に語る資料として注目にあたいする。そしてこれを他の法照自作の讃偈に比較するとき、韻律の乱れが顕著にあらわれているのである。法照の偈は明らかに近体詩の格律を念頭に置いた作であることに相違なく、全体として粘法と反法にその甘さはあるものの、脚韻においては『切韻』をはじめとする中古音系と照らし合わせたとき、比較的常見の先韻と仙韻、清韻と庚韻、戈韻と歌韻は、それぞれ韻目を異にしているものの、これらは同用の範囲であって押韻の許容範囲であるのでまったく問題はないのであった。しかし、その同用を超えて通韻となりがたい押韻単位がこの浄土法身讃にはまとまってあらわれており、他の法照自作の讃偈と比較するとき、法照らしからぬ作風に思えてならないのである。なお塚本善隆〔一九三三〕は法照自作の讃偈の中にあって、この浄土法身讃をその教理的側面から、「頗る趣を異にする」として天台的禅的内容を指摘し、これに対し上山大峻〔一九七六〕はその註記④で、「著作の事実を疑うまでには到らないと思う」と反論を呈している。しかし韻律方面から言うと、その後半部分が法照の作品としてはあまりにも不十分であることは否めない。塚本は内容から「頗る趣を異にする」として法照作を疑ったが、韻律からしても同様なことが言えるわけである。

いずれにせよ、こうした『切韻』系韻書の中古音韻体系を逸脱する中唐から五代、そして宋初にかけての方音は、あらゆる地域における状況証拠をもって斟酌されるべきであるが、現存資料にも限りがあって網羅しているわけではない。しかし、これに関する先行する研究成果はいくらか発表されているので、法照などの讃偈における失韻と思われる韻字であっても、それらの成果を参照しながら、はたして失韻なのか押韻の許容範囲なのかを検証することも可能なのである。

⑤の「金」（侵韻）と「現」（霰韻）は、それぞれ韻尾に両唇鼻音 -m と歯茎鼻音 -n を有する。これは中古漢語において通押する例はきわめて特殊であり、韻尾 -m が -n に変化するのは中原音韻（一三二四年、周徳清）において認められ、北方において完全に変化したのは明代まで待たねばならない。ただし中古において侵韻と真韻との通押はわずかながら幾例か存在し、敦煌変文になると真文・庚青・蒸登・江陽・東鍾の各部との通押が認められるが、先韻または先寒部との通押の事例はないようである。しかも通常決して押韻させない第三句末の「錬」も去声霰韻となっており、これは法照の他の讃偈中にはまったく見られない一種破格の偈となっている。なお善導の日中礼には -m と軟口蓋鼻音 -ng の押韻例が二つ、-n と -ng の押韻例が一つあることからしても、[43] 讃偈における鼻子音 -n, -ng, -m の読唱音レヴェルにあっては、韻書で定められるような厳格な区分は存在せず、また敦煌変文に先んじて

いながら通押の許容範囲はかなり緩かったと想定できる[44]。

⑥「言」（元韻）と「禅」（仙韻）は、敦煌本の『開蒙要訓』において音の互注がある（羅常培〔一九三三〕一一〇頁）。この元韻と仙韻の通押は先の④と同様である。

⑦の「聞」（文韻）と「伝」（仙韻）は、それぞれ mjuən と ḍjʻwɛn に推定され、臻摂と山摂に収められる。近体詩において文韻は殷韻と同用であり、同じ臻摂の魂痕韻などと通押することはあっても、隋唐を通じて摂を超えて山摂と通押することはない。遡って少なくとも劉宋北魏からも文韻と仙韻との通押例は皆無である。また降って敦煌変文においても通押は二例ほどしか存在しない。その一つが開宝三（九七〇）年の跋を有する郷貢進士王敷撰の「茶酒論」（王重民『敦煌変文集』二六八頁、人民文学出版社、一九五七年）である。茶と酒を擬人化して優劣を論争するが、最後に水が登場してきて、水なき酒と茶は存在しえないと落ちをつける滑稽な寓話である。その論争はすべて韻文であり、酒の語り部分にある賢（先韻）・伝（仙韻）・文（文韻）・旋（仙韻）・泉（仙韻）・弦（先韻）がここの讃偈と同じなので好例となるだろう[45]。浄土法身讃の諸本における脚韻字の異読はないので、法照のころにこの「聞」と「伝」を押韻させたということは、これもまた韻書の拘束から脱した通俗的な方音に従った措辞と言えるが、それにしてもこの時期にあって、かなり広く緩い通押と言える。

この浄土法身讃の後半部分である「砕末為金礦」から最終句「子父不相伝」までの二〇句は、敦煌本の伯二九六三などにあって、守屋本[46]、羽六三四[47]、斯六七三四には見られない。また伯二四八三も「智者用消練」以降が欠落している。はたして浄土法身讃の原初形態は後半部分を有していたのであろうか。その前半部分は韻律上の問題はないが、後半の「砕末為金礦」以下は上述のごとく欠落しているテキストがあることや、他の法照自作の讃偈と比較すると韻律の乱れが顕著である（とくに⑤と⑦）ので、現在のところこれを法照自作とするか否かは保留としておきたい。韻律からすると、どうしてもその部分は法照の時代よりも一〇〇年から二〇〇年後を想定せざるをえないからである。

⑧は『広本』における六根讃であるが法照による作品とはされていない。ところが『略本』には法照自作の離六根讃が収められている。この両者はそれぞれ前半が同文であるが後半はまったく相違する讃偈である。しかし『広本』の六根讃もやはり法照の作品であるということは、その後半に見られる以下の偈が証明してくれるのである（八五・一二四八下）。

諸仏在心頭　努力　迷人向外求　難識　内懐無価宝　努力　不識一生休　難識

この讃偈は、『洋県志』巻五所収の閔文叔撰「念仏厳大悟禅師碑記[48]」にある以下の同一記事と一致する。

徳宗皇帝讃法照曰、性入円妙、得念正真、悟常罕測、諸仏了因。帝又問曰、仏留下法、衆帰依何門。法照以偈答曰、諸仏在心頭、迷人向外求、内懐無価宝、不識一生休。帝乃大悦、経讃広布流行。

この碑記によると、入京後の法照が徳宗皇帝（在位七七九～八〇五）との問答において作ったものであったことがわかる（詳しくは本書資料篇に翻刻・訓読・語註を付したので参照）。『広本』は大暦九（七七四）年に太原の龍興寺においてまとめられているので、六根讃の成立は大暦九年以前ということになり、法照は徳宗とのやりとりに、昔日作った一偈を引き合いに出したということである。なおこの偈は劉長東〔二〇〇〇〕も指摘するように浄土法身

讃にも類似句がある。(49)

　さて「辺」（先韻）と「殃」（陽韻）はそれぞれの中古音は pien と ʔjang に推定され、山摂と宕摂に収められる。まず魏晋南北朝においてこれが通押する例は皆無であり、隋唐の詩や敦煌変文においてもその例を捜索しえない。この脚韻字に異読はなく、また文脈も通じているが、先韻と陽韻は断じて同用とはなりえず、また法照の讃偈全般をながめてもそのような決定的な失韻は見当たらない。よって第二句の「牛頭獄卒在傍辺」は、「牛頭獄卒在辺傍」とするのが本来の原初形態であったはずである。「傍辺」は通常用いられる語彙であるが、同義異字を重ねた二音節詞であるから、倒置して「辺傍」とすることは可能である。たとえば敦煌変文においてよく知られている董永変文に（『敦煌変文集』一一二頁）、

阿耨池辺澡浴来　　先於樹下隠潜蔵（唐韻）
三個女人同作伴　　奔波直至水辺傍（唐韻）

とある。押韻させるために常用の「傍辺」を倒置させた例と考えられる。よってこの六根讃は、もと「辺傍」の措辞が書写の段階で耳慣れた語序に改められてしまったと判断すべきである。「辺」と「殃」では失韻となるも、「傍」（唐韻、推定音 bang）と「殃」はきれいに押韻する。

　最後の⑨は『略本』の離六根讃からである。「門」（魂韻）と「瞋」（真韻）はともに臻摂に属しており、隋詩にも通押の用例があり、初唐では一一例を数え、敦煌変文に及んでは多数見られる。『捉季布伝文』（大漢三年季布罵陣詞文）には、この離六根讃とまったく同じ韻字「門」と「瞋」で押している例があるので、ここに紹介しておく

（『敦煌変文集』七〇頁、黄征・張涌泉『敦煌変文校注』九八頁）。

当時随来於朝闕　　所司引対入金門
皇帝捲簾看季布　　思量罵陣忽然瞋

以上、①から⑨まで見てきたように、法照の讃偈には『切韻』系韻書の音韻体系に収まらない用韻をもって作られているものがあることが確認されるのである（ただし⑧の韻字は誤倒の可能性がきわめて高い）。

さて、これらの讃偈を先に示した法照自作の五首の詩文と比べてみると、両者は同じく韻文でありながらも、韻律上には大きな相違が認められるのである。五首の詩は韻律上に問題はなく、『切韻』系の韻書で同用の範囲を超えるものではなく、まさしく詩文学作品として評価しうるものであった。その一方で右に引いた讃偈を含む『五会法事讃』における法照自作讃偈全般の脚韻は、『切韻』の規範を外している破格の句が存在するという事実であった。法照という同一人物によって作られた詩と偈を韻律の観点からながめるとき、時代の韻文の規格にそう詩は文人知識人としての作品であり、押韻が緩く通俗的な偈は宗教者としての作品であると判定することができるのである。ここで重要なのは法照自作の詩と偈の両者において、韻律上の相違があったという事実もさることながら、それ以上に、そのような判定を下すことができる要因は何かということである。それには次のようなことを想定しうるだろう。まず文人の詩というものが同じく知識人の目にふれることを前提として作られるため、より技巧を凝らし、より装飾した高尚な作品を創作する必要があったということである。そのために当然ながら韻律においても科挙の作詩における標準となった『切韻』の音韻体系に合致させ、規格化された字音で作詩することが知識人としての良識であり、また文人としての証でもあった。ところが讃偈はそうではなかった。それは知識人を読者対象として編まれたものではなく、あくまでも寺院における宗教的儀礼のその現場で用いられる文献的性格がきわめて強かった。儀礼書であればこそ、その時代とその地域の漢字音をもって編まれなければならないはずである。もしこれに反する措辞をしてしまえば、それは実際の儀礼において何の実効力も発揮しえないばかりか、なんとも耳ざわりなものとなる。歌って発声しやすく、聞いて耳に心地よい措辞をすることで、その場の礼讃儀礼が盛行し、ひいては浄土教そのものの教線拡張にも通じるのである。[50]いずれにせよ、こうしたことが原因となって、法照自作の詩と偈は同じく韻文でありながらも、一方は高尚な純文学作品となり、一方はそれに比するとやや卑俗な大衆志向型の俗文学作品となっていると考えてよいのである。

ただし現時点で、法照が南北いずれの地域の方音に準拠して作偈していたかは不明である。『宋高僧伝』に立伝されている僧の多くが精力的に各地を遊行しており、家を捨て俗世を離れた僧が出生の地（とくに辺境の地）でそのまま活動し、一生涯をその地でおくり、その地で逝去する例はきわめて稀である。法照もまた興勢県（現在の洋県）に生まれ、[51]廬山や衡山、そして北の五台山・太原、さらに中原の長安にまで活動の範囲を広げている。よって文人の詩の字音を、その籍貫や就役の地域から推定するような作業を、ここに応用することは有効ではない。[52]まして『広本』は太原の龍興寺で撰述されたから晋語（山西省の方音）にもとづき、『略本』は長安の章敬寺で撰述されたので秦語（陝西省の方音）が反映されているなどとするのは早計である。また官僚や文人が作る詩文においては、同一人物であっても、また同時代の同郷の詩人であっても、その作品中に見られる用韻に相違があることも判明している。[53]こうした不規則性は、一所にとどまることのない出家僧が撰した讃偈においていっそう顕著にあらわれるのではないだろうか。

以上、述べてきたように、善導そして法照を含む時代、すなわち南北朝の末期から中唐の漢字音は、『切韻』にあらわれる語音体系と同等とみなして大過ないにもかかわらず、その時期に作られた讃偈にはかなり緩い通韻があることを、ここにいたって事実として受けとめなければならなくなったわけである。それはやはり他でもなく時処の方音を採用していたと類推しうるのである。たとえば、隋末初唐の王梵志の詩文は白話詩として知られているように、その押韻は韻書に準拠するような厳格さが認められないことや、李白や杜甫、そして白居易の詩文の押韻体系を見ても、『切韻』の同用（通用）の規定に従っていない詩作もあること、さらにまた後の敦煌変文における用韻についても、周大璞（一九七九①）が、「用韻方面についてては、きわめて多種多用であり、これは唐代の近体詩における多くの格式を打ち破っている」（原漢語、五六頁・五八頁）と述べ、また都興宙（一九八五）も、「変文の韻文部分の押韻は、伝統的韻書の局限から完全に脱しており、それは当時の実際の語音によるからであり、当時の語音の韻部における真実の情況を反映しているのである」（原漢語、四四頁）と述べ、そして洪藝芳（一九九五）も「敦煌の通俗文学作品は韻書の束縛を大きく突破し、実際の方音を反映している」（原漢語、一一五頁）と述べているとおりである。[54]

中華伝統の詩が南北朝の末期からその雛形が意識されはじめ、ついには盛唐にいたって一定の規格に落ち着き、さまざまな制約のもとに作詩されることになる。一方、それから二〇〇年経過した唐末五代で出現する敦煌変文や講経文における用韻においては、かなり民間の口頭語（主に西北方音とされる）が反映されており、『唐韻』など、『切韻』の増補改訂版といった韻書類を標準として韻文を作ることはすでになくなったと言われている。[55]唐代に盛んに作られる浄土教の讃偈、とくに善導と法照の作品は、伝統的保守的な文壇の詩文と、比較的自由に作詩される敦煌変文に見られる俗文学的な韻文との時間的な中間点に位置づけられるだけではなく、その作風においても純文学と俗文学の狭間でせめぎあいながら、独特の光彩を放っていたと言えよう。

以上、法照自作の讃偈一四作品の詩律を点検し終えたところで、最後にその特色を包括的に整理しておく。

＊　＊　＊

(1)五言偈と七言偈があり、七言偈が大多数。それは唐になって七言詩が急増してきた詩文学界の趨勢に従った結果であろう（拙著〔二〇一三〕総論篇第二章第二節を参照）。七言詩はそれまでの五言の詩に比べ、枠にはまった伝統的な拘束から解放され、軽快でスピード感のある新たな句式であり、唐代以後に民間において好まれた詩形である。

(2)『広本』巻下の前半はすべて七言の偈を並べ、後に五言の偈でまとめる統一性が認められる。ただしそれは『広本』巻下そのものが巻中の第八讃仏得益門からの分出であって、単に流行りの七言偈を先に並べ、その後に五言偈を並べただけのことであろう。

(3)『広本』と『略本』における法照の讃偈は一四作品あり、総計すると七七八句となる。

(4)李白や杜甫にはじまる近体詩の影響を少なからず受けている。それは法照が『広本』に善導の日中礼を転載する際に、近体詩の格に合致していない讃偈をすべて削除していることからも容易に理解できる（各論篇第三章を参照）。

(5)原則として四句をもって一偈としているが、帰西方讃に六句一偈となっているものが三箇所ある。これに従えば法照自作の讃偈における押韻単位の総計は一九三となる。

(6)歎弥陀観音勢至讃のみが東韻の一韻到底格（同一の脚韻目でまとめる）である。

(7)脚韻はすべて平声で押しているが、西方極楽讃（八五・一二六四下）の中の一偈だけが上声で押韻するという例外がある。

我常自嘆**喜**（上止）　深悟真如**理**（上止）
煩悩本来無　衆生妄見**起**（上止）

(8)法照は「議」を平声支韻で読んでいたようである。これは善導の『法事讃』と『往生礼讃偈』にも同じ用例がある。『往生礼讃偈』日中礼の第一三偈の「議」は去声として、第一八偈は平声として用いられている。「議」は韻書において去声でしか採られていないが、おそらく当時、あるいは礼讃儀礼における読唱音では平声支韻で読んでいたのだろう。ただし、法照の用例は以下のごとく、初句押韻がほとんどである（第一の例を除く）。

依無量寿観経讃（一二五六上中）
極楽城中七宝**池**（平支）　蓮花光色不思**議**（去寘）
花開総是摩尼水　唯歎娑婆去者**稀**（平微）
依無量寿観経讃（一二五六中）
観音補処不思**議**（去寘）　無辺世界現希**奇**（平支）
但令念者皆生楽　頂戴弥陀尊重**時**（平之）
依無量寿観経讃（一二五六中）

如来神変不思**議**（去寘）　大小随縁感赴**機**（平微）
衆等傾心勤念仏　宝池宝内正無**為**（平支）
依阿弥陀経讃（一二五六下）
弥陀浄刹不思**議**（去寘）　処処渠流七宝**池**（平支）
池中総是摩尼水　昼夜花開無尽**時**（平之）
依阿弥陀経讃（一二五六下）
弥陀願力不思**議**（去寘）　荘厳浄土甚希**奇**（平支）
六方諸仏同時讃　意令諸子断狐**疑**（平之）
極楽荘厳讃（一二五九中）
弥陀宝界不思**議**（去寘）　唯嘆娑婆去者**稀**（平微）
阿鼻地獄人多往　一堕何年更出**時**（平之）

(9)総計一九三の押韻単位に対して、『切韻』系韻書と合致しない失韻が既述したとおり九箇所ある（すべて陽声韻）。中でも -m と -n が押韻すると判断するならば、かなり緩い通押であると言える。

(10)総計七七八句において平仄配置（二四不同・二六対）の乱れは諸本を校訂した結果、六四句であり（ただし挟平格を除く）、全体の一割にも満たない程度である。つまり九割以上が正格を保っている。

(11)盛唐と中唐の七言詩は初句押韻を要求するが、法照の七言偈においては規則的な初句押韻を認めることができず、それぞれの讃偈によって統一的でない。

⑿近体詩の反法と粘法は規格にそわないものが常見である。

⒀五言偈でも七言偈でも、［二字／三字］、［四字／三字］という節奏点は基本的に遵守されている。

⒁浄土法身讃（大乗浄土讃）は、その格律の乱れからしてとくに後半を法照自作の讃偈とすることにいささか躊躇する。作偈された年代は、法照の時代よりも降るのではなかろうか。

第六節　儀礼における方音の重要性

漢字音が南北で大きく相違し、また地域によってさらに少しずつ異なっているからには、僧俗が一体となって斉唱する礼讃儀礼を実際に挙行する際に、その語音が当然ながら問題となったはずである。多人数で唱和するにつけ、その時処に根づいた共通の語音で発声されるからこそ、宗教音楽として豊かな旋律が響き、儀礼の成就が期待できるわけであろう。しかし地域によって、または人によって発する漢字音が相違している現実を前にして、この問題に善処しなければならなかったのである。法照にしてもそのことに気を配っており、それを『広本』巻中において以下のように述べている（八五・一二五三上）。

現世来世の人々みなに勧めます。長安の都と南岳衡山とでは、念仏や読誦するその音や義に多少の相違はありますが、大切なのは念仏そのものを称えることです。これによって誰もが浄土に往生して阿弥陀仏を見たてまつるのです。それ以外に特別な意味はありません。（中略）微妙にしてかつ清らかな法音を称えて、すべての如来に供養いたしましょう。音声は無量にあるのですから、どうして五会念仏を称え経を読誦する際のさまざまな音声を妨げましょうか。（普勧現在未来諸衆等、上都南岳念誦音旨雖有稍殊、而根本体同、不離念仏。皆帰浄土、同見弥陀、更無別耳。（中略）演微妙浄法音、供養一切諸如来。既音声無量。何妨五会念仏誦経種種音声）

これは上都（長安）と南岳（衡山）という南北の音旨（言辞旨意：『漢語大詞典』一二・六五三頁）の相違を指摘しているのである。[56]もし『五会法事讃』が教義書のたぐいであったならば、右のような叙述は不要である。しかし実際に儀礼に供して口に誦すべく編纂された儀礼書という性格上、こうしたことを添え書きする必要があったのである。承遠の膝下で学と行に励んだ南岳衡山から、霊瑞吉祥に促されるままに赴いた北方の五台山や太原での修学と教化をへてさらに中原長安の都にいたるまで、さまざまな地を渉歴した法照にとって、たとえばある一つの讃偈の押韻や平仄が長安を中心とした方音（秦語）では正格であって、まさしく音楽的な旋律を保有していたにもかかわらず、南岳あるいは五台山における土語では破格であり、音楽的な旋律をもちえないということを身をもって経験していたと考えられる。同一の漢字でありながら、実際の音声が南北諸地域で相違することから、法事儀礼における韻律上の問題に遭遇していた法照は、その経験から都では都の音で唱和すべきであり、地方ではその地方の音に従って儀礼を挙行すべきであるという判断を示したのである。右の文からはこうしたことが察せられるのである。

そもそも陸法言が編んだ『切韻』は、南北の音を統一的に折衷したとする説が有力である。[57]その序文には『切韻』が撰述される契機となったいきさつが語られている。[58]そこで陸法言は、漢字音の相違は縦（古今・時間）だけではなく、横（同時代・空間）にも認められ、たとえば呉・楚（揚子江の中・下流域）、燕・趙（河北・山西）、秦・隴（陝西・甘粛）、梁・益（四川）では発音が異なり、また『韻集』『韻略』『音譜』などの先人が著した韻書における分韻もまちまちであったと指摘している。『切韻』の成立は、南の江東地域と北の河北地域とでは漢字音が異なるために、南北の是非を論じ、韻書の分韻を検討することで、統一的な語音を確定する必要にせまられた結果であった。これによって『切韻』やその系列の韻書は、後に南北の出自を問わず文人たちの詩作上の標準的な韻書として、その地位を不動のものとし、最終的な増補改訂版とも言われる一一世紀初頭の『広韻』にいたるまで、約四〇〇年の長きにわたってその命脈を保つのである。

さて、この方音（漢字音の地域性）の相違については、『切韻』序文の記載だけではなしに、仏教資料の中からもその事実を補強することができる。法照よりも若干遅れるが、『宋高僧伝』六（五〇・七四三中）の義解篇に立伝されている釈知玄（八一〇～八八二）の伝がそうした事情をよく伝えている。[59]

知玄は眉州の洪雅（現在の四川省射洪、成都の西南約一〇〇キロ）の出身であり、一一歳で出家し、一三歳の時にはすでに経法を講じてその名は広く知れ渡っていたという。後に師とともに長安に上り、資聖寺にとどまった。[60]この寺は龍朔三（六六三）年、文徳皇后の追福を祈って皇城東の崇仁坊に創建された尼寺で、咸亨四（六七三）年には男僧の寺に改組されている。また金剛智が経典を漢訳した寺としても知られる格式の高い寺院である。知玄がこの寺で経論を講義すると、いつものように多くの道俗が聴講にやって来たという。この『宋高僧伝』にある資聖寺と知玄の記述は、わが朝の慈覚大師円仁（七九四～八六四）の『入唐求法巡礼行記』三の記事と一致することから、クロスチェックによる裏づけがとれる。[61]それによると、円仁は開成五（八四〇）年の帰国に頓挫したことから、願い出て長安左街のこの資聖寺に寄宿する。同年八月からこの寺にとどまり、その年の一二月八日、「三教談論大徳の知玄」が斎日の表讃をしたことを記録している。また明けて開成六（会昌元年、八四一）年の正月九日には、海岸法師が俗講を開筵し、在俗信者に『華厳経』を講じ、同年五月にも嗣標法師が『金剛般若経』を講じたと、当時の様子を伝えているのである。勅命による僧俗への講経が行われていたことは、『宋高僧伝』で「此の寺（資聖寺）

は、四海三学の人の会要の地なり」（五〇・七四三中）と記されているとおりである。知玄にしてもこの寺で講経を何度となく行っていたのであろう。それだからこの噂を聞きつけた文宗皇帝（唐の第一六代皇帝、在位八二六～八四〇）は、知玄を宮中に召すほどであったのである。

しかし、そんな彼にも悩みはあった。それは出身地眉州の方言がぬけないことであった。そしてそうした己の不甲斐なさを恨んでいるのである。ところがある日、神僧が現れて舌を取り替えてくれる夢を見ると、その翌日からは「秦語」で語ることができるようになったという。その事情を『宋高僧伝』は以下のように伝えている（五〇・七四三中下）。

> 復た本師に従いて三峡を下り、荊・襄を歴て神京の資聖寺に抵る。（中略）〔知〕玄、毎に郷音の講貫に堪えざるを恨み、乃ち象耳山に於て大悲呪を誦すに、神僧舌を截りて之を換えるを夢みる。明くる日、俄かに秦語に変われり。

「秦」とは長安を中心とする現在の陝西省の地域名（春秋戦国時代のこの地域を統治した国の名に由来する）であり、「秦語」とはその一帯で用いられている語音のことである。つまり、知玄は大唐の都長安を中心とする方音を獲得することができたというのである。

ところで梁・唐・宋の各『高僧伝』の最後には、それぞれ名称は異なるが、誦経篇や経師篇、唱導篇や雑科声徳篇が置かれている。そこに立伝されている僧に要求されている条件はさまざまであるが、共通することは美声ということである。そして、それは至極当然なことであった。民間にその身をおいて、直接庶民と接触する誦経僧・唱導僧にとって、発する声が美しくなければ大衆の心をとらえることができないからである。知玄は後に道士の趙帰真と論議を交わし、「三教首座」にまで推戴された義解の僧ではあるが、各地で仏法を講じることを通して、講経師としての自覚を具えていたのである。もし生涯を通して四川の郷里にあれば、こうした苦悩とは無関係であったはずが、長安の都に進出したばかりに田舎なまりの方音に悩まされたのである。都で講経するには都の漢字音をもってしてはじめて美声と認められるのである。円仁は一七歳ほど年少の知玄と邂逅し、親睦を深めていたと思われるが[62]、知玄の夢中に現れた神僧の神秘的な奇譚について『入唐求法巡礼行記』は何も語っていない。この知玄の夢の出来事が事実か否かはともかくとして、みずからの発音が都長安のそれとは異なり、なかなか矯正しえないことを真剣に悩んでいたということはおそらく事実である。現に南北朝詩から唐詩を含めても、出身の相違する詩人による詩作上の韻律が、個人単位で相違しており、『切韻』に準じているものとそうでないものとに大別されることは、その裏づけとなるものである[63]。広大な大陸で漢字音に地域差があったということは、かの道宣（五九六〜六六七）も『続高僧伝』三〇の雑科声徳篇において（五〇・七〇六中）、

大地が鄭と魏を分かつように音声においても〔地域によって〕様々である。（中略）よって中国一国の音声は同じでないことがわかるのである。（地分鄭魏、声亦参差。（中略）故知神州一境声類既各不同）

と述べているとおりである。これは現在の中国においても何ら変わるところはない。漢字音と詞彙が地方によって相違する、その方音土語の壁を取り除くことは不可能である。それだからこそ讃偈を編撰した法照は、そこにあわれる漢字音に拘泥することなく、念仏を称えることこそが、何よりも肝要であると言いたかったのである。それ

ゆえ「根本の体は同じくして念仏より離れず」と添え書きしたものと考えられるのである。

さらにここで方音と儀礼との関係について端的に示唆する資料を紹介したい。それは法照とほぼ同時代に活躍した少康（?〜八〇五）である。『宋高僧伝』二五読誦篇における伝が端的に説明してくれる。少康は洛陽白馬寺において、善導の「行西方化導文」を見て浄土教の人となり、長安に上り善導の影堂においてその真像を目のあたりにして、いよいよ「後善導」（善導の後継者）と呼ばれるにふさわしい導化を行ってゆく。烏龍山に浄土道場を建て人を集めて行道し、「二十四契を唱讃し、浄邦を称揚」する儀礼を行った。この「二十四契」の「契」とは歌曲を数える量詞なので二十四偈と同意であり、それは『楽邦文類』一に、「善導和尚、立五会教勧人念仏、造観経疏一巻、二十四讃、六時礼文各一巻」（四七・一六八中）とある「二十四讃」のことであると考えられる。少康は善導が作った讃偈を大衆とともに唱讃する儀礼を行っていた。そして、少康伝の最後には以下のようにある（五〇・八六七下）。

康の述ぶる所の偈讃、みな鄭衛の声に附会す。体を変じて作り、哀にあらず楽にもあらず、怨まず怒らず。中に処りて曲韻を得ること、譬うるに善医の餳蜜をもって逆口の薬を塗り、嬰児を誘って口に入らしむるがごとし。苟くも大権、仮に入るにあらざれば、なんぞよくこの方便を運んで度するに極りなき者をや。仏を唱うるに仏形口より出ず。善導これと同じく仏事をなすが故に小縁にあらず。

「鄭衛の声」とは、春秋時代にあった鄭国と衛国のみだらで風俗を乱す低俗な音楽のこと。ここの文脈の意味は以下のとおりである。世間にある音楽は宮廷音楽と比較すれば低俗ではあるが、それだけに民衆には好まれる。鄭国と衛国にあるような世俗の音楽に随従しながらも、仏教音楽としての体裁にふさわしい讃偈を作っていたということである。文中の「大権、仮に入る」とは、世俗の人々を仏教音楽で教導するために方便が講じられたということ。浄土教の讃偈は民間で唱和されるものであり、そのため堅苦しくもならず、また乱れすぎず、その両極に偏らない作品を、「中に処りて曲韻を得る」と表現している。そして良医が子供に経口薬を含ませるために方便を用いるように、民衆を教化するための手段として「鄭衛の声に附会」することも吝かではないと言うのである。

この「後善導」と評された少康の伝を通して礼讃儀礼のありかたが透けて見えてくる。その韻律においては『切韻』のような韻書に合致させる必要もなく、また用いる語彙と語法も通俗的なものを多用したということ。すなわち文壇で規格化された形式を採用しつつも、その一方で通俗語音を採用することの必要性を提起したのである。

さて、それでは声韻などはどうでもよいかというと決してそうではない。法照は各地域による方音の使用を認めてはいるが、「微妙にして浄き法音を演べ」ることを要求している。つまり方音と美声を混同してはいないのである。何も都の音だけが唱和に堪えうる美声ではないわけで、これを端的に言えば、儀礼における読唱音は田舎なまりの方音で行ってもよいが、その際には声のよい人物を選出すべしということである。『略本』はそれについて（四七・四七五上）、

> 凡そ法事をなす人は、若しくは道、若しくは俗、多ければ即ち六七人、少なければ即ち三五人、好き声にして解したる者を揀び取れ。

とあり、またこれは敦煌本の伯二一三〇、北八三四五（BD五四四一）にも同じように、

> もし五会和讃・高声念仏せんと欲する時には、当に好き声のもの六人已上を簡ぶべし。

とある。これによって、「見聞する者、発心し歓喜信受せざるはなく……」（八五・一二五四上）ということが期待されるというのである。これは地域による音の異差を問題にしているのではなく、特定の一法会における処し方を述べているのであって、五会念仏の法事における高座は、たとえ方音でなされたとしても、その法会における最も美声の者が担わなければならないということである。また同じく『略本』（四七・四七五中）には、

> 専心に五会の真声を学び取り、未来に伝えて広く群品を度せ。若し師に学ばずして濫りに人に授与せば、転た後学を誤り其の宗旨を失わん。即ち却って其の咎を招き、福田を利すことなからん。

とも述べている。五会念仏は、師資の面授による口伝相承なくして正しい発声法を継承しえないというのである。五会念仏は口伝によってのみ正しく伝承することが可能であり、記述言語をもっては仔細を伝承しえない複雑微妙な音韻細則があることを意味するものである。

以上、礼讃儀礼における讃偈の読唱音は、当該地域の儀礼の盛衰を左右する問題であったと思われる。つまり方音を用いることによって儀礼の隆盛を期したのであり、法照は各地を経歴することによって、その効力を十分に把握していたということである。

おわりに

彦琮と善導以降の中国浄土教の讃偈は〝無韻の偈〟から〝有韻の詩〟へと高められていった。そして李白や杜甫の影響を受けた法照によってそれは決定的となり、ここにいたってまさしく詩文学作品としての評価を下せる「讃詩」が完成されたと言ってよいだろう。ところが注目すべきは、文人の作る詩が『切韻』などの韻書に概ね準拠して作られ、高尚にして正統派であったのに対して、浄土教の讃偈は必ずしもそうした格律に従っていないものが多く、このため卑俗で亜流であったということである。よって中華の詩と浄土教の讃偈は、たとえ同時代の作品であったとしても、さらにまた同一人物によって作られた詩と偈であったとしても、客観的に見て韻律上における相違を認めざるをえないのである。こうした観点から法照自作の詩と偈をながめると、詩においては文人として標準音をもって作られており、偈においては僧としての立場から方音によりながら作られているという事実が見えてきたわけである。

前述したように、知識人が、同じく知識人に鑑賞されることを前提として作られる詩文であればこそ、『切韻』に準じていて当然と言える。ところが讃偈は民間の仏教儀式において大衆とともに唱和することを目的とする資料的性質のため、民間の字音が反映されているのである。仏教の信徒たちが常日頃から用いているその共通の語音をもって讃偈の用字を定め編んでいくことは、在俗者の心をとらえ、定型の讃歌として定着させていく上で、効果的な手法であったはずである。そこに『切韻』によらず、時処の方音をもって編集していこうとする撰者らの深意があったものと考えることができよう。換言すれば、法照の讃偈は平声字を偶数句末に配置することで近体詩の韻律規範にそいながらも、その平仄配置は厳格ではなく、また押韻の許容範囲にしても『切韻』に縛られることのない自由な律動であったということになる。

彦琮の讃偈の語音は『切韻』の音韻体系そのものにして純文学的作風であり、このため大衆が唱和するというよりは、むしろ鑑賞を前提とする作風であったが、善導にあってはこの『切韻』を乗り越えて、より通俗的にしてより大衆的な作品を生み出していった。もしこれを文学のうちに扱おうとするならば、民歌と同じく俗文学の範疇で扱われなければならず、第三者に鑑賞されることを前提とせず、実際の儀礼を想定した上で、当事者が創作した実用品ということになる。そしてこれはさらに降って法照にいたると、李白や杜甫などの近体詩の影響を受けながら、しかも権威ある韻書には拘束されない作風、すなわち彦琮の純文学と善導の俗文学の作風をともに具備した讃偈が新たに誕生し(64)、ここに浄土教の礼讃儀礼は空前の盛況ぶりを見せることになったと言える。敦煌石室の浄土教礼讃文類の分量の多さや、複雑に改組された多様なテキストがそれを雄弁に物語っているかのようである。

さて、法然は『選択本願念仏集』第三章で法照の『五会法事讃』に載録される慈愍三蔵の「般舟三昧讃」を引用している(65)。

彼仏因中立弘誓　聞名念我総迎来　不簡貧窮将富貴●○○○●●　不簡下智与高才●●●●○◎
不簡多聞持浄戒　不簡破戒罪根深　但使廻心多念仏　能令瓦礫変成金

この讃文（中間の四句を略している）の頷聯（第三句と第四句）に、それぞれ接続詞（〜と〜）の「将」「与」が用いられている。なぜどちらか一方に統一しないのか、なぜ他の接続詞「及」や「以」ではないのかという疑問がかつてあったが、それは、この両句が対句表現であるため同義の異字を用いるという約束ごとに加え、七律の詩として見た場合には、「将」と「与」は下三連の禁忌を回避する作詩法であると説明できるわけである。つまり第三句の「将」は平声（○）であり、その他の接続詞「与」「及」「以」はいずれも仄声（●）であり、このため「将」を用いざるをえなかったのである。同じ道理で第四句の「与」にしても、もしここで「将」を用いたならば下三連の禁忌に抵触することになる。したがって「与」を用いたままでのことである（ここは「及」「以」でも可）。それはたとえば、江湖に知られる李白の月下独酌（五言古詩）の「暫伴月将影　行楽須及春」（暫く月と影とを伴いて、行楽須く春に及ぶべし）も、二四不同をまもり、下三連を回避することから、四字目に仄声の「与・及・以」を配置できなかった道理と同じことなのである。この慈愍三蔵の讃偈は、詩として押韻と平仄の配置の甘さはあるものの、下三連を回避したところに、かろうじて韻文としての生命線を保っている[66]。このように讃偈というものは、字面だけに拘泥すると、思わぬ落とし穴にはまることもある。まずは韻文としての定められた格式の中で漢字が措辞される根拠を吟味する必要がある。そしてその作業を通過させた後、句中の字義の精査と讃偈全体の意味を把握すべきことをここに提唱したい。

註

（1）五会念仏については各論篇第八章を参照。

（2）それぞれ同書二七六頁・二八三頁・二九四頁・三三六頁。

（3）加地哲定〔一九七九〕は法照などの讃偈について、「これらの讃は俗講のとき、庶民と共に歌詠するために作られたものであるから、それが平易であり通俗的であり、誰人にも容易に解し得るものであることは当然で、平易、通俗こそ讃仏歌の特色である」と述べる。また張先堂〔一九九六〕は同論文の中で、音楽性・通俗性・文学性の面から『五会法事讃』を捉えようとしている。賛同しがたいものもあるが（『五会法事讃』の各讃偈を古体詩の格式であると述べたり、漢訳仏典における偈頌の韻律への誤解）、このように項目を分立して考証を加えたことは評価すべきである。

（4）河内論文では、その最終節において法照の讃詩を文学的に評価している。それをここでまとめると、『五会法事讃』の中には「重厚な格調を保ち、卓越した技巧を凝らした作品も認められる」、また法照自作の散華楽讃については「畳字を用いた技巧的な作品である」、浄土楽讃については「正格をもって賦詩する豊かな技量の片鱗を窺わしめるものがある」と指摘する。またその一方で、「全体としてある通俗性を否定することはできない」、「変文等の他の通俗文学作品に類似したものが感ぜられるであろう」、「あくまでも讃嘆口業を目的とする讃詩である」、「五会念仏の弘通普及を旨とする明確な目的意識をもって賦詩している」、「かかる実践的な讃詩が、用字措辞の上において上記支遁などを先駆とする作品に比べて通俗に堕するのは当然の帰結であった」と述べ、法照自作の詩と偈を比較し、偈が詩に対して通俗的であるのは、「使命の必要から生じたものであったのである」と結論づけている。また河内には（一九八〇）および「詩僧清江について」（『文藝論叢』一二、一九七九年）なる関連論文もある。

（5）塚本善隆（一九三三）は、「但し文学としての此讃の研究は余の題目でもなく、又任でもない。唯かかる俗語歌調が法事に採用せられてゐる所に、五会法事讃の普及力と、その普及せし社会とを察せしむるに足るであらう」（二九六頁）と述べるように、文学的に評価することの必要性やその効果については認めている。

（6）『広本』は大暦九（七七四）年に太原の龍興寺において撰述され、『略本』はその後、貞元四（七八八）年以後『広本』をもとに長安の章敬寺浄土院において略述されたものであろう（総論篇第四章、各論篇第八章を参照）。

（7）法照自作の讃偈は、『広本』に一三種、『略本』に七種の計二〇種を数え、重複するものを除くと以下のようになる。

『広本』『略本』ともに収められる讃偈は以下の六種。

浄土楽讃・六根讃・依無量寿観経讃・依阿弥陀経讃・浄土五会讃・極楽荘厳讃

『広本』だけに収められる讃偈は以下の七種。

高声念仏讃・歎弥陀観音勢至讃・帰西方讃・西方極楽讃・浄土五会讃・西方極楽讃・浄土法身讃
『略本』だけに収められる讃偈は以下の一種。
五会讃
なお『略本』の離六根讃は釈法照の作とされ、この讃偈と前半が同じものが『広本』の「六根讃」（作者不記載）である。もしこの讃偈を加えるとすると、法照自作の讃偈は総計一四種となる。塚本善隆〔一九三三〕は極楽五会讃と歎五会妙音讃が「法照の作と見て殆んど疑なきものであらう」と述べている（二八七頁）が、確証がない以上は除外せざるをえない。また張先堂〔二〇〇三〕は法照自作の讃偈を一六種としている。

（8）塚本善隆〔一九三三〕は、「此他の撰者の名を出さざるものの大部分も、恐らく法照の自作、或は当時行はれ居りし讃歌に、法照が手を入れしものであらう」と述べる（二八七頁）。

（9）小般舟三昧楽讃文は、もともと押韻しない善導の『般舟讃』から部分的に句を抜粋し、これを別の句とともに並べ替えることによって押韻する讃偈に仕立てている。

（10）「詩」と「偈」については拙著〔二〇一三〕総論篇第三章を参照。

（11）合田時江編〔一九九三〕一一頁を参照。なお「大業主」とは煬帝のことであると想定されている。

（12）彦琮が煬帝と親交をもっていたことは、『続高僧伝』二の彦琮伝に記されている。両者の関わりは煬帝がまだ即位する前に遡り、開皇三（五八三）年に『金光明経』『勝鬘経』『般若経』などを講義したことにはじまる。なお、彦琮には単著二五部、共著五部、梵訳二部があったが、現在はそのうち七部が現存するにすぎない。

（13）善導を「唱導僧」とすることについては、各論篇第四章を参照。

（14）『般舟讃』の各讃偈は確かに韻をふんでいないが、各偈に付加された「願往生」と「無量楽」といった一種の合いの手（和声）が韻に代替する機能を担っており、これによって無韻ながらも一定のテンポを生み出すことになる。

（15）讃偈の有韻と無韻は善導によってはじめて意識されてくる。『般舟讃』は無韻であり音楽的リズムが具わっていないため、実際の儀礼には不向きだったと思われる。一方で『往生礼讃偈』や『法事讃』では旋律を配慮した讃偈が作られている。これは『般舟讃』が成立した後に『往生礼讃偈』と『法事讃』が撰述されたであろうことを示唆している。ただし『往生礼讃偈』と『法事讃』、『観経疏』の成立前後はこの韻律からも明らかにしえない。確かに『般舟讃』の讃偈に押韻は認められないが、各偈にすべて付加された「願往生」「無量楽」はいわば〝合いの手〟であり（張先堂〔一九九六〕はこれを〝和声辞〟と表現している）、これによって一定のテンポを維持している。このような〝合いの手〟は現存する讃偈を通観すると、善導によって創始されたと言えるだろう。押韻を配慮するかわりに〝合いの手〟によって調子をとっていることは、別の意味で音楽的であり、また通俗的でもある。

なお五部九巻の成立順についての推定作業は、良忠『法事讃私記』巻上（『浄全』四・三三下）にはじまる。福井忍隆「善導五部九巻の成立に関する研究」（戸松啓真他編『善導教学の成立とその展開』山喜房仏書林、一九八一年）や、上野成観「善導著述前後関係の一考察」（『真宗研究会紀要』三三、二〇〇一年）において簡単に先行研究をふりかえっている。筆者による推定については、総論篇第二章第一節を参照。

(16)　善導の日中礼が単独で用いられるいわゆる別行本の存在は、とりもなおさず後の儀礼書に採録しうるだけの旋律を具えていたからであり、もし前時代のそれと同じく無韻であったならば、やはり顧られることはなかったと思われる。なお前述したように善導の『般舟讃』は句を組み替えた上で法照の『広本』や『略本』に取り入れられる。その際には法照によって巧みに韻律の配慮が加えられている。

(17)　東日の伝については不詳であるが、『浄土五会念仏略法事儀讃演底』の跋文によれば、泉州堺宝泉寺（現在の堺市堺区新在家町）や伊勢射和村伊馥寺（現在の松阪市射和町）を中心として活躍していた一七世紀後半～一八世紀前半における浄土宗の学僧ということになる。また本書は享保一一（一七二六）年の刊行である。

(18)　劉長東〔一九九八〕が塚本善隆〔一九三三〕の下した想定に対して、生卒を七四六～八三八年、出身を現在の陝西省南部の漢中市洋県であると訂正している。またこれは劉長東〔二〇〇〇〕においてさらに詳細に論じられている。

(19)　廣川堯敏〔一九八二①〕、張先堂〔一九九八〕においては、敦煌本の新資料を含め『五会法事讃』の諸テキストを再点検するとともに、敦煌地区での流布状況を調査している。

(20)　音曲方面からの研究では中西和夫〔一九七二〕〔一九八五〕がある。

(21) 河内昭円〔一九七九〕、および張先堂〔一九九六〕。

(22) なお、氏が触発されたとする施萍婷〔一九九四〕については、論題が示すごとく『五会法事讃』の内容にまでたちいたっておらず、ごく短編な紹介文である。また施萍婷〔二〇〇〇〕では法照研究における敦煌写本の重要性を述べているが、敦煌文学方面との関連については専門外であるとして曖昧なままにおわっている。

(23) 1豊富性では、いわゆる浄土三部経以外の経典や他の諸宗の思想からも讃文の素材を得ていることを、2音楽性では、讃文を唱和する際の「従緩至急」の五会の旋律について、3通俗性では、ほとんどの讃文が古体詩の体裁をとっていること、4文学性においては、讃文の押韻形式と修辞手法について、それぞれ簡潔に述べている。

(24) 本書には他に『広本』の中から作者不詳の出家楽讃も収められている。

(25) ただし中西和夫は『略本』のはじめにある「五会声流於常宮」の「宮」を五音（宮商角徴羽）の宮であると誤読している。これは常住の蓮宮の意であって、『略本』中に「蓮宮」は五箇所見られる（四七・四八五中、四八八上中下）。直後の句「浄教普霑於沙界」の「沙界」に対応しているのである。また東日『浄土五会念仏略法事儀讃演底』（『続浄全』七・二六〇下）、南条神興『五会法事讃講義』（『真宗全書』雑及註疏部四〇一下）を参照のこと。

(26) これら讃偈のすべてが『五会法事讃』やその断簡というわけではなく、『五会法事讃』にその讃文が含まれているということである。よってたとえ法照門下の作品であっても、関係資料としてあげた数量なのである。なお張先堂〔一九九八〕では六四種に訂正されている。

(27) 伯三七九二（紙背）に見られる（廣川堯敏〔一九八二②〕）。本書は現存しないが、望月信亨〔一九二二〕は、『然阿上人伝』（『浄全』一七・四〇七上）に「大聖竹林寺記」の逸文をあげ、これが『宋高僧伝』の法照伝成立に寄与していることを指摘している。これは法照伝の末にある「王士詹述『聖寺記』云」に相当するのであろうが、長西の『浄土依憑経論章疏目録』雑述録第九には「大聖竹林寺記一巻　法照」（小山正文「寛永二十一年本『浄土依憑経論章疏目録』」『同朋大学論叢』六二、一九九〇年）とあり、本邦に請来されていることが確認されるとともに、本書が王士詹と法照本人のいずれの撰述なのか判断に苦しむ。また伯二一三〇は『敦煌宝蔵』（一一五・一八七）で「文殊普賢二聖為五台山竹林寺法照授記因縁」とされ、『法国国家図書館蔵敦煌西域文献』（六・二一一）では「唐五台山竹林寺法照伝」の仮題がそれぞれ与えられている。あるいはこれが「大聖竹林寺記」に相当するのかもしれない。これらに関しては総論篇第四章において詳述した。

(28) この二首は劉長東〔一九九八〕において指摘されている。また「送無著禅師帰新羅」と「寄勧俗兄弟」二首は『中国方志叢書』第五三三号「陝西省　洋県志（三）」七三二頁・七八八頁（成文出版社、一九七六年影印版）にも載せられている。

(29) この詩は李智『陝西地方志叢書　洋県志』（洋県地方志編纂委員会編、西安三秦出版社、一九九六年）にも収められているが（同書六九五頁）、若干の異同がある。

万里帰郷路　随縁不算程　登山百衲弊　過海一林軽

夜宿依雲色　晨斎就水声　何時持貝葉　都到漢家城

(30) 『切韻』系の韻書はその韻目が多いため、作詩上の不都合が生じている。そのため押韻する範囲を隣接する韻目に広げている。それを同用という。たとえば、『広韻』の平声冬韻は隣接する鍾韻と同用であり、また支韻は脂韻と之韻と同用となっている。

(31) 近体詩には数多くの規格が設けられており、以下の観点から古体詩と分類することができる。その基準とは、押韻においては一韻到底格・換韻格・毎句韻が、平仄においては二四不同・二六対・挟平格・反法・粘法・拗体が、対句では対語・対句・対偶・全対格・句中対があり、また近体の禁忌としては下三連、七言の四孤平、冒韻がある。

(32) 張先堂〔一九九六〕ではわずかに「急手」「不那」「渾掊自撲」のみをあげているが、最後の「渾掊自撲」は口語的とは言えない。

(33) 加地哲定〔一九七九〕は、「和声とは歌謡の内容に関係なく、その中間又は終りに調子をとるために入れた詞で、日本の歌の囃子詞に当たる。この和声のついた曲詞は普通雑曲の中に多く見受けられるが、讃仏歌の中にもまた多くこれがある。勿論曲調を伴うたもので、歌うべき性質のものである」と述べている（一九四頁）。

(34) 敦煌変文の中にも「議」を平声で読唱していたと思われる事例が報告されている。橘千早『敦煌変文韻文考』九〇頁（一橋大学大学院社会学研究科に提出した博士論文、二〇〇九年）を参照。

(35) ここで言う平仄の配置とは、五言や七言の近体詩における各句中の旋律であり、漢字の平声字と仄声字の配置の規格である。具体的には、二四不同・二六対・反法・粘法・下三連・四孤平などである。

(36) 「同用」については註記(30)を参照。

(37) 参照した関連研究は、羅常培〔一九三三〕、羅宗濤〔一九六九〕、周大璞〔一九七九①②③〕、李栄〔一九八二〕、都興宙〔一九八五〕、鮑明煒〔一九九〇〕、洪藝芳〔一九九五〕、劉綸鑫〔二〇〇二〕である。

(38) 三国に一例と晋に三例が検出できる(周祖謨〔一九九六〕を参照)。

(39) 『切韻』系韻書における中古音の推定音価については、ここでは李方桂『上古音研究』(商務印書館、一九八〇年)に従った。『切韻』による中古音を基軸とし、またカールグレンの成果を修正することによって上古音および中古音の音価を推定している。また諸家の中古推定音については李新魁の「『広韻』音値的擬構」(『漢語音韻学』一三一～一四二頁、北京出版社、一九八六年)を参照。

(40) 「摂」とは北宋末ごろに撰述された『四声等子』において見られ、『韻鏡』の四三転を同類の韻母を有するもので括った分類である。一六摂に分けられており、摂が異なる文字間にあっては韻母の発音に距離があるということになる。

(41) 李栄〔一九八二〕一七〇頁および、鮑明煒〔一九九〇〕二〇〇頁、馬宗霍〔一九三二〕三四頁。

(42) ただし写本の数は実際には六種にとどまらない。写本の数量やそれらテキストに多くのヴァリアントがあることなどから(とくに俄蔵Dx一〇四七)、この讃偈がかなり広く行われていたことを思わせる。

(43) 各論篇第三章を参照。

(44) 漢訳仏典の偈頌においても陽声韻尾(-n, -ng, -m)は意図的に配置されている。拙著〔二〇一三〕各論篇第十二章を参照されたい。

(45) ただしここは「文」ではなく「銭」(平仙)の可能性もある。黄征・張涌泉『敦煌変文校注』四三一頁(中華書局、一九九七年)を参照。

(46) 守屋本については、『京都国立博物館蔵品図版目録　書籍篇　中国・朝鮮』(一九九六年)において、丸括弧で括られて「（唐時代　9世紀）」とある。同目録の凡例やその目録の作成者である赤尾栄慶の「敦煌写本における偽写本の問題について」（『学叢』二四、二〇〇二年）で「敦煌写本の中で、偽写本の可能性が高く、その書写年代について検討を要すると思われるものについては、時代や世紀を丸括弧で包む」と述べていることからして、守屋本『広本法事讃』は偽写本の可能性があるということである。しかし、韻律上から守屋本によってのみ校訂しうる偈も存在する。それは法照在世当時、すなわち中古漢語の漢字音を熟知していなければ不可能な措辞も含まれ（本書資料篇資料④の校註において「今拠守屋本改」としたものを参照）、とても二〇世紀に偽作した者には不可能な措辞があるのだ。法照の「浄土法身讃」（八五・一二六四下）は法照の作品であり、みずから編纂した『広本』にも収録されている。

　注想常観察　三昧宝王珍（平真）
　洞閑三蔵教　払却意中泥（平斉）

その第四句韻字を敦煌本十数点はみな「泥」（平斉）とするが、守屋孝蔵旧蔵本のみが「塵」（平真）とする。はたして二〇世紀初頭の偽写本作成者にそれだけの素養があったかというと、疑わしいのではなかろうか。この守屋本『広本』は字姿や形態などの情報から偽写本と判定されたとしても、その韻律からすると偽写本とは思えないのである。多くが偽写本とされながらも台湾には天下の孤本とされる写本が珍蔵されている。これまでは料紙や筆法などによって真偽の判定がなされていたが、文章・形態などからも、また孤本テキストという見地からも、あらためて真偽を見極めなければならないのが現状である。

(47)　羽六三四は、杏雨書屋所蔵敦煌写本（『敦煌秘笈』影片冊八、二〇一二年）である。『広本』巻下の「浄土法身讃」から巻末までの写本である。

(48)　前掲の『中国方志叢書』第五三三号「陝西省　洋県志（二）」四三五～四三六頁（成文出版社、一九七六年影印版）参照。この「洋県志」に収められている「念仏巌大悟禅師碑記」やその他諸史料は、劉長東〔一九九八〕の稿末付註で指摘され、後に劉長東〔二〇〇〇〕で取りあげられている。この「洋県志」に収められている諸史料は、法照に関する新たな情報を含んでおり、今後の研究材料に加えるべきものである。その録文は本書の資料篇に付したので参照されたい。

(49) 浄土法身讃に「浄土在心頭、愚人向外求、心中有宝鏡、不識一生休（浄土は心頭に在るも、愚人は外に向かって求む。心中に宝鏡あるも、識らずして一生休む）」（八五・一二六五上）とある。

(50) 塚本善隆〔一九三三〕は、これを「法照が集成せし浄土の歌讃は読まれる詩に非ずして、暗誦され、広く歌はれ、且聞かれることを主眼とせるものである」と指摘する（同書三三六頁）。河内昭円〔一九七九〕の指摘は本章の註（4）を見よ。

(51) 『洋県志』巻四の古蹟志に「釈子山、唐法照生此」とあるように、現在の陝西省漢中市洋県の釈子山で誕生したとある。また同巻五の芸文志上に収録されている『念仏巌大悟禅師碑記』には、「昔唐代宗時、有聖僧焉。姓張氏、名法照、興勢県大瀇里人也」とある。

(52) 南北朝の詩人の詩に用いられている用韻を、その生卒年時や籍貫から推定し、語音の演変と方言の相違を調査した作業としては、王力の「南北朝詩人用韻考」（『清華学報』一一巻三期、一九三六年、後に『龍虫並雕斎文集』第一冊、中華書局、一九八〇年、また『王力語言学論文集』商務印書館、二〇〇〇年に再録）がすぐれた成果としてあげられる。

(53) 前掲の王力「南北朝詩人用韻考」を参照。

(54) 将冀騁〔一九九六〕参照。

(55) 周大璞〔一九七九③〕の三六頁を参照。

(56) 筆者はこの「上都南岳念誦音旨雖有稍殊……」をめぐって中西和夫〔一九七二〕と理解が異なる。氏の理解は南岳で阿弥陀仏から伝授された五会念仏の曲調と、それが後に長安に到り、都の音楽界の影響を受けた曲調へと変化したとする。また『略本』のはじめにある「五会声流於常宮」の「宮」を五音（宮商角徴羽）のそれと誤読している。註（25）を参照。

(57) 周祖謨「切韻的性質及其音系基礎」（『問学集』中華書局、一九六六年）を参照。

(58) 『切韻』序に関しては、大島正二『中国言語学史　増訂版』（汲古書院、一九九八年）の第三章第三節の註記

（3）を参照されたい（同書一八二頁）。

(59) 知玄については他に戒珠の『浄土往生伝』巻下（五一・一二三下）にもその伝がある。なお小野勝年「知玄と円仁――「入唐求法巡礼行記」研究の一節――」（『東洋史研究』一五の二、一九五六年）、および野上俊静「唐末仏教の一齣――知玄とその周辺――」（結城教授頌寿記念『仏教思想史論集』大蔵出版、一九六四年）を参照。

(60) 資聖寺に関しては、小野勝年『中国隋唐長安・寺院史料集成』（法藏館、一九八九年）が簡便である。史料篇六七頁・三六四頁、解説篇三六頁を参照。

(61)『入唐求法巡礼行記』巻三（鈴木財団本『大日本仏教全書』七二巻一二〇頁中）を参照。

(62) 小野勝年（一九五六）を参照。

(63) 前掲王力の「南北朝詩人用韻考」などを参照されたい。

(64) 先に引いたように塚本善隆（一九三三）は、「彼（法照）が集め、又述作せし歌讃が、善導より遥かに通俗化し……」（三三六頁）と述べているが、韻律からするとこれは逆であって、善導がむしろ通俗的であり、法照は近体詩の洗礼を受けてより文学的と言える。

(65)『選択本願念仏集』（『昭和新修法然上人全集』三二〇頁）、『浄土五会念仏略法事儀讃』（四七・四八一下）、『浄土五会念仏誦経観行儀』巻中（八五・一二四六下）

(66) 平仄配置において下三連はことに回避されるべき禁忌であることについて、飯田利行は「音律の平板さを破ることとの軽重度は、孤仄、孤平の法より下三連の法に重点が置かれたものと解せられる」と述べている（『漢詩入門韻引辞典』五三頁、柏書房、一九九一年）。

第十章　法照崇拝とその礼讃儀礼の凋落

はじめに

法照は中唐の浄土教儀礼を推進した大師として知られ、その編著である『浄土五会念仏誦経観行儀』（以下『広本』）および『浄土五会念仏略法事儀讃』（以下『略本』）[1]は、隋から中唐までに作られた礼讃偈と、みずから詠んだ礼讃偈を載録し、実際の儀礼に応ずべく組織させた浄土教儀礼書である。その礼讃の「偈」とは、李白や杜甫によって定められてくる近体詩の格律をはじめて浄土教の儀礼に導入し、文学作品としても鑑賞しうる「詩」にまで高めたものであった。つまり宗教的な礼讃偈から文学的な礼讃詩への進化であったわけである（各論篇第九章を参照）。

本章では、儀礼方面において高く評価されていた善導の浄土教をうけ、「善導後身」（善導の生まれ変わり）とも尊称され、中国浄土教礼讃儀礼において大きな功績を遺した法照が、その没後にいたっていっそう崇拝の対照となっていく状況を追い、さらにはその浄土教儀礼がしだいに凋落の一途をたどっていくありさまを確認するものである。

第一節　四人の法照

本章で扱う法照とは、言うまでもなく八世紀から九世紀にかけて、五会念仏による浄土教儀礼を挙行し、後に蓮宗十三祖の第四祖に名を連ねることになった五台山の法照禅師である。(2) しかし、時を同じくして九世紀の中国にあって、法照を名のる僧は資料の上から少なくとも四人を確認することができる。わずか二文字をもって僧名とする都合、たとえ同名異人が存在しても決して奇異なことではないが、時を同じくして四人も実在していたとなると話は別である。その四人の法照とは以下のとおりである。

①五会念仏の法照

『宋高僧伝』二一（感通篇）や『広清涼伝』巻中などに立伝されている五台山竹林寺の法照であり、広略二種の『五会法事讃』を撰述し、浄土教の儀礼において五会念仏による法事を導入した。塚本善隆〔一九三三〕に詳細な報告がある。

②詩僧の法照

『全唐詩』および『全唐詩補編』に収められる詩五首を遺した詩僧としての法照で、まず河内昭円〔一九七九〕が『全唐詩』の中の詩三首を指摘し、ついで劉長東〔一九九八〕は『全唐詩補編』の二首を紹介し、これらがみな①五会念仏の法照の詩作であることを指摘した。

③始興寺の法照

『劉賓客文集』四の碑下や、『文苑英華』八一八、『全蜀芸文志』三八、『文章弁体彙選』五六二などにも収められる『夔州始興寺移鉄像記』に名が見える始興寺の法照で、これも先の河内昭円〔一九八〇〕の報告がある。河内は①五会念仏の法照と同人であるとみなしている。

④陝府の法照

『宋高僧伝』二五（読誦篇）に立伝されている陝府の法照であり、施萍婷〔二〇〇〇〕による簡単な報告がある。その中で施は①五会念仏の法照と同一人物であると推断している。

資料から確認できる九世紀の法照は、右の四人を数えることができる。そして、もしこれら四人の法照に対する河内・劉・施の見解をすべて信頼するならば、この四人はみな同一人物にして、我われが知る五会念仏の法照となってしまう。はたして同一人物であろうか、それとも同名の異人とすべきなのだろうか。

通常、中国仏教において法照と言えば、即座に①五会念仏の法照を想起する。その浄土教義は、初唐の善導（六一三～六八一）の影響を多分に受けつつ、儀礼においても讃偈の中に中華の韻律と和声などを本格的に導入するなど、善導後身（善導の生まれ変わり）と評されるごとく、大きな功績をみせ、その後の礼讃儀礼の方向性を確立することとなった。また、はるかインド西域にまでその名が伝わり、仏陀波利をして巡礼せしめた中国屈指の霊山である五台山において提唱するところの五会念仏が行われたことから、五台山竹林寺の法照としても知られる。本朝には慈覚大師円仁（七九四～八六四）によって五台山の念仏が請来され、天台浄土教に影響を与えたことは周知のとおりである。ところが残る三人の法照については、これまでほとんど取りあげられることはなく、五会念仏の法照にその名を奪われたかのような印象を受ける。かりにこれら四人の法照が同一人物であると確定できるならば、ここで紙幅をさいて問題にする必要はない。同一人物なのか、それとも同名の別人であるのか、これを論証するに足る資料が十分に遺されておらず、そのために同異を比定することが困難であるから問題とするのである。ただし、ほぼ同時代に活動しているので、すべてが別人ではなく、二人、または三人で括られる可能性はありそうである。

ところで、張先堂〔一九九六〕は②詩僧法照の実在に注目し、これを①五会念仏の法照と同一人物であるとみなしたが、その論拠をまったく示すことはなかった。単に同名ということだけで同一人物であると判断したようである。前述したように、漢人僧の名は通常は二字であるから、近似していたり同名であったりすることは珍しい現象ではない。法照という名にしても、同時代に複数の僧にあてがわれていたとしても何ら不思議なことではなかろう。降って一三世紀の天台でも法照と名のる僧が実在している。晦岩法照（一一八五～一二七三）である。(5)

一方、河内〔一九七九〕は、①五会念仏の法照と、②詩僧の法照とを同一人物と比定し、すすんで同〔一九八〇〕においては、さらに同時代にもう一人の③始興寺の法照の存在を紹介している。詩僧の法照については、その調査によって、(6)これが五会念仏を提唱した法照と同一であるとしたことは首肯できるが、始興寺の法照までも同人であると言うのである。河内は始興寺の法照に関する資料『虁州始興寺移鉄像記』の録文と訓読を載せているので、(7)ここでは煩を避けて再録しないが、その内容とは、法照なる僧が徳宗の貞元二〇（八〇四）年に虁州（現在の政府直轄都市である重慶市の東北に位置する奉節県）の始興寺に掛錫したが、その寺の西端に弥勒菩薩の鉄像を安置するための堂宇を建造せんと誓願をおこし、それ以後募財に奔走すること二〇年、ついに穆宗の長慶三（八二三）年に落成をみたというものである。

しかし、この造像記には五会念仏の法照と同一人物であると判断できるような文言は片言隻句すらも見当たらず、これを同人とするのはいささか牽強付会のきらいがあり、(8)にわかに賛同することができないのである。そもそも始興寺の法照は、法照は夔の人、姓は穆氏、年十有五にして出家し、江陵の名僧に依りて具を受く。

であるのに対して、『洋県志』に収められている五会念仏の法照に関わる碑石『念仏巌大悟禅師碑記』[9]には、

姓は張氏、名は法照、興勢県大灙里（現在の陝西省漢中市洋県）の人なり。

とあるように、俗姓も出身地も異なること、さらに敦煌石室写本の伯三七九二紙背に五会念仏の法照について[10]、

其の禅師の本貫は涼（梁）州、年十一にして出家す。

とある出家年時に合致しないことも無視できない。ただ法照がいつどこで、そして江陵の名僧なる人物から具足戒を受けたのかは不明であるが、いずれにせよ検討の余地はあるものの、現存資料には、とても両者を同人と判断するだけの説得力などはない。

五会念仏の法照における晩年の事績として判明していることは、伯二一三〇に「貞元四年正月廿二日迎入京」とあるように[11]、貞元四（七八八）年以後に長安に入り、章敬寺（通化門外に位置する四八院を誇る大寺院）の浄土院において『略本』を撰述したこと[12]、そしてその後は円仁『入唐求法巡礼行記』開成五（八四〇）年の、

曾て法照和尚あり、此の堂に於いて念仏す。勅あり諡りて大悟和上と為す。遷化よりこのかた二年、今、像を

造りて堂裏に安置す。

の記事[13]から、その没年が開成三（八三八）年であったということである。したがって、この『虁州始興寺移鉄像記』に記される事績が、五会念仏の法照その人のものであるならば、貞元四（七八八）年から開成三（八三八）年にいたる空白の五〇年を埋める資料となる可能性もあるが、今は上述したように、同人と認めるだけの決定的な根拠はないのである。

さて、次に残る④陝府の法照を紹介し考察してみたい。この法照は『宋高僧伝』二五の読誦篇（『大正蔵経』五〇・八六八下）に立伝されている。なおこの法照については、塚本・張・河内の文中においていずれも取りあげておらず、施〔二〇〇〇〕ではじめて簡介され、しかもこれを、①五会念仏の法照と同一人物として同定しているのである。まずは『宋高僧伝』の伝を示す（五〇・八六八下～八六九上）。

〈原文〉

唐陝府法照伝

釈法照、不知何許人也。立行多軽率、遊方不恒。長慶元年入逆旅避雨。逡巡転甚泥淖。過中時乞食不得、乃咄遣童子買彘肉煮、夾胡餅数枚、麁食略尽、且無恥愧。旁若無人。客皆詬罵、少年有欲駆者。照殊不答。至夜念金剛経、本無脂燭、一室尽明、異香充満。凡二十一客、皆来礼拝謝過、各施衣物、照踞坐若無所覩。後不知終所。

〈私訳〉

唐の陝府法照の伝

釈の法照、その出身地は不明である。行為ふるまいに軽率なところが多く、また各地を遊歴して定まった所にとどまることはなかった。長慶元（八二一）年のある日、雨やどりのため旅館に立ち寄った。ところが雨がやんでもぐずぐずして、立ち去ろうとしない。食事を乞うも、昼を過ぎてなお食事にありつけなかったので、子供に言いつけて豚肉を買って煮込ませ、胡餅数枚に挟み込んで、すべてたいらげてしまい、しかもまったく恥じ入るそぶりもなかった。それはまさに旁若無人のふるまいである。旅館の客はみな法照を罵り、ある年若い者は宿から追い出そうとさえした。しかし法照はどこ吹く風であった。夜になり、法照が『金剛経』を読誦すると、もともと脂燭がないにもかかわらず、部屋の中が明るくなり、珍しい香りで満ち溢れた。宿泊していた二一人の客たちは、みな集まって来て法照に礼拝し、罵倒した過失を詫びて、それぞれが衣服や日用品を施した。しかし法照はじっと座ったままで、いっこうに見むきもしなかった。最後はどこでおえたのかわからない。

この陝府の法照伝においては、地名の「陝府」と、年号の「長慶元年」の記事だけが明確な情報である。陝府と標題されながら、冒頭に「釈法照、不知何許人也（出身地は不明）」とあるので、「陝府」とは出身地ではなくして、この文中のできごとが実際に行われた場所、すなわち長安と洛陽の中間にあたる陝州（現在の河南省三門峡市）であることを意味する。また「長慶元年」は、穆宗の初年（八二一）にあたる。活動していた年代としては、なるほど他の三人の法照と一致するようである。また「立行多軽率」という奔放な言動はともかくとして、「遊方不恒」については、衡山・五台山・太原・長安というように各地を遍歴した五会念仏の法照と共通するようにも感じられる。

しかし、この『宋高僧伝』において巻二一の感通篇には①五会念仏の法照の伝を、そして巻二五の読誦篇にはこの④陝府の法照の伝を、ともに正伝として立伝している事実からして、『宋高僧伝』編者の賛寧としては、この両者を別人とみなしていたということになる。『宋高僧伝』は、端拱元（九八八）年にひとたび成書してからも、新たに法照などの資料を入手した上で補訂され、至道二（九九六）年に最終的な完成をみている。それは後跋に、

遂に法照等の行状を得て撰し已り、前来の闕如に易め、尋ち因って其の本を治定す。（五〇・九〇〇上）

とあることからわかる。法照の伝記を補訂するほどにいくばくかの関心があった賛寧であればこそ、もし両者が同一人物であったならば、それに気づかないはずはなく[14]、当然ながら両伝を立てず、一つの伝にまとめていたに違いない。そして、先の施〔二〇〇〇〕では、出身地が不明、逝去地が不明、長慶元年に生存、遊行を好むという四点が、①五会念仏の法照と共通するとして、両者を同人であろうと推断しているが、これには賛同しかねるのである。出身地や逝去地が不明な僧侶などいくらでもおり、それを両者の共通点として同一人物とすることは暴論である。また①五会念仏の法照は確かに各地を遍歴してはいるが、遊行を好んでいたか否かは別である。「立行多軽率」というややそのふるまいを貶めたような表現も気にかかる。したがってここでは長慶元（八二一）年に生存していたことだけが両者の共通点というにすぎない。

以上、同時代に活動していた四人の法照、すなわち①五会念仏の法照、②詩僧の法照、③始興寺の法照、④陝府の法照を瞥見してきたが、①と②は同人として問題なさそうであるが、この①②が③や④が同人であるとするだけの根拠は得られなかった。また③と④との異同についても判然としないままである。同時代にして同名というだけ

で、その事績に決定的な共通性がない以上、これらを同一人物と盲断することは危険である。

第二節　法照崇拝

法照の中国浄土教における儀礼方面の最大の貢献は、それまでの礼讃儀礼に音楽的要素を配慮した五会念仏を導入したことにつきるが、聖地五台山における行状や、国師として長安に邀請されるなどの功勲によるためであろうか、後世しだいに神格化されていく。それはすなわち法照に対する個人崇拝を意味するものである。人物伝とは往々にして時の経過とともに潤色される傾向にあるが[15]、それは法照伝においても例外ではない。ここではその崇拝または神格化（厳密には崇拝から神格化）がどのようにして醸成されていったのかを瞥見してみたい[16]。

ところで、法照への崇拝や神格化の形成とは、その初期段階において法照浄土教を継承する者によって促進されたものと推測できよう。そこで、まずは直弟子を確認しておこう。『宋高僧伝』二一の法照伝に以下のようにある（五〇・八四五上）。

大暦十二（七七七）年九月十三日、〔法〕照と弟子八人は東台に於いて白光数四あるを観る。

少なくとも八人の弟子がいたことになる。その直後には「弟子純一、惟秀、帰政、智遠、沙弥惟英、優婆塞張希俊等」の六人が名を連ねているので、これらは八人の弟子中に含まれているのであろう。またそれに遡る大暦六（七七一）年の正月のこととして、華厳寺の華厳院に滞在していた際に江東の慧従やこの華厳寺の崇暉と明謙ら三十余人の僧侶が法照につき従って金剛窟に赴き、そこで石碑を建立している。この慧従、崇暉、明謙らが法照の弟子と明記されているわけではないが、きわめて近しい人物ということになるだろう。

さらに文諗・少康『往生西方浄土瑞応刪伝』（七七四〜八〇五年成書）には、法照に感化された尼悟性の伝を載せている（五一・一〇六下）。

尼悟性第二十五

尼悟性は洛陽の人なり。衡州に於いて照闍梨に遇い、念仏万遍せんことを発願す。大暦六（七七一）年、台山に入るも忽ち患に染み、空中の音楽を聞く。尼曰く「我れ聞けり。中品上生を得ん。同じく念仏の人を見るに、西方は尽く蓮華あるなり。身に金色の光明あり」と。時に年二十四なり。

悟性なる尼僧は、衡州において法照に知遇し、念仏の教えを授かっていたのである。衡州といえば、若き日の法照が承遠の門をたたき、行に励んでいた南岳衡山がある。そして悟性が大暦六（七七一）年に衡州から五台山に入ったということは重要である。なぜなら霊相を感得した法照がその前年の大暦五（七七〇）年四月五日に、はじめて五台山に登嶺しているからである。ここから推測できることは、おそらく尼悟性は法照を慕うあまり、その後を追いかけるかのようにみずからも衡州から聖地五台山にやって来たということであり、法照に魅了された弟子の一人であったことを知ることができるのである。

さらに鏡霜も門下の一人である。法照は代宗の治世に長安に迎えられ、長安城の東、通化門外に創建された章敬寺[17]を活動の拠点としていた。その浄土院において『略本』は撰述されている。そして章敬寺に入った鏡霜は法照の没後二〇年をへた大中一二（八五八）年に「章敬寺法照和尚塔銘」を起草している。残念ながら碑目のみにして肝心の碑石も銘文も現存していないが[18]、鏡霜はまぎれもなく法照の弟子だった。こうした弟子たちによって法照とその浄土教儀礼は語り継がれ、後に崇拝と神格化が醸成されていくのである。

また敦煌写本の伯二一三〇によると、法照は五台山において文殊、普賢から偈を与えられた不可思議な体験の後、太原に設置された般舟道場の道場主として迎えられた。それは太原の諸僧らの節度使への懇願によるものであったが、その道場において、

念仏法事を作し並びに般舟梵を作す。未だ旬日を経ずして即ち数千人あり、誓いて法照の念仏の弟子と為る。

とあるように、法照の儀礼を通して縁を結んだ弟子が数千人にのぼったことを伝えている[19]。

(1)『広本』における法照神格化を予想させる文言

ここでは法照みずからが撰述した『広本』の中から、後世の法照崇拝を産出せしめる根拠となると予想される文言を摘記する。なお、『広本』の後に再編された『略本』にはそうした文言はいっさい見当たらない。

法照自惟、垢障深重、多劫沈淪、有少微因、遇斯浄教。（中略）普勧未来一切四衆、但依此行。尽此一形、若不生彼国疾成仏者、法照即願、舌根堕落、遍体生瘡、代為諸子、長処阿鼻、受苦無窮。誓将此身、以為念仏保証。（八五・一二五三中）

この五会念仏の実修によってすら往生することができないというならば、舌が堕落し、身体にできものができ、地獄に堕ちて苦を受けてもよいと言う。これはみずからの身命をもって、換言すれば犠牲的精神によって念仏往生を保証していることであって、いわば菩薩道としての代受苦が誓われていることになる。

　深勧諸行人等、若写此法事儀之時、皆須護浄好紙真書、依経抄写。如法装潢、不得麁紙草書。此並是滅仏法之相、障生浄土、永劫沈淪。切須誡慎。何以故。此中有弥陀観経不応軽慢。（八五・一二五三中）

本書を書写するには、写経と同じようにすべきで、決して粗末な紙に草体で筆写してはならない。善導の『観経疏』は、夢定中において聖僧から「玄義の科文」を指授されたことにより、みずから「此義已請証定竟。一句一字不可加減。欲写者一如経法。応知」（三七・二七八下）と注意と勧奨を促したが、法照もこれと同じように自著を聖典視したのである。『広本』では、以下のようにこの直後に定中における阿弥陀仏との感得を記している。

　智者当知、此五会念仏誦経法事観門、実非自意。比常秘密而不述之。今恐後世生疑、堕於悪道。聖教明説、除同行深信、為利益故。如是之人、乃可為説。為愍此故、今略明之。照以永泰二年四月十五日。（中略）正念仏時、有一境界、忽不見道場屋舎[20]、唯見五色光明雲台、弥満法界。忽見一道金橋、従自面前、徹至西方極楽世界、須臾即至阿弥陀仏所、頭面作礼。阿弥陀仏、歓喜微笑、告法照言、「我知汝心、実欲至為、利楽有情、無一自利。善哉善哉、能発斯願、我有妙法。無価珍宝。今付囑汝。今将此法宝、於閻浮提、広行流布、普利天人無量衆生。遇斯法宝、皆得解脱」。法照白仏言、「有何妙法。唯願説之、唯願説之」。仏言、「有一無価梵音五会念仏

法門。（後略）」（八五・一二五三中下）

五会念仏の教えは、永泰二（七六六）年に南岳弥陀台の般舟念仏道場において、阿弥陀仏から直接受けた教法であり、法照の「自意」ではないこと。したがって「仏説」としての権威があることを示唆するものであり、本書は阿弥陀仏との感応によって成立したことを、「彼仏国界、仏菩薩衆、水鳥樹林、皆悉五会念仏誦経。法照粗記少分」（八五・一二五三下～一二五四上）と述べている。つまり、本書を聖典視するということは、みずからが定中において西方浄土に赴いて、そこで阿弥陀仏との直接の感応を得ていたことを示す伏線となっているのである。

さらにまた、後の法照崇拝に直結すると予想しうる文言も見られる。

普告未来一切道俗衆等、及十方法界衆生。（中略）法照生浄土已、誓来示為同類同学伴侶、常当守護此人。正修学時、若有諸魔鬼神及諸悪人水火毒薬、如是諸難、来悩行人、行人但於爾時、至心称念法照名字一声多声、応念即至諸行人所、而為外護、立有微感、令彼諸悪、応時散滅。発菩提心、称念仏名、同帰浄土。証不退転、速得成仏。（八五・一二五五中下）

未来世にあって念仏三昧を修する者に対して、もし魔や鬼人がその修行を妨げようとするならば、自分の名を一声多声称えよという。その時は浄土からただちにその行者のもとへといたり、悪鬼を退散させ、菩提心を発させ、さらに往生成仏させるという。『広本』では「称念法照名字」とあって、当然ではあるが「南無」をみずからの名字に冠してはいない。しかし、後述する北八三四五、伯二一三〇『西方浄土讃文』にあっては、「南無法照和尚」と記されている。「南無」が冠されたということは、すでに後世の者によって単なる師範の域を超えて、神格と受けとめられていたということである。このように実在の人物の名に冠する「南無……」は、たとえば『仏名経』に「南無龍樹菩薩」（一四・三〇四中）や、梁の『慈悲道場懺法』一〇の「南無馬鳴菩薩」「南無龍樹菩薩」（四五・九六六上）などが見られるにしても、どれもインドの著名な菩薩であり、中央アジア以東で撰述された『仏名経』では、彼らはすでに崇敬され神聖視される対象となっている。

では、中国において、みずからの名を称えさせるということはあるのだろうか。実は『南岳思大禅師立誓願文』にそれが見られる。法滅によってあらゆる経典が滅尽することを恐れた慧思（五一五～五七七）は、当来の弥勒三会にまで仏法を伝えるべく金字の摩訶般若波羅蜜経一部を造り、これを瑠璃の宝函に納めた。そして、五十六億七千万年後に弥勒仏が降臨したときに、「南無慧思」と称えたならばその宝函は開かれて、そこに居合わせた者が、この金字の摩訶般若波羅蜜経を見ることができるという旨の誓願を内容とする（四六・七八八中）。

弥勒仏言　彼造経者　有大誓願　汝等応当　一心念彼　称其名号
自当得見　説是語時　一切大衆　称我名号　南無慧思　是時四方
従地涌出　遍満虚空　身皆金色　三十二相　無量光明　悉是往昔
造経之人　以仏力故　宝函自開　出大音声　震動十方　一切世界

法照みずからは自分の名に「南無」を冠することはなかったが、慧思は「南無」を冠してみずからの名を称えることを未来世の衆生に要求している[21]。あたかもみずからを神格視せしめようとする姿勢ともとれるのである。法照の

「至心称念法照名字」にしても、この慧思の「称我名号　南無慧思」にしても、未来世における衆生救済を目的として誓われている点では、確かに菩薩が発すべき「誓願」の一つのありようとみなせるが、こうした事例は寡聞にして多くを知らない(22)。

法照はこの誓願を立てた後、すなわち『広本』巻中の巻末にいたって、以下のことばで結んでいる。それはみずから立てた誓願が、いかに真摯なものであるかを訴えているかのようである。

此願如虚空、普遍於一切、不得是願者、誓不成仏道。若発此願虚、願身便紅爛、命終堕地獄、不生於浄土。応知。（八五・一二五五下）

もしこの誓願が成就しないならば、自分は地獄に堕ち、決して浄土には生まれはしないということであるが、これは他者の救済が自己犠牲の上に置かれていることを意味するものと言えよう。

以上のように、すでに『広本』においては、法照みずからが後に自己に対する個人崇拝・神格化を産出せしめるような材料・根拠を提供していたということが確認されるのである。ただし、法照自身がそれを望んだり予期していたか否かは別である。

⑵法照伝における法照崇拝の要素

先述したごとく、法照崇拝は人によって形成されるものであり、それは他でもなく直弟子や、さらにそれを継承する者たちによってなされていくはずであるが、その根拠となったのは、言うまでもなく、法照の人間性や人徳であり、またその思想であり、そこから表出される儀礼でもあったであろう。しかし、その直系にあたる弟子たちの時代もすぎてしまい、歴史的人物としての法照の人となりが伝聞となり、したがってその記憶が希薄化するとともに、それまでの尊敬の対象から、あたかも人為を超えた神格としての対象へと変容してきたのではなかろうか。それが直截にあらわれたのが賛寧によって情報蒐集された『宋高僧伝』二一の感通篇に立伝されている法照伝の内容なのであろう。すなわち、文殊菩薩との感応や、定中において西方浄土にゆき、阿弥陀仏の前で「無価音なる五会念仏法門」を授かったことなどが、その超人性を宣揚することとなり、ひいては神秘性へと展開する根拠となっているのである。確かに不可思議な神秘体験については、すでに『広本』において法照みずからが吐露しているが、そこに注目して「感通篇」に立伝したこと、それはとりもなおさず法照が没して約一五〇年後、宋代（『宋高僧伝』の成立は九八八年）における法照への評価を端的に示すものであったはずである。

法照は後に「善導後身」と称えられるが、その初唐の善導は、夢定中に『観経疏』を聖僧から授けられ、

此義已請証定竟。一句一字不可加減。欲写者一如経法。応知。（三七・二七八下）

と述べている。法照も常に仏菩薩からの霊感啓示に従っており、しかも前述したごとく「若写此法事儀之時、皆須護浄好紙真書、依経抄写。如法装潢、不得麁紙草書」と述べている。両者ともに、その霊験に全幅の信頼をおいたことに疑う余地はない。夢中見仏・夢定中指授の善導と、行動の規範を仏菩薩との感応に拠っている法照は、その思想的根拠をともに神秘体験に求め、これをもってみずからの浄土教を組成し、著作を聖典と同一視していることに共通性を見出すことができる。

また、法照の伝記として止目しなければならない新たな資料に、『念仏巌大悟禅師碑記』（『洋県志』五、芸文志上）がある。以下の記事は法照の神秘性を伝えているという点では他の法照伝と異ならないが、この資料だけが伝えている情報もある。なおその全文は本書第三部資料篇に付した資料を参照されたい。

〈原文〉

（前略）毎念仏時、常化仏空中顕現。声不加大、聞於長安、天子乃遣使者、以礼迎之。既至、賜号為〝供奉大徳念仏和尚〟、又号〝五会念仏法事般若道場主国師〟、而天子承教焉。（中略）嗚呼法照禅師者、其西方之聖人乎。不然何以遊神彼国、行化此方、度悪人於須臾、現色身於没後、神変自在無碍也。（後略）

〈私訳〉

〔法照が〕念仏すると、いつも空中に化仏が出現された。念仏の声は大きくなかったが、長安にまで聞こえたので、天子は使者を派遣し、礼節をもって長安にお迎えした。長安にやって来ると、供奉大徳念仏和尚の称号や、五会念仏法事般若（舟か）道場主国師の称号を賜り、天子は法照からその教えを受けた。（中略）ああ、法照禅師は西方浄土の聖人なのだろうか。そうでなければ、どうして神（こころ）を浄土に遊ばしめ、教化をこの世界で行い、悪人をたちどころに救い、死して後にも身を現して、不思議な現象を自在に起こすことがあろうか。

これもやはり法照崇拝、ないしは神格化へと変容する過程を示唆した文言であると考えられる。

(3)敦煌石室写本に見る法照崇拝

先の「至心称念法照名字」は、法照みずからが衆生救済の誓願として立てたものであるが、これを根拠として後世の浄土願生者によって法照崇拝ないしは神格化が形成されていくようである。浄土願生者にとって法照とは常に浄土から護念したまう拠り所として崇敬の対象になりえたのである。それは以下の敦煌石室文献にもあらわれている。

敦煌石室写本の中、北八三四五（『敦煌宝蔵』一一〇・三七頁、新分類ではBD〇五四四一、『国家図書館蔵敦煌遺書』七三・二一一頁）、および伯二一三〇『西方浄土讃文』（『敦煌宝蔵』一一五・一八八頁、『法国国家図書館蔵敦煌西域文献』六・二一二上）には以下のようにある。

正作道場時、若有難起魔事起、念法照名、当須至心称念、当本遺作道場時、若有諸悪事起時、念我名者、随声即抜（北本作「収」）。若不入道場人、若不入道場時、空念無益、念仏了欲散時、剋数念一百法照名。

南無法照和尚　　散華楽　散華楽　散華楽
奉請釈迦如来入道場　　散華楽　散華楽　散華楽
奉請十方如来入道場　　散華楽　散華楽　散華楽
奉請阿弥陀如来入道場　　散華楽　散華楽　散華楽
奉請文殊普賢入道場　　散華楽　散華楽　散華楽
奉請観音勢志入道場　　散華楽　散華楽　散華楽

右の「正しく道場を作す時に、若し難起き魔事起きることと有らば、法照名を念じて当に至心に称念すべし。（中略）数を剋めて一百の法照の名を念ぜよ」が、先に示した『広本』の「若有諸魔鬼神及諸悪人水火毒薬、如是諸難、来悩行人、行人但於爾時、至心称念法照名字一声多声」を根拠としていることは明白であり、またつづく「南無法照和尚」は法照を神格視していた痕跡となるものである。

この他にも、龍谷大学図書館所蔵の「法照和尚憬仰讃」があり[23]、さらには敦煌写本の伯二四八三、伯三二一六にも、

和尚法照非凡僧　故度衆生普皆同　演説言辞等諸仏　元無才学是天聡
一自発心礼聖跡　台中親見文殊宗　伝法真言勧念仏　太原一路至京東
但有初心若登会　同心受学自然通　発心念仏須呈課　毎日期限莫相容
普勧四衆常無退　和上宗正不虚功　努力及時来念仏　臨終定獲紫金容

とあるのも同じように法照が後世に神格化されていく事情を物語っている。それと同時に敦煌石室から数多くの『広本』の断簡が発見された事実からも法照の礼讃儀礼の盛況ぶりと、法照その人への崇敬ぶりを知ることができるのである。

敦煌写本中には、法照の実名そのものが讃文の本文中にあらわれることが多々ある。たとえば「五台山讃文[24]」や、「南涼州禅師法照讃仰文[25]」、「五台山勝境讃[26]」などがそれであり、これらはみな法照の没後に、その浄土教儀礼の洗礼を受け感化された者たちによって撰述されたと想定できるだろう。

(4)「善導後身」と評される法照[27]

法照は遵式（九六四～一〇三二）の『往生西方略伝』[28]、および宗暁（一一五一～一二一四）の『楽邦文類』三（四七・一九三上）において、

後に法照大師あり、即ち善導の後身なり。

と称された[29]。また同じく『楽邦文類』三の「蓮社継祖五大法師伝」において、慧遠を継ぐ法師の中、善導についでその法系に名を連ねている[30]。法照が善導後身（善導の生まれ変わり）[31]と評価され、また蓮宗の第四祖に推されたのは、やはり後人による法照への崇敬の結果である[32]。中でも善導の礼讃儀礼を継承したという点で最大の功績があると言えるのは、後の礼讃儀礼の中、ことに讃偈の格律（押韻や平仄）を精査するとき、「善導法照流」と称して過言でないほどにその影響が浸透しているからである。

遺された法照の著作は広略二種の『五会法事讃』のみであり、その内容からしても、善導の『往生礼讃偈』などの行儀方面からの受容が色濃い。したがって、何よりも礼讃儀礼の継承をもって善導後身・蓮宗第四祖と評されたと考えてよいだろう[33]。単なる「宗教的礼讃偈」から、盛唐詩の格律を導入して評価と鑑賞の対象として「文学的礼讃詩」にまで高めた業績は、浄土教儀礼の歴史を鳥瞰したときに、それ以前の旧態から脱して、時宜にかなった新たな作品となっている。後の讃偈の格律は、みな法照の作例を範としており、したがって後世の者からすると、法照は善導の流れを決定づけた儀礼の祖師となるのであり、これがために崇拝の対象となっていくのではなかろうか。

しかし、もし礼讃儀礼方面のみをもって言うならば、善導と法照との間には、たとえば智昇（?～七三〇～?）

や慈愍（六八〇～七四八）も礼讃偈を遺しており、[34]どちらも善導後身と評されてよいはずである。よって他にもその根拠を求めなければなるまい。それは、たとえば時代意識や人間観を指摘できる。法照の伝記資料で最も詳細なのは、言うまでもなく賛寧の『宋高僧伝』二一である。[35]その法照伝は感通篇に収められていることもあってか、思想的なことは記されておらず、霊感とそれにもとづく行動を記すのみであるが、同伝には以下のような叙述がある（五〇・八四四中）。

〔法〕照、寺に入り講堂の中に至るに、文殊は西に在り、普賢は東に在るを見る。（中略）〔法〕照、二賢の前に至り、礼を作して問うて言く、末代の凡夫、聖時を去ること遥かにして、知識は転た劣り、垢障尤も深ければ、仏性を顕現するに由しなし。仏法は浩瀚なり。未審し、何の法門を修行して、最も其の要と為すや。唯だ願くば大聖、我が疑網を断ちたまえ。（照入寺至講堂中、見文殊在西、普賢在東。（中略）照至二賢前、作礼問言、末代凡夫、去聖時遥、知識転劣、垢障尤深、仏性無由顕現。仏法浩瀚。未審、修行於何法門、最為其要。唯願大聖、断我疑網）

傍線部は、道綽『安楽集』上（第三大門）の「大聖を去ること遥遠なり。理深く解微なり」、および善導『観経疏』玄義分の「但だ垢障覆うこと深きを以て、浄体を顕照するに由なし」に符合する。[36]こうした時代意識と人間観は、末法観とあいまって、隋唐以降の浄土教思想が成立展開しうる根本基底となるもので、これらの問題意識なくして成立しえない。法照のそれは道綽と善導をそのまま継ぐものであったということが確認される。またこうした時機教との矛盾と葛藤の中から、「何の法門を修行して、最も其の要と為すや」と問うことも、道綽・善導の観点と変わるところはない。

さらに往生のための実践に関しても善導に通じるものがある。広略二種の『五会法事讃』における一連の行儀作法を丹念に見てゆくとき、そこに善導の実践行である正行を継承する痕跡を認めることができる。『五会法事讃』において求められるのは、念仏（五会念仏）・誦経（『観経』『阿弥陀経』）・讃歎（各種讃歎の偈頌）である。そして『広本』の題名に「観行」とあり、「中道観」「作観」「定」とも述べられ、さらに『略本』には「観仏」「観想阿弥陀仏」「念仏三昧理事双修行」とあるように、この時代の浄土教の趨勢として禅観も積極的に勧励している。礼拝についても、諸仏菩薩を道場に請う稽請文「稽請文（あるいは讃請文）」（四七・四七五下）において「依各一請一別礼」と明記されている。これは一一の仏菩薩を奉請するごとに一礼するということである。また彦琮と善導の讃偈が『五会法事讃』に引用されるが、これには各讃文のはじめに「至心帰命礼西方阿弥陀仏」とあることから、礼拝がともなうことは明白であり、他にも各讃文中にもしばしば「頂礼」と記されてある。つまり讃文を唱和しつつ礼拝することが要求されていたと考えられる。したがって、これは善導が『観念法門』や『観経疏』散善義で述べた正行[37]に相当することになる。つまり『五会法事讃』とは仏菩薩・浄土への讃歌と五会念仏に終始するだけの儀礼作法ではなく、それらを基軸としつつ、善導によって定められた実践行をおのずから修めるように方向づけられている儀礼なのである。それが法照の意図したことであったか否かは別としても、結果的に一連の浄土教儀礼において善導の正行が組み込まれている事実は認めざるをえない。これも善導後身と評される所以であろう。

また、前述したごとく、仏菩薩との感応によってそれぞれ『観経疏』と『五会法事讃』が成立したことや、これらをみずからが聖典視したことも、両者に共通する点であるが、いずれにせよ、結果的に法照は善導の遺志を継承して、浄土教の礼讃儀礼をより大衆的なものに仕立てながらも、そこに中華の韻文の絶対条件としての律動に配慮を加えることで、これまでの単なる宗教歌曲から脱し、文学的要素も加えた音楽法要を実現させた点で評価されるのである。

第三節　法照浄土教儀礼の凋落

法照が策定した五会念仏の儀礼は、『広本』によると阿弥陀仏直授の法儀であるという。したがって前述したようにその儀礼は仏説に等しいことを意味する。また『略本』（四七・四七五中）においても、

> 専心に五会の真声を学び取り、未来に伝えて広く群品を度せ。若し師に学ばずして濫りに人に授与せば、転た後学を誤り其の宗旨を失わん。即ち却って其の咎を招き、福田を利すことなからん。

と述べていることは、五会念仏というものが、師から弟子への面授口伝によらずしては正しい発声法を伝承しえないということである。五会念仏は口伝によってのみ正しく伝承されるのであり、記述言語をもってはその仔細を伝承しえない微妙繊細な音韻細則があることを意味するということである。たとえ儀式の次第を伝える『広本』や『略本』が遺されたとしても、口伝でしか稟承しえない作法や威儀があるということになる。

法照はこのように師資相承の必要性を強調して、その正しい伝承を期したのであるが、その思惑とはうらはらに、早く一〇世紀から一一世紀になると、すでに五会の意味すらも誤解されてくる。ということは儀礼においての五会念仏も正確に継承されることはなかったはずである。それは法照浄土教儀礼の凋落を意味するものである。以下に

それを示唆すると思しき文言を摘記する。

(1)五会念仏創始者の誤伝

遵式は『往生西方略伝』において、「後有法照大師、即善導後身也」と述べて、善導の浄土教が法照へと相承されていることをはじめてうち出している。ところがこの叙述の直前には、

〔善導〕和尚乃曰、可教念仏、遂立五会教、広行勧化（中略）後有法照大師、即善導後身也。徳宗時於并州、行五会教、化人念仏。

とあり[38]、また『楽邦文類』二に収められている遵式の『往生西方略伝序』にも、

善導和尚、立五会教、勧人念仏、造観経疏一巻・二十四讃・六時礼文、各一巻。（四七・一六八中）

というような誤認を犯している。一方では「善導後身」と称賛しながらも、その一方で五会念仏を善導による創始とするのだから、すでにこのころには情報が錯綜していたということになる。遵式にしてこのような認識でしかなかったということは、五代北宋にはすでに五会念仏の創始者が誤伝されていたということであり、したがって五会念仏の儀礼が行われていたことも、いささか訝しく思われるのである。

(2) 五会の誤伝（1）

志磐は咸淳五（一二六九）年に『仏祖統紀』を撰述した。その巻二八に、長安の李知遥が大衆とともに五会念仏を行っていたことを伝えている。その割註には以下のように記されている（四九・二八五上）。

唐大暦中、法照師、於衡州開五会念仏。今李知遥為五会、応是師於法照。五会者、当是五日為一会也。

唐の大暦年間（七六六〜七七九）に、法照が衡州において五会念仏を開創した。いま李知遥も五会を行っており、法照を師表としているのである。五会というのは、五日をもって一会とすることである。

五会とは、言うまでもなく『略本』（四七・四七六上下）にあるように、法照によって大暦元（七六六）年の四月に南岳弥陀台の般舟道場において『無量寿経』によって創作されたものである。『無量寿経』に説かれる浄土の宝樹が風に吹かれて奏でる音声に擬えて[39]、五種の念仏の音声を集会した音曲念仏のことであり、その称える念仏の緩急を意味する。また緩急はおのずから音階の高低をも導く。したがって第一会から第四会に「南無阿弥陀仏」と称え、第五会には「阿弥陀仏」とだけ称える際に、緩から急へと五段階に調整することであり、これにともなって音程もおのずから低音から高音へとあげていく念仏である[40]。五会は念仏そのものの唱法における作法である。

ところが、ここに記されている五会は、五日をもって一会と規定している。これは要するに、二五日の行儀をもって五会ということなのである。ここから南宋の志磐（一三世紀）のころには、「五会」の意味すら誤解されていたということになる。法照の唱法である五会の念仏は漸次零落の一途をたどり、師資相承をもって五会念仏を伝えるように念押しした法照の遺志も、そして実際の作法も継がれることはなかったようである。

(3)五会の誤伝（2）

右には五日という日数を定め、それを一会と理解するものとあったが（つまり二五日で五会とする）、先に五会の意味するところを示したごとく、また変化のない単調な念仏の唱法は本来の五会念仏の目的にも沿わないのであって、これは明らかな誤伝であった。では、以下の解釈はいかがであろうか。敦煌石室写本の伯二一三〇には、次のようにある（『敦煌宝蔵』一一五・一八八頁、『法国国家図書館蔵敦煌西域文献』六・二一一下）。

若欲作道場、五会法事時、先誦阿弥陀経、衆和了、即高声念仏得一千口、続誦宝鳥讃、和讃了、更読（続？）念仏三千口已為一会、若願五会全、具阿弥陀経為両会、十二（三？）観経為三会。

この資料では、三千声の念仏を一会と規定し（ということは一万五千声をもって五会とする）、『阿弥陀経』〔の読誦〕を第二会、そして『観経』〔の読誦〕を第三会とするごとき大きな飛躍がある。[41] このように五会念仏の誤解とも思しき内容を有しているが、はたしてこれは誤解なのだろうか。

また、同じく敦煌写本の伯三二一六「念仏讃文一巻」にあっても、同じように五会念仏の誤解と受け取りかねない内容が示されている。[42]

念仏讃文一巻　　沙門法照集

…（欠）…十往生経無量寿観経阿弥陀経云若有…（欠）…生西方極楽国。心心常行平等、断却貪瞋…（欠）…持誦諸讃、若無間断、現身不被諸横、亦不有殃禍。来侵常得四天王及諸菩薩、以為護念、命終定生西方。諸方学者先須決定不得有疑、若有修道念仏者、先須焼香、面西而礼。次作散花、請仏来入道場。然念阿弥陀仏、幷唱諸讃、莫令断絶、念得四千口仏名為一会、学者応知意焉。

ここでは四千声の念仏を一会と規定している。したがって二万声の念仏を満たすと五会ということになるのであろう。

これら二つの敦煌写本では、一会における念仏の数量を三千口の念仏、あるいは四千口の念仏と規定しているわけであるが、それらははたして五会念仏の曲解であったのだろうか。ここでは問題提起のみにとどめ、次節において明らかにする。

(4)流派の分流

法照没後二年、五台山を訪れた慈覚大師円仁は、やがて五台山の念仏[43]と『略本』、さらには『五台山大聖竹林寺釈法照得見台山境界記』一巻、そして五台山の土石二〇丸までも叡山に請来する。[44]しかしそれから数十年をへて、早くも相承者に解釈の相違が生じてきた事実[45]や、敦煌石室から出現した当時の状況を伝える生の資料、つまり改訂が加えられた各種礼讃文と、その構成が似て非なる多種多様な礼讃文資料の存在は、時処諸縁に従って漸次演変してゆく儀礼書の性質を物語るものである。

これを積極的に展開とみなすべきか、それとも誤伝とみなすべきかの問題はあるが、少なくとも法照みずからが力説した五会念仏の師資相承・面授口決ということからは乖離してしまったことは事実である。五会念仏をめぐってさまざまな誤解（または展開）が生まれてくるのは、儀礼というものの組織形態や規範細則が、記述言語によっては正しく伝承されがたいという性質に起因すると考えられる。先に見たごとく、師に従って五会念仏の法を直に継承し、断絶せしめないことの重要性を語った法照のことばはそれを暗示している。一旦伝承が途絶えてしまうと、誤解や改変によって本来の手順や目的などが喪失され、したがって次代へと継承するだけの意義も価値も失われ、かといって新たな意味づけも付与されないままに、結局は一つの儀礼が伝承を絶ったということである。

第四節　五会念仏の展開

(1)五会念仏の種々相

先に見たように敦煌本の伯二一三〇では「三千口」の念仏を一会とし、伯三二一六では「四千口」の念仏を一会と規定する資料であり、これらに従えば、五会念仏とはそれぞれ一万五千声の念仏、二万声の念仏ということになり、明らかに五会の意味するところを曲解していることになるだろう。そもそも法照みずからが撰集した『広本』や『略本』には、こうした念仏の数量や日数が示されていないので、これらの具体的な数量が法照によって規定された五会念仏法の実態でないことは確実である。後世の誤伝なのか、それとも新たな展開として受けとめるべきなのか。

ところで、この伯二一三〇ではその少し後に法照崇拝とも受け取れる記載がつづいている。第二節において示した北八三四五（『敦煌宝蔵』一一〇・三七頁。新分類ではBD〇五四四一、『国家図書館蔵敦煌遺書』七三・二一一頁）にも見られるが、そこには先に示したごとく以下のようにある。

正作道場時、若有難起魔事起、念法照名、当須至心称念、（中略）若不入道場人、若不入道場時、空念無益、念仏了欲散時、剋数念一百法照名。

南無法照和尚　　散華楽　散華楽　散華楽

奉請釈迦如来入道場　　散華楽　散華楽　散華楽

（以下略す）

礼讃儀礼の道場を設けるとき、魔事が起きたならば「南無法照和尚」と百声称えよということであった。このように前後して一方で五会念仏を誤解しておきながら、もう一方で法照崇拝が示される文献が存在するということは、なんとも落ち着きが悪く、すっきりとしないものがある。

そして、もう一つの伯三二一六であるが、これも、「念得四千口仏名為一会」の少し後になると、

和尚法照非凡僧　故度衆生普皆同

演説言辞等諸仏　元無才学是天聡

（以下略す）

とあるように、法照崇拝とも言える「和尚法照非凡僧」の一句がある。ここでも五会念仏の誤解とともに法照崇拝が同一文献において同時に見られ、やはりすっきりとしないのである。あるいは比較的早期の法照崇拝と、その後における五会念仏の誤伝とが、いつしかこの敦煌写本のように一書のうちに無批判に合糅され、考証されることな

く伝承されてしまったことが原因なのであろうか。敦煌石室における礼讃文の写本類の多くは、改変と編集が加えられており、そのため既存の讃偈と新撰の讃偈を織りまぜて新たな編纂がなされたと考えられなくはない(46)。

しかし、結論を先どりすれば、一会の念仏の数量を「三千口」とすることも「四千口」とすることも、ともに誤解ではないと思われる。確かに法照自身は『広本』においても、また『略本』においても、各会の念仏の数量と日数を指定しなかったが、実際の儀式儀礼においては道理としてその規模に応じて五会における各会の念仏の数量を規定しなければならなかったはずである。この伯二一三〇や北八三四五、そして伯三二一六によって挙行される儀礼においても、当該の儀礼の主催者が一会につき念仏の数量を規定しており、それが「三千口」、または「四千口」に定められたと考えられるのである。すると、これら各会における念仏の数量を定めたということは、当該の儀式の規模の大きさや時間の長短に対応した、いわば運用上の問題であったと言えるのである。したがって法照みずからが五会念仏儀礼を行っていたときでも、おそらくは念仏の数量を定めていたはずであるが、『広本』と『略本』には具体的に示さなかったということになるだろう。長時間にわたる大法会と、短時間ですむ小法会とでは、おのずから称える念仏の数量が異なるわけであり、数量の指定は法会の規模を反映したものであり、これをただちに五会念仏に対する後世の誤解とみなすことは早計である。

『略本』（四七・四七五上）に、

今依大無量寿経、五会念仏。若広作法事、具在五会法事儀三巻。啓讃弥陀観経広説由序問答釈疑、並在彼文。亦須具写尋読流伝後世。若略作法事、即依此文。

とあるように、もし「広作法事」の際には三巻本の『広本』を用い、「略作法事」の際には一巻本の『略本』を用いよとあるのだから、法照みずからも法事の規模に応じて広略を使い分けるべきことを指示している。よって、その際に唱和される念仏の数量にもそれに応じて、その現場で規定されていたはずである。また、『略本』にはこの少し後にも（四七・四七五上）、

須観其道場徒衆多少、或昼或夜或広或略、有道場請主、為何善事、切須知時。

とある。法事の規模は、道場の徒衆の多少や、道場請主（＝施主）の求めに応じて相違するということである。したがって法会によっては一会の念仏の数を三千声とすることもあり、四千声と定めることもあるし、あるいは千声に満たない法会や、その反対に一万声を超えることもあるということになる。『広本』と『略本』を見る限りにおいて、法照が念仏を称える数量を指定していないため、後世、法事を実際に挙行する者たちにとっては、それぞれの法会の規模に準じて念仏の数をその都度定める必要にせまられたのである。先の伯二一三〇によって行われる儀礼では、三千声の念仏を一会とし、一万五千声をもって五会念仏の儀礼を完遂することが適当であり、また伯三二一六によって行われる儀礼では、四千声の念仏を一会とし、合計二万声をもって五会念仏を行うのが適当な儀式であったということになり、伯三二一六にもとづいて挙行される儀礼のほうが、伯二一三〇にもとづいた儀礼よりも、やや大きな規模の法会であったということが推察されるのである(47)。

さらに『広本』巻下のはじめに以下のような叙述があることも注意しなければならない（八五・一二五五下）。

此下一巻讃、従第八讃仏得益門分出。衆等尽須用第三会念仏和之。其讃文行人総須誦取。令使精熟切不得臨時執本読之。亦通大会作法事誦之、若非大会日、余一切処誦讃、念仏和之並得。広略必須知時、応知。

この一文の意味は以下のとおりである。巻下に収められている諸讃文は、巻中の第八讃仏得益門において唱えられる讃文であるが、分量が多いため巻中に収まりきらないので巻下に列挙したにすぎない。法事を行う者は第三会の念仏をこの諸讃に挿入すべきである。行者はそれらの讃文をみな読誦すべきで、法事の際にはこれを暗誦して臨み、くれぐれもテキストを手に取って読んではならない。また大会の法事には必ず讃文を誦し、あるいは大会の法事でなくとも、あらゆる場所で讃を誦し、またそこに念仏を挿入することもよい。法事の規模の大小（広略）に応じて、つまり時宜に従って運用せよ。

ここでより重要なことは、法会という儀礼の規模の大小に準じて、讃歎文と念仏の数や長さを調整せよと述べている点である。儀礼はさまざまな要請によって挙行されるものであり、寺院の日課であったり、斎日であったり、または信者からの個人的な要請であったりもする。このように時間と場所、そして目的などに応じた儀礼を臨機応変に行っていたのである。法照はそのことを「広略必須知時」（広略必ず時を知るべし）と述べたのである。したがって、「三千口」「四千口」を一会と定めていることは、決して五会念仏を誤伝しているのではなく、単に法会の規模の大小を示しているにすぎないのである。法会の規模の大小については、敦煌石室写本中に往時の浄土教礼讃儀礼におけるさまざまな儀礼が挙行されたであろうことを示唆する文献が少なからず遺されている。

(2)『預修十王生七経』と五会念仏

中国で撰述された『預修十王生七経』(『卍続蔵経』第一五〇冊、底本は一四六九年の朝鮮刻本)の巻頭には経文の直前に以下の記事が見られる。

仏説閻羅王授記四衆逆修生七往生浄土経

成都府大聖慈寺沙門　蔵川述

謹啓、諷閻羅王預修生七往生浄土経、誓勧有縁、以五会啓経入讃、念阿弥陀仏。

讃曰、

如来臨般涅槃時　広召天霊及地祇

因為琰魔王授記　乃伝生七預修儀

本経の敦煌写本はこの一文が添えられているものと、そうでないものとの両種が現存する。本典が撰述されてから、しばらくして添加されたと考えられるが、ここに「五会」あるいは「蔵川述」とあることに関して、かつて塚本善隆(一九三一①)(一九七五)は「浄土教との結合――大聖慈寺蔵川――」の項を設けて論じている。[48] それによると、経文に挿入されている讃文(三三偈一三二句)は、成都府の大聖慈寺住僧の蔵川[49]によって添加されたのであり、当時ひろく行われていたであろう『預修十王生七経』の経文に、法照の影響を受けた蔵川が讃文を挿入することによって、経典に便乗して五会念仏を弘通させようとしたのであろうと述べている。[50] また小南一郎は「十王経をめぐる信仰と儀礼――生七斎から七七斎へ――」(吉川忠夫編『唐代の宗教』朋友書店、二〇〇〇年)において、本経における蔵川の讃文と五会念仏の讃文との「形態的な比較」から両者の関係を考察している。その比較とは、両者が七言四句を基調としており、その第一・二・四句で押韻しているという指摘である。また本経の「蔵川述」と『五会法事讃』の各讃文にある「法照述」の共通点をあげている。しかし、これらは特筆するほどの共通点ではない。前者は唐代の韻文には普遍的にある近体詩の要素であり、また蔵川の讃文は押韻しているものの、浄土教の内容を髣髴させるものではなく、あくまでも『預修十王生七経』にそった内容となっているにすぎない。後者の「〇〇述」にしても稀見な用例というわけでもなく、中国仏教における章疏類にあっては、その文献の性格にもよるが、「記」や「作」、「造」「著」「説」「鈔」「集」「輯」「録」「編」などがあり、とくに多いのは「撰」と「述」だからである。

はたして本経と五会念仏は、結合されるだけの共通要件はあるのだろうか。「以五会啓経入讃、念阿弥陀仏」とあるので、この『預修十王生七経』はそのどこかに五会念仏が唱和される儀式儀礼に用いられていたということになるだろうが、資料からは五会念仏がいったいどこに挿入されて用いられていたのかは判断できず、また儀礼においていかに機能し、いかなる効用があったのかもよくわからない[51]。また本経の具名『仏説閻羅王授記四衆予修生七往生浄土経』にあるとおり、生前における自己の生七斎の功徳によって、死後は冥界に赴くことなく浄土へ往生すると説いているので、五会念仏と関わってきそうであるが、経中には、

造経読誦人、忽爾謝報齢、天王恒引接、菩薩捧花迎、随心往生浄土、八百億千生、修行満証入、金剛三昧城。

と説かれるだけで、この「往生浄土」が阿弥陀仏の極楽浄土への往生であると明言しているのではないので、本経

いっそう困難にしている。

と五会念仏は結びつきそうにないのである。さらに蔵川という僧についても何も情報を得られないことは、解明をいっそう困難にしている。

ただ、蔵川の住した成都の大聖慈寺については、『仏祖統紀』五三（四九・四六四上）建寺造塔の記事に見られる。「粛宗。上皇幸成都、沙門英幹施粥救貧餧。願国運再清。勅建大聖慈寺九十六院八千五百区」とあるように、粛宗（在位七五六〜七六二）の治世に建造された寺院である。また『益州名画録』三、『説郛』九〇、『太平広記』一〇八、そして『全蜀芸文志』巻四〇、巻四二などによると、この大聖慈寺には数多くの仏像仏画や書などの逸品が収蔵されていたことが確認できる。[52] つまり成都府においては名だたる仏教美術芸術品の宝庫であったということである。しかし、これとて五会念仏へと直結するものではない。

ところで蔵川の讃文は詩としても評価できる韻文であるが、本経そのものの偈にあっても、完璧に押韻しているのである。[53] かつて胡適は本経の偈について、「毎一段的〝経文〟之後、或毎一段的一小節〝経文〟之後、各加七言四句有韻的〝讃〟一首、……」と述べ、[54] また讃と図がそろう経巻を「原始偽経的変文」と位置づけていたことは注目にあたいする。今、五言四四句（または四六句[55]）の前後数句を例として示す。

南無阿羅**訶**　衆生苦業**多**（平歌）　＊初句押韻
輪回無定相　猶如水上**波**（平歌）
願得智慧風　飄堕法輪**河**（平歌）
光明照世界　巡歴悉経**過**（平歌）
（中略）

造経読誦人　忽爾謝報齡（平青）
天王恒引接　菩薩捧花迎（平庚）
随心往浄土　八百億千生（平庚）
修行満証入　金剛三昧城（平清）

閻羅王が仏に対して述べた五言の偈であり、その合間に蔵川による七言の讃が挿入されている。さて、蔵川の讃はともかく、本経そのものの偈頌は一〇句または八句ごとにまとまっているようである。韻文の偈頌に対して同じく韻文の讃文で同内容を繰り返すという、なんとも落ち着きの悪さに違和感をおぼえないではないが、ともかく経文の有韻偈頌に呼応して、蔵川も有韻の讃文を挿入させたということである。

前述のごとく経題には「往生浄土」とあり、経文にも「随心往生浄土」とあるだけで、これを極楽浄土と特定していないので、蔵川はあえて法照の五会念仏を導入することによって、本経の経題と経文のそれが実は阿弥陀仏の西方極楽浄土であることを暗に示したものと推想される。そしてまた、閻羅王の冥界に堕ちることなく、来世は浄土に往生するという本経の経旨と、

濁悪世の中、五苦の衆生、罪根深き者、唯だ念仏に力もて即ち能く罪根を除き必ず憂悩より離れ生死は永く断ずることを得。若し念仏せざれば、何を以て阿弥陀仏の極楽世界を見るを得ん。（八五・一二五五中）

とする法照の五会念仏の教えが合致したのである。こうして蔵川はどこの浄土とも示されていない本経の浄土を西

方極楽浄土に限定したのであった。

儀式儀礼は常に一定の法規が固守されるのではなく、時・処・諸縁によって演変する。善導や法照の礼讃儀礼が時とともに変容したことがそれを物語っている。本経の教説が俗信として巷間で流布しており[56]、また多くの信者を寺廟に集めて挙行される五会念仏の儀礼もまた盛行していた。十王信仰と五会念仏が出会ったとき、新たな儀礼・修福として組成されたのである。

五会念仏の弘通のために本経が導入されたとする塚本説が正しいのか、それとも逆に本経を広めるために五会念仏が導入されたのかは依然としてよくわからないが、この五会念仏が予修（逆修）の行儀に活用されていたということは事実として認めざるをえないのだから、これもある意味、法照とその浄土教が展開し盛行していた証でもあるだろう。

(3)打仏七と五会念仏

現代の中国仏教の儀礼においても五会念仏は継承されている。打仏七（打七・仏七・打念仏七・念仏打七とも呼称する）がそれである。旧暦の一一月一一日から一七日までの七日間は打仏七と称する法会を行っている。阿弥陀仏の化身と崇敬された法眼宗第三祖で、蓮宗第六祖の延寿（九〇四～九七五）の生誕日であるとされる一一月一七日をもって、阿弥陀仏の生誕日として行われる念仏法会である。七日間という日数は、『阿弥陀経』の「若一日～若七日」を根拠とする。その際に緩急をつけた念仏行道が繰り返される。この打仏七については鎌田茂雄に「台湾の仏教儀礼――念仏法会について――」[57]（中村元博士還暦記念論集『インド思想と仏教』春秋社、一九七三年）の報告がある。台湾高雄にある元亨寺での儀礼を実見した上で、「打仏七でおこなわれている念仏は、この点から見ても明らかに念仏禅の内容であることが分る。南無阿弥陀仏をある時はゆっくりと、ある時は速く、ある時に低く唱えているうちに念仏三昧に入り、念仏すると主体と阿弥陀仏とが一つになり、主客合一の三昧の境地に入り得ることは確かである」と述べている。その最終七日目の最後には、蓮宗十三祖の名を称え礼拝することになっている。ところがその第四祖は法照であるにもかかわらず、法照の五会念仏がこの打仏七の源流であることはほとんど知られていない。また大陸でも全国の多くの寺院において今なお挙行されているが、台湾のそれとは少し異なるようである。[58]

おわりに

中唐以後の仏教儀礼はますます盛況してゆき、それは浄土教の礼讃儀礼にあっても例外ではなかった。[59]また白居易（七七二～八四六）などの知識人にも影響を与えたとも言われる。[60]それほどまでに盛行した浄土教儀礼は、その立役者でもある中唐の法照によって完成の域に達した。とくに自作の讃偈は、これまでの宗教作品としての「偈」に、文学作品としての「詩」の格律（押韻や平仄など）を本格的に導入した讃偈であり、[61]同書に収載された諸師の讃偈もまた韻律を具えた作品だけが精選されている。[62]中国の浄土教史上、法照の果たした役割はきわめて大きく、[63]そうした功績によって、その没後には崇拝の対象となり、また神格化されていったのである。ところが、この法照の影響が及ぶところは、せいぜい南宋のおわりごろまでであった。礼讃儀礼における師資相承の重要性を語ったものの、漸次凋落の一途をたどり、その遺志は継承されることはなかったのである。また法照没後二年して五台山を訪れた慈覚大師円仁が、やがてその五台山の念仏を叡山に請来する。しかしそれからわずか数十年、早くも相承者に解釈の相違が生じてきた事実や、千年の星霜を超えて敦煌石室から出現した当時の状況を伝える生の資料、つまり改訂を加えられた各種礼讃文と組織構成が似て非なる多種多様な礼讃資料を前にして言えることは、法照の思惑とはうらはらに、儀礼書というものは時処諸縁に従って漸次演変してゆくものであり、またそうでなければ行儀として広く伝播し浸透しえないということである。

　ともあれ、中唐の仏教詩人であり、かつ浄土教儀礼の規範を完成させた法照の讃偈は、善導の行儀を継承し、かつ前述したように教理上の接点も認められ、善導後身と評されて遜色なしと言えよう。善導は浄土教の讃偈が「無韻の偈」から「有韻の詩」へと移行する過渡期に位置し、また自身がその担い手でもあったが[64]、法照にいたって、その讃偈は文学詩として評価に堪える讃詩へと高められ、その五会念仏は大衆を動員した音楽法会として十分に機能したのであった。こうした文学的にも音楽的にも旋律豊かな讃偈は、中唐から北宋に及ぶまでの浄土教儀礼の浸透や拡張に大いに効果があったと推察しうる。それは『広本』をはじめとする多様に改訂され七〇件にものぼる敦煌石室の礼讃文類の存在が教えてくれるのである。

　なお、二〇〇四年の夏に法照の生誕地である陝西省漢中市洋県を訪ね、その遺跡などの視察を行った。その簡介は「法照禅師生誕の地・漢中市洋県を訪ねて」と題して『日中浄土』一六号（日中友好浄土宗協会、二〇〇五年）に掲載し、資料篇にも収載したので、そちらも参照されたい。

註

（1）『広本』は大暦九（七七四）年に太原の龍興寺において撰述され、『略本』はおそらく貞元四（七八八）年以後、『広本』に拠りながら長安の章敬寺浄土院において略述されたであろう（各論篇第八章を参照）。

（2）『楽邦文類』三の「蓮社継祖五大法師伝」において、廬山の慧遠を継承する浄土教祖師の中、善導についで第三祖に名を連ねている（「蓮社の立、既に遠公を以て始祖と為す。師帰寂してより、今大宋慶元五年己未に抵る。凡そ八百九年なり。中間に此の道を継ぐ者、乃ち五師あり。一に曰く善導師、二に曰く法照師、三に曰く少康師、四に曰く省常師、五に曰く宗賾師なり」）。なお蓮社七祖では、『仏祖統紀』二六の浄土立教志にある「慧遠・善導・承遠・法照・少康・延寿・省常」（『大正蔵経』四九・二六〇下）が名を連ね、十三祖では、これに蓮池・藕益・截流・省庵・徹悟・印光がさらに連なる。したがって蓮宗十三祖説における法照は第四祖ということになる。

（3）仏陀波利の伝は『宋高僧伝』二（五〇・七一七下）。

（4）五大院安然（八四一～九一五?）の『金剛界大法対受記』六（七五・一七九上中）は、「五会」について述べた上で、「昔、斯那国の法道（照?）和上、現身に極楽国に往きて親しく水鳥樹林念仏の声を聞き、以て斯那に伝う。慈覚大師、五台山に入りて、その音曲を学び、以て叡山に伝う」とあるように、円仁が伝えたのは五台山念仏であって、五会念仏とは明記されていないが、開成五（八四〇）年五月一日に竹林寺の般舟道場を訪い、「曾有法照和尚、於此堂念仏」（巻二）、「曾有法照和尚、於此堂修念仏三昧」（巻三）と述べていること、また『対受記』に「音曲」とあることからして、五台山の念仏とは、やはり五会念仏であると理解するのが穏当であろう。なお、円仁の請来目録『入唐新求聖教目録』には、「浄土五会念仏略法事儀讃一巻　南岳沙門法照述」（五五・一〇八五上）とあるように、略本だけは舶載せしめていたことがわかる。

（5）大松博典「南宋天台研究序説――宗印・法照の場合――」（『駒澤大学仏教学部論集』一一、一九八〇年）

（6）河内〔一九七九〕、また各論篇第九章においては法照の詩五首をすべて紹介し、その韻律について若干の解説を行った。

（7）河内は『劉賓客文集』四によって翻刻しているが、他に『文苑英華』八一八、『全蜀芸文志』三八、『文章弁体彙選』五六二にも収められているので、本文を校讎する必要がある。

（8）結局のところ、河内は五会念仏の法照と始興寺の法照とが「同一である方が種々に都合がよい」、「両者が別人であるとする根拠の少ないところから、両法照は同一の人物であったと考えたい」と述べているにすぎず、明確な根拠を示していないのである。

（9）本書の資料篇に『念仏厳大悟禅師碑記』の録文および訓読・語釈を掲載したので参照されたい。

（10）『敦煌宝蔵』一三〇・六〇九頁、『法国国家図書館蔵敦煌西域文献』二八・七五下。

（11）『敦煌宝蔵』一一五・一八八頁、『法国国家図書館蔵敦煌西域文献』六・二一一下。

（12）『略本』の巻頭に、「南岳沙門法照於上都章敬寺浄土院述」（四七・四七四下）とあり、また「若広作法事、具在五会法事儀三巻。（中略）若略作法事、即依此文」（四七・四七五上）ともあるので、長安に迎えられた後に、『広本』から删除しつつ、短い儀礼を挙行する際の次第として章敬寺の浄土院において撰述されたのが『略本』であったことがわかる。なお、章敬寺については、註（17）を参照。

（13）『大日本仏教全書』五六三番、七二巻二一〇頁中。また二一一頁下も参照。

（14）ただし、賛寧は明らかに同一人物であっても別々に立伝することもある。たとえば唐の般若三蔵である。同書巻二の唐洛京知慧伝と巻三の唐醴泉寺般若伝を別人のように立伝しているが、両者は同一人物である。小野玄妙はこれについて小野玄妙編『仏書解説大辞典　別巻　仏教経典総論』（大東出版社、一九三六年）で、「宋高僧伝には、理趣六波羅蜜経等の訳者と心地観経の訳者とを別人に見立て、般若といふ人が両名あつたことにして各別にその伝を載せてゐる、是は明に誤りである」（一七一頁下）と指摘している。

（15）そもそも釈迦の神格化が好例である。中村元は、釈迦がマウリヤ王朝の時代にいたると神格的な存在として崇敬され、もはや人間としての釈迦ではなくなったことを指摘している。中村元選集決定版第二〇巻『原始仏教から大乗仏教へ――大乗仏教――』四四二～四六七頁（春秋社、一九九四年）を参照。

（16）その神格化が生前にあるのか、それとも没後にいたっておこってきたのかは不明である。敦煌石室における礼讃偈の写本類は概ね九世紀から一〇世紀に書写されたものと思われるが、問題はそうした現存写本の書写年代ではなくして、当該典籍の成立年代である。ところが日常の儀礼に用いられる礼讃偈資料においては改変につぐ改変が加えられ、また成立年代を明記するものがないので、これを確定させることは現段階では困難である。

（17）章敬寺は、大暦元年（七六六）、粛宗の后章敬皇后のために長安城の東、通化門外に創建され、四一三〇間・四八院からなる大寺院であった。貞元六（七九〇）年には車奉朝こと悟空（法界）が四〇年の在印生活をおえて帰国し、勅を奉じてこの寺に寄宿している。法照はここで『略本』を撰述し、その弟子の鏡霜もここに掛錫して「章敬寺法照和尚塔銘」を撰している。小野勝年『中国隋唐長安・寺院史料集成』（法藏館、一九八九年）史料篇（三二七頁・四〇五頁）および解説篇（一一二頁）を参照。

(18) 南宋の『宝刻類編』八に碑目のみが著録される。塚本善隆〔一九三三〕の一二七頁。

(19) 『敦煌宝蔵』一一五・一八八上、『法国国家図書館蔵敦煌西域文献』六・二一一下。なお文中にある「般舟梵」とは伯四五九七にある般舟梵讃文のことであろうか。その本文は以下のとおり。「般舟梵讃文　般舟三昧楽　願往生大衆固心厭三界　無量楽」（『法国国家図書館蔵敦煌西域文献』三二・一三二下）。

(20) 「阿弥陀仏所頭面作礼」が重複しているので、ここでは削除した。

(21) 慧思はまた、「有諸魔衆、競来悩乱、破壊般若波羅蜜、是人若能一心合掌称我名字、即得無量神通……」（四六・七八九下）、そして「設我得仏、十方衆生、聞我名字、持戒精進、修行六度、受持我願、称我名字、願見我身、修行七日至三七日、即得見我一切善願具足。若不爾者、不取妙覚」（四六・七九〇上）と誓っている。

(22) 他に明代の『紫栢尊者別集』四（『卍続蔵経』七四・四二八）に、以下のように中国の僧侶に対する称念と礼拝も見られる。

南無尽虚空遍法界十方三世一切仏陀達磨僧伽耶　各一称一拝
南無千華台上百宝光中華厳教主本師釈迦牟尼盧舎那尊仏以下　俱一称一拝
南無東方薬師琉璃光如来
（中略）
南無南岳慧思菩薩摩訶薩　南無智琬菩薩摩訶薩
南無西天東土歴代伝宗判教併翻伝秘密章句　諸祖菩薩摩訶薩等　三称三拝
南無南岳慧海尊者　以下一称一拝
南無七祖譲尊者　南無青原思尊者　南無馬祖一尊者　南無石頭遷尊者
南無天台智者顗大師　南無賢首蔵大師　南無慈悲基大師

(23) 佐藤哲英〔一九五二②〕、また『西域文化研究』第六、二一四～二二二頁（法藏館、一九六三年）。

(24) 龍谷大学図書館所蔵本『法照和尚念仏讃』に収載されている「五台山讃」や、敦煌写本の斯三七〇、伯二四八三を参照。

（第 一 偈）涼漢禅師出世間　遠来巡礼五台山　白光引入金剛窟　得見文殊及普賢
（第 六 偈）五台山上一垂華　和上摘来染袈裟　染得袈裟紫檀色　願我衆生総出家
（第二一偈）一万聖賢常鎮此　仏陀波利肉身居　法照遠投山頂礼　白光直照法身軀
（第二三偈）有縁須来相同学　法照其時到台中　如夢直入文殊宮　親自口伝念仏教
（第二七偈）法照其時出山裏　再三頂礼珍重意　奉教閻浮行勧化　乞莫天魔相逢遅

(25) 伯三七九二（『敦煌宝蔵』一三〇・六〇九頁、『法国国家図書館蔵敦煌西域文献』二八・七五下）に、「南涼州禅師の法照、懇心に五台山の寺に礼し、聖菩薩を見て行由を略述す。号して『念仏大聖竹林之寺讃仏文』と曰う。其の禅師の本貫（原文作管）は涼州、年十一にして出家す。二十歳に至り、衡州の山寺に在りて居止す。大暦（原文作歴）五年の春三月を去りて、終に衆堂喫粥の処にて、鉢の内に於いて遥かに五台山を見る。法照亦た敢えて説かず。両日を経て、前の鉢の内に再び現るに依り、然る後に具に説く。其の時、衆中に二の老宿あり。曾て台山に到り（後略）」とある。

(26) 伯四六一七（『敦煌宝蔵』一三四・二一、『法国国家図書館蔵敦煌西域文献』三二・一八三下）、伯四六四一（『敦煌宝蔵』一三四・一三二、『法国国家図書館蔵敦煌西域文献』三二・二六八上）に法照の名がみえる。とくに伯四六四一は東台・北台・中台・西台・南台の順に讃偈が連続して説かれており、その中の南台に法照の名が見える。

金刹真容化現来　光明花蔵毎常開　天人共会終難識　凡聖同居不可裁
五百龍神朝月殿　十千菩薩住霊台　浮生踏着清涼地　寸土能消万劫災
（中略）
南台
蓬萊仙島未能超　上界鍾声聴不遥　蜀錦香花開際爛　文殊宮殿出喧囂

（中略）

文殊火宅異常霊　境界幽深不可名　金窟毎時聞梵響　楼台随処現光明
南梁法照遊仙寺　西域高僧入化城　無限聖賢都在此　逍遥雲外好修行

(27) この項に関しては、拙文「善導後身法照的詩和礼讃偈」（中国仏学院学報『法源』二一期、二〇〇三年）においてすでに述べた。

(28)『金沢文庫資料全書』第四巻浄土篇（一）二〇六頁上段（神奈川県立金沢文庫、一九八〇年）

(29) 野上俊静〔一九七一〕は、法照は「善導後身」（善導の生まれ変わり）であるから、法然はあえて法照を浄土五祖に立てなかったと述べている。

(30)「蓮社の立、既に遠公を以て始祖と為す。師帰寂してより、今大宋慶元五年己未に抵る。凡そ八百九年なり。中間に此の道を継ぐ者、乃ち五師あり。一に曰く善導師、二に曰く法照師、三に曰く少康師、四に曰く省常師、五に曰く宗賾師なり」とある。なお蓮社七祖では、慧遠・善導・承遠・法照・少康・延寿・省常（『仏祖統紀』二六の浄土立教志、四九・二六〇下）と次第し、十三祖は、これに蓮池・藕益・截流・省庵・徹悟・印光と連なる。

(31) また『宋高僧伝』（五〇・八六七下）、『楽邦文類』（四七・一九三中）、『仏祖統紀』二六（四九・二六四中）、戒珠集『往生浄土伝』（五一・一二三下）において、少康は「後善導」（善導浄土教の継承者）と称された。善導後身と後善導では意味するところは同じではないが、両者はともに善導浄土教を継ぐ者としての関連性から、こうした称号を付されていることは事実である。

(32) 筆者は教理方面における善導との共通性をもって論及するのであるが、野上俊静〔一九七一〕は善導の伝記にある自絶説の直後に法照の後身説が説かれていることに注目している。

(33) 藤原凌雪「後善導としての法照禅師」（『龍谷大学論集』三四三、一九五二年）を参照。

(34) 前者は『集諸経礼懺儀』に、後者は広略『五会法事讃』および慧日の『略諸経論念仏法門往生浄土集』（八五・一二三六〜）にそれぞれ見ることができる。

(35) 本書は端拱元（九八八）年に成書するが、その後序によれば、その後の至道二（九九六）年に「遂得法照等行状」とあるように、法照の伝については、少なくとも至道二年に成されたものである。

(36)　それぞれ四七・一三下、三七・二四六上。

(37)　善導の正行は、『観経疏』散善義（三七・二七二中）に説かれているが、それは初期の著作と思しき『観念法門』（四七・二四下）にも萌芽的な形として認められる。

(38)　『唐朝京師善導和尚類聚伝』二〇六頁（『金沢文庫資料全書』巻四浄土篇一、一九八〇年）を参照。

(39)　『広本』には「如是無量寿経、説宝樹五音声、即斯五会仏声是」（八五・一二五三下）とある。

(40)　『略本』には以下のように示されている。

又釈五会念仏、五者会是数、会者集会。彼五種音声、従緩至急、唯念仏法僧、更無雑念。念則無念、仏不二門也。声則無常、第一義也。故終日念仏、恒順於真性、終日願生、常使於妙理。（中略）此五会念仏声勢、点大尽長者、即是緩念、点小漸短者、即是漸急念。須会此意。

第一会平声緩念　南無阿弥陀仏
第二会平上声緩念　南無阿弥陀仏
第三会非緩非急念　南無阿弥陀仏
第四会漸急念　南無阿弥陀仏
第五会四字転急念　阿弥陀仏（四七・四七六中下）

また以下のようにも説かれている。

五会讃　依無量寿経　釈法照
第一会時平声入　弥陀仏
第二極妙演清音　弥陀仏弥陀仏
第三盤旋如奏楽　弥陀仏
第四要期用力吟　弥陀仏弥陀仏
第五高声唯速念　弥陀仏（四七・四七七上）

(41)　ただし、『阿弥陀経』と『観経』をそれぞれ第二会・第三会とすることは、以下のように説明できそうである。すなわち、五会のすべてを挙行しようとするならば、まず第一会には「宝鳥讃」を誦して三千声の念仏を称え、第二会では『阿弥陀経』を誦して三千声を、そして第三会においては『観経』を誦して、また三千声の念仏を和せということである（第四会と第五会の誦経は指定されていない）。

(42)　『敦煌宝蔵』一二六や『法国国家図書館蔵敦煌西域文献』一二には見えないが、一九三〇年代に王重民と向達がフランスで撮影したペリオ本の古写真には、表題に「念仏讃文一巻　沙門法照集」と記されている。李徳範編『敦煌西域文献旧照片合校』一八四頁（国家図書館敦煌研究資料叢刊、北京図書館出版社、二〇〇七年）を参照。

(43)　註（4）を参照。

(44)　円仁『入唐求法巡礼行記』二の開成五年五月一日の条に、「斎の後、寺舎を巡礼するに、般舟道場あり。曾て法照和尚ありて、此の堂に於いて念仏す。勅あり、諡して大悟和上と為す。遷化してより来かた二年なり。いま影を造りて堂裏に安置す」とある。なお巻三にも重複記事が見られ、そこには「念仏三昧を修す」（鈴木財団本『大日本仏教全書』七二巻一一〇頁中・一一一頁下）とある。またその請来目録『入唐新求聖教目録』には、「浄土五会念仏略法事儀讃一巻　南岳沙門法照述」（五五・一〇八五上）、「五台山大聖竹林寺釈法照得見台山境界記一巻」（五五・一〇八五中）の請来を記録している。また、円仁らは五台山の五頂をめぐり「五台山土石二十丸」をも持ち帰っていることは興味ぶかい（五五・一〇八五中）。

(45)　五大院安然の『金剛界大法対受記』六（七五・一七九中）は、円仁の伝えた念仏法が時をおかずして、各種の流派に分流し諸説紛糾していたことを記していることは重要である。註（4）を参照。

(46)　なお、ここで法照崇拝とその儀礼の凋落を記す敦煌石室写本に関して注意すべきことは、当該典籍の成立年代と書写年代が不明であるという点である。およそ日課として恒常的に使用する儀礼書は、いつの時代であっても消耗品であり、料紙の汚濁や破損によって、次々に新たな料紙へと転写されていくものである。したがって、少なくとも敦煌写本中にある各種儀礼書の書写年代は、その料紙や字姿からこれを推定できたとしても、その推定年代がそのまま資料の成立年代ではないということである。また、敦煌写本の書写年代もさることながら、これら儀礼書がいつ編集され成立したのかは現在のところ不明である。儀礼書は時宜の要請によって編集が繰り返されていくので、作者の名や成立年時を明記しない写本が大多数なのである。

(47) この推測を論証するためには、三千声の念仏を指定する伯二一三〇と、四千声の念仏を指定する伯三二一六を比較することで、両儀式の規模を見極めなければならないが、明瞭に判断することはできないようである。

(48) 近年、小南一郎「十王経をめぐる信仰と儀礼——生七斎から七七斎へ——」(吉川忠夫編『唐代の宗教』朋友書店、二〇〇〇年)、同「「十王経」の形成と隋唐の民衆信仰」(『東方学報』七四、二〇〇二年)、さらに道教での『十王経』については、田中文雄「道教の『十王経』とその儀礼」(福井文雅責任編集『東方学の新視点』五曜書房、二〇〇三年)、日本における展開としては本井牧子「十王経とその享受——逆修・追善仏事における唱導を中心に——(上・下)」(『国語国文』六七の六・七、一九九八年)がある。

(49) 塚本善隆(一九七五)は唐末五代、おそくとも北宋はじめの人で、「成都府」とあるので法照と同郷であるとする。しかし法照が成都の出身でないことは『洋県志』の『念仏巌大悟禅師碑記』から確認されていることである。

(50) 塚本善隆(一九七五)は、「法照の創めた五会念仏教に閻羅王授記経の諷誦をとり入れたものと考えてよいだろう。恐らく私は、蔵川は同郷の先輩である法照の五会念仏教の信者であり、民間信仰に深く食い入っている冥界十王の信仰を弥陀浄土教信仰に転入せしめる為に、その経典である閻羅王授記経を五会念仏に結び付けた法要を創めて、冥界十王の信仰者を五会念仏を通して浄土往生の信仰に導いたものであると解して誤りないと思うのである」と述べている。

(51) 筆者はこの蔵川の讃が挿入されている『預修十王生七経』について、あるいは講経文の類ではないのかと考えている。これについては註(54)の胡適の指摘が参考となった。周知のように敦煌石室にはそうした講経文や変文の写巻が多数確認され、かつて王重民が『敦煌変文集』(人民文学出版社、一九五七年)において紹介し、近年は黄征・張涌泉の『敦煌変文校注』(中華書局、一九九七年)が有用なテキストとなっている。おそらく実際の講経儀式にあっては、「経」(経文の朗読)と「白」(散文解釈)と唱(韻文斉唱)が繰り返されていたのであろうが、これが成文化される過程で、時宜の状況によって応用変化する「白」(散文解釈)が省略され、「経」(経文の朗読)

と定型の唱（韻文斉唱）が残されたのではないだろうか。入矢義高は敦煌本の降魔変文について、「白」が略されて「唱」が残されることを指摘しているように（『仏教文学集』四二六頁、平凡社、一九七五年）、本経も講経儀礼（とくに俗講）に用いられたと考えられないだろうか。さらに挿絵が含まれるテキストも少なからず現存しており、それらは在家者に対応する絵解き経本だったのであろう。なお、本経のように「経」と「唱」が残されている例として、善導の『法事讃』巻下がある（各論篇第五章を参照）。

(52)『四庫全書』による。それぞれ子部芸術部書画の属、子部雑家類雑纂の属、子部小説家類異聞の属、集部総集類。

(53)ただし『卍続蔵経』本（朝鮮本を底本とする）を敦煌写本と比較すると、句が少なかったり、逆に多かったりするので失韻となるものもある。しかし敦煌写本では完全に押韻している。

(54)「倫敦大英博物院蔵的十一本《閻羅王授記経》（上）」（中国近代人物文集叢書『胡適学術文集　中国仏教史』五八〇頁・五八一頁、中華書局、一九九七年）を参照。

(55)敦煌写本の伯二〇〇三と伯二八七〇は、ともに蔵川の讃偈が挿入されている写本であり、すべて四四句からなり、『卍続蔵経』所収の本経や、蔵川の讃偈が挿入されていない斯三一四七では四六句からなる。

(56)前掲の小南一郎「「十王経」の形成と隋唐の民衆信仰」（『東方学報』七四、二〇〇二年）を参照。

(57)本論文は、大淵忍爾編『中国人の宗教儀礼』（福武書店、一九八三年）や、鎌田茂雄『中国の仏教儀礼』（大蔵出版、一九八六年）にも転載されている。また聖凱『中国漢伝仏教礼儀』（宗教文化出版社、二〇〇一年）も参照されたい。

(58)大陸での打仏七については、嘉木揚凱朝「中国における「念仏打七」信仰の形成」（『東海仏教』四四、一九九九年）および同「中国における「念仏打七」信仰の復興と現状」（『同朋大学仏教文化研究所紀要』二〇、二〇〇〇年）、聖凱『中国漢伝仏教礼儀』九三頁（宗教文化出版社、二〇〇一年）を参照。

(59)唐代の仏教儀礼の特徴として、かつて大谷光照（一九三七）は超宗派的な儀礼・祈禱的・国家的な規模・儀礼の複雑化を指摘し、小野勝年（一九六四）は音楽的な工夫・大衆動員型を指摘している。それらは広く仏教儀礼の特色を指摘したものであるが、浄土教儀礼においては、これに讃偈の文学性を加えることができる。

(60)『仏祖統紀』二八（四九・二八二中）には、「往生公卿伝　居士附」を設けて白居易をはじめとする士大夫や文人が浄土教に信仰をよせていたことを記している。また長西の『浄土依憑経論章疏目録』讃頌録第七には、「西方浄土讃一巻　白居易」（小山正文「寛永二十一年本『浄土依憑経論章疏目録』」（『同朋大学論叢』六二、二三一頁、一九九〇年）とある。そして、湯用彤は『隋唐仏教史稿』一九四頁（中華書局、一九八二年）において、浄土教は民間に浸透し、またそれは士大夫にも及んだ一例として白居易をあげている。しかし白居易に限って言えば、三八〇〇首を超えるその作詩の中にあって、西方浄土に関連するものは数首でしかない。浄土教からの受容はわずかながらあったとしても、法照の影響を受けていたとは言えないのである。

(61)　各論篇第九章を参照。なお、隋の彦琮にも押韻と平仄を具えた作品があるが（『往生礼讃偈』の晨朝礼）、その詩作した意図は、儀礼に供するための宗教作品としての「偈」としてではなく、文学作品としての「詩」として作ったのであると考えられる。

(62)　たとえば、『広本』では善導『往生礼讃偈』における日中の讃偈が部分的に省略されて引用されている。それは善導没後に李白や杜甫によって定められた韻文の標準的格律の洗礼を受けた法照であったからこそ、その近体詩の格律を基準として讃偈の良不を取捨し、その基準に見合った作品だけを『広本』に収録したからである（各論篇第三章を参照）。

(63)　法照の功績としては以下の点を指摘できるだろう。
・貞元四（七八八）年に長安の章敬寺に迎えられ、そこで『略本』を撰述する。またその没後に「大悟禅師」の諡号を拝領し、長安城や宮中にその儀礼を広めた。
・善導の影響を受けて「善導後身」と尊称された。その評価についてはとくに礼讃儀礼方面にある。
・儀礼の構成次第を整理し、これにより大衆動員型の礼讃儀礼の挙行を可能にした。
・それまでの多くの礼讃偈を統合した。また無韻の偈を有韻の偈に改組した。
・五会念仏による音楽的な念仏を提唱した（単調な口称念仏から、緩急変化に富んだ音曲念仏へと改めた）。
・李白や杜甫によって方向づけられた唐詩の格律を受容した（文学的創意であり、単なる宗教的礼讃偈を文学的礼讃詩へと高めた。彦琮の純文学でもなく、また善導の俗文学でもなく、双方の均衡をはかった。また儀式の役割分担を定め、華やかな宗教儀礼を組成した）。

・宗派を超越した念仏信仰を広めた（典故とする経典は『無量寿経』『観経』『阿弥陀経』に限定されない。禅浄融合的な礼讃儀礼）。

・五台山信仰を拡大させた。円仁を通して日本に五台山の念仏が導入された。

・現代中国仏教の儀礼においても「打仏七」の中で五会念仏は継承されている。

(64)　それまでの浄土教礼讃文は、たとえば世親『往生論』、曇鸞『讃阿弥陀仏偈』、迦才『浄土論』などはすべて無韻であり、善導にあっても『般舟讃』の各讃文は無韻である。しかし『観経疏』『往生礼讃偈』や『法事讃』にいたって有韻の礼讃文が作られてくるのである。以後の浄土教礼讃文は、智昇・慧日など、また『念仏鏡』における偈頌はすべて有韻に変わっていくのである。善導はその分岐点に立っているのである。

終　章　本研究の総括・課題と展望

本研究の主題である「浄土教儀礼」のありかたに関しては、十分な資料を欠いているためその全体像を知ることは難しい。確かに善導や法照の作品は当時の儀礼の状況をいくばかりか推知させるものではあるが、単にテキストが伝承されているというだけで実際の儀礼を実演できるものではなくて、人から人へと直接に稟承されることによってこそ、活きた儀礼として伝えられるのである。したがってひとたび相承が絶たれてしまうと、法統を欠いた儀礼となり、いつしかその本来の意義や目的すらも喪失されてしまい、ついには一時代に盛況した一儀礼が消失することになる。かりに数十年後、あるいは数百年後に再現しようとして、遺されている当該儀礼のテキストに準じて挙行しようとしても、すでに往時のありのままを蘇らせることは難しいのである。

しかしその儀礼を創始した者にとっては、それを導入するだけの目的や意義があったわけで、そのためにオリジナル性は堅持する必要があったであろうことは予想される。たとえば善導は『法事讃』巻下の末尾に（『大正蔵経』四七・四三八中）、

行者等に白す。一切の時、常に此の法に依り、以て恒式と為せ。応に知るべし。

と述べ、特定の施主の求めに応じて行われる法事儀礼にあっては、定められた作法に則り行うべきことを強調しており、また同じようなことを法照は『浄土五会念仏略法事儀讃』で以下のように述べている（四七・四七五中）。

専心に五会の真声を学び取り、未来に伝えて広く群品を度せ。若し師に学ばずして濫りに人に授与せば、転た後学を誤り其の宗旨を失わん。即ち却って其の咎を招き、福田を利することなからん。

儀礼というものは、師からの直授をもって、そしてしかるべき手順や規範にそいつつ執行されるべきことが求められていたということである。このように善導や法照が自著において注意を喚起していたにもかかわらず、両師が創作した礼讃儀礼が演変し、ついには断絶してしまった背景には、彼らの願いとうらはらに時処諸縁の要請にともない随時改変が繰り返されてしまうのが儀礼だったということである。

次に本研究の副題に示した「讃偈の律動」の観点からも総括する。大衆儀礼として唱和される讃偈は言うまでもなく歌詞と律動からなる。ところがそれらの良し悪しを客観的に評価することは容易なことではない。歌詞についての評価はそれを目にする者の主観的な語感に委ねられ、律動についての評価はそれを耳にする者の個人的な音感に委ねられるからである。要するにどちらにしても個人の経験とイメージということで、まったく学問的な客観性は担保されてはいない。ただし律動について言えば客観的に評価することもできる。それは定められた基準というものが存在するからである。漢語がもつ音声の特性が時とともにしだいに意識され、詩作の中に自然に反映されるようになり、ついには唐代に近体詩の格律として定められた基準があり、その基準が現在もなお有効であるということは、やはり漢語の普遍的な特性がそのような基準をおのずから成立させたものと言える。したがって歌詞はともかく、律動の良し悪しについては定められた基準によって客観的に評価することができる。つまり律動の基準を文字や記号によって表記することで可視化、あるいは数値化できるのである。

これまで浄土教礼讃偈の研究にあっては宗教歌曲や仏教歌曲として扱われるばかりで、中国という土壌で漢民族によって醸成されてきた作品群として扱われたことはなかった。これに反省を加えて、漢字音や中華伝統の詩律をもって讃偈に照射し、漢語詩の諸要素を享受した文学歌曲として認知することでその実効性や大衆性を明らかにし、ひいてはそれが唐代の礼讃儀礼を盛んにさせた要因であると検証したことが本研究の特色となっている。

歴史的にふりかえってみると、世親の『往生論』は菩提流支によって無韻の偈として漢訳された。その後、曇鸞は『讃阿弥陀仏偈』を撰述したものの、やはり無韻の偈であった。ところが善導の『般舟讃』になると緩やかではあるが、いくばくかの進展が認められた。それは依然として押韻することはなかったが、挿入句（合いの手）を讃偈の句間に挟むことにより押韻に代替させようとする配慮が加えられたということである。このように礼拝と讃歎という個々の行から両者の結合へと変じ、さらには文学的関心や要請も加わったことによって、しだいに大衆儀礼にふさわしい形態へと発展していった。『観経疏』『往生礼讃偈』『法事讃』においては、中国浄土教の儀礼史上ははじめて韻律（押韻）と声律（平仄）が具わり、さらに広略『五会法事讃』にいたっては宗教的な〈讃偈〉から文学的な〈讃詩〉の色彩をより強めて新たな局面へと向かっていくことになった。ただしその文学的な配慮とは、あくまでも通俗文学の範囲であり、そこに大衆娯楽的な要素を認めることができるのであり、ここにこそ民衆の中に身をおいてともどもに儀礼を挙行した善導と法照の通俗性があらわれているのである。宗教文献は真理だけを綴っているのではなく、そこに文学的要素も取り入れることで人々に感動を与え、実効性が付与されるものである。その文学とは中国において決して現実から乖離した虚構の産物ではない。飾り気のない質朴な真理に対して化粧を施し美しい衣装を纏わせることで、人々の耳目に堪えられるように仕立てることに文学の役割がある。これこそが、同じ偈と言われながらも、華美な修飾が道義的に許されない漢訳仏典の偈との大きな相違である。

さらに善導の『観経疏』は、聖光や良忠から「解義分」として理解されてきているが、その構造と内容、そして語文を考慮するとき、むしろ「行儀分」に収められるものであることもわかってきた。つまり『観経疏』は講経テキストとしてまとめられたと考えられるのであった。その白話性に富んだ豊かな語彙と語法は民衆性を想起させるものがある。(1)これは諸師の『観経』各註疏や、他の浄土教における同時代文献には見られない傾向である。一貫して語り口調で綴られていることから、読者を想定した上でまとめられた文章ではなく、むしろ聴者の存在を想定しないと解けない文章構造と言える。これもまた儀礼の通俗性として理解することができよう。

そして善導以後の中国浄土教の讃偈は「無韻の偈」から「有韻の詩」へと変容し、李白や杜甫の影響を受けた中唐の法照によってより高められた。ここにいたってまさしく詩文学作品としての評価を下せる〈讃詩〉が完成の域に達したと言ってよい。ところがその韻律と声律を丹念に調べると、作詩上の共通字音を反映している『切韻』系韻書に必ずしも準拠して作られているのではないことが判明した。讃偈は民間の仏教儀式として大衆とともに唱和することを目的としているため、民間の字音が反映されていて当然である。仏教徒が日常的に用いている語音をもって讃偈の用字を定めていくことは、在俗者の心をとらえ定型の讃歌として定着させていく上で効果的な手法であったはずである。そこに、人為的に作られた『切韻』の音韻体系によらず、当時当地における活きた語音をもって創作しようとする法照の深意があったものと考えられる。

わが国での状況について言えば、正確な漢字音を大陸に置きざりにしたため、請来された讃偈は日本の漢字音によって唱和することになる。もし正確な漢字音も伝えていたならば概ねテキストの乱れはなかったはずであるが、漢字音を閑却して意味の流れをより重視してしまったために、日本でのテキストは意味上から改訂されてしまったのである。こうして原作者による知的営為による韻律と声律の配慮は一顧だにされることはなかった。

第一節　善導の讃偈

善導の讃偈はインド以来の「讃辞の偈」と中華伝統の「讃辞の詩」を折衷した作品であり、しかもこの口業讃歎に身業礼拝を付帯して「礼讃偈」となし、大衆を動員する宗教儀礼の現場に具現させたことにその役割と意義がある。今善導の讃偈の律動における通俗的（通俗文学的）要素として以下の六点にまとめることができる。

(1)一句中の音節数は流行の七言を採用（音数律）

後漢以降の中華における詩文学の趨勢が、『詩経』の四言基調から脱して建安体に顕在化する五言へと移り変わり、それに歩調を合わせるかのように仏典の偈の漢訳にもこの五言音節が導入されてきた。[2]さらに降って隋のころから七言詩が増加し、宋代に及んでいっそう増えていく。仏典の漢訳者たちにもその傾向が受容された結果、七言偈が多く漢訳されていく。[3]善導自作の讃偈にあっても大多数が七言偈の作例であって、五言偈はわずかに『観経疏』水想観の讃偈、『法事讃』巻上の「請観世音讃」のみであり、[4]移りゆく時代の趨勢と人々の嗜好に歩調を合わせた結果であると推察される。唐代になって民間でも作られるようになった七言詩は、五言詩の伝統的な重厚さと形式的な拘束を脱し、軽快で明るい作風の作品となっている。善導もこの七言の形態を受容することで儀礼の盛況を期したものと言える。独創的で斬新なスタイルを導入した善導の讃偈は流行の最前線であり、それは国都長安の民衆を惹きつけるだけの魅力を具えていたのである。

善導以後の讃偈の音数律にあっては七言が五言をはるかに凌駕している。この事実からは、すでに五言の時代はおわり、七言が浄土教儀礼の主流となっていったことがわかるのである。

(2)句中の平仄を意図的に配置（声律）

この平仄も当該作品が単調な律動とならないようにする修辞技法であり、五世紀後半から顕在化する。五言では〈二四不同〉が、七言では〈二四不同〉と〈二六対〉の平仄配置が韻文としての原則である。善導以前の讃偈にあってはこの平仄配置はまったく無頓着であったが、善導がはじめてこれを導入した讃偈を作っている。ただしすべての讃偈にこうした配慮を施しているわけではないが、概ねこの規則が守られていると言えるだろう。また粘法や反法については善導の時代は近体詩以前ということもあり、これが遵守される道理はない。善導以後になるととくに法照の讃偈における平仄はかなり整えられていく。これは韻律でも同様のことが言える。『詩経』にはじまる韻文史からすれば、善導と法照の活動年代はさほど時間をおいていないにもかかわらず、法照のそれがより中華伝統の詩の格律に接近している原因は、両者の間に李白と杜甫がいて近体詩の雛形を確立しており、法照はその近体詩の洗礼を受けて讃偈を作っていたからである。[5]

(3)偶数句末における通俗的な押韻（韻律）

善導の讃偈は大衆とともに執行される実際の宗教儀礼に用いる性格上、必ずしも『切韻』に準じて作られているわけではない。そこに讃偈の通俗性（俗文学性）を感じとることができる。しかし中国浄土教の讃偈において韻律を導入したことは善導の功績であり、それ以前にはまったく配慮されることはなかったのである。[6]

ただしその讃偈は通俗的である。それは時に舌尖韻尾（-n）、舌根韻尾（-ng）、そして両唇韻尾（-m）を混用することがあるからである。要するに善導が用いるような韻字の配置は同時代でも後世の作品の中にも、ともに純文学作品には罕見な例なのである。ところが善導とほぼ同時代の天台山国清寺に住し、白話詩人として知られている寒山と拾得の作品や、降って唐末五代の敦煌変文や講経文に見られる俗講資料中の韻文においては、善導の讃偈と同じく鼻子韻尾が -n, -ng, -m の陽声韻は当たり前のごとく同用の扱いがなされている。いずれにせよ、それは資料そのものの通俗性を顕著に示すものであり、『切韻』系韻書に準拠して作られる文壇の詩とは一線を画する作風なのである。したがってそうした作品は『全唐詩』九〇〇巻に収められることはなかったわけである。礼讃儀礼は大衆とともに読唱される音楽儀礼であり、文人知識人が鑑賞したり評価することを目的として作られるものではない。それ故に『切韻』が成立した後も韻書の拘束は受けず、もっと自由な表現が許容されていたのである。律動を配慮しないような前時代的な宗教歌でもなく、また韻書の拘束を受ける純文学にも偏らない作風こそが、新たに生み出されたのであって、浄土教においてその先駆者こそが善導だったと言える。

(4)句間に挿入されている合いの手（和声）

『般舟讃』の讃偈は五部九巻の中で唯一、平仄と押韻の配慮がなされていないが、句と句の間に「願往生」と「無量楽」という合いの手（和声、和讃、囃子詞）が挿入されている。これによって声律と韻律を欠いていながらも、音楽的な律動が保たれることになる。[7] また偶数句末に押韻する『法事讃』にあっても、毎句ごとにこの和声が挿入されていることから、施主の依頼に応じて法事が挙行される際に、讃偈を唱える担当と、和声を唱える担当に分かれて重唱していたのであって、押韻に和声が加わることで礼讃儀礼をより躍動的なものにする効果があったと考えられる。この和声は善導によってはじめて浄土教儀礼に導入されたのであった。

こうした和声は規則的なリフレイン効果によって、歌曲としての調和が保たれているかのようである。なお加地哲定は和声を含む中華の詩はすでに魏晋の雑曲の中にも存在し、また仏教では浄土教以外にも歌われていたことを指摘している。(8)

善導の和声は「願往生」「無量楽」「往生楽」「散華楽」のみであるが、善導後身（善導の生まれ変わり）と評された法照の時代までに、さらに「南無阿弥陀仏」「阿弥陀仏」「難思議」「維摩詰」「双林裏」「道場楽」「浄土楽」「我浄楽」「難識」などが検出できる。

(5)句末と句頭の語彙を復唱（連珠讃）

句末の語彙と後続する句頭の語彙に同じ文字を配置し、これによってテンポのよいリズムを作り出している。語彙が数珠のように連なっているので「連珠讃」とも言われる。こうした讃偈は『観経疏』『往生礼讃偈』『法事讃』に散見される。とくに『法事讃』のそれは概ね偶数句末から奇数句頭へと重ねられていることに注目すべきである。中華の韻文は、四句・六句・八句というように偶数句によって構成されるので、韻文の読者や鑑賞者は、当該作品の偶数句にいたって完結することを無意識のうちに予測している。ところが連珠讃のように偶数句末から奇数句頭への語彙の重複は、作品そのものがさらに継続していくことを意識させる効果がある。こうした修辞技法は中華伝統の純文学作品の中には見ることのできない作風となっている。『法事讃』には上下両巻にわたってあちこちにこのような連珠讃が見られるが、こうした配慮は作者の遊び心だったようにも感じられる。先の和声の挿入に同じく善導による創始であることは注目すべきであり、こうしたところに大衆動員の儀礼における通俗性を見てとることができるのである。法照の『浄土五会念仏誦経観行儀』に収められる作者未詳の「極楽連珠讃」（八五・一二六〇下～一二六一中）にも引き継がれている。

⑹古典文学から語彙を借用（典故）

典故とは既存の作品中にあってよく知られた名句や語彙を借用し、自己の作品と重ね合わせることで、その情景や意境を立体的に浮かびあがらせる修辞技法の一つである。たとえば『法事讃』の「従仏逍遥帰自然」（四七・四三二中）、「一念逍遥快楽国」（四七・四三四下）、「従仏逍遥入宝国」（四七・四三五上）は、それぞれ畳韻語の「逍遥」（平声蕭韻）を用いている。これは『荘子』の逍遥遊篇を典故とすることは言うまでもない。ぶらぶらとめぐり行く、とらわれのない自由な境地、というような意味あいで用いられている。この讃偈を読唱する者が『荘子』を連想し、浄土への「往生」が「逍遥」であることを彷彿させる効果をねらってのことである。また善導は浄土に「往」くことを「還」や「帰」と表現する。これは東晋の田園詩人陶淵明の「帰去来兮辞」を典故とする。赴任先にあって意にそわないことから望郷の念を強くする淵明の心情と、娑婆世界にあって極楽往生の念を強くする願生者の心情を重ね合わせたレトリックである。善導の著作中にあらわれる「還」や「帰」は計一一例を数えることができ、そのうちの一〇例が讃偈の中にあらわれていることは重要である。善導はあくまでも「往生」のかわりに、詩語として「還」や「帰」を用いただけであって、意味的には「往生」と同じであり、もといた場所に帰るというような字義どおりの受けとめかたはナンセンスである。

以上の六点はどれもみな前時代の讃偈には存在しない要素であり、善導によって新たに導入された斬新な創作だった。時代状況に止目するならば、隋から唐の前半までは中原に戦乱もなく政治は安定していた。それは宗教界の発展を後押しすることになり、ひいては各種儀礼が盛況してゆく遠因ともなる。善導は実際の儀礼を挙行する経験から讃偈に音楽的、文学的な要素を加味して、それまでの殺伐とした仏教儀礼に潤いを与えた。華美に飾った言辞には偏らず、また味気ない表現にも陥らない新たな讃偈、換言すればインド以来の仏に対する「讃辞を記した偈」(宗教性)と、中華伝統の韻文による「讃辞を記した詩」(文学性)との折衷的な作品(詩偈)と言える。この両者の結合と、しかもそこに礼拝という身業を加えて「礼讃偈」となし、さらに第三者による鑑賞や評価を期待するための讃から脱却して、大衆を動員する宗教儀礼の現場に引きずり出してきたことにこそ、善導が中国浄土教儀礼の中で果たした大きな役割と価値がある。したがって、どちらにも偏ることのなかった通俗的な善導の儀礼はその没後数百年もの間、中国の浄土教儀礼において権威を保つことになったのである。

第二節　法照の讃偈

法照は中唐の浄土教の大師として知られ、善導後身(善導の生まれ変わり)とも尊称された。また廬山の慧遠を継承する浄土祖師(蓮宗十三祖)の中でも、第二祖善導、第三祖承遠についで第四祖に名を連ねている。その編著である『浄土五会念仏誦経観行儀』三巻および『浄土五会念仏略法事儀讃』一巻は、隋から中唐までに作られた讃偈と、みずからが詠んだ讃偈を載録した浄土教アンソロジーであり、かつそれに念仏と誦経などを加えて実際の儀礼に応ずべく組成させた一大儀礼書でもある。法照は五台山・太原・長安においてこの儀礼を挙行したのであった。

この法照によって作られた讃偈の律動における通俗性や対民衆性を四点指摘することができる。

(1)韻文の三要素（音数律、声律、韻律）

法照の讃偈の音数律はやはり七言が圧倒的に多く、五言は『広本』巻下の後半にまとめて並べられているにすぎない。この現象はひとえに唐代の韻文学の趨勢に連動した結果であると言える。また声律について善導の作品と比較すると格律に準拠した作風となっている。それは韻律にも同じことが言える。ただし純粋な文学作品でもなく、また吟じて鑑賞する対象でもない讃偈は、大衆を動員して挙行される宗教儀礼であり実用品でもある。したがってその通俗性は善導の場合と等しく、『切韻』系韻書と合致しない漢字が用いられており、また句中の二四不同や二六対はほぼ正格であるが、反法と粘法は破格となっている例が少なくない。それは『全唐詩』や『全唐詩補編』に見られる法照自作の詩五首の完成度と比較すると、明らかな相違が認められる。これには次のようなことを想定できる。すなわち、「詩」として作られる作品（文学作品）と、「偈」として作られる作品（宗教作品）との相違ということである。まず文人・知識人の詩というものは、より技巧を凝らし、より装飾された高尚な作品を創作しようとし、同時に第三者の評価にさらされるため、韻律においても権威ある『切韻』に合致させることが要求されるものである。ところが「偈」は知識人を読者対象として作られるものではなく、あくまでも寺院における宗教的儀礼の現場で用いられる歌曲であったということである。儀礼の歌曲であればこそ、その時代とその地域の漢字音をもって読唱されるべきであり、標準音でなされねばならぬという道理は何もない。もしこれに反する措辞をしてしまえば、それはその地域の実際の儀礼において実効性もないものとなる。歌って発声しやすく、聞いて耳に心地よい歌曲を作りあげることで、その場の礼讃儀礼の盛行が約されるというものである。

唐末五代に出現する敦煌変文や講経文における用韻においては、主に西北方音とされる民間の口語音が強く反映されており、公的な韻書を用いて作詩することは、すでになくなったと言われている。唐代に盛んに作られる浄土教の讃偈は、伝統的保守的な文壇の詩文と、比較的自由に作詩される唐末の敦煌変文・講経文との時間的な中間点に位置するのみならず、その作風においても純文学と俗文学の狭間にあったと言えるのである。

(2)漢字音

漢字音には明らかに地域性がある。すなわち広大な中国では同じ漢字であっても字音が異なるのである。この事実は、僧と俗とが一体となって斉唱する礼讃儀礼を挙行する際に問題となっていたはずである。当然ながら儀礼の現場では語音を統一した上で読唱されなければならない。南岳衡山・五台山・太原・長安、南へ北へと活動の場を移してきた法照にとって、それは身をもって体験していたことだったようである。この点については『浄土五会念仏誦経観行儀』巻中（八五・一二五三上）において、漢字音の地域差は確かに讃偈の音楽的な統一性を損なうのであるが、大切なことは唱えることであって、漢字音にこだわってはならないとする。つまり都では都の字音で唱和し、地方ではその地方の字音に従って読唱すべきであるという判断を示したのである。このように礼讃儀礼における讃偈の字音は、当該地域の儀礼の盛衰を左右する問題であったと思われる。つまり、漢字音の地域性を許容することで、当該地域の儀礼儀式の隆盛を期したのであり、大衆を動員して行われる礼讃儀礼は、教団にとっては効果的な布教の場であり、また民衆にとっては感興的な娯楽の場としても機能していたのである。

(3)語彙

たとえば「～裏」（場所を示す接尾辞「～に」）、「～頭」（物の先端や場所の前方を示す接尾辞で「～に」）、「～得」（動詞とその結果を同時に示す結果補語）、「耶嬢」（母親へのくだけた呼称で「おかあちゃん」）、「会当」（「当」の強意）、「但使・但令」（仮定の副詞）、「去来」（行為や気持ちを促し勧める助辞「いざ」「さあ」）、「急手」（「手」は接尾辞、「いそいで」）などを指摘できよう。さらにまた「時時」「声声」「一一」「個個」「処処」などの重字を多用していることも口語的な要素であり、民衆の日常的なことばを用いたところに法照の配慮があったのである。

(4)和声

これはもと善導の創作であり、法照も取り入れている。たとえば浄土楽讃は各讃の句間に「浄土楽」なる文字が挿入されている。一句ごとに「浄土楽」という和声を挟む画一的なパターンは、「我浄楽」や「帰去来」など他にも多種あり、句間に挟んで繰り返し読唱することによって、そのバックコーラスによるリフレイン効果が一種の合いの手となり、一定のテンポを生み出すことに一役かっているのである。それはあたかも盆踊りの民謡流し（これもまた宗教儀礼）で、歌詞の合間に「よいしょ」「どっこい」といった合いの手（囃子詞）が加わることと同じである。浄土教の讃偈が民衆とともに唱和するための宗教歌曲であったということが、ここからも知られるのである。善導による創作を取り入れて礼讃儀礼を展開した法照は、まさしく「善導後身」と尊称される祖師だったのである。

かつて大谷光照（一九三七）は唐代仏教儀礼の特徴として、国家的色彩が強いこと、宗派的相違がほとんど認められないこと、はなはだ複雑化したこと、祈禱的な目的が本来の目的にかわったことの四点をあげ、小野勝年（一九六四〕はこれら四点に加え、法会の音楽性と対民衆性の増大を指摘している。法照の五会念仏の儀礼においては、これらのうち儀礼の複雑化・音楽性と対民衆性の増大が顕著であり、さらにここに文学性（俗文学性）を新たに加えることができる。儀礼に新たな要素を加え、長安の民衆とともに流行の最前線を走りつづけたことは、善導と同じだったのである。

第三節　讃偈の通俗文学性

本書では儀礼の通俗文学性について述べてきているが、それには二つの含意がある。一つは音韻的な通俗文学性であり、二つは語彙語法的な通俗文学性である。これを「純粋文学性」に対峙するものとして考察した。まず音韻方面についての通俗文学性である。韻律（押韻）に関しては、『切韻』のような韻書に準じていない規格外れの作品をもって通俗文学性とみなし、それを略して「通俗性」という。また声律（平仄）においては、これもやはり二四不同と二六対の規格に準じていない作品ということである。次に語彙語法方面についての通俗性である。口語表現の多用、さらに内容においては出家僧とは関わらない、もしくはその接点がきわめて弱いため（孝養父母、四重破人、二河白道など）、民衆を前提としないと理解しえない作風などを指摘できる。これらの音韻方面と語彙語法方面における通俗文学性を総称して「通俗性」と定義する。それは文学的讃詩と宗教的讃偈を融合した新たな偈を生み出している。

さて、浄土教の讃偈を仏教文学作品として捉える場合に、果たしてその仏教文学とはいかなるものであるかを確認しておかなければならないだろう。加地哲定は『増補　中国仏教文学研究』（同朋舎出版、一九七九年）において、

「教理を会得し体験し信仰し、自己に於いてそれを文学の作品として諷誦し讃歎するもの」（六頁）、「教理の説明でもなく、単なる文詞の修飾でもなく、その生命とするところは、作者の仏教的体験、信仰を内容とした文学的創作」（九頁）と述べている。そして「普通の文学作品」や「普通の詩」といった仏教文学の範疇に収められないものと、右に定義された仏教文学作品とを峻別し、あくまでも仏教文献中にある仏教と関わりのある内容を有し、しかも主に韻文資料を中心としての文学的側面を解明しようとしている(9)。

仏教文学というものがこのように定義されたとき、はたして浄土教礼讃偈は文学作品として位置づけることが可能だろうか。そのような客観的な根拠にもとづいて判定することも確かに重要ではあるが、注意すべきは加地も述べているように、その作品がはたして作者当人において自覚的に文学作品として創作されていたのか否かということにある。つまり作者の主体的な創作活動における姿勢が重要な判断基準ともなるのである。したがってどちらか一方に偏向することなく、主客をともに資料の中から吟味してはじめて正当に判定を下すことになるわけである。このような基準を設けて判定すると、実際に仏教文学には収まらない資料も存在するので、すべての礼讃偈資料を常に文学作品として扱うことはできない。文学作品である詩作として創作したというのであれば別であるが、讃偈は必ずしもそうとは言えない。たとえば世親『往生論』の五言偈や、曇鸞『讃阿弥陀仏偈』と善導の『般舟讃』における七言偈などは、押韻・平仄・対偶・典故などといった修辞技法はほとんど用いられていない。ただ視覚的に句中の字数を均一化してなるほど韻文を装っているが、何ら文学的評価を通過させるべき要素をもちあわせていない。これらはあくまでも宗教儀礼を挙行する際に用いられる仏教歌曲であり、もとより文学作品として評価されることを期待して作られたのではなく、訳者や作者の創作意図は別のところにあったはずである。したがって文学的な観点からのみ讃偈に評価を下すことは妥当な判断ではないのである。

また澤田瑞穂は『仏教と中国文学』（一～二頁、国書刊行会、一九七五年）において、「源泉となる自己（作者）の信仰心が、どの方向をさして流出するかによって、発想の面から」三種に分類している。対三宝の文学、対自己の文学、対世間の唱導文学がそれであり、浄土教の讃偈は対三宝の文学にあたるというが、しかし、そこには儀礼としての讃偈という第一義的な創作意図が厳然と存在していることを等閑視しているように感じられる。もし讃偈を文学作品として扱おうとするならば、宗教儀礼書という資料の性格をまずもって認知すべきであり、このことを闡明にしていく作業の中で、その彼方にもし文学的な要素が見えてくるならば、その時点でそれを究明し評価すればよいのである。つまり作者がみずからの作品を、実際の儀礼の現場にふさわしい実用品として創作していたのか、それとも第三者からの文学的評価や鑑賞を期待して創作していたのかということが争点となってくるはずである。讃偈にあっては、まず前者があって、その先に後者が顔をのぞかせているということになる。皮肉なことに書物というものは、作者の生前と没後とを問わず、その意図とは別な方向に歩きだすことがある。それはその作品を取り扱う者の目にふれたときであり、そのときに作者の意図と読者の視点に〝ずれ〟が生じるからである。しかしその両者のどちらかに文学的な何物かを認めることができたならば、その作品はすでに文学と言えるのである。このような言い方ははなはだ曖昧で、不合理ではあるが、山田昭全が「仏教文学とは何か」（大久保良順編『仏教文学を読む』講談社、一九八六年）において「仏教文学とは作者が内面に仏教と文学とを共存させつつ作品を形成していく方法、あるいは作品を享受する者が仏教と文学とへ同時に関心を注ぎつつ摂取してゆく方法」と定義するところに結局は落ち着くのではなかろうか(10)。

それでは讃偈にあって、宗教儀礼という側面よりも、むしろ純粋に文学作品と適評しうる作品はあるだろうか。これには隋の彦琮（五五七～六一〇）によって作られた五言の讃偈（晨朝礼・浄土詩）をもって応じられる。それは明らかに第三者に評価されることを予想して作られた純文学作品である。その讃偈の格式は同じく韻文作品を作っていた善導（『観経疏』、『往生礼讃偈』日中礼、『法事讃』）や法照（広略『五会法事讃』）らのそれとは厳然として異なる。これはまさしく正当な「詩」として文学的評価を下される作品であると断言できる。すべての讃偈は平声で押韻し、二四不同は完全であり、換韻もなく（一韻到底）、そして対偶も用いている（四七・四四四上中）。粘法や反法といった近体詩の特質は発揮されていないが、律詩の特質としての対偶が自覚的であったことは明白であり[11]、李白や杜甫によって八世紀に確立されていく近体詩の格式にも肉迫している。そこから言えることは、彦琮は「阿弥陀仏像讃幷序」を草した東晋の俊才支遁などと同じく知識人の教養として仏教を題材とする「詩」を作ったということであり[12]、もともと何らかの儀礼のために用いる目的で創作された「偈」ではないということである。また正倉院の『聖武天皇宸翰雑集』では「浄土詩」と題されていることからも、「詩」として認識されていたことがわかる。ところが善導が『往生礼讃偈』の晨朝礼に、そして法照も広略『五会法事讃』にこれを編入したことによって、作者彦琮の製作意図とはうらはらに原詩の前後に定型句「南無至心帰命礼西方阿弥陀仏」や「願共諸衆生往生安楽国」が置かれて、讃偈という新たな生命と役割を与えられ、浄土教の儀礼の一部に組み込まれてしまったのである。これはすなわち作者が意図した文学作品としての「詩」が、後には宗教作品としての「偈」に生まれ変わったということである。隋の文帝や煬帝と交わり、数多くの著作を遺した文化人でもあった彦琮の晨朝礼（浄土詩）は、名作と評されてきたように[13]、まさしく純文学の「詩」として品評しうる対象なのである。そしてそこに宗教的意味づけを与え「偈」として再編させるのはいつも後人である。

以上のことから、彦琮は阿弥陀仏やその浄土を題材とした文学作品である詩を創作したものの、後に宗教的な役割をも与えられたのであり、それとは逆に善導は宗教作品としての偈（『般舟讃』）を創作しつつも、そこに新たに文学的修辞を施して実際の儀礼にも対応できるようにした偈（『観経疏』、『往生礼讃偈』の日中礼、『法事讃』）を組成させたということである。このように作者自身の創作意図を考慮したとき、宗教儀礼に用いることを目的として作られた有韻の礼讃偈の嚆矢というのは、彦琮ではなくして、やはり善導の作品であったということになる。

第四節　今後の課題と展望

今後も究明すべき課題は山積している。まずは字音について、讃偈の字音が『切韻』系韻書の拘束を受けていないことは事実であり、したがって常識的に考えるとその土地の方音にもとづいて作られていたことになる。それならばどれほど韻書の字音から離れ、どれほど方音に接近していたのかを立証しなければならないだろう。もし、これが明らかになったならば、浄土教儀礼の土着性・通俗性がよりいっそう明白になるはずである。

次に個別な問題として、善導の『往生礼讃偈』の晨朝偈には彦琮の作品を収めているが、『浄土五会念仏誦経観行儀』や正倉院の『聖武天皇宸翰雑集』を見る限り、もと五言八句三二偈からなっているはずが、善導はそれら三二偈のすべてを採用したわけではない。選ばれた一九偈と選ばれなかった一三偈には、いかなる基準があったのか今なお未詳のままとなっている。儀礼の規模を斟酌して精選されたのであろうが、その選定基準を明らかにしなければならない。

また、これと同じく『浄土五会念仏誦経観行儀』に引用されている善導の日中礼は、巻中と巻下とに収められている。その原因も不明である。中国伝統の詩歌の格律が整備されてくるに従い、浄土教の讃偈もその影響を受けていたことは、本書の中に述べたことである。おそらくはそうした詩歌の体裁との連動であろうことは予想されるが、それを現段階では実証できていない。

さらには、浄土教の讃偈と梵唄との関係についても、もう一つすっきりとしない。両者はともに仏教音楽であり、ともに儀礼において用いられ、そしてともに経典の語句や内容にもとづいて製作されているという共通点がある。これほど共通点があるのだから、讃偈が梵唄から何らかのヒントを得ていたのではないかと愚考しつつ、各論篇第一章に『後出阿弥陀仏偈』に関する論稿をあえて収めたのである。しかし両者がいかに連動していたのかは、よくわからないままである。

最後に今後の展望について。いかなる儀礼であろうと、それは必ず何らかの教義（根本原理）にもとづいてなされるものである。そもそも教義をいかに表現するのかということは後人の課題であり、およそ註疏、造形、儀礼などをもってその手段とされてきたと言える。註疏は理知的な教義把握、造形は視覚的な教義把握、そして儀礼は体感的な教義把握とも理解してよい。これらの表現手段は、いかにその時代とその地域に対して教義を表現し伝えていくかという献身的な営為ということである。このうち本書で問題とする礼讃儀礼は浄土教義を体感的に把握するための表現手段であることから、その根拠となっている教義との関わりについても解明しなければならない。本研究は善導と法照の浄土教儀礼のテキストを唐代文献という観点から原初形態に遡及する作業を通過させるとともに、それぞれの作品評価を通して実際の儀礼における実効性について検討した。よって教義との関連性を積極的に扱ったわけではないので、今後は両者の関わりについてもさらに踏み込んで吟味されなければならない。いま善導の『観経疏』に関連して言うならば、本研究で得られた成果が以下のように展開できるものと想定している。

口語語彙語法の多用⇓布教伝道のありかた
孝養父母の冗長さ⇓社会倫理の勧奨

四重破人と二河白道の説話的要素⇓信の確立
指方立相⇓唯識法身観と自性清浄仏身観に対する否定の強調
還帰往生⇓浄土や仏との親近性や三縁との関連
押韻する讃偈⇓儀礼による大衆参加型の仏教を提唱
儀礼仏教⇓知的に理解する教理浄土教から、体で把握する実践浄土教への転換

こうした諸要件のいくつかは本書で既に述べたことではあるが、どれも在俗者向けに発信（説教）されるものであり、使われている口語表現の多さはテキストの臨場感を露呈しており、また挿入されている自作の讃偈は大衆参加儀礼の現場で用いられるものである。これらは土着的で親しみやすいという点で、民衆にも享受できる教義の再構築をはかったのであり、浄影寺慧遠の経疏にあるような洗練さを欠いている。この事実を糸口として善導撰述のテキストに表現されている対民衆性の視点から、その浄土教義を解明することができるものと考えている。

註

（1）　拙文〔一九九九①〕を参照。
（2）　五言詩の作例が多くなり一つのジャンルを形成するのは、いわゆる建安体とされる魏の曹操（武帝、一五五～二二〇）や、その子息の曹丕（文帝、一八七～二二六）と曹植（陳思王、一九二～二三二）にはじまる（吉川幸次郎述・黒川洋一編『中国文学史』一〇〇頁、岩波書店、一九七四年）。
（3）　周一良は「論仏典翻訳文学」でこれを簡単に述べている。「仏典的体制固然是依照原本、但究訳成漢文、多少要受漢文文学的影響。譬如経典里的偈語、不問原文音節如何、大抵魏晋六朝時所訳以五言四言為多、七言極少。而隋唐以後所訳偈語、十九是七言、五言極少、四言簡直看不到了」（『周一良集』第三巻、遼寧教育出版、一九九八年、

原載は『申報文史副刊』第三～五期）。また兪理明も『仏教文献語言』（三七頁、巴蜀書社、一九九三年）において、「五言句是一定要用的基本句式、由于唐宋詩的影響、七言句在唐宋仏経韻文中也占有相当数量」と述べ、張先堂「敦煌本唐代浄土五会賛文与仏教文学」（『敦煌研究』一九九六年第四期）では「所以仏経翻訳家們只能結合漢語言文学的伝統、将印度仏経転化為適合中国人閲読、欣賞習慣的文体。于是我們看到、仏経中的偈早期多訳為四言・五言韻文体、到了後来又往往訳為七言韻文体」と述べている。他に中華の七言詩と仏典の七言偈の関連については、陳允吉「中古七言詩体的発展与仏偈翻訳」（陳允吉主編『仏経文学研究論集』復旦大学出版社、二〇〇四年）がある。拙著〔二〇一三〕総論篇第二章を参照。

（4）『観経疏』（『大正蔵経』三七・二六三上）、『法事讃』（四七・四二七上中）

（5）各論篇第九章を参照。

（6）彦琮の讃偈は配慮されているが、それは宗教儀礼のテキストとして作られたのではなく、文学作品として作られていたことは明らかである。これについても各論篇第三章を参照。

（7）日本で言うところの民謡流しにおいて音頭（調子・拍子）をとる合いの手（囃子詞）と同質である。多くの僧俗がいっせいに斉唱する際に、句頭の発語をそろえるべく句の合間に入れられるのである。

（8）加地哲定『増補　中国仏教文学研究』（同朋舎出版、一九七九年）は、「和声とは歌謡の内容に関係なく、その中間又は終りに調子をとるために入れた詞で、日本の歌の囃子詞に当たる。この和声のついた曲詞は普通雑曲の中に多く見受けられるが、讃仏歌の中にもまた多くこれがある。勿論曲調を伴うたもので、歌うべき性質のものである」と述べ、雑曲や仏教資料中のいくつかの例を示している（一九四～二一六頁）。

（9）したがって宗教儀礼や信義信仰方面から資料と向き合った研究でないことは言うまでもない。

（10）この山田昭全の「仏教文学とは何か」は、筆者が通覧しえた仏教文学を解説した論考の中で、最も要領よくかつ的確にまとめられていた。

（11）唐代の律詩における客観的な作品評価として、松浦友久は『中国詩歌原論――比較詩学の主題に即して――』（大修館書店、一九八六年）の「四、詩と評価」および「六、詩と対句」において、その大きな要因として対偶性への徹底であるとしている。

(12)　支遁（支道林）についてはその伝記が『高僧伝』四の義解篇（五〇・三四八中〜三四九下）にあり、その作品である阿弥陀仏像讃をはじめとする諸讃は『広弘明集』仏徳篇に収録されている。

(13)　岩井（圀下）大慧「聖武天皇宸翰雑集に見えたる隋大業主浄土詩について」、「広法事讃を通して再び聖武天皇宸翰浄土詩を論ず」（『東洋学報』一七の二、一九二八年、二一の二、一九三四年。後に『日支仏教史論攷』東洋文庫、一九五七年および原書房、一九八〇年）、上杉文秀『善導大師及往生礼讃の研究』四三五〜四三八頁（法藏館、一九三一年）、藤原凌雪『往生礼讃概説』（一七三頁、永田文昌堂、一九六二年）など。

第三部　資料篇

資料篇には以下の五種の資料を加えた。

資料① 彦琮の讃偈（『聖武天皇宸翰雑集』浄土詩）

資料② 善導の讃偈（『往生礼讃偈』日中礼）

資料③ 善導の讃偈（日中礼を除く敦煌写本）

資料④ 法照の讃偈（広略『五会法事讃』）

資料⑤ 法照関連資料

敦煌写本が現存している資料①から資料④までは、律動（リズム）を重視した校訂テキストである。語義や文意からのみの校訂に比べると、校訂者の主観を排除できる利点があるので、原作者のオリジナルテキストにより接近することができるはずである。なお敦煌写本などの中国伝存本が確認されていない『観経疏』の讃偈の校訂テキストはここではあえて作成せず、各論篇第四章の本文中に示したので、そちらを参照されたい。また敦煌写本が現存する『法事讃』巻上の讃偈についてもその一部を総論篇第三章および各論篇第六章で示したので参照されたい。そして『般舟讃』の讃偈は音韻的な配慮が加えられていないので校訂テキストは作成しなかった。

資料⑤法照関連資料には、『洋県志』や『輿地紀勝』所載の法照に関わる資料を翻刻して紹介した。また法照が活躍した五台山の調査報告は少なくないが、生誕地（漢中市洋県）の調査は皆無である。よってその調査記録をここに掲載した。そして最後に法照略年表を付した。

資料① 彦琮の讃偈（『聖武天皇宸翰雑集』浄土詩）

【凡　例】

1、本校訂は諸本における校異を示した上で、詩律にもとづいて校訂する

2、正倉院北倉に所蔵される『聖武天皇宸翰雑集』所収「隋大業主浄土詩」を底本とし、詩律（ここでは声律と韻律）にもとづいて以下に示す諸本を校本として、校訂テキストを作成した。底本の「隋大業主浄土詩」の影印は佐佐木信綱編〔一九二一〕があり、また影印と翻刻は武内義雄〔一九五七〕、合田時江編〔一九九三〕に掲載されている

3、諸本との校異は、岩井大慧〔一九三四〕や、『浄土真宗聖典　七祖篇――原典版――』（本願寺出版社、一九九二年）に『往生礼讃偈』の諸本校異がある。さらに『集諸経礼懺儀』巻下所収の『往生礼讃偈』における晨朝礼との校異は、国際仏教学大学院大学学術フロンティア実行委員会編『日本古写経善本叢刊第四輯　集諸経礼懺儀　巻下』（二〇一〇年）に示されている

4、録文と校記の翻字はすべて新字体を用いた。おどり字（往々）は（往往）に改め、「華」と「花」、「迴」と「廻」は翻刻においてこれを区別していない。また、これまでに報告された翻刻の誤りはこれを訂正した。

5、句末には『広韻』（陳彭年撰、一〇〇八年成書）の韻目を示した

6、平仄については、文字の傍らに○（平声字）・●（仄声字）で示した

7、「＊」を付した偈は、当該典籍において句が錯綜出入していることを示す

8、通し番号の下の括弧内については以下のとおりである

（広5　略5　晨6）　→　『広本』第5偈、『略本』第5偈、晨朝礼第6偈

（広15　略×　晨20）　→　『広本』第15偈、『略本』にはなし、晨朝礼第20偈

9、底本および校本の略号は以下のとおりである

〈底本〉底＝「隋大業主浄土詩」（正倉院所蔵『聖武天皇宸翰雑集』所収）

〈校本〉広＝『浄土五会念仏誦経観行儀』巻中（敦煌写本、伯二〇六六）

略＝『浄土五会念仏略法事儀讃』（正保五〈一六四八〉年刊本）

北＝『往生礼讃偈』晨朝偈（北京八三五〇〈服二八〉、BD八二二八）

俄＝「唐彦琮法師集」（俄蔵B2、『俄蔵黒水城文献』⑥）

晨＝『往生礼讃偈』晨朝偈（流布本〈元禄七年版〉）

五本＝右の校本（広・略・北・俄・晨）の総称

1（広1　略1　晨1）

法蔵●因弥○遠●　極楽●果還○深（平侵）

異珍○参作●地●　衆宝●間為○林（平侵）(1)

花開○希有●色●　波揚○実相●音（平侵）

何当○蒙授●手●　一遂●往生○心

（1）「珍」：俄作「珠○」

2（広2　略2　晨2）

濁世●難還○入●　浄土●願逾○深（平侵）

金縄○直界●道●　珠網●縵垂○林（平侵）

見色●皆真○色●　聞音○悉法●音（平侵）

莫謂●西方○遠●　唯須○十念●心（平侵）(2)

（2）「謂」：略作「為○」

3

（広12　略×　晨×）

道場○一樹●迴●　徳水●八池○深（平侵）

往往●分渠○溜●　処処●別行○林（平侵）(3)

真珠○変鳥●色●　妙法●満風○音（平侵）

自怜○非上●品●　徒羨●発誠○心（平侵）(4)

4

（広3　略3　晨×）

夜間○厳浄●国●　垂起●至誠○因（平真）(5)

観日●心初○定●　想水●念逾○真（平真）

林宣○上品●法●　蓮合●下生○人（平真）

寄言○同志●友●　従余○洗客●塵（平真）(6)

5

（広13　略×　晨4）

白毫○山乍●転●　宝手●印恒○分（平文）(7)

地水●倶為○鏡●　香花○同作●雲（平文）

業深○誠易●往●　因浅●実難○聞（平文）(8)

必望●除疑○惑●　超然○独不●群（平文）

6

（広4　略4　晨×）

放光○周遠●刹●　分化●満遥○空（平東）(9)

花台○三品●異●　人天○一類●同（平東）

尋樹●流香○水●　吹楽●起清○風（平東）

在茲○心若●浄●　誰見●有西○東（平東）

7

（広5　略5　晨6）初句押韻

迴向●漸為○功◎（平東）　西路●稍然○通（平東）(10)

宝幢○承厚●地●　天香○入遠●風（平東）

---

(3)「別」：広作「列●」

(4)「徒」：広作「空」

(5)「夜間」：底広作「也聞○」、今拠略改。「垂」：底作「剰」、広作「乗」、今拠略改

(6)「寄」：広略作「既」

(7)「毫」：原作「豪」、今拠文意改。「白毫山乍転」：広晨俄作「五山○毫●独●朗」。「宝手印恒分」：広作「四海●目○恒分」

(8)「誠」：晨作「成○」

(9)「光」：略作「言○」

(10)「路稍然」：広略俄晨作「方○路稍●」

開花○重布●水●　覆網●細分○空（平東）[11]
願生○何意●切●　只為●楽無○窮（平東）[12]

8（広6　略6　晨8）初句押韻
十劫●道先○成◎（平清）　厳界●引群○情（平清）[13]
金砂○徹水●照●　玉葉●満枝○明（平庚）[14]
鳥本●珠中○出●　人唯○花上●生（平庚）
敢請●西方○聖●　早晩●定相○迎（平庚）

9（広7　略11　晨×）初句押韻
浄刹●本来○儔◎（尤韻）　無数●化城○楼（平侯）[15]
四面●垂鈴○帀●　六反●散花○周（平尤）[16]

(11)「重布」：略作「住●浮○」
(12)「只」：広略俄晨作「正」
(13)「情」：広略晨作「萌」（平耕）
(14)「砂」：広略北作「沙○」
(15)「刹本来儔」：略作「国●本無○憂◎」（尤韻）。「来」：底作「難○」、今拠広改
(16)「垂」：略作「懸○」。「反」：広作「返●」、略作「度●」

樹含○香気●動●　水帯●法声○流（平尤）[17]
未嘗○聞苦●事●　誰復●弁春○秋（平尤）[18]

10（広8　略7　晨7）
欲選●当生○処●　西方○最可●帰（平微）
間樹●開重○閣●　満道●布仙○衣（平微）[19]
香飯●随心○至●　宝殿●逐身○飛（平微）
有因○皆可●入●　只自●往人○稀（平微）[20]

11（広9　略×　晨9）
未知○何処●国●　不是●法王○家（平麻）[21]

(17)「含」：底作「貪○」、略作「合●」、今拠広改
(18)「嘗」：広略作「曽」
(19)「仙」：広略俄晨作「鮮○」
(20)「有因皆可入」：広略作「有縁○皆得●往●」、北俄晨作「有縁皆得入」。「只」：北作「止」、晨作「正」。「只自」：俄作「止是」。「往」：広略作「去●」。「稀」：北作「希◎」（平微）
(21)「未知何処国」：広晨作「十方○諸仏●国●」。「不」：広晨作「尽」

偏求○有●縁○地●　冀得●早無○耶（平麻）㉒
八功○如意●水●　七宝●自然○花（平麻）
於彼●心能○繫●　当必●往非○賒（平麻）㉓

12（広10　略8　晨10）
浄土●無衰○変●　一立●古今○然（平仙）㉔
光台○百●宝●合●　音楽●八風○宣（平仙）㉕
池多○説●法●鳥●　空満●散花○天（平先）
已生○得●不●退●　随意●既●開○蓮（平先）㉖

13（広11　略9　晨3）
已成○窮理●聖●　真有●遍空○威（平微）㉗

㉒「耶」：広北晨作「邪◎」（平麻）、耶邪意同。「有縁地」は挟平格
㉓「繫」：北晨作「係●」
㉔「土」：五本同作「国●」
㉕「百」：五本同作「千○」
㉖「已生得不退」：五本同作「得生○不畏●退●」。「既」：底作「晩●」、今拠略晨改

在西○時現●小●　但是●暫随○機（平微）㉘
葉珠○相映●飾●　沙水●共澄○暉（平微）㉙
欲得●無生○果●　彼土○必須●依（平微）㉚

14（広16 17　略×　晨5*）
心帯●真慈○満●　光含○法界●円（平仙）㉛
遍土●花分○映●　列樹●蓋重○懸（平先）㉜
聞香○皆○是●食●　見食●本為○禅（平仙）㉝
生即●無余○想●　誰云○非自●然（平仙）㉞

㉗「理聖」：広作「聖●理●」
㉘「但」：底広俄作「倶」、今拠晨改。「但是暫」：略作「小●則●暫●」、「暫」：広作「蹔」
㉙「沙」：晨作「砂」。「暉」：略俄作「輝◎」
㉚「果」：底広作「早●」、今拠略晨改
㉛「円」：晨作「団」（平桓）
㉜「列」：広作「烈」
㉝「皆」：底作「足●」、今拠広改。「食」：底作「色●」、今拠広改
㉞「即」：広作「則●」

15（広14　略×　晨19）
千輪○明足●下●　五道●現光○中　（平東）
悲引●恒無○絶●　人帰○亦未●窮　（平東）
口宣○猶在●定●　心静●更飛○通　（平東）(35)
聞名○皆願●往●　日発●幾花○叢　（平東）(36)

16（広15　略×　晨20）
慧力●標無○上●　身光○被有●縁　（平仙）(37)
動揺○諸宝●国●　侍坐●一金○蓮　（平先）
鳥群○非実●鳥●　天類●豈真○天　（平先）
須知○求妙●楽●　会是●戒香○全　（平仙）

17（広17 16　略×　晨5*）
遠寿●如来○量●　遥音○大士●観　（平桓）
無縁○能摂●物●　有想●定非○難　（平寒）(38)

（35）「猶」：俄作「由」
（36）「叢」：俄作「蓋」（去泰）
（37）「標」：広作「超」。「被」：広晨作「備」
（38）「物」：俄作「妄●」。「想」：晨作「相●」

花随○本●心○変●　宮移○身自●安　（平寒）(39)
悕聞○出世●境●　須共●入禅○看　（平寒）(40)

18（広18 24　略×　晨11*）
恒明○四海●色●　高貯●一瓶○光　（平唐）
蓮開○人独●処●　波生○法自●揚　（平陽）(41)
珠瓔○和日●月●　風樹●合宮○商　（平陽）(42)
儻如○今所●願●　何訣●得真○常　（平陽）

19（広19　略×　晨12）
光舒○救●毘○舎●　空立●引韋○提　（平斉）(43)
天来○香蓋●捧●　人去●宝衣○齎　（平斉）
六時○聞鳥●合●　四寸●践花○低　（平斉）

（39）「本心変」は挟平格
（40）「悕」：広俄作「希」。「境」：底作「鏡●」、今拠広改。「看」：広作「観◎」（平桓）
（41）「開」：広作「花○」
（42）「珠瓔」：広作「真珠○」
（43）「救毘舎」は挟平格

相看○無不●正●　豈復●有長○迷　（平斉）

20

（広20　略×　晨×）

勢至●威光○遠●　観音○悲意●濃　（平鍾）
大小●全相○類●　左右●共成○双　（平江）[44]
花飛○日日●雨●　珠懸○処処●幢　（平江）
自嗟○深有●障●　所念●未能○従　（平鍾）[45]

21

（広21　略×　晨×）

印手●従来○異●　分身○随類●同　（平東）[46]
心至●慈光○及●　人盛●宝池○充　（平東）[47]
見樹●成三○忍●　聞波○得五●通　（平東）
若解●真厳○浄●　応観○土亦●空　（平東）

22

（広22　略×　晨×）

欲興○三○昧●道●　止観●一経○開　（平咍）[48]

（44）「全」：広作「今」
（45）「能」：広作「余○」
（46）「異」：広作「実●」
（47）「盛」：広作「感●」

心中○縁相●入●　掌裏●見花○来　（平咍）[49]
天楽●非同○鼓●　法服●不須○裁　（平咍）[50]
莫言○恒彼●住●　有力●念当○迴　（平灰）[51]

23

（広23　略×　晨13）

普為●弘三○福●　咸令○滅五●焼　（平宵）[52]
発心○功已●逮●　繋念●罪便●銷　（平宵）[53]
鳥化●珠光○転●　風好●楽声○調　（平蕭）[54]
倶忻○行道●易●　寧愁○聖果●遥　（平宵）[55]

24

（広24 18　略×　晨11*）

（48）「止」：広作「正」
（49）「相」：広作「像●」
（50）「鼓」：広作「彼●」
（51）「莫」：広作「勿」。「念」：広作「定」
（52）「為」：広晨作「勧●」
（53）「逮」：広北晨作「至●」。「繋」：北晨作「係●」。「銷」：広北晨作「消◎」
（54）「化」：晨作「華○」。「好」：広作「妙●」
（55）「倶」：晨作「但」

坐花○非一●像●　映地●乃千○光（平唐）⑹
聞声○開○旧●習●　宝樹●鏡池○方（平陽）⑺
無災○由処●静●　不退●為朋○良（平陽）⑻
問彼●前生○輩●　来斯○幾劫●強（平陽）⑼

25（広25　略×　晨×）

聖取●明門○入●　天衣○業地●居（平魚）⑽
自覚●乗通○易●　即験●受身○虚（平魚）⑾
枝陰○交○異●影●　光体●一尋○余（平魚）⑿
但能○逾○火●界●　足得●在金○渠（平魚）⒀

(56)「坐」：底作「座」、今拠広改。「映地乃千光」：晨作「聖衆●亦難○量」
(57)「聞声開」：底作「鍾声○聞○」、今拠広改。「池」：広作「他○」
(58)「朋」：底作「明○」、今拠広改
(59)「来」：底作「超○」、今拠広改
(60)「入」：広作「人○」（平真）
(61)「易」：広作「異●」
(62)「交異影」：広作「万○里○大○」

26（広26　略×　晨×）

樹非○生死●葉●　池無○愛見●波（平戈）
旧会●声聞○少●　新来○正士●多（平歌）⒁
蓮中○胎化●雑●　音内●苦空○和（平戈）⒂
五門○能早●逮●　三界●豈難○過（平戈）⒃

27（広27　略×　晨14）

珠色●仍為○水●　金光○即是●台（平咍）
以時○花自●散●　随願●葉還○開（平咍）⒄
遊池○更出●没●　飛空○互往●来（平咍）
真心○如○向●彼●　有善●併須○迴（平灰）⒅

(63)「逾」：広作「超○」
(64)「旧会声聞少、新来正士多」：底作「火来○念●声○少●、想○成●正○観◎多」、今拠広改
(65)「雑」：底作「親○」、今拠広改
(66)「逮」：広作「建●」
(67)「以」：広北晨作「到」。「葉」：晨作「華○」
(68)「真」：晨作「直」。「如」：広北晨作「能○」

28
（広28　略×　晨17）

六根○常合●道●　三塗○永絶●名（平清）
念頃●遊○方○遍●　還時○得忍●成（平清）(69)
地平○無極●広●　風長○是処●清（平清）
寄語●有●心○輩●　共出●一危○城（平清）(70)

29
（広29　略×　晨15）

洗心○甘露●水●　悦眼●妙花○雲（平文）(71)
同生○機易●識●　等寿●量難○分（平文）
楽多○無○廃●道●　声遠●不妨○聞（平文）(72)
如何○貪○五●濁●　安然○火自●焚（平文）(73)

(69)「頃」：広北作「須○」
(70)「語」：底北晨作「言○」、今拠広改。「危」：晨作「苦●」
(71)「眼」：広作「目●」
(72)「廃」：広作「痴○」
(73)「貪」：底本作「兹○」、今拠広北晨改。「濁」：広作「欲●」。「焚」：北作「焼○」（平宵）

30
（広30　略10　晨16）

台裏●天人○現●　光中○侍者●看（平寒）(74)
懸空○四宝●閣●　臨迴●七重○欄（平寒）(75)
疑多○辺地●久●　徳少●上生○難（平寒）
且莫●論余○事●　西望●已心○安（平寒）(76)

31
（広31　略×　晨×）

天親○迴向●日●　龍樹●往生○年（平先）(77)
楽次●無為○後●　心超○有漏●前（平先）
共沼●花光○雑●　隔殿●細音○連（平先）(78)
欲叙●荘厳○事●　妙楽●豈能○宣（平仙）(79)

(74)「現」：底作「見●」、今拠広改
(75)「迴」：略晨作「迴○」
(76)「事」：広北晨作「願●」。「望」：晨作「方○」。「已心」：略作「心已●」
(77)「日」：底無、今拠広補
(78)「光」：広作「開○」。「音」：底本作「陰○」、今拠広本改

32（広32　略×　晨×）

一●土安○恒勝●　万●徳寿○偏存（平魂）

聊○興四●句善●　即●歎十○方尊（平魂）

微○需慧●海滴●　願●向智○城門（平魂）[80]

迴●与衆○生共●　先●使出○重昏（平魂）[81]

---

(79)「楽豈」：広作「絶●不●」

(80)「需」：広作「沾○」。「願向智城門」：底作「漸信●向城○因（平真）」、今拠広改

(81)「昏」：広作「惛○」

資料②　善導の讃偈（『往生礼讃偈』日中礼）

各論篇第三章に日中礼のすべての讃偈を掲載しているので参照されたい。

なお『往生礼讃偈』には中国伝存本と日本伝存本があり、また『集諸経礼懺儀』所収本や、単独で流布していたと思しき別行本が敦煌写本中にも現存している。しかしながら、すでに述べたごとく断続的な変遷を繰り返している讃偈は必ずしも原初形態がそのまま伝承されているわけではないので、日中礼の校訂においては別行本を校本として用いることは避けるべきであると考える。第三章に校訂した日中礼はあくまでも『往生礼讃偈』に含まれる日中礼だけを扱っている。

なお敦煌本の『往生礼讃偈』に関しては廣川堯敏（一九七七）を、また『往生礼讃偈』の校異と考証については松陰了諦（一九三七）を参照されたい。他にも『浄土真宗聖典　七祖篇――原典版――』（本願寺出版社、一九九二年）が有用であるが、これらは日本の写本刊本にもとづく校異であり、中国伝存本としてオリジナル性をとどめていると考えられる敦煌石室写本との対校はなされていない。近年では国際仏教学大学院大学学術フロンティア実行委員会編による『日本古写経善本叢刊第四輯　集諸経礼懺儀　巻下』（二〇一〇年）には、上杉智英によって七種の『集諸経礼懺儀』巻下、七寺蔵『阿弥陀往生礼仏文』、京都大学附属図書館蔵建長三年刊本『往生礼讃偈』の諸本校異一覧が作成されているので、たいへん有用である。

資料③　善導の讃偈（日中礼を除く敦煌写本）

【凡　例】

1、現行の五部九巻には見られないが、善導自作と伝えられている讃偈とその律動を示す
　西方礼讃文（伯二〇六六、法照『浄土五会念仏誦経観行儀』巻中所収、『大正蔵経』八五・一二五一中）
　＊なお『大正蔵経』の誤植は『敦煌宝蔵』および『法国国家図書館蔵敦煌西域文献』によって訂正した
　願往生礼讃偈①（斯二五五三、『敦煌宝蔵』二一巻二頁上）
　願往生礼讃偈②（斯二五五三、『敦煌宝蔵』二一巻三頁上）
2、一部、彦琮の浄土詩、善導の日中礼と『法事讃』、広略『五会法事讃』の讃偈が含まれている
3、録文・校記の翻字はすべて新字体を用いた
4、句末には『広韻』（陳彭年撰、一〇〇八年成書）の韻目を示した
5、平仄は漢字の傍らに○（平声字）・●（仄声字）で示し、句末の押韻は◎と◉で示した

【西方礼讃文】

西方礼讃文　善導和上

第一偈(1)

欲知○何処●苦偏○多◎（平歌）　惟有●泥犁○更莫●過◎（平戈）
罪人○一入●逕塵○劫●　受苦●従頭○無奈●何◎（平歌）
渇飲●融銅○登剣●樹●　飢飡○猛火●渡灰○河◎（平歌）
願離○此苦●生安○楽●　求生○浄土●見弥○陀◎（平歌）

第二偈（新出）

普共●道場○敬三●宝●　地獄●寒心○不忍●聞◎（平文）
一堕○此苦●恒沙○劫◎　不知○年歳●永沈○淪◎（平諄）
遍身○猛火●鑽心○出●　五百●銅狗●競来○分◎（平文）(2)
灰河○一日●千廻○度●　猶被●抜舌●絞刀○輪◎（平諄）
衆生○如何○不念●仏○　故故●将身○入苦●門◎（平魂）

（1）この偈は広本『五会法事讃』の「六道讃」にほぼ同じ（八五・一二六〇上）

（2）この句、斯二五五三の第八偈に類似

第三偈(3)

思惟○餓鬼●実堪○怜◎（平先）　遍体●由来○猛鯩●燃◎（平先）
両耳●不聞○漿水●字●　一身○唯有●骨相○連◎（平仙）
値食●将飡○便作●火●　臨河○欲飲●見枯○泉◎（平仙）
願離○此苦●生安○楽●　長処●西方○坐宝●蓮◎（平先）

第四偈(4)

迷塗○一配●畜生○身◎（平真）　逕歴●多年○受苦●辛◎（平真）
厳冬○露地●居寒○雪●　盛夏●当街○臥闇●塵◎（平真）
衣裳○尽用●皮毛○覆●　飲食●唯将○水草●珍◎（平真）
願離○此苦●生安○楽●　長処●西方○坐宝●蓮◎（平先）

第五偈(5)

人身○雖復●甚難○求◎（平尤）　得已●還生○万種●憂◎（平尤）

（3）この偈は広本の「六道讃」にほぼ同じ（八五・一二六〇上）

（4）この偈は広本の「六道讃」に同じ（八五・一二六〇上中）

（5）この偈は広本の「六道讃」にほぼ同じ（八五・一

始見●紅顔○花欲●茂●　俄然○白髪●颯成○秋○（平尤）
魂飛○魄散●身帰○塚●　命尽●形消○肉糞●坵◎（平尤）
如何○不楽●生安○楽●　永座●金台○仏国●遊◎（平尤）

第六偈（新出）

五濁●衆生○難共●語●　十悪●凡夫○異種●痴◎（平之）
貪愛●眼前○財色●利●　不覚●此身○霜露●危◎（平支）
無常○殺鬼●臨頭○上●　忽被●他将○誰得●知◎（平支）
不肯●今時○専念●仏●　臨終○翻悔●欲何○為◎（平支）

第七偈（新出）

大衆●欲作●西方○業●　有罪●無罪●自応○知◎（平支）
聞身○康強●不修○福●　臨渇●掘井●水難○期◎（平之）(6)
旧日●少年○兇猛●盛●　如今○白髪●乱如○糸◎（平之）
眼見●死時○帰大●地●　不修○十善●待何○時◎（平之）

第八偈(7)

観彼●弥陀○極楽●界●　広大●寛平○衆宝●成◎（平庚）
四十●八願●荘厳○起●　超諸○仏刹●最為○精◎（平庚）
本国●他方○大海●衆●　窮劫●算数●不知○名◎（平庚）
普勧●帰西○同彼●会●　恒沙○三昧●自然○成◎（平庚）

第九偈(8)

釈迦○慈心○遍法●界●　蠢動●含識●普皆○怜◎（平先）
意欲●化令○倶解●脱●　衆生○罪業●共無○縁◎（平仙）
所以●総教○帰浄●土●　弥陀○宿昔●有深○因◎（平真）
非但●娑婆○人独●往●　他方○去者●亦無○辺◎（平先）

第一〇偈(9)

上輩●上行○上根○人◎　求生○浄土●断貪○瞋◎（平真）
就行●差別●分三○品●　五門○相続●助三○因◎（平真）
一日●七日●専精○進●　畢命●乗台○出六●塵◎（平真）

二六〇中）
（6）この二句は『集諸経礼懺儀』にほぼ同じ（四七・四六二上）
（7）この讃偈は日中礼の第一偈に同じ
（8）この讃偈は慈愍三蔵の「西方讃」にほぼ同じ（八五・一二六三下）
（9）この讃偈は日中礼の第一五偈に同じ

慶哉○難逢○今得●遇●　永証●無為○法性●身◎（平真）

第一一偈(10)

中輩●中行○中根○人◎（平真）　一日●斎戒●処金○蓮○（平先）

孝養●父母●教回○向●　為説●西方○快楽●因○（平真）

仏与●声聞○衆来○取●　直到●弥陀○花座●辺○（平先）

百宝●花籠○経七●日●　三品○蓮開○証小●真○（平真）

第一二偈(11)

下輩●下行○下根○人◎（平真　-jēn）　十悪●五逆●等貪○瞋◎（平真　-jēn）

四重●偸僧○謗正●法●　未曾○慚愧●悔前○愆◎（平仙　-jɛn）

終時○苦相●皆雲○集●　地獄●猛火●罪人○前◎（平先　-ien）

忽遇●往生○善知○識●　急勧●専称○彼仏●名◎（平清　-jɛng）

第一三偈(12)

弥陀○摂化●無厭●足●　悲心○常遶●世間○行◎（平庚）

(10)　この讃偈は日中礼の第一六偈に同じ

(11)　この讃偈は日中礼の第一七偈に同じ

(12)　この讃偈は慈愍三蔵の「西方讃」にほぼ同じ（八五・一二六三下）

但有●傾誠○能念●仏●　毫光○直照●目前○明◎（平庚）

十方○世界●微塵○衆●　同時○命尽●願皆○生◎（平庚）

訃彼●衆生○心楽●欲●　分身○遍布●一時○迎◎（平庚）

第一四偈(13)

菩薩●道成○皆為●物●　衆生○未熟●道成○難◎（平寒）

為待●化縁●兜率●住●　時時○向下●諦心○観◎（平桓）

人年○八万●方成○道●　三会●逢縁○証涅●槃◎（平桓）

且共●廻心○生浄●土●　臨時○随意●往来○看◎（平寒）

第一五偈(14)

観彼○弥陀○与眷●属●　久於○曩劫●植洪○因◎（平真）

凡聖●等皆○同相●好●　人天○一種●紫金○身◎（平真）

宝樹●宝楼●飛宝●閣●　宝池宝地●宝成○蓮◎（平先）

地及●虚空○賢聖●満●　花中○総是●化生○人◎（平真）

(13)　この讃偈は慈愍三蔵の「西方讃」にほぼ同じ（八五・一二六三下）

(14)　この讃偈は慈愍三蔵の「西方讃」にほぼ同じ（八五・一二六三下）

第一六偈(15)

西方○浄土●甚精○華◎（平麻）　宝池○宝岸●宝金○沙◎（平麻）
天楽●音声○常遍●満●　宝渠○宝葉●宝蓮○華◎（平麻）
十二●由旬○皆正●等●　宝羅○宝網●宝欄○遮◎（平麻）
徳水●分流○尋宝●樹●　聞波○観楽●証恬○葩◎（平麻）
寄語●有縁○同行●者●　努力●翻迷○還本●家◎（平麻）

第一七偈(16)

十方○三世●声聞○衆●　窮劫●算数●不能○知◎（平支）
諸仏●如来○方便●化●　咸令○至果●断貪○痴◎（平之）
指示●西方○安楽●国●　聞名○皆恨●往生○遅◎（平脂）
解脱●之人○猶願●楽●　凡夫○不去●欲何○為◎（平支）

第一八偈(17)

楽何諦楽事　難思議

(15) この讃偈は日中礼の第七偈の変形
(16) この讃偈は慈愍三蔵の「西方讃」にほぼ同じ（八五・一二六四上）
(17) この讃偈は日中礼の第一八偈に同じ

無辺○菩薩●為同○学●　性海●如来○尽是●師◎（平脂）
渇聞○般若●絶思○漿○　念服●無生○即断●飢◎（平脂）
一切●荘厳○皆説●法●　無心○領納●自然○知◎（平支）
七覚●花池○随意●入●　八輩●凝神○会一●枝◎（平支）
弥陀○心水●沐身○頂●　観音○勢至●与衣○披●（上紙）
欻爾●騰空○遊法●界●　須臾○受記●号無○為◎（平支）
如此●逍遥○快楽●処●　人今○不去●待何○時◎（平之）

【願往生礼讃偈①】（斯二五五三）

沙門善導　願往生礼讃偈

第一偈

無量●宝交○絡●　羅網●遍虚○空◎（平東）(18)
種種●令発●響●　宣吐●妙法●音◎（平侵）

(18) 以下の四句は世親『往生論』（二六・二三一上）に同じ

法音○何所●説●　随機○各自●悟◎（去暮）
或証●陀羅○尼○　或入●三明○路◎（去暮）
三明○朗然○浄●　照見●無為○性◎（去勁）
性法●不須○求○　端然○同大●聖◎（去勁）

第二偈

宝池○厳浄●国●　得水●沐天○人◎（平真）
見樹●成三○忍●　蘭光○発恵●存○（平魂）
林宣○上品●法●　華散●往生○人◎（平真）
相携○入宝●閣●　証得●金剛○身◎（平真）

第三偈

八風○光内●出●　徐徐○払法●林○（平侵(19)）
樹動●華宮○颺●　楼飛○蓋亦●従◎（平鍾）
羅網●空裏●覆●　天楽●繞千○重◎（平鍾）
法響●恒無○絶●　人帰○亦未●窮◎（平東(20)）

(19)　韻字「林」（-liem）
(20)　以下の六句は彦琮「浄土詩」第一五偈に同じ

口宣○猶在●定●　心浄●更飛○通◎（平東）
聞名○皆願●往●　日発●幾華○叢◎（平東）

第四偈

十劫●道先○成○　厳界●引群○心◎（平侵(21)）
真珠○変鳥●色●　妙法○満空●音◎（平侵(22)）
異類●連□讃●　同飛○入宝●林◎（平侵(23)）
宝林○花万●葉●　葉葉○頗梨●宮◎（平東）
宮宮○有仏●会●　会会●聖人○充◎（平東）

第五偈(24)

池渠○宝岸●上●　無数●化成○楼◎（平侯）
四面●垂鈴○帀●　空満●散華○周◎（平尤）
樹含○香気●動●　水帯●法声○流◎（平尤）
未曾○聞苦●事●　誰復●弁春○秋◎（平尤）

(21)　この二句は彦琮「浄土詩」第八偈に同じ
(22)　この二句は彦琮「浄土詩」第三偈に同じ
(23)　これより連珠讃
(24)　この偈は彦琮「浄土詩」第九偈に同じ

第六偈(25)

曠劫●已来○未聞○見●　西方○浄土●宝荘○厳○（平厳）(26)
地上●虚空○声遍●満●　珠羅○宝網●百千○重○（平鍾）
一一●羅網●結珍○宝●　玲瓏○雑色●尽輝○光◎（平唐）
宝樹●枝条○異相●間●　行行○正直●巧相○当◎（平唐）
此是●弥陀○本願●力●　無憂○無悩●湛然○常◎（平陽）

【願往生礼讃偈②】（斯二五五三）

沙門善導　願往生礼讃偈

第一偈(27)

観彼●弥陀○極楽●界●　広大●寛平○衆宝●成◎（平庚）
空華○作行○無億●数●　擬待●此地●善衆○生◎（平庚）

(25) この偈は善導『法事讃』巻下（四七・四三一下）に同じ
(26) 韻字「厳」（-m）
(27) この讃偈は日中礼の第一偈に同じ

五濁●欲修○十善●業●　第一●専誦●弥陀○経◎（平青）
心口●称仏●無厭●足●　捨却●貪心○虚仮●情◎（平清）
臨命●終時○合両●手●　彼国●蓮華○東向●迎◎（平庚）

第二偈

第一●願身○莫殺●生◎（平庚）　殺生○直入●阿鼻●城◎（平清）
将刀○殺他○望得●脱●　他還○持刀○殺己●形◎（平青）
殺業●相報●無断●絶●　来来○去去●不蹔○停◎（平青）
今日●廻心○修浄●土●　願断●殺命●得長○生◎（平庚）

第三偈

第二●願身○莫偸○盗◉（去号）　偸盗●得物●皆来○報◉（去号）
報罪●即作●畜生○身○　披毛○帯角●何時○了◉（上篠）
今日●廻心○修浄●土●　願断●偸盗●不思○尋○（平侵）

第四偈(28)

今観●此身○実可●厭●　種種●不浄●仮名○身◎（平真）

(28) この讃偈は『集諸経礼懺儀』（四七・四六二上）にほぼ同じ

三百●砕骨●相□貯●　漏体●何曾○有行○真◎（平真）
香粉●塗身○無厭●足●　畢竟●地下●成灰○塵◎（平真）
煩悩●熾盛○何時○歇●　還是●流浪○三塗○因◎（平真）
念勧●道場○諸衆●等●　専心○念仏●入真○門◎（平魂）

第五偈

仏大●慈悲○恒普●救●　衆生○盲迷○不覚●知◎（平支）
貪逐●世事●無辺○畔●　論天○説地●不辞○廃●（去代）(29)
因貪○随逐●成重○病●　広起●罪業●億深○危◎（平支）
願□此心○貪逐●意●　慈悲○普遍●満娑○婆○（平戈）

第六偈

天堂○快楽●人希○覓●　地獄●苦処●競鑚○頭◎（平侯）
眼看●行善●得善●報●　眼看●行悪●則多○憂◎（平尤）
悪事●一声○不惜●命●　善法●不肯●至心○求◎（平尤）
死堕●阿鼻●十八●獄●　輪廻○六道●何時○休◎（平尤）

第七偈

一切●衆生○無知○足●　貪財○愛色●不知○休○（平尤）
日夜●茫茫○唯造●罪●　無常○往至●苦来○前○（平先）
伺命●鬼神○摂大●気●　牛頭○獄卒●至王○廟●（去笑）
王言○索其○罪名○簿●　開簿●唱罪●亦無○辺○（平先）

第八偈

五濁●煩悩●難居○住●　衆生○倒見●楽人○多○（平歌）
日夜●造罪●無休○息●　一旦●捨命●堕阿○鼻●（去至）
阿鼻●地獄●縦八●万●　銅狗●猛火●競焼○身○（平真）
如此●困苦●忍難○得●　努力●向仏●苦懃○心○（平侵）

第九偈

努力●更相○勧造●善●　莫作●十悪○罪纏●身○（平真）
弥陀○発弘○誓願●重●　運度●一切●出三○塗○（平模）
唯願●衆生○専念●仏●　念念●不断●仏来○迎○（平庚）
端坐●千葉●蓮華○上●　合掌●向仏●因縁○（平仙）(30)

(29)「辞廃」は「廃辞（平之）」の誤倒か

(30) 最終句は一字欠ける

資料④　法照の讃偈（広略『五会法事讃』）

【凡　例】

1、『浄土五会念仏誦経観行儀』（『広本』）および『浄土五会念仏略法事儀讃』（『略本』）の中から、法照みずからが作った一四種の礼讃偈を翻刻し韻律にもとづいて校訂した。また韻律の拘束を受けない場合は文意によって校訂した

2、『広本』および『略本』の底本はそれぞれ『大正蔵経』八五巻と四七巻である。『大正蔵経』の誤植は原本の敦煌石室写本と江戸期刊本によって正し、諸本との対校はその校記に示した。なお原本と校本が同じ場合は註記していない

3、各讃偈の底本と校本は註記に示した

4、録文・校記の翻字はすべて新字体を用いた

5、句末には『広韻』（陳彭年撰、一〇〇八年成書）の韻目を示した。たとえば「平尤」とは平声尤韻のことである

6、平仄については二字・四字・六字の傍らに○（平声字）・●（仄声字）で示した

7、原本の句間に見られる挿句（「浄土楽」「我浄楽」「努力」「難識」）はこれをすべて略した

『浄土五会念仏誦経観行儀』（広本）巻中

浄土楽讃（法照）[1]

弥陀○住在●宝城○楼（平侯）　傾心○念念●向西○求（平尤）[2]
到彼●三明○八解●脱●　長辞○五濁●更何○憂（平尤）[3]
宝楼○宝閣●宝金○擊（平庚）　池水●金沙○映底●清（平清）[4]
法曲●時時○常供●養●[5]　蓮花○会裏●説無○生（平庚）[6]
宝台○宝閣●宝真○珠（平虞）　宝体●端厳○金色●軀（平虞）
菩薩●化生○奏玉●調●　微風○五会●演真○如（平魚）

流水●波瀾○遶宝●台（平咍）[7]　宝殿●光輝○玉戸●開（平咍）[8]
慈主●遠聞○三界●子●　総須○発願●往生○来（平咍）
弥陀○身量●広無○涯（平佳）　面似●檀金○優鉢●花（平麻）[9]
目若●青蓮○四大●海●　円光○化仏●喩恒○沙（平麻）[10]
弥陀○本願●大慈○悲（平脂）[11]　此地●愚人○不覚●知（平支）[12]
九品●蓮開○相引●接●[13]　慮恐●衆生○出世●遅（平脂）
弥陀○春樹●覚花○開（平咍）　功徳●池中○坐宝●台（平咍）[14]
三昧●亭前○求解●脱●[15]　摩尼○殿上●礼如○来（平咍）
西方○異鳥●数無○窮（平東）　白鶴●孔雀●及迦○陵（平蒸）

（1）此讃（伯二〇六六）校与斯二九四五・伯二一三〇・北八三四五・略本

（2）「求」：原本作「方（平陽）」、今拠伯・略本改

（3）「辞」：伯作「離」、北作「楽」。「五濁」：大正蔵誤作「濁土」

（4）「底」：伯作「地」

（5）「時時」：伯作「時」

（6）「生」：北作「為（平支）」

（7）「瀾」：伯・北作「浪」。「宝」：斯作「楼」

（8）「輝」：伯・北作「暉」、略本作「耀」

（9）「花」：略本作「華（平麻）」

（10）「喩」：略本作「過」

（11）「大」：斯作「本」

（12）「愚人」：略本作「凡夫」

（13）「相引接」：伯・北作「化生子」

（14）「徳」：伯作「得」

（15）「亭」：略本作「庭」。「解」：伯・北作「下」

鸚●鵡頻伽○説妙●法●　声中○演出●大乗○宗（平冬）（16）
如来○尊号●甚分○明（平庚）　十方○世界●普流○行（平庚）
但有●称名○皆得●往●　観音○勢至●自来○迎（平庚）（17）
弥陀○徒衆●普慈○心（平侵）　怜愍●衆生○至意●深（平侵）
水鳥●樹林○説妙●法●（18）　何況●如来○微妙●音（平侵）
如来○本願●特超○殊（平虞）（19）　慈悲○方便●引凡○愚（平虞）（20）
不問●衆生○皆度●脱●（21）　称名○即得●罪消○除（平魚）
弥陀○端坐●宝金○楼（平侯）（22）　恒沙○菩薩●四辺○遊（平尤）（23）
九類●蒙光○説妙●法●　聞者●悟解●永無○憂（平尤）

（16）「宗」：略本作「字（去志）」
（17）「至」：伯作「志」
（18）「説妙」：略本作「皆説」
（19）「如来」：略本作「弥陀」
（20）「愚」：略本作「夫（平虞）」
（21）「不問」：略本作「一切」
（22）「端」：大正蔵誤作「瑞」
（23）「薩」：原本無、今拠伯・北・略本補

西方○浄土●離囂○塵（平真）（24）　衆生○到即●断貪○瞋（平真）
総是●善人○菩薩●衆●　亦無○悪趣●及怨○親（平真）（25）
花幢○八面●掛金○鈴（平青）　上下●和音○出妙●声（平清）（26）
聞者●皆言○称快●楽●　長劫●不聞○諸苦●名（平清）
凡夫○若得●到西○方（平陽）　曠劫●恒沙○罪滅●亡（平陽）（27）
具六●神通○得自●在●　永除○老病●離無○常（平陽）
西方○浄土●離胞○胎（平咍）　衆生○到即●出蓮○台（平咍）
上品●尋光○昇宝●座●　下生○障尽●始花○開（平咍）
西方○浄土●七重○欄（平寒）（28）　七宝●荘厳○数百●般（平删）
琉璃○作地●黄金○色●（29）　諸台○楼閣●与天○連（平仙）（30）

（24）「離」：略本作「無」
（25）「及」：大正蔵誤作「反」
（26）「音」：略本作「鳴」
（27）「恒」：略本作「塵」
（28）「欄」：伯作「闌」
（29）「色」：略本作「界」
（30）此句略本作「諸台閣与開天連（平仙）」。「台」：

西方○浄土●十方○希（平微）(31)　努力●専求○莫致●疑（平之）(32)
上品●即証●無生○忍●　下生○障尽●出泥○犂（平脂）(33)
西方○浄土●更無○過（平戈）(34)　閻浮○極苦●罪人○多（平歌）
欲得●今生○出●三○界●(35)　惟須○至意●念弥○陀（平歌）(36)

『浄土五会念仏誦経観行儀』（広本）巻下

依無量寿観経讃（法照）(37)

釈迦○住在●霊鷲●山（平山）　為化●娑婆○出世●間（平山）

(31)「希」：略本作「稀（平微）」
(32)「求莫致」：略本作「心莫置」
(33)「出泥犂」：略本作「入無為（平支）」。「犂」：原本作「黎（平斉）」、今拠伯・北本改
(34) 此句斯本無
(35)「今」：略本作「令」
(36)「惟須」：伯・北作「唯願」
(37) 此讃（伯二二五〇）校与守屋本・敦煌秘笈七〇四 V（秘①）・略本
伯・北作「天」

菩薩●声聞○無量○衆●　初欲●聞経○意未●閑（平山）
阿闍○太子●在王○城（平清）　興逆●徒囚○父母●形（平青）(38)
韋提○悲泣●帰依○仏●　求願●不聞○諸苦●名（平清）(39)
深心○不楽●閻浮○界（去怪）　実為●多諸○鬼畜●生（平庚）
唯願●慈悲○力指●授●(40)　他方○浄土●誓経○行（平庚）
釈迦○如来○知彼●念（去㮇）　須臾○没在●至王○宮（平東）(41)
乃放●眉間○金色●照●　韋提○障尽●覩真○容（平鍾）
諸余○浄刹●雖無○量（平陽）　白仏●唯生○極楽●中（平東）
願見●弥陀○疾授●記●　刹那○便証●六神○通（平東）(42)
世尊○微笑●生歓○喜（上止）　口中○即施●五神○光（平唐）(43)

(38)「興逆徒囚父母形」：略本作「収執徒囚在獄刑（平青）」
(39)「求」：略本作「永」
(40)「悲力」：略本作「尊為」
(41)「在」：略本作「見」
(42)「証」：略本作「具」
(43)「即施」：略本作「常放」

其光○遂照●娑羅○頂●(44)
仏告●韋提○汝●知○不（平尤）
但当○勤修○三福●行●(45)
亦為●未来○諸大●衆（去送）
但使●迴心○観彼●国●(47)
於是●韋提○更有●疑（平之）
抛汝●凡夫○実未●得●(49)
既聞○説已●生歓○喜（上止）
云何○当見●弥陀○界●
世尊○為説●初観○日（入質）

随機○証果●亦何○妨（平陽）
弥陀○去此●亦非○遥（平宵）
臨終○迎子●上金○橋（平宵）(46)
五濁●凡夫○至悪●人（平真）
能令○浄業●断貪○瞋（平真）
如来○今説●汝応○知（平支）(48)
為承○諸仏●大慈○悲（平脂）
復為●今時○五苦●人（平真）
相好●光明○微妙●身（平真）
意令○注想●向西○方（平陽）(50)

(44)「娑羅」：略本作「頻婆」
(45)「但」：大正蔵誤作「促」
(46)「橋」：原本作「楼（平侯）」、今拠略本改、原本「楼」亦通
(47)「但」：大正蔵誤作「促」。「観」：略本作「生」
(48)「今」：大正蔵誤作「令」
(49)「汝」：略本作「衆」

智者●必須○依此●観●
罪滅●身心○必●清○浄（去勁）
須臾○便見●琉璃○地●(51)
宝池○澄澄○千仞●深（平侵）
花雨●紛紛○随処●下●
瓊林○宝樹●七重○行（平唐）(54)
光中○無数●摩尼○殿●
極楽●城中○七宝●池（平支）(56)
花開○総是●摩尼○水●

曠劫●塵沙○罪滅●亡（平陽）
次応○想水●易成○氷（平蒸）
黄金○界道●以為○縄（平蒸）
明珠○間錯●是黄○金（平侵）(52)
能令○道者●発真○心（平侵）(53)
処処●垂珠○異色●光（平唐）(55)
諸天○童子●散花○香（平陽）
蓮花○光色●不思○議●（去寘）(57)
唯歎●娑婆○去者●稀（平微）(58)

(50)「意」：大正蔵誤作「竟」。「注」：略本作「住」
(51)「地」：大正蔵誤作「池」
(52)「明」：略本作「月」
(53)「令」：大正蔵誤作「入」
(54)「行」：大正蔵誤作「光」
(55)「処処」：大正蔵誤作「行処」。「珠」：略本作「琳」
(56)「池」：原本作「地（去至）」、今拠略本改
(57)「花」：略本作「開」。「議」：此字一定読為平声、以下同

瓊林○宝閣●紫金○光（平唐）(59)　赫奕●蓮輝○照十●方（平陽）
白玉●池辺○聞妙●法●　蓮花○葉裏●更飛○香（平陽）
弥陀○無数●宝城○楼（平侯）　恒沙○菩薩●四辺遊（平尤）
各各●持花○供養●仏●　塵労○永断●更何○憂（平尤）
碧玉●楼中○花座●開（平咍）(60)　黄金○作葉●宝為○台（平咍）
摩尼○幢上●真珠○網●　荘厳○至意●為如○来（平咍）
宝像●琉璃○内外●明（平庚）　六通○如意●覚自●軽（平清）
心須○子細●勤観●想●　想成○便即●悟無○生（平庚）
弥陀○光色●広無○辺（平先）(61)　普照●群生○度有●縁（平仙）(62)
但有●傾心○能念●仏●(63)　当来○決定●離人○天（平先）
観音○補処●不思○議（去寘）　無辺○世界●現希○奇（平支）(64)

(58)「去者稀」：略本作「去来者（上馬）」
(59)「林」：略本作「楼」。「閣」：大正蔵誤作「開」
(60)「座」：原本作「坐」、今拠守屋本改
(61)「色」：原本作「光」、今拠守屋本・略本改
(62)「有」：大正蔵誤作「存」
(63)「但」：大正蔵誤作「促」。「傾」：大正蔵誤作「須」

但令○念者●皆生○楽●(65)　頂戴●弥陀○尊重●時（平之）
勢至●菩薩●甚難○量（平陽）　雄雄○猛利●広無方（平陽）
頂上●宝瓶●光顕●照●　幽途○永得●離無○常（平陽）
観身○自見●往生○時（平之）　蓮花○宝座●不経○遅（平脂）
水鳥●樹林●皆説●法●　弥陀○迎接●更無○疑（平之）(66)
如来○神変●不思○議（去寘）　大小●随縁○感赴●機（平微）
衆等●傾心○勤念○仏●(67)　宝池○宝内●正無○為（平支）(68)
行業○精誠●須転●高（平豪）　上品●之人○称姓●豪（平豪）(69)
百法●門中○歓喜●地●　金剛○妙定●自堅○牢（平豪）
念仏○之人○須至●誠（平清）　弥陀○決定●自親○迎（平庚）
到彼○花開○蒙授●記●　登時○開法●悟無○生（平庚）

(64)「奇」：略本作「有（上有）」
(65)「但」：大正蔵誤作「仮」
(66)「接」：略本作「摂」
(67)「傾」：大正蔵誤作「須」
(68)「宝内正」：略本作「花内証」
(69)「称姓豪」：略本作「種姓高（平豪）」

十悪●五逆●至愚○人（平真）　永劫●沈淪○在六●塵（平真）(70)
一念●称得●弥陀○号●　至彼●還同○法性●身（平真）
世尊○説已●向耆○山（平山）　阿難○聞教●広宣○伝（平仙）
大衆●傾心○皆頂●戴●　還将○此法●利人○天（平先）(71)

依阿弥陀経讃（釈法照）(72)

釈迦○悲智●広無○辺（平先）　先開○浄教●利人○天（平先）
菩薩●声聞○無量○衆●　其時○聴在●給孤○園（平元）
初告●声聞○舎利●子（上止）(73)　吾今○欲説●汝応○聴（平青）
去此●西方○十万●億●　弥陀○宝国●紫金○形（平青）
其国●衆生○極妙●楽（入覚）　永劫●不聞○諸苦●名（平清）
勧汝●当今○称彼●仏●(74)　須臾○即至●宝蓮○城（平清）

瓊林○宝樹●七重○欄（平寒）　衆等●当須○審諦●観（平桓）
珠網●層層○千万●億●　能令○見者●得心○安（平寒）
弥陀○浄刹●不思○議（去寘）　処処●渠流○七宝●池（平支）
池中○総是●摩尼○水●　昼夜●花開○無尽●時（平之）
四岸●琉璃○碧玉●成（平清）(75)　香風○払体●覚身○軽（平清）
宝閣●楼台○千万●億●　無辺○菩薩●尽経○行（平庚）
心心○稽首●法王○家（平麻）　専想●弥陀○発道●芽（平麻）(76)
碧玉●楼中○聞妙●法●　黄金○地上●散天○花（平麻）
衣裓●持花○十万●億（入職）　聖衆●塵沙○受供●同（平東）
一念●還帰○極楽●国●　永絶●胞胎○証六●通（平東）
浄国●弥陀○宝鳥●音（平侵）　聞者●皆生○念仏●心（平侵）
此鳥●実非○三悪●趣●(77)　為令○宣演●法幽○深（平侵）
香風○時動●宝林○鳴（平庚）(78)　処処●唯聞○念仏●声（平清）

(70)「六」：略本作「久」
(71)「人天」：略本作「天人（平真）」
(72)此讃（伯二二五〇）校与敦煌秘笈七〇四V（秘①）・略本
(73)「子」：略本作「弗（入物）」
(74)「今」：秘①・略本作「勤」
(75)「琉」：略本作「瑠」
(76)「発道芽」：略本作「散道引（上軫）」
(77)「実」：原本作「宝」、今拠略本改

声中○皆説●無辺○法●　能令○聴者●証無○生（平庚）
弥陀○寿量●豈能○知（平支）　国中○人衆●亦如○斯（平支）
到彼●皆同○跋致●位●（79）　永超○生死●証無○為（平支）
善根○福少●理難○容（平鍾）　七日●須成○浄土●功（平東）
念念●傾心○於彼●国●（80）　刹那○便即●坐蓮○宮（平東）
弥陀○願力●不思○議（去寘）　荘厳○浄土●甚希○奇（平支）（81）
六方○諸仏●同時○讃●　意令○諸子●断狐○疑（平之）（82）
人命●無常○如刹●那（平歌）　永劫●沈淪○悪趣●多（平歌）
急急●須専○念彼●仏●　共汝●相将○出愛●河（平歌）（83）
諸仏●同心○歎釈●迦（平麻）（84）　能於○苦海●度人○多（平歌）

一一●総令○専念●仏●　生生○常得●見弥○陀（平歌）（85）
如来○説已●阿難○宣（平仙）　普化●群生○被有●縁（平仙）
衆等●傾心○須頂●戴●（86）　弘斯○浄教●広流○伝（平仙）

浄土五会讃（釈法照）（87）

第一●会時○除乱●意（去志）　第二●高声○遍有●縁（平仙）
第三○響飀●能哀○雅●（88）　第四●和鳴○真可●怜（平先）（89）
第五●震動●天魔○散（去翰）　能令○念者●入深○禅（平仙）
五会●声中○十種●利●　為令○学者●用心○堅（平先）
妙音○五会●摩尼○宝（上皓）　能雨●無辺○聖法●財（平咍）
智者●必須○依此●学●　臨終○一念●坐蓮○台（平咍）（90）

（78）「時動」：略本作「動時」
（79）「跋」：大正蔵誤作「趺」
（80）「念念」：略本作「十念」
（81）「土」：秘①作「国」
（82）「狐」：大正蔵誤作「孤」
（83）「河」：秘①作「何」
（84）「歎」：秘①作「嘆」。「心歎」：略本作「声讃」

（85）「常」：略本作「当」
（86）「傾」：大正蔵誤作「須」
（87）此讃（伯二二五〇）校与守屋本・略本
（88）「哀」：略本「裏」
（89）「鳴」：略本作「鳥」。「怜」：略本作「憐（平先）」
（90）「蓮」：守屋本・略本作「花」

寄語●現前○諸大●衆（去送）　五会●念仏●利無○窮（平東）
今日●道場○同行●者●　相将○定取●坐蓮○宮（平東）[91]
五会●聖教●是真○宗（平冬）　定捨●娑婆○出苦●籠（平東）
衆等●発心○廻願●往●　西方○世界●獲神○通（平東）
宝樹●森森○是翠●林（平侵）　微風○五会●演清○音（平侵）
花雨●六時○随処●下●　見聞○之者●発真○心（平侵）
衆等●今時○発信●心（平侵）[92]　聴説●弥陀○五会●音（平侵）[93]
専求○不妄●称名○字●　迎将○極楽●坐花○林（平侵）[94]
五会●合響●讃池○城（平清）　楼台○鬱鬱●映雲○青（平青）
琉璃○七宝●金縄○界●[95]　処処●唯聞○念仏●声（平清）[96]

(91)「蓮」：略本作「花」
(92)「発」：略本作「生」
(93)「説」：略本作「法」。「音」：略本一作「者（上馬）」
(94)「花」：原本作「化」、今拠守屋本・略本改
(95)「琉」：略本作「瑠」
(96)「処処」：略本作「家家」

弥陀○五会●是舟○船（平仙）　永劫●常於○苦海●伝（平仙）
但使●聞声○皆解●脱●　定超○生死●離人○天（平先）

極楽荘厳讃（釈法照）[97]

弥陀○願行●広無○辺（平先）　悲済●群生○普尽●怜（平先）[98]
総欲●化令○帰本●国●　衆生○罪業●共無○縁（平仙）
観音○菩薩●大慈○悲（平脂）　能於○苦海●現希○奇（平微）[99]
紫金○身相●三十●二●　頂戴●弥陀○尊重●時（平之）
勢至●菩薩●甚難○思（平之）　紫金○身相●等無○虧（平支）
頂上●宝瓶○光顕●照●　普収○念仏●往生○機（平微）
自慶●往昔●宿縁○深（平侵）　得遇●弥陀○浄教●音（平侵）
執持○名号●無休○息●　報尽●臨終○身紫●金（平侵）[100]
我常○自嘆●苦精○勤（平欣）　希聞○無上●法清○真（平真）

(97)此讃（伯二二五〇）校与守屋本・略本
(98)「怜」：略本作「憐（平先）」
(99)「奇」：略本作「有（上有）」
(100)「身紫金」：略本作「紫金身（平真）」

須共●無明○賊闘●乱●(101)　誓当○破滅●取金○身（平真）(102)
一念●凝神○往宝●城（平清）　六通○起意●覚身○軽（平清）(103)
足踏●千葉●蓮花○上●　明月●魔尼○樹下●行（平庚）(104)
弥陀○浄刹●甚精○微（平微）　彼処●娑婆○人豈●知（平支）
曠劫●沈淪○於苦●海●　何年○得遇●往生○時（平之）
極楽●宝国●無衰○変（去霰）　碧玉●楼台○天自●然（平仙）
磨尼○明月●琉璃○水●(105)　光照●池台○真可●怜（平先）(106)
極楽●宝界●甚希○奇（平微）(107)　実為●多生○来不●知（平支）(108)
今日●喜遇●弥陀○号●(109)　頓捨●娑婆○去者●稀（平微）(110)

弥陀○宝界●不思○議（去寘）　唯嘆●娑婆○去者●稀（平微）(111)
阿鼻●地獄●人多○往●(112)　一堕●何年○更出●時（平之）
帰○去●来○　帰○去●来（平咍）　閻浮○五濁●足塵○埃（平咍）
不如●西方○快楽●処●　到彼●花台○随意●開（平咍）

高声念讃（釈法照）(113)

第一●能排○除睡●障（去漾）　意令○諸子●離重○昏（平魂）
障滅●身心○必●清○浄●(114)　便見●西方○百宝●門（平魂）(115)
第二●動振●天魔○界（去怪）(116)　令遣●心帰○念仏●門（平魂）

(101)「賊」：原本不清、拠守屋本・略本補。「乱」：守屋本・略本作「戦」
(102)「身」：略本作「真（平真）」
(103)「覚」：原本作「学」、今拠守屋本・略本改
(104)「魔」：守屋本・略本作「摩」
(105)「磨」：守屋本・略本作「摩」
(106)「照」：略本作「明」。「怜」：略本作「憐（平先）」
(107)「希」：略本作「有（上有）」
(108)「実為多」：原本作「宝為名」、今拠守屋本・略本改

(109)「号」：略本作「尊」
(110)「去者稀」：略本作「五濁時（平之）」
(111)「稀」：略本作「希（平微）」
(112)「多」：大正蔵誤作「名」
(113)此讃（伯二二五〇）校与斯五五七二・伯三八九二・守屋本
(114)「必」：大正蔵誤作「亦」
(115)「便」：原本作「更」、今拠斯・伯・守屋本改
(116)「動振」：斯・伯・守屋本同作「振動」

但使●魔宮○聞一●念●　因茲○永劫●奉慈○尊（平魂）(117)
第三○声遍●十方○界（去怪）　為令○悪趣●苦皆○停（平青）(118)
一一●能聞○無量○寿●　咸登○浄国●住経○行（平庚）
第四●三途○幽苦●息（入職）(119)　須臾○変作●宝蓮○城（平清）(120)
罪人○尽処●花間○坐●(121)　登時○聞法●悟無○生（平庚）
第五●無令○外●声○入（入緝）　心心○直往●法王○家（平麻）(122)
光明○長照●琉璃○殿●　化生○童子●散金○花（平麻）(123)
第六●妄念●心無○散（去翰）　弥陀○浄刹●想中○成（平清）
宝樹●林間○宣妙●法●　声声○唯讃●大乗●経（平青）

第七●勇猛●勤精○進（去震）　無明○塵垢●自消○除（平魚）(124)
念念●常観○極楽●国●　弥陀○慈主●贈明○珠（平虞）
第八●諸仏●皆歓○喜（上止）　当来○護念●信心○人（平真）
一一●咸令○不退●転●　臨終○証得●紫金○身（平真）
第九●能入●深三○昧（去隊）　寂滅●無為○無漏●禅（平仙）(125)
念時○無念●見諸○仏●　永超○生死●離人○天（平先）
第十●由具●諸功○徳（入徳）　恒沙○福智●果円○明（平庚）
臨終○浄国●蓮花○座●(126)　弥陀○聖衆●自親○迎（平庚）(127)

歎弥陀観音勢至讃（釈法照）(128)

凝神○浄刹●在微○宮（平東）　宝界●天花○満翠●中（平東）

---

(117)「茲」：原本作「慈」、今拠守屋本改
(118)「趣」：原本作「取」、今拠斯・伯改
(119)「途」：守屋本作「塗」
(120)「城」：原本作「成（平清）」、今拠斯・伯・守屋本改
(121)「坐」：守屋本作「座」
(122)「往」：守屋本作「見」
(123)「童」：原本作「同」、今拠斯・守屋本改

---

(124)「垢」：原本作「埃」、今拠守屋本改
(125)「無漏」：原本無「無」字、今拠斯・守屋本補
(126)「座」：原本作「坐」、今拠斯・守屋本改
(127)「自」：斯本無
(128) 此讃（伯二二五〇）校与斯五五七二・伯三一一八・守屋本。一韻到底格（東韻）

金殿●已開○慈主●笑●（去笑）　奉覲●儀容○讃未●窮（平東）
宝樹●楼台○光映●照●（去笑）　総是●弥陀○願力功（平東）
一念●相応○皆往●彼●　須臾○獲得●六神○通（平東[129]）
衣裓●齋持○十万●億（入職）　聖衆●塵沙○受供●同（平東）
従茲○稽首●常瞻○仰●　定捨●娑婆○出苦●籠（平東）
観音○勢至●人今○見（去霰[130]）　宝葉●蓮花○個個●空（平東）
但念●弥陀○千万●遍●　不久●還生○極楽●中（平東）

帰西方讃（沙門法照述[131]）

帰○去●来○（平咍）　誰能○悪道●受輪○迴（平灰[132]）
且共●念彼●弥陀○号●　往生○極楽●坐花○台（平咍[133]）

(129)「臾」：大正蔵誤作「更」。「通」：斯作「道」
(130)「見」：伯作「是」
(131)此讃（伯二二五〇）校与伯三一一八（伯①）・三三七三（伯②）・北八三四六（BD七九八九）・守屋本
(132)「誰」：伯②作「維」。「悪道」：原本作「西辺」、今拠四種校本改

帰去来（平咍）　娑婆○世境●苦難●哉（平咍）
急手●専心○念彼●仏●　弥陀○浄土●法門○開（平咍）
帰去来（平咍[134]）　誰能○此処●受其○災（平咍[135]）
総勧●同縁○諸衆●等●[136]　努力●相将○帰去●来（平咍[137]）
且共●往生○安楽●界●　持花○普献●彼如○来（平咍[138]）
帰去来（平咍）　生老●病死●苦相○催（平灰）
昼夜●勤須○念彼●仏●　極楽●逍遥○坐宝●台（平咍）
帰去来（平咍）　娑婆○苦処●哭哀○哀（平咍）
急須○専念●弥陀○仏●　長辞○五濁●見如○来（平咍）
帰去来（平咍）　弥陀○浄刹●法門○開（平咍）

(133)「花」：原本作「化」、今拠四種校本改
(134)「帰去来」：此下以六句為一偈
(135)「誰」：伯②作「維」
(136)「勧」：原本作「勤」、今拠四種校本改
(137)「相将」：伯①作「将相」
(138)「持」：原本作「特」、今拠伯①・守屋本改。「彼」：伯②無

但有●傾心○能念●仏●[139]　臨終○決定●坐花○台（平咍[140]）
帰去来（平咍）　昼夜●唯聞○唱苦●哉（平咍[141]）
努力●迴心○帰浄●土●　摩尼○殿上●礼如○来（平咍）
帰去来（平咍）　娑婆○穢境●不堪○停（平青）
急手●須帰○安楽●国●　見仏●聞法●悟無○生（平庚[142]）
帰去来（平咍[143]）　三塗○地獄●実堪○憐（平先）
千生○万死●無休○息●　多劫○常為●猛焰○燃（平仙）
声声○為念●弥陀○号●　一時○聞者●坐金○蓮（平先[144]）
帰去来（平咍）　刀山○剣樹●実難○当（平唐[145]）
飲酒●食肉●貪財○色●　長劫●将身○入鑊●湯（平唐）

(139)「傾」：原本作「須」、今拠伯①・守屋本改
(140)「花」：原本作「化」、今拠四種校本改
(141)「唯」：原本作「為」、今拠四種校本改
(142)「悟」：原本作「五」、今拠四種校本改
(143)「帰去来」：此句以下以六句為一偈
(144)「蓮」：原本作「台（平咍）」、今拠四種校本改
(145)「刀」：伯②作「力」

不如●西方○快楽●処●　永超○生死●離無○常（平陽）

西方極楽讃（釈法照[146]）

善哉○法将●功能○観（平桓）　覩見●弥陀○宝網●輓（平桓[147]）
諸仏●浄刹●従心○現●　衆生○常須○向裏●看（平寒）
弥陀○住在●紫金○楼（平侯）　十方○菩薩●聖人○遊（平尤）
一念○他方●聞妙●法●　長辞○苦海●更何○憂（平尤[148]）
悲嗟○苦海●実増○多（平歌）　唯須○志意●念弥○陀（平歌）
昼夜●傾心○常注●想●[149]　臨終○一念●出娑○婆（平戈）
閻浮○穢悪●不堪○停（平青）　為有●然焼○万丈●坑（平庚）
急手●専心○念彼●仏●　弥陀○宝界●悟無○生（平庚）
極楽●門中○七宝●池（平支）　花開●蓮色●紫金○暉（平微）
暫念●弥陀○登宝●座●[150]　須臾○不覚●証無○為（平支）

(146)　此讃（伯二九六三）校与守屋本
(147)「輓」：有覆之義
(148)「何」：守屋本作「河」
(149)「注」：原本作「住」、今拠守屋本改

碧玉●楼前○七宝●台（平咍）　諸天○童子●競看○来（平咍）(151)
持得●金花○供養●仏●　処処●唯言○称善●哉（平咍）
弥陀○住在●宝城○楼（平侯）　傾心○念念●向西○求（平尤）
到彼●三明○八解●脱●　長辞○五濁●更何○憂（平尤）(152)

浄土五会讃（沙門法照）(153)

五会●倍須○欽（平侵）　称名○観紫●金（平侵）
心中○弁●邪○正●　魔境●不来○侵（平侵）(154)
極楽●宝林○清（平清）　微風○五会●声（平清）
声中○論妙●法●　聴者●悟無○生（平庚）
浄刹●宝林○明（平庚）(155)　弥陀○五会●声（平清）

(150)「座」：原本作「台」、今拠守屋本改
(151)「看来」：原本作「来看（平寒）」、今拠守屋本改
(152)「何」：守屋本作「河」
(153) 此讃（伯二九六三）校与守屋本
(154)「魔」：大正蔵誤作「観」
(155)「明」：守屋本作「鳴（平庚）」

聴者●皆生○楽●　不聞○諸苦●名（平清）
白玉●池辺○過（平戈）　蓮花○葉裏●香（平陽）
空中○聞梵●響●(156)　五会●讃真○常（平陽）(157)
蹔至●宝城○楼（平侯）　逍遥○何所●憂（平尤）
唯聞○念五●会●　長劫●更何○憂（平尤）(158)
宝刹●多真○土（上姥）　威宣○五会●音（平侵）
常聞○厳浄●響●　従此●漸幽○深（平侵）
極楽●黄金○樹（上麌）　花開○五会●声（平清）(159)
意欲●令諸○子●　聞者●尽修○行（平庚）
池蓮○含九●品（上寝）(160)　花接●往生○人（平真）
五会●連声○別●　従茲○洗客●塵（平真）
極楽●誰家○子（上止）　蓮花○葉裏●生（平庚）

(156)「聞」：原本作「開」、今拠守屋本改
(157)「讃真」：原本作「長劫」、今拠守屋本改
(158)「何憂」：守屋本作「無休（平尤）」
(159)「開」：守屋本作「間」
(160)「池」：原本作「持」、今拠守屋本改

為由○聞五●会●　従此●息塵○栄（平庚）
浄国●摩尼○水（上旨）　渠渠○処処●流（平尤）
水声○含五●会●　聞者●永無○憂（平尤）

西方極楽讃（釈法照）(161)

巍巍○阿弥○陀（平歌）　已降○生死●魔（平戈）
宝地●珠林○国●(162)　往生○極楽●多（平歌）
巍巍○阿弥○陀（平歌）　衆生○念者●多（平歌）(163)
能滅●無明○闇●　相将○出愛●河（平歌）(164)
巍巍○阿弥○陀（平歌）　寿量●実難○過（平戈）
八万●四千○相●　観瞻○越愛●河（平歌）
巍巍○阿弥○陀（平歌）　衆生○念者●多（平歌）
刹那○登宝●界●　神浄●永無○魔（平戈）

(161)　此讃（伯二九六三）校与守屋本
(162)　「地」：原本作「池」、今拠守屋本改
(163)　「念者」：守屋本作「常念」
(164)　「愛」：原本作「受」、今拠守屋本改

勝哉○大勢●至（去至）　悲願●広無○辺（平先）(165)
頂上●瓶光○照●　諸子○普皆○憐（平先）
浄国●琉璃○地（去至）　珊瑚○馬瑙●珠（平虞）
金沙○徹水●照●(166)　厳界●悉如○如（平魚）
宝国●寧無○楽（入鐸）　金光○尽是●台（平咍）
摩尼○明月●照●　時至●自還○開（平咍）
人命●如朝○露（去暮）　不得●故遅○遅（平脂）
急急●須勤○念●　弥陀○迎接●時（平之）
由因○念仏●故（去暮）　所以●滅愚○痴（平之）
唯深○三昧●者●　方応○同正●知（平支）(167)
極楽●法門○開（平咍）　衆生○不肯●来（平咍）
只為●無明○縛●　永劫●受其○災（平咍）
不悟●真如○理（上止）　長時○没愛●河（平歌）(168)

(165)　「広」：守屋本作「海」
(166)　「沙」：守屋本作「砂」
(167)　「正」：守屋本作「証」
(168)　「河」：原本作「何（平歌）」、今拠守屋本改

貪財○常愛●色●　輪迴○悪趣●多（平歌）
我常○自歎●喜（上止）　深悟●真如○理（上止）
煩悩●本来○無○　衆生○妄見●起（上止）
極楽●甚精○微（平微）　人人○総不●知（平支）
裏有●弥陀○主●　相将○礼拝●時（平之）
欲識●無生○理（上止）　唯須○念仏●名（平清）
塵労○雲散●尽●　恵日●朗然○明（平庚）
欲見●真如○理（上止）　唯須○観白●毫（平豪）
無明○雲散●尽●　恵鏡●朗然○高（平豪）
真如●見無○見（去霰）　無見●是真○如（平魚）
若了●此中○意●　得名○明月●珠（平虞）

浄土法身讃（釈法照[169]）

法鏡●臨空○照（去笑）　心通○悟色●堅（平先）[170]
神通○妙刹●土●[171]　法界●総同○然（平仙）[172]
意殊○恒自●浄（去勁）[173]　神光○遍十●方（平陽）[174]
知心○無処●所●[175]　解脱●得清○涼（平陽）
観像●而無○像（上養）[176]　高声○不染●声（平清）
了知○無所●有●[177]　恵鏡●朗然○明（平庚）
寂寂●幽霊○静（上静）[178]　恬然○無所●縁（平仙）[179]

(169) 此讃（伯二九六三）有很多写巻残巻、斯六七三四・伯三六四五（伯①）・三八三九（伯②）・俄一〇四七・敦煌秘笈六三四（秘②）・敦煌秘笈七一一（秘③）・守屋本等十多種。在此減到最小限度、其他参看上山（一九七六）中所載的校註

(170)「悟」：秘②③作「五」。「堅」：大正蔵誤作「竪」、斯・伯①②・秘③作「現」

(171)「神通」：秘②作「遊神」、此句秘③作「見心浄妙楽」。「土」：大正蔵誤作「丘」

(172)「総同」：秘③作「亦通」

(173)「殊」：秘②作「珠」

(174)「神」：秘③作「身」。「遍」：秘③作「照」

(175)「知」：秘③作「至」。「処所」：秘③作「住処」

(176) 此句秘③作「観想如無想」

(177)「知」：秘③作「至」

坐臥●宮霄○裏●(180)　超出●離人○天（平先）
暫引●池辺○立（入緝）(181)　洗却●意中○泥（平斉）(182)
清浄●無塵○垢●　願如○証菩●提（平斉）(183)
恵鏡●無令○闇（去勘）(184)　智珠○常用●明（平庚）(185)
塵労○須断●却●　宝坐●自然○迎（平庚）(186)

(178)「静」：秘②作「浄（去勁）」
(179)「縁」：斯伯①作「元」。伯②作「五句無所有（上有）」
(180)「宮」：秘②③作「空」。「霄」：秘③作「消」
(181)「引」：秘③作「到」
(182)「洗」：秘③作「澆」
(183)「如」：原本・秘②作「汝」、今拠斯・伯①②改、秘③作「以」
(184)「無」：秘③作「勿」
(185)「珠」：秘③作「者」。「明」：秘③作「名」
(186)「宝坐自然迎」：斯・伯①②・秘③作「宝蔵自然明（平庚）」、此句下還有以下四句「真錬金沙水、蓮中法性流、花開化生子、説我本根由」

注想●常観○察●（入黠）(187)　三昧●宝王○珍（平真）(188)
洞閑○三蔵●教●(189)　払却●意中○塵（平真）(190)
人今○専念●仏（入物）(191)　念者●入深○禅（平仙）(192)
初夜●端心○坐●(193)　西方○在目●前（平先）
念即●知無○念（去㮇）　無念●是真○如（平魚）
若了●此中○意●(194)　名為○法性●珠（平虞）(195)
浄土●在心○頭（平侯）(196)　愚人○向外●求（平尤）

(187)「注」：秘③作「住」
(188)「珍」：斯・伯①②・秘②③作「真（平真）」
(189)「洞閑」：秘③作「同還」
(190)「塵」：原本作「泥（平斉）」、今拠守屋本改
(191)「人今専」：秘③作「有人転」
(192)「者」：秘③作「仏」
(193)「心」：秘③作「身」
(194)「若」：秘②作「此」、秘③作「次」
(195)「名為法性珠」：斯・伯①②作「是名法性除（平魚）」、「名為」秘③作「是名」
(196)「浄土」：此下四句与「六根讃」和「念仏巌大悟禅

心中○有宝●鏡●　不識●一生○休（平尤(197)）
諸仏●在心○頭（平侯）　汝自●不能○求（平尤）
慎勿●令虚○過●(198)　急手●早勤○求（平尤(199)）
宝鏡●人皆○有（上有(200)）　愚人○不解●磨（平戈(201)）
不曾○反自●照●(202)　塵垢●更増○多（平歌）
宝鏡●人家○有（上有）　智人○即解●磨（平戈(203)）
勤勤○返自●照●(204)　塵垢●不来○過（平戈）
意珠○恒瑩●徹（入薛(205)）　自性●本円○明（平庚(206)）

師碑記」相似
(197)「識」：秘③作「息」
(198)「虚」：秘③作「非」
(199)「手」：秘③作「修」。「求」：斯・伯②・秘②作「修（平尤）」
(200)「皆」：秘②作「家」
(201)「磨」：斯・伯①②作「摩（平歌）」
(202)「曾」：秘③作「能」
(203)「磨」：斯・伯①②作「摩（平歌）」
(204)「返」：秘③作「反」

悟理●知真○趣●　念仏●即無○生（平庚）
砕末●為金○礦（上梗(207)）　礦中○不見●金（平侵(208)）
智者●用消○錬（去霰(209)）　真金○腹内●現（去霰）
仏相●空無○相（平陽）　真如○寂不●言（平元(210)）
口談○文字●教●　此界○忘相●禅（平仙(211)）
涅槃○末鉄●法（入乏）　秘密●不教○伝（平仙(212)）
心通○常自●用●(213)　威当○度有●縁（平仙）
三乗○元不●識（入職）　外道●未曾○聞（平文）

(205)「瑩」：秘②作「自」
(206)「円明」：伯①作「無明」、伯②作「無名」、秘③作「緩名」
(207)「砕末」：此下斯・秘②・守屋本無
(208)「金」：伯②作「今（平侵）」
(209)「智者」：此下伯二四八三無
(210)「寂」：秘③作「直」
(211)「忘」：秘③作「望」
(212)「教」：秘③作「文」
(213)「通」：秘③作「中」。「自」：秘③作「不」

小根多毀謗[214]　誓願不流伝（平仙）[215]
道逢良賢（平先）　把手相伝（平仙）
道逢不良賢（平先）　子父不相伝（平仙）

『浄土五会念仏略法事儀讃』（略本）

五会讃（釈法照）[216]

第一会時平声入（入緝）[217]　第二極妙演清音（平侵）
第三盤旋如奏楽[218]　第四要期用力吟（平侵）
第五高声唯速念（去㮇）[219]　聞此五会悟無生（平庚）

（214）「小」：秘③作「少」。「根」：原作「相」、今拠斯六一〇九・伯二六九〇・伯三六九七改。「多毀謗」：原文作「未曾聞（平文）」、今拠斯五五六九・六一〇九・伯①・伯二六九〇改
（215）「不」：秘③作「莫」
（216）此讃（佛教大学蔵正保五年版）校与伯三二一六
（217）「時」：伯作「念時」
（218）「奏」：伯作「走」

一到西方受快楽　永不輪迴入苦坑（平庚）
発心念仏事須堅（平先）　臨終決定上金船（平仙）
迴願衆生皆得往　直向西方坐宝蓮（平先）
西方世界実為精（平清）　彼土衆生不可軽（平清）
衣裓持花供養仏　還来本国飯経行（平庚）
発心念仏度群生（平庚）　願此五会広流行（平庚）
六道三塗皆摂取　蓮花会裏著真名（平清）[220]

離六根讃（釈法照）[221]

我浄楽　我浄楽　瞻見心空了世間[222]（平山）
観見眼根常清浄[223]　色界無来本是空（平東）[224]

（219）「唯速」：伯作「惟急」
（220）「名」：伯作「如（平魚）」
（221）此讃（佛教大学蔵正保五年版）前部与広本伯二〇六六（伯①）中六根讃同、還有斯二六三・伯三二四二（伯②）両本
（222）「瞻」：伯①作「照」、此句不押

色性●本来○無障●碍●(225)　無来○無去●是真○宗（平冬）
観見●耳根○常○清○浄●　声界●無来○本是●空（平東）
声性●本来○無障●碍●　無来○無去●是真○宗（平冬）
観見●鼻根○常○清○浄●　香界●無来○本是●空（平東）
香性●本来○無障●碍●　無来○無去●是真○宗（平冬）
観見●舌根○常○清○浄●　味界●無来○本是●空（平東）
味性●本来○無障●碍●　無来○無去●是真○宗（平冬）
観見●身根○常清○浄●　触界●無来○本是●空（平東(226)）
触性●本来○無障●碍●(227)　無来○無去●是真○宗（平冬）
観見●意根○常清○浄●　法界●無来○本是●空（平東）
法性●本来○無障●碍●　無来○無去●是真○宗（平冬）
妄想●眼根○縁色●転●(228)　妄聴○耳界●被声○牽（平先(229)）

(223)「根」：伯②作「見」
(224)「無」：伯②作「員」、以下同
(225)「性」：伯②作「是」、以下同
(226)「触」：伯①作「色」
(227)「触」：伯①作「色」

妄臭●鼻香○舌染●味●(230)　妄識●身触●意塵○遷（平仙）
妄想●騰波○常没●溺●　煩悩●猛焔●鎮焼○燃（平仙(231)）
為此●輪迴○三界●獄●(232)　生老●病死●苦常○煎（平仙）
有幸●得逢○善●知○識●　指示●西方○快楽●門（平魂）
欲得●速超○生死●苦●　専心○念仏●断貪○瞋（平真）
弥陀○宝国●実門○開（平咍）　七宝●池中○七宝●台（平咍）
千葉●千般○千種●色●　一半●含光○出水●来（平咍）
弥陀○五会●救娑○婆（平戈）　聞者●皆能○発道●芽（平麻）
衆等●傾心○懃念●仏●　棄俗●帰真○早出●家（平麻）
閻浮○濁悪●不堪○停（平青）　処処●唯聞○衆苦●声（平清）
不如○専念●弥陀○号●　今生○直到●宝蓮○城（平清）
西方○宝殿●宝池○亭（平青）　宝林○水鳥●解人○情（平清）

(228)「妄」：原本作「忘」、今拠伯①改、以下同
(229)「耳界」：大正蔵（広本）誤倒為「界耳」
(230)「舌」：伯①作「常」
(231)「焼燃」：以上与広本同
(232)「為此」：因此句以下与広本異故在後録

鸜鵒●和鳴○讃三○身○
声中○演出●大乗●経（平青）
西方○宝樹●宝根○茎（平耕）
宝花○宝網●甚分○明（平庚）
宝葉●行行○相間●錯●
宝果●重重○出化●生（平庚）
宝池○宝岸●宝蓮○華（平麻）
宝階○宝底●実金○沙（平麻）
下生○雖有●前生○障●
菩提○不発●自生○芽（平麻）
西方○浄土●雨天○衣（平微）
宝殿●空裏●逐身○飛（平微）
一念●百味●随心○至●
何故●衆生○去者●稀（平微）

（参考）

『広本』六根讃（『略本』と異なる後半のみ示す[233]）

上去●慈尊○迢遞●遠●
西望●弥陀○道路●懸（平先[234]）
唯有●文殊○大菩●薩●
現今○此地●五台○山（平山）
愍念●衆生○沈苦●海●
永劫●波中○駕法●船（平仙）
弥陀○浄土●甚栄○華（平麻）
宝池○花開○数雑●花（平麻）

（233）此讃（伯二〇六六）校与伯三一四二

（234）「西」：大正蔵誤作「西方」

欲得●西方○長寿●楽●
併俗●帰真○早出●家（平麻）
出家○何以●故遅○遅（平脂）
辞奉●耶嬢○悲復●啼（平斉）
咽苦●吐甘○恩愛●重●
如今○不忍●苦分○離（平支）
入道●速分○離（平支）
純莫●守愚○迷（平斉）
出家○即是●報恩○愛●[235]
児能○為救●抜泥○犂（平斉）
耶嬢○莫悲○啼（平斉）
児今○入道●奉尊○師（平脂）
坐禅○誦経○常念●仏●
会当○証果●得菩●提（平支）
慈父●門前○喚●
三車○与子●期（平之）
速来○帰本●国●
正値●法門○開（平咍）
八徳●池中○戯（平支）
逍遥○七宝●台（平咍）
千秋○聴妙●法●
万劫●不聞○哀（平咍）
諸仏●在心○頭（平侯[236]）
迷人○向外●求（平尤）
内懐○無価●宝●
不識●一生○休（平尤）
煩悩●縄索●牢（平豪）
利磨○智慧●刀（平豪）

（235）「恩」：大正蔵誤作「思」

（236）「諸仏」：此下四句与『念仏巌大悟禅師碑記』相同

割断●愚痴○網●
出●家○剛（平唐）
観身○如泡○影●
地獄●門前○有何○物●
手把●鉄叉○叉入●鑊●
帰○去●来○（平咍）
欲得●安身○長受●楽●

逍遥○上法●橋（平宵）
苦楽●自須○当（平唐）
念念●趣無○常（平陽）
牛頭○獄卒●在辺○傍（平唐）[237]
縦得●人身○受苦●殃（平陽）
閻浮○濁悪●不堪○停（平青）
無過○浄土●最為○精（平清）

(237)「辺傍」：原本作「傍辺」、恐誤倒、今拠韻改

資料⑤　法照関連資料

(1)『洋県志』

陳尚君輯編の『全唐詩補編』に法照の詩が収録されていることを知りえた劉長東は、その出典もとである『陝西省　洋県志』（張鵬翼『中国方志叢書』華北地方、第五三三号、成文出版社、一九三七年重修石印本）の中からさらに法照に関わる重要な碑文史料を発掘した。それは劉長東〔一九九八〕の稿末付記で簡介され、同じく劉長東〔二〇〇〇〕にいたって本論中において論及されている。「念仏巌大悟禅師碑記」と題される碑文がそれであり、北宋の閔文叔によって撰述されたものである。その内容から見て、柳宗元の撰（八一〇年または八一二年）にかかる「南岳弥陀和尚碑」（念常『仏祖歴代通載』一五などに録文がある。『大正蔵経』四九・六一七下）が参照されていることは明白であるが、法照の俗姓や出生地、そして修行の地とされる念仏巌など、これまでにまったく知られていない新たな情報が多く盛り込まれていることも事実であり、今後の研究を裨益してくれる史料と言えるだろう。よってここにその文を録し、訓読とともに簡単な註を付した。

また法照が現在の陝西省漢中市洋県（漢中の中心から東北へ約五十数キロ）の出身であるからには、この『洋県志』には碑文以外にも法照に関わる遺跡の情報が載せられており、それらもあわせてここに転載しておく。ただしそれらは『洋県志』が編纂される際にまとめられた近代の解説文であって史的文献でないことに注意されたい。なお念仏巌の付近に建てられた（「石を此の巌に立てて其の事義を述ぶ」）とされる「念仏巌大悟禅師碑記」の原碑の存否は現在のところ確認できていない。したがってここに載せる録文に誤りなしとは言えない。

(2)『輿地紀勝』

『輿地紀勝』二〇〇巻は、宋代の王象之（生卒不詳）によって、宝慶三（一二二七）年に編纂された地誌である。その巻一九〇は利州路の洋州の地誌となっており、洋州各県の沿革、風俗形勝、景物、古跡、官吏、人物、仙釈、碑記、詩の項が設けられている。その「景物下」に念仏巌と照応院が紹介されている。このうち念仏巌の内容は、先の『洋県志』に反映されていくようである。そして照応院の記事はこれまでに紹介されたことのない内容である。また「仙釈」の項には法照が紹介されている。これは、先の「念仏巌大悟禅師碑記」を実見した上でまとめられているということが手に取るようにわかる。

(3)法照生誕の地・洋県訪問記

二〇〇四年、法照の生誕地とされる陝西省漢中市洋県の訪問箚記である。『日中浄土』一六号（日中友好浄土宗協会、二〇〇五年）に「法照禅師生誕の地・漢中市洋県を訪ねて」と題して寄稿した際には多くの写真も掲載したが、本書においてはすべてカットした。なお法照ゆかりの地と言えば山西省の五台山であり、その調査報告は少なくないが、生誕地に関してははじめての報告となるであろう。(1)『洋県志』の資料とあわせてご覧いただきたい。

(4)法照略年表

法照に関わる諸資料にもとづいて作成した略年表を付した。

(1)『洋県志』

①念仏巌大悟禅師碑記（『洋県志』巻五芸文志上）

【録文】

念仏巌大悟禅師碑記　閔文叔　邑紳

昔唐代宗時、有聖僧焉。姓張氏、名法照、興勢県大瀛里人也。少捨家為沙門、証定慧力、入於神通。嘗遊廬山適南岳、得法而帰、在此巌上、庵居泉飲、日夜専念阿弥陀仏。毎念仏時、常化仏空中顕現。声不加大、聞於長安、天子乃遣使者、以礼迎之。既至、賜号為〝供奉大徳念仏和尚〟、又号〝五会念仏法事般若道場主国師〟、而天子承教焉。

初法照居廬山、入正定、至極楽国、見蒙悪衣侍仏者。仏告曰「此衡山承遠也。出而求之」。乃之南岳、見長老承遠、居巌石之下、羸形垢面、躬負薪樵。凡化人立中道而教之、俾得以疾至。故示専念、書塗巷刻谿谷、率勤誘掖、度援於衆、是為教魁。其徒至万計。法照乃従学而専教天下。故作五会念仏法事、依無量寿仏経、広説偈頌、以専念為教体。其中亦開無生忍法。至是乃言、其師南岳大長老有異徳、天子南嚮而礼焉。度其道不可徴、乃名其居曰般若道場、以尊其位。徳宗皇帝讃法照曰「性入円妙、得念正真、悟常罕測、諸仏了因」。帝又問曰「仏留下法、衆帰依何門」。法照以偈答曰「諸仏在心頭、迷人向外求、内懐無価宝、不識一生休」。帝乃大悦、経讃広布流行。

法照在長安居章敬寺、毎入城邑聚楽、常以布施摂衆念仏。従化者甚多、至不可計。莫不奉持斎戒。厥後城中有一屠者。為失利養、起瞋恨心、袖刀而来、将不利於法照。時法照以他心智、知其心念、謂屠者曰「爾欲堕入地獄耶、而来害我」。屠者愕然、棄刀於地、悔過作礼、願従念仏。念之数声、奄然立化。

法照亦結跏趺坐而入円寂、勅謚大悟禅師。是日在彼歿已、比張氏家明覩其形容。須臾乃現神変、隠身巨石之中、遂不復見焉。嗚呼法照禅師者、其西方之聖人乎。不然何以遊神彼国、行化此方、度悪人於須臾、現色身於没後、神変自在無碍也。由其当日、念仏於此故世記此巌以念仏名之。又従而構立祠宇焉。迹其道場之処、則今巌殿之後、有草庵基。其経行之地、則今山径之側、有錫杖泉。其遺教則有五会念仏法事。其遺像則此殿壁之上、有古所画法照行像。至今郡人毎歳、以仲夏六日、致祀于是巌、四衆集会。是日能使疑者信、慢者敬。斯亦威徳神化所感而然也。或曰「既聖矣。猶現形念仏者以何義耶。以何義専念阿弥陀仏耶」。曰「以経考之、西方去此十万億仏刹有世界焉、名曰極楽。彼世界中、有如来名阿弥陀、現在説法。無量菩薩及声聞衆恭敬囲遶。左観世音右勢至、二大菩薩而為上主。彼仏如来光明無辺十方普照、寿命無量一国皆同。故名阿弥陀。又名無量寿。又有名異名謂無量光。彼世界中珍宝厳飾香花充満、無三悪無八難。所有衆生皆如自在天、所有菩薩皆住不退地、無有衆苦但受諸楽、是故彼国名曰極楽。無辺世界諸仏如来、皆共称讃阿弥陀仏所有功徳。他世界中若有衆生、聞彼仏名生浄信心、能如十六観行、修行廻向、願生彼国者、随願得生、永出輪廻、終成正覚。

　此法照所以専念阿弥陀仏之義也。且三帰六念以仏為先、一称南無仏陀、善根無尽。況能専念者乎。法照以此教人。蓋得其要矣。我願以此法門、示之衆人、伝之後世、使聞之者。皆発信心而帰正覚。是故立石此巌而述其事義、以記焉。

【訓読】

念仏巌大悟禅師碑記　閔文叔　邑紳(1)

　昔唐の代宗(2)の時聖僧あり。姓は張氏(3)、名は法照、興勢県大灘里(4)の人なり。少なくして家を捨て沙門と為り、定慧の力を証して神通に入る。嘗て盧山に遊び南岳に適き、法を得て帰り、此の巌(5)の上に在りて庵居泉飲し、日夜専ら阿弥陀仏を念ず。毎に仏を念ずる時、常に化仏空中に顕現す。声は大を加えずして長安に聞こえ、天子は乃ち使者を遣わし礼を以て之を迎う。既に至らば号を賜いて〝供奉大徳念仏和尚〟と為し、また〝五会念仏法事般若道場主(6)国師(7)〟と号し、天子は教を承く。

初め法照廬山に居し、正定に入り極楽国に至りて、悪衣を蒙り仏に侍る者を見る。仏告げて曰く、「此は衡山の承遠(8)なり。出でて之を求めよ」と。乃ち南岳に之(ゆ)くに、長老の承遠巌石の下に居し、羸形垢面にして躬ら薪を負いて樵(や)くを見る。凡そ人を化すに中道に立ちて之を教え、以て疾く至るを得しむ。故に専念を示すに塗巷に書し谿谷に刻み、率いて誘掖するに勤め衆を度援し、是を教魁と為す。其の徒は万計に至る。法照乃ち従学して教を天下に専らにす。故に五会念仏法事を作り、無量寿仏経に依りて広く偈頌を説き、専ら念ずるを以て教の体と為す。其の中に亦た無生忍法を開く。是に至りて乃ち言く、其の師南岳大長老に異徳ありて、天子は南嚮して礼す。其の道を度るに徴すべからず、乃ち其の居を名づけて般若道場(9)と曰い、以て其の位を尊ぶ。徳宗皇帝(10)、法照を讃じて曰く、「性は円妙に入り、正真を念ずるを得、悟は常にして罕に測るも、諸仏は因を了したまう」。帝また問うて曰く、「仏は法を留下したまうに、衆は何の門に帰依するや」。法照偈を以て答えて曰く、「諸仏は心頭に在るも、迷人は外に向かいて求む。内に無価の宝を懐くも、識らずして一生休む(11)」と。帝乃ち大いに悦び、経讃もて広布流行せしむ。

法照、長安に在りて章敬寺(12)に居し、城邑聚楽に入るごとに常に布施を以て衆を摂めて念仏せしむ。従化する者甚だ多く、計うべからざるに至る。斎戒を奉持せざるはなし。厥の後城中に一の屠者あり。利養を失う為に瞋恨の心を起こし、袖刀もて来たり将に法照を利せざらんとす。時に法照、他心智を以て其の心念を知り、屠者に謂いて曰く、「爾は地獄に堕ちんと欲するや、而るに来りて我を害せんとす」と。屠者愕然として刀を地に棄て、悔過作礼して念仏に従わんと願う。之を念ずること数声、奄然として立どころに化す。

法照亦た結跏趺坐して円寂に入り、勅して大悟禅師(13)を謚る。是の日彼に在りて歿し已るに、比(そのころ)、張氏の家、明らかに其の形容(すがた)を観る。須臾に乃ち神変を現し、身を巨石の中に隠して遂に復た見えず。嗚呼、法照禅師とは其れ西方の聖人なるか。然らずんば何を以て神を彼の国に遊ばしめ、化を此の方に行い、悪人を須臾に度し、色身を没後に現し、神変自在にして無碍なるや。其の当日、此に念仏するが故に世に此の巌を記するに念仏を以て之を名づく。又た従而(のち)に祠宇を構立す。其の道場の処を迹(たず)ぬれば、則ち今の巌殿の後に草庵の基あり。其の経行の地は、則ち今の山径の側に錫杖泉(14)あり。其の遺教に則ち五会念仏法事あり。其の遺像は則ち此の殿壁の上に古に画く所の法照の行像あり。今に至りて郡人、毎歳に仲夏の六日を以て祀を是の巌に致し、四衆は集会す。是の日は能く疑う者をして信ぜしめ、慢る者をして敬わしむ。斯れ亦た威徳神化の感ずる所にして然らしむるなり。或は曰く、「既に聖なり。猶お形を現して念仏するは何の義を以てするや。何の義を以て専ら阿弥陀仏を念ずるや」と。曰く、「経を以て之を考うるに(15)、西方此を去ること十万億仏刹に世界あり、名を極楽と曰う。彼の世界の中に如来ありて阿弥陀と名づけ現に在して説法したまう。無量の菩薩及び声聞衆は恭敬し囲遶す。左に観世音、右に勢至、二大菩薩を上主と為す。彼の仏如来の光明は無辺にして十方を普く照らし、寿命無量なること一国皆同じ。故に阿弥陀と名づく。また無量寿と名づく。また異名ありて無量光と謂う。彼の世界の中は珍宝もて厳飾し、香花充満し三悪なく八難なし。所有る衆生は皆自在天の如く、所有る菩薩は皆不退地に住まり、衆苦あることなく、但だ諸楽を受く。是の故に彼の国を名づけて極楽と曰う。無辺世界の諸仏如来は皆共に阿弥陀仏の所有る功徳を称讃す。他世界中に若し衆生ありて彼の仏の名を聞き浄信心を生じ、能く十六観行の如く修行し、廻向して彼の国に生まれんと願わば、願に随いて生じ、永く輪廻を出でて終には正覚を成ずるを得ん」と。

此れ法照専ら阿弥陀仏を念ずる所以の義なり。且し三帰六念し仏を以て先と為し、一たび南無仏陀と称うれば、善根(16)尽きること無からん。況や能く専念する者をや。法照此を以て人に教う。蓋し其の要を得たり。我此の法門を以て、之を衆人に示し、之を後世に伝え、之を聞かしめんと願う者なり。皆信心を発して正覚に帰さん。是の故に石を此の巌に立てて其の事義を述べ、以て記すところなり。

②崇法院（『洋県志』巻三寺観志）

崇法院　県北十五里、即念仏巌。唐建。中有円通閣。宋大中祥符間、賜額重修。同治間、賊燬正殿、今復修。

崇法院　県の北一五里にあるのが念仏巌である。唐代に建立された。中に円通閣がある。宋の大中祥符年間（一〇〇八～一〇一六）に、寺額が下賜されて修繕された。清の同治年間（一八六二～一八七四）には賊が正殿を破壊したが、今また修繕されている。

③釈子山（『洋県志』巻四古蹟志）

釈子山　唐法照生此。

釈子山　唐の法照はここで生まれた。

④念仏巌（『洋県志』巻四古蹟志）

念仏巌　洞峭孤危、非攀援莫上。崖腹有洞、僅可容身、唐法照念仏、声聞長安処也。下臨碧潭如鑑。毎歳五月五日巳午二時、泛出五色泡、光艶彩奪目。

念仏巌　洞は切り立った断崖にあり、引き上げてもらわない限りみずから登ることなどできない。崖の中腹に体がやっと入るほどの洞穴があり、唐の法照が念仏して、その声が長安にまでとどいたとされる所である。その眼下には鏡のような碧色の池水をのぞむ。毎年五月五日の巳の刻と午の刻の二度にわたって五色の泡が浮かび出てくる。その光は艶やかで目を奪われるかのようである。

⑤錫杖泉（『洋県志』巻四古蹟志）

錫杖泉　在念仏岩上。唐法照錫杖卓地、泉随杖出。

錫杖泉　念仏巌の上方にある。唐の法照が錫杖で地をつくと、泉がそこから湧き出てきた。

⑥張法照（『洋県志』巻八釈老伝）

張法照生於県之釈子山、遊南岳、師長老承遠、得法而帰、居北山巌石下、日夜精意念阿弥陀仏。毎念仏嘗有化仏空中顕現、声不加大、聞於長安。唐代宗遣使者、以礼迎禁中、賜号五会念仏法事般若道場主国師、而天子承教焉。徳宗問曰、仏留下法、衆生帰依何門。法照答曰、諸仏在心頭、迷人向外求、内懐無価宝、不識一生休。帝大悦讃云、性入円妙、得念正真、悟常罕測、諸仏了因。

張の法照は洋県の釈子山で生まれ、南岳に遊学して長老承遠を師とし法を受けて帰郷し、北山の巌石の下に居し日夜精意に阿弥陀仏を念じた。念仏するといつも化仏が空中に顕現し、その（念仏）声は大きくはなかったが長安にまでとどいた。唐の代宗皇帝（在位七六二〜七七九）は使者を派遣して礼をもって宮中にお迎えし、五会念仏法事般若（舟か）道場主国師の号を賜い、天子は教えを受けた。また徳宗皇帝（在位七七九

～八〇五）は法照に「ブッダは教えを留めおかれたが、人々はどの教えに帰依すべきであろう」と問うと、法照は「諸仏は心におられますのに、愚かな迷人はそれを外に求めております。みずからの内に値をつけられないほどの宝があるにもかかわらず、それを知らずして人生を棒にふっているのです」と返答した。徳宗はたいそう喜び韻文で「性は円妙に入り、正真を念ずるを得、悟は常にして罕に測るも、諸仏は因を了す」と讃えられた。

これは「念仏厳大悟禅師碑記」を要領よく整理した文章であり、『宋高僧伝』をはじめとする法照関連の諸資料に目を通しているとは思えない。

註

（1）閔文叔は北宋の哲宗・徽宗のころの人で、建中靖国元（一一〇一）年の進士科の挙人であるが（劉於義『陝西通志』三〇、一七三五年）、それ以上のことは不明。邑紳は地方の紳士の意。

（2）代宗：七六二～七七九在位。

（3）張氏：これまでの法照に関する諸史料においては、たとえば『宋高僧伝』二一では俗姓を記載せず「不知何許人」（『大正蔵経』五〇・八四四上）とあり、『広清涼伝』巻中（五一・一一一四上）には「本南梁人也。未詳姓氏」とある。よってこの碑文のみが出身地・出生場所や俗姓を明確に伝える史料となる。

（4）興勢県大瀼：興勢県は北魏の延昌三（五一四）年に置かれ、唐の貞観二三（六四九）年にいたり興道県に改められるまで用いられた地名。なお地名としての洋県は明の洪武三（一三七〇）年から用いられている。現在の洋県は唐代においては興勢県（興道県）・黄金県・貞府県に分かれていた。また法照が出生したとされる釈子山は洋県の中心から北に十数キロの紙坊郷にある。『陝西地方志叢書　洋県志』（洋県地方志編纂委員会編、西安三秦出版社、一九九六年）を参照。なお現在の洋県といえば、国際保護鳥のトキの繁殖地として知られている。また大瀼は洋県の中心から釈子山を過ぎてさらに北に位置する。

（5）　此の巌：法照が修行した場所であり、念仏巌と言われる。『洋県志』の古地図に「念仏崖」とあるのがこれに相当すると思われる。二〇〇四年の調査では、すでにダム湖に沈みその姿を見ることはできなかった。ダムが建造されたのは一九六六年であり、その前に編纂された『洋県志』には、「僅可容身」と記されるので、きわめて小さな巌であったのだろう。なお、付近には崇法院なる小庵が残されており、無住にして、一人の老農夫が管理しているようであった（漢中市洋県洋州鎮周家坎村）。

（6）　般若：劉長東〔二〇〇〇〕は「般舟」であろうとする。『広本』（八五・一二五三中下）に「以永泰二年四月十五日……尽一形、毎夏九旬、常入般舟三昧道場」とあるように、法照は永泰二（七六六）年からその没するまで毎年夏には九〇日間の般舟行道を行っていたようである。したがって「五会念仏法事般舟道場国師」を贈られたのであろう。なお円仁の『入唐求法巡礼行記』巻二にも開成五（八四〇）年五月一日の記事として、「斎後巡礼寺舍、有般舟道場、曾有法照和尚、於此堂念仏」とある。巻三の冒頭にも重複した同類の文章があり、やはり「般舟道場」とする（『大日本仏教全書』七二・一一〇中、一一一下）。

（7）　国師について、賛寧『大宋僧史略』中（五四・二四四中）に、「西域之法推重其人。内外攸同、正邪倶有。昔尼犍子信婆羅門法。国王封為国師。内則学通三蔵、兼達五明、挙国帰依、乃彰斯号。声教東漸、唯北斉有高僧法常。初演毘尼、有声鄴下。後講涅槃、幷受禅数。斉王崇為国師。国師之号自常公始也。（以下略す）」とある。

（8）　承遠：七一二～八〇二、九一歳。法照の師。佐々木功成〔一九二五〕、塚本善隆〔一九三一②〕。なおこれより柳宗元撰の「南岳弥陀和尚碑」（四九・六一七下）に類似する。

（9）　般若道場：先に準じてこれも「般舟道場」であろう。

（10）　徳宗皇帝：七七九～八〇五在位。

（11）　諸仏は……一生休む：この偈は『浄土五会念仏誦経観行儀』の六根讃に同文があり（八五・一二四八下）、また浄土法身讃にも類似する偈、「浄土在心頭　愚人向外求　心中有宝鏡　不識一生休」（八五・一二六五上）がある。

（12）　章敬寺：大暦元（七六六）年、粛宗の后章敬皇后のために長安城の東、通化門外に創建され、四一三〇間・四八院からなる大寺院であった。貞元六（七九〇）年には車奉朝こと悟空（法界）が四〇年の在印生活をおえて帰国し、勅を奉じてこの寺に住している。なお法照は大暦年間の末（七七九年）ごろ、この寺の浄土院において『浄土五会念仏略法事儀讃』（『略本』）を撰し、その弟子の鏡霜もここに住して後に「章敬寺法照和尚塔銘」を撰している。小野勝年『中国隋唐長安・寺院史料集成』（法藏館、一九八九年）史料篇（三一七頁・四〇五頁）および解説篇（一一二頁）を参照。

(13) 大悟禅師：この諡号は円仁の『入唐求法巡礼行記』開成五（八四〇）年五月一日の条にも「曾有法照和尚、於此堂念仏。有勅諡為大悟和上。遷化来二年」（『大日本仏教全書』七二・一一〇中、一一一下）と見られる。

(14) 錫杖泉：法照が錫杖で地面をたたくと水が湧き出たという泉。念仏巌の上方にあったというが、これもダム湖に沈んだのだろうか、捜索することはできなかった。

(15) 経：ここでは『阿弥陀経』の内容が引かれている。

(16) 善根：原文は「菩根」に作るが誤りであろう。

(2)『輿地紀勝』

①念仏巌

在興道県。毎歳五月六日巳午間、潭面如碧鏡、忽有数泡浮起、須臾無慮、数千光艶的皪如紫金、色殆如金灯。両時乃已常日無此也。

念仏巌は興道県にある。毎年五月六日の巳と午の時間になると、池の水面は碧に輝き鏡のようである。にわかに幾つかの泡が浮かんでくるも、まもなく消えてなくなる。数千の光が艶やかに煌めくさまは紫金のようであり、その色あいは金色の灯火のようでもある。巳と午の時間になるとおさまる。いつもは（五月六日以外の日）、このような現象が起きることはない。

先の『洋県志』巻四古蹟志には「五月五日」とあり、こちらは「五月六日」とされている。現在のところ、念仏巌の情報源として、この『輿地紀勝』が古いことから、「五月六日」を採用すべきであろうか。

②照応院

在真符県斧刃山。唐大悟禅師法照被召時走避之、使者随逐至此不得已。奉詔因賜今額。

照応院は真符県の斧刃山にある。唐の大悟禅師法照が皇帝に召されたとき、法照は逃げてここに隠れたのだ。皇帝の使者はここまで追いかけてきたが、捕まえることはできなかった。詔を奉じて今の寺額が下賜された。

この記事は他に見ることのできない内容である。法照が代宗皇帝（在位七六二～七七九）によって宮中に召されたことは知られているが、その際に法照のもとに派遣された使者から逃げたということである。ことの真偽は不明であるが、興味ぶかい記事である。なお、『陝西通志』巻五によると、真符県は洋県の東六〇里に位置するとある。また、法照が難を逃れた照応院について、二〇〇四年の調査では確認できていない。

③僧法照

姓張氏、興勢人。嘗南遊得法而帰、居北山瀟水巌下。日誦阿弥陀仏、用心精専。毎誦一声、仏自口出。久乃声聞于朝、唐代宗召問仏法大義、帝悦賜大悟禅師号、命居章敬寺、久而入滅。是日、其家覩其帰已而人（入？）巌下巨石不復見。自是人称其念仏之所為因建寺宇、為大道場。

僧の法照は、姓は張、興勢の出身である。かつて南遊し仏法を学んで帰郷し、北山の瀼水にある巌下に住みついた。くる日もくる日も阿弥陀仏を称え、その心がけは立派であった。仏名を一声称えるたびに、仏が法照の口から出てきた。しばらくしてその念仏の声が朝廷に達することとなり、唐の代宗皇帝は法照を宮中に召して仏法の要点を尋ねた。皇帝はたいそう喜び大悟禅師の号を与え、章敬寺に居すように命じたが、久しくして逝去してしまった。法照が逝去した日に、家の者は法照が帰って来て巌下の巨石の中に入っていくさまを見たが、再び現れることはなかったという。それからというもの、法照が念仏を称えた場所に寺を建て大道場とした。これは明らかに先の「念仏巌大悟禅師碑記」（一二世紀初頭）を情報源として簡略にまとめているにすぎない。

(3)法照生誕の地・洋県訪問記

はじめに

平成一六（二〇〇四）年の春、法照ゆかりの陝西省漢中市洋県を訪ね、その遺跡を調査しようと思いたった。そこで、かつて北京留学中にお世話になった中国仏学院の姚長寿副院長に書簡にて仲介役をお願いすることにした。私が直接先方（漢中市仏教協会）に依頼するよりは仏学院を通したほうが効果大であると予想されたからである。ありがたいことに姚先生は快く引き受けてくださった。その甲斐あってか、お盆をおえた八月一八日に漢中市仏教協会から招待状をかねた返信が届いた。法照関連の遺跡は現在なお保存されており、私の現地調査を歓迎するとの趣旨であった。そこでさっそく七日間の調査計画を立て、あわただしく準備にとりかかった。同月二四日に大阪から北京へ、翌二五日に西安に飛びそれぞれ用務をこなし、さらに二六日には小型ジェット機で秦嶺山脈を越えて漢中市[1]へと向かった。

漢中の空港では続学法師（漢中市仏教協会会長・万寿寺住職）、王其智氏（漢中市宗教局長）、李心道氏（漢中市仏教協会副秘書長）の温かい歓迎を受け、その日は続学法師が住職をつとめる市内の万寿寺を訪問させていただいた。山門では歓迎の爆竹がけたたましく鳴り響き、寺の関係者や信者さんに囲まれ、一通り寺域を案内していただき、二階建ての客堂に招かれると、机上にはその日採れたての果物がたくさん用意されていた。お茶と新鮮な果物をいただき、なごやかな談笑の中に今回の調査の成功を予感することができた。この万寿寺も浄土宗寺院であり、漢中市は一箇寺を除くすべてが浄土宗の寺院であると聞かされた。これも当地の高僧法照禅師の余徳なるかと推し、翌日（八月二七日）の洋県における調査に思いを募らせ、期待は高まっていった。

1、法照の出身地――南梁・梁漢――

さて、これまで法照の生誕の地は謎であった。出家者というものは、ひとたび俗世間を離れたからには、俗姓や家族はもちろんのこと、故郷という執着すらも捨てるものである。したがって、たとえば三種の『高僧伝』における僧の籍貫（出身地）などは大まかなことは記載されていても、詳細は未詳のものがほとんどである。法照にしても、その出身地はこれまで南梁や梁漢とされてきたのである。

ところで法照研究における最も大きな功績は、なんと言っても塚本善隆博士の『唐中期の浄土教――法照の研究――』[2]をおいて他にない。これ以後の法照研究にあっては、博士が深く刻みつけた轍を見ずして先に進むことは不可能である。同書の「法照伝考」において指摘されたように、『広清涼伝』巻中には、

釈法照者本南梁人也（『大正蔵経』五一・一一一四上）

とあり、『浄土五会念仏略法事儀讃』には、

梁漢沙門法照（四七・四七六上）

そして敦煌石室に多く収蔵されている「五台山讃」にも、

梁漢禅師（斯三七〇番など多数）

と記されている。博士はこの南梁でも梁漢でも、ともに行政上の地名ではなく、通称として用いられていたのではないかとされ、梁州（陝西省漢中市南鄭県）と漢州（四川省成都市漢州）を候補としてあげながら、後者の漢州を択り、古くは梁州といい唐代では漢州と称した四川省成都の北方こそが法照の出身地であろうと推定されたのであった。しかし実際は前者の梁州こそ洋県に近く、むしろ出身地として想定されうるのである。なお『浄土五会念仏誦経観行儀』（広本）と『浄土五会念仏略法事儀讃』（略本）の書題の下には、それぞれ「南岳沙門法照撰」「南岳沙門法照、於上都章敬寺浄土院述」とあるが、これらに示される自署「南岳」とは、言うまでもなく出身地ではなくして、承遠のもとで学んでいた南岳衡山である。

近年、劉長東氏は「法照生卒、籍貫新考」を発表された。[3]この論考は後に『晋唐弥陀浄土信仰研究』（巴蜀書社、

二〇〇〇年）において改訂された上で転載されている。その詳細な報告によると、『洋県志』の記述に依拠しながら、梁漢とは現在の陝西省漢中市洋県（漢中市の中心から東北へ約五十数キロ）と想定された。そもそも私が洋県を訪れて法照に関係する遺跡を調査したいと思ったのも、実はこの劉氏の論文を拝読したことによるのである。論文から察するに劉氏は現地調査を行ったわけではないようである。

また施萍婷「法照与敦煌初探――以P2130号為中心――」(4)では、法照の本籍地を涼州とし、梁漢は出家した地であるとするが、具体的に現在のどの地域に相当するかを特定しえたわけではなかった。

2、洋県志における法照とその遺跡

『陝西省　洋県志』(5)には、法照に関わる記載がいくつか紹介されている。それについてはすでに拙文「法照の礼讃偈における通俗性――その詩律を中心として――」(6)の付録資料に「念仏巌大悟禅師碑記」の録文・訓読・語註を示し、また崇法院・釈子山・念仏巌・錫杖泉の遺跡についての記事とその訳文も掲載したので、そちらを参照していただきたい。

3、洋県を訪ねて（清涼寺・釈子山・崇法院・念仏巌）

八月二七日、いよいよ洋県に向かう日を迎えた。実はこの日の朝、李心道氏から念仏巌はすでにダム湖に沈んでいると聞かされ、出鼻をくじかれたようで、いささか気落ちしてしまった。しかし崇法院は修復されて今なお存在しているとのこと。我われは漢中駅前にある金江大酒店を八時半に発ち、高速道路を東北に走り、前漢武帝の時の使節として著名な張騫（?～紀元前一一四）が生まれた城固県をよぎり、一時間ほどして洋県に到着した。

ところでこの洋県は漢中市の中心から東北に約五〇キロの地点にある人口四三万人の都市である。中国四大発明の一つ、紙の発明者である蔡倫の墓などの旧跡がある。また洋県という名を知らなくとも、ここに国際保護鳥のトキの自然保護区があるといえば知る人も少なくないのではなかろうか。ここにはトキの保護センター（朱鷺家園）があって、新潟県佐渡市のトキはここから贈られたのであった。

洋県では、はじめに唐代に造立され唐塔とも呼ばれる開明寺の舎利塔を見学した。ここで浄土宗延良寺のご住職通宝法師がにこやかに出迎えてくださった。続学法師の説明を一通り拝聴して、次に洋県の四郎郷清涼村にある清涼寺へと向かった。小高い丘陵地帯につづく村をいくつも通りすぎ、三つの大きな貯水池を横に見て、栗畑やトウモロコシ畑と水田を通り、牛を放牧する子供たちをあちこちに目にしながら、一時間弱で清涼寺に到着する。『洋県志』の寺観志はわずかに、

清涼寺、県の北二十里、また観音堂と名づく。地名は之による。

と記すだけである。外国人が来るのがよほど珍しいのか、村人は私にたいそう関心を示してくる。この清涼寺は五台山の清涼寺とも関係するらしく、よって法照とも何らかの縁ありと思われるが、今となってはそれを証明するだけの資料は何も遺されていないと李心道氏は語ってくれた。現在は清朝末からの廟産興学によって僧侶は締め出され、敷地はかわって三〇〇人ほどの生徒が通う小学校に改組され、もともとあった一九の寺院建造物も、わずかに大雄宝殿と楽楼とを残すのみで、それも物置小屋になっているありさまは何とも痛ましかった。楽楼とは何らかの仏教音楽を催す建造物であり、法照の礼讃や五会念仏と関わりがあるものと思われるが、それを裏づける資料はす

でにないのである。しかし唐の徳宗皇帝（在位七七九～八〇五）がこの寺に夜宿したと伝えられていることから、すでに法照在世のころには伽藍を構えていたということである。ここに四〇分ほど滞在して、車はいよいよ法照ゆかりの崇法院へと向かった。

＊　＊　＊

来たときと同じ村落を通過して、四、五〇分ほどすると道をそれ、トキの保護区に入ってきた。朱鷺家園の横を通り、しばし山道を登ると水庫（ダム）にぶつかって道は行き止まりとなる。このダムは灙水河という川をせき止めるダムであり、その灙水河の源流は秦嶺山脈にあり、南に流れ洋県を通りぬけて漢水に注ぐ。『洋県志』の念仏巌の条に、

下臨碧潭如鑑。毎歳五月五日巳午二時、泛出五色泡、光艶彩奪目。

その眼下には鏡のような碧色の池水をのぞむ。毎年五月五日の巳の刻と午の刻の二度にわたって五色の泡が浮かび出てくる。その光は艶やかで目を奪われるかのようである。

とあるのがこの河川に相違なかろう。今でも深碧の豊かな水を満々とたたえている。我われはこのダム湖をモーターボートに乗って、大理石の山肌を露わにした対岸へと渡った。そこからは前日からの雨でぬかるんだ山道を崇法院に向かって登っていくのだが、人の腰ほどもある雑草をはらいのけ、畑を横切りながら歩くこと約三〇分、靴もズボンも泥だらけになり、さすがに辟易した。ふとふり向くと灙水河の水庫のはるか彼方に美しい稜線を描く

山がくっきりと見えた。それこそ法照が誕生したと伝えられる釈子山である。今回は残念ながら登嶺することはできなかったが、その景観の美しさにすっかり魅了された。この山は僧侶の頭形のように整った曲線を有することから釈子山と名づけられたとも言われ、また法照の生誕地にちなんでこのように名づけられたとも言われている。それからさらにしばらく畑道を歩くと、山の中腹あたりにトウモロコシ畑の穂にすっぽりと隠れるように寺院の屋根らしきものと、日干しレンガ作りの建造物が見えてきた。それが崇法院である（洋県洋州鎮周家坎村）。

簡素な門をくぐると小ぢんまりとした殿宇の正面に釈迦像が安置され、それを取り囲むように大肚弥勒菩薩（後梁の契此禅師がモデルとなっている。日本で言うところの布袋さま）や天王の像が見える。それら仏教の尊像を関帝とともに壇上に祀ることは道教信仰との習合がうかがわれるし、さらに釈迦像の前に堂々と置かれた毛沢東の白い胸像からしても現代中国の宗教と政情がいっぺんに了解できるというものであった。これらの仏や天王像は見たところ古いものではないようで、道光五（一八二五）年または同治年間（一八六二～一八七四）に修復されたときに布置されたのではなかろうか。(7)ところでこの崇法院は言うまでもなく無住であるが、一人の老農夫が自給自足で管理しており、その生活空間も崇法院に隣接している。ここで老人は三つの文物を我われに見せてくれた。

一つ目はこの崇法院が清朝の道光五（一八二五）年春の穀旦（吉日の意）に、洋州知県であった倪玢や貢生（科挙時代、国子監に推挙された府州県の学生）の張之傑・李梓など大勢の喜捨を受けて修復されたことを伝える石碑である。縦界六八・四センチ、横界九〇・〇センチ、全二四行、一行平均二〇字の石版であり、その第一行目には、

重建崇法院資助題名碑記

と題刻され、最終行には、

道光五年歳次乙酉季春之月穀旦　立

と刻まれている。界線の外には人や動植物の図案が刻記されている。光緒二四（一八九八）年に編まれた『洋県志』には、

同治間、賊燬正殿、今復修。

清の同治年間には賊が正殿を破壊したが、今また修繕されている。

とあるので、修復された道光五年からわずか三〇年ほどした同治年間に再び正殿を失っていることがわかる。またこの崇法院には、もと円通閣なる建造物もあったことを『洋県志』は伝えているが、惜しいかなどこにも見当たらなかった。

二つ目は石製の香炉である。唐代の作というが、法照が実際に用いたものかと思うと感慨深いものがある。動物の図柄らしきものが刻まれていたが、摩滅もはなはだしく判別に難渋した。

三つ目は住居とも物置小屋とも言える隣接する建物から搬出してきた「正教揚」と大書された大きな木製の板や、墨書された二枚の板である（判読不能であった）。ともに決して文物と言われるような古いものではなく、普段はしまっているという。

この崇法院でしばらく休息し、山を下ることにした。老農夫にダム湖の水辺まで見送っていただき、再びボートに乗って対岸へと引き返した。それにしてもかえすがえす恨めしいのは、法照が念仏の行を積んだとされる念仏巖がダムの湖底に沈んでしまったことである。ダムの建設は自然災害への対応と、人口の増加にともなう慢性的な電力不足への対処である。過去の遺跡よりも今を生きる人々の生活が優先されるのは当然のことである。文革のはじまる一九六六年にダムが建設され、そのために水下に沈んだ念仏巖や、その付近にあったとされる「念仏巖大悟禅師碑記」の碑文、さらに念仏巖の上方にあったという錫杖泉を確認することはできなかった(8)。それらの遺跡遺物に思いをよせながら、今回の調査の目的をほぼおえたのである。なお念仏巖の「巖」とはおそらくこの山の基体である大理石を穿った洞穴のことであり、『洋県志』に「僅可容身」と記されるような、きわめて小さな修行の場であったのだろう。したがってかりにダム湖の水が干あがったとしても、これを見つけることは難しいのではなかろうか。足元にころがる大理石のかけら数個をポケットにしまい、法照と私をつなぐよすがとするほかなかった。

＊　　＊　　＊

再び車に乗りこみ、はるかに美しい稜線を誇る釈子山をのぞみ、眼底にしかと焼き付けて車は山を下った。途中で小学生ほどの男の子が数頭の牛を放牧しているのを目にした。そういえば清凉寺の付近でもやはり子供たちが牛追いをしている風景が幾度も見られた。洋県には村人に伝わる法照にまつわる伝説があるという。貧しい家庭に生まれた法照は、幼い時から資産家の所有する牛を放牧しながら念仏を称えていたというのだ。そして今でも牛追いしていたころの幼い法照と母親の二人の坐像が近くの祠に祀られ供養されているということである。それは洋県の村人の生活が昔も今も変わることなく営まれているということなのであろう。目の前で牛を放牧する男の子に少年法照の姿を見たような気がしてならなかった。

多少時間もあったので、朱鷺家園に立ち寄り、中国では〝東方神鳥〟とも賛美されるトキの艶姿をしばし愛でて、通宝法師に別れを告げ、再び朝走ってきた高速道路に乗って、漢中市内のホテルへと向かった。

そもそも今回の調査における最大の目的は、念仏巌の付近に建てられた碑文「念仏巌大悟禅師碑記」を実見することにあった。この石碑は北宋の閔文叔によって撰述されたもので、法照の事跡と称賛とをその内容とする。塚本博士も知りえなかった碑文であり、法照研究では貴重な史料である。千字を超える碑文には意味がもう一つ通らない箇所が二つあった。翻刻の誤りとも思えたので、中国国家図書館が発行する『北京図書館蔵中国歴代石刻拓本匯編』を確認するが載せられておらず、また同図書館のホームページ上で紹介する館蔵の拓本写真の中にも確認しえなかった。したがってどうしても現地を訪れて原碑を直接確認したいという思いが高まっていったのである。残念ながらその念仏巌は前述したごとくダム湖に沈んで所在が不明となっており、碑石の存否すらも知ることはできなかった。しかし崇法院や清凉寺を調査し、法照生誕の釈子山を遠望することができ、目的を半ば達成することができたと感じている。

我われの研究は文学研究である。つまり歴史文献資料を俎上にあげて料理することを生業としている。しかし文献では決して知りえないこともある。すなわち遺跡の位置関係や風土、人々の生活、信仰など、これらは現地を訪れ、そこに立ち風に吹かれ、そこの人と語り、そこのものを口にすることで知り、また感じうることなのである。同時にそれは歴史資料の中でしかお目にかかれない〝あの人物〟との時間を超えた一体感・共生に他ならない。遺跡というのは歴史の証人である。遺跡にふれることは過去と共生することである。そこで現に暮らす人々の生活を択るか、それとも歴史的遺跡の保存を択るかといった二者択一ではなく、ともに選択できるような妙案を探すことが、歴史の証人を今度は未来に伝えることになり、かつ過去と現在と未来の共生を実現することであって、これはいつの時代でも〝現代〟を生きる人がになうべき責務であるに違いない。それを強く感じさせる調査でもあった。

おわりに

前述したように洋県にはトキの保護区域があるため、日本から視察をかねた観光団も訪問するそうである。しかしその先にある法照ゆかりの地まで足をのばすことはないそうで、ましてダム湖の対岸に渡り、草の生い茂る小道を登って無住で参拝者もない崇法院を訪れ、また辺境の村にあるこれまた無住の清凉寺に立ち寄った日本人ははじめてということだ。それだけ物珍しいせいか、あちこちで熱烈歓迎していただいたのだが、「日本高僧齊藤隆信先生」と書かれた横断幕を目にしたときは、なんとも気恥ずかしくて、居心地の悪いことといったらなかった。

それにしてもこのたびの急な調査計画を完遂できたのは、ひとえに前出の続学法師・王其智氏・李心道居士、さらには北京で仲介役を快諾された姚長寿先生のご厚情によるものであった。ここにあらためて甚深の謝意を表する次第である。そして今後も碑文の行方を追いかけていくつもりである。

なおこの調査における費用の多くは、平成一六年度の浄土宗教学院助成研究費、および佛教大学個人研究費によって実現したものである。

註

（1）漢中市は陝西省において第二の都市であり、人口三六五万、トキ・パンダ・金糸猴の生息地としても有名で、また島根県出雲市とは友好都市でもある。

（2）東方文化研究所京都、一九三三年。後に『塚本善隆著作集』第四巻（大東出版社、一九七六年）に編入される。
（3）『敦煌文学論集』四川人民出版社、一九九八年。
（4）『一九九四年敦煌学国際検討会文集』甘粛民族出版社、二〇〇〇年。
（5）『中国方志叢書』華北地方、第五三三号、成文出版社、一九三七年重修石印本。
（6）知恩院浄土宗学研究所編『浄土宗学研究』三〇号、二〇〇四年三月。各論篇第九章、および資料篇の④を参照。
（7）道光五年の修復については「重建崇法院資助題名碑記」に記され、同治年間の修復については『洋県志』巻三の寺観志に記載されている。
（8）これら法照に関わる遺跡については資料篇⑤⑴⑵を参照。なお、洋県訪問中に李心道「念仏岩与唐法照法師」、および寧斌興「法照――漢中高僧第一人――」を頂戴した（所収典籍は不明。どちらも簡単な紹介であり私家版である）。

⑷法照略年表

本略年表は中国における法照に関わる以下の資料によって作成したものである。伝記は数種あるが、『宋高僧伝』の記事を受けたものばかりであることから、ここでは五伝にとどめている。なお事跡の後に典拠となっている資料を略号によって付記した。

〈略号〉

宋伝＝賛寧『宋高僧伝』　　瑞伝＝文諗・少康『往生西方浄土瑞応刪伝』

浄伝＝戒珠『浄土往生伝』　　涼伝＝延一『広清涼伝』
略伝＝遵式『往生西方略伝』　　塔銘＝呂温『南岳大師遠公塔銘記』
広本＝法照『浄土五会念仏誦経観行儀』　　略本＝法照『浄土五会念仏略法事儀讃』
伯①＝ペリオ二一三〇「念仏大聖竹林之寺讃仏文」　　伯②＝ペリオ二四八三「五台山讃文」
伯③＝ペリオ三七九二（紙背）　　洋県＝張鵬翼『陝西省　洋県志』
行記＝円仁『入唐求法巡礼行記』

天宝五年（七四六）
興勢県大瀼（現在の陝西省漢中市洋県）の釈子山に出生（洋県）
「不知何許人也」（宋伝）
「不知何許人也」（浄伝）
「本南梁人也、未詳姓氏」（涼伝）
「梁漢沙門」（略本）
「涼漢禅師」（伯②）
「涼州」（伯③）
「姓張氏、名法照、興勢県大瀼里人也。少捨家為沙門」（洋県）

至徳元年（七五六）
一一歳で出家（伯③）

永泰年間（七六五～七六六）
盧山東林寺で念仏三昧を修め、南岳衡山の承遠（七一二～八〇二）門下に入り浄土教を修学（塔銘、洋県）
※毎年夏には般舟念仏三昧を実践。承遠はかつて慈愍三蔵慧日から浄土教を修学している。

永泰二年（＝大暦元年、七六六）四月一五日
南岳の弥陀台において誓願を発し、菩提のため衆生のために九〇日の般舟念仏道場に入る（広本、略本）

永泰二年（＝大暦元年、七六六）四月二八日
第二七日の夜三更に金橋が浄土までつづいているさまを見て阿弥陀仏前に赴き、阿弥陀仏より五会念仏の法を授かる（広本）。また略本にもこの年の四月、南岳弥陀台般舟道場において無量寿経によって五会念仏を作ったと述べている

大暦二年（七六七）二月一三日、および二月二七日
南岳の雲峰寺の食堂にて瑞相を見る（宋伝、涼伝、浄伝）

大暦四年（七六九）六月二日
衡州の湘東寺（または湖東寺）の楼閣で九〇日の念仏行の中、霊相を感じ五台山行きを決心（宋伝、涼伝、浄伝）

大暦四年（七六九）八月一三日
同志一〇人とともに南岳を出発して五台山に向かう（宋伝、涼伝、浄伝）

大暦五年（七七〇）四月五日
五台山到着（宋伝、涼伝、浄伝）

大暦五年（七七〇）四月六日
仏光寺に入る。瑞相を感得す。それを刻んだ石碑を建立する（宋伝、涼伝、浄伝）

大暦五年（七七〇）四月八日
華厳寺般若院の西楼の下で瞑想に入る（宋伝、涼伝）

大暦五年（七七〇）四月一三日
五十余人の僧侶と金剛窟に出向く。瑞相を感得す（宋伝、涼伝、浄伝）

大暦五年（七七〇）一二月（浄伝は「十二月朔日」とする）
華厳寺の華厳院で念仏・断食して往生を願う（宋伝、涼伝、浄伝）

大暦五年（七七〇）一二月七日
梵僧が現れて瑞相を広めるよう勧奨される（宋伝、涼伝）

大暦五年（七七〇）一二月八日
再び梵僧が現れて勧奨される。そこで五台山のありさまを記憶に従って記録す（宋伝、涼伝）
※それが後に『五台山大聖竹林寺釈法照得見台山境界記』（『大聖竹林寺記』『聖寺記』）になるか

大暦六年（七七一）正月九日（宋伝は「正月内」とする）
慧従や華厳寺の崇暉と明謙ら三十余人の僧侶とともに金剛窟において石碑を建立。このとき瑞相を感得す。またその後竹林寺を創建す（宋伝、涼伝）

大暦六年（七七一）
この年、尼悟性が法照を慕って衡山から五台山を訪れる（瑞伝）

大暦七年（七七二）
北京（太原）の龍興寺に入る（伯①）

大暦九年（七七四）一〇月
北京（太原）の龍興寺にて『広本』を再述（広本）
※太原は曇鸞・道綽・迦才・善導など浄土教に縁の深い地域、また龍興寺は玄宗皇帝が諸州に開元寺とともに設置し各地の拠点となった寺院

大暦一二年（七七七）九月一三日
八人の弟子（純一・惟秀・帰政・智遠・沙弥惟英・優婆塞張希俊など）とともに東台において瑞相を感得す（宋伝、涼伝）

大暦末年（大暦一四年＝七七九）以後
この年より後、皇帝の招聘により五台山を去って長安に入り、章敬寺に掛錫する（塔銘、洋県）
※法照を長安に招聘した皇帝に関して、『仏祖統紀』は代宗（在位七六二～七七九）とし、略伝と洋県は徳宗（在位七七九～八〇五）とする。また塔銘に「大暦末、門人法照辞謁五台」とある
章敬寺浄土院において『略本』を撰述する（略本）
※略本に「南岳沙門法照　於上都章敬寺浄土院述」とある

貞元四年（七八八）
長安に入る（伯①）
※伯①に「於太原一住十有七年。去貞元元年、節度使馬遂入太原、奉勅知昨貞元四年正月廿二日、延入京

中」とある。伯①の記事を信頼すれば、法照を招聘したのは徳宗皇帝ということになる

開成三年（八三八）

九三歳で逝去（行記）

大悟禅師（大悟和尚）の謚号を下賜される（洋県、行記）

※円仁『入唐求法巡礼行記』の開成五（八四〇）年の記事に、「曾有法照和尚、於此堂念仏。有勅謚為大悟和上、遷化来二年。今造像安置堂裏」とある（鈴木財団本『大日本仏教全書』五六三、一一〇頁中）。したがって戒珠『浄土往生伝』下（『続浄全』一六・五〇下）や、志磐の『仏祖統紀』二六（四九・二六四上）に没年を大暦七（七七二）年とすることは誤りである。なお『瑞応伝』に法照は立伝されていない。『瑞応伝』の成立は、その第三四元子平の伝に大暦九（七七四）年と記載されているので、この年から撰者少康の没年である永貞元（八〇五）年までの間となる。つまり『瑞応伝』の成立時において、法照はまだ存命していた可能性がある。

また法照が逝去した地域についても不明であるが、『洋県志』では「法照在長安居章敬寺（中略）法照亦結跏趺坐而入円寂、勅謚大悟禅師。是日在彼歿已」とあるように、文脈から長安であったと受け取れるが、『仏祖統紀』二六では五台山竹林寺であったように描かれている。

参考文献一覧

・漢訳仏典、漢語仏典、音韻学、詩文学に関わる参考文献は、前著〔二〇一三〕を参照されたい。
・ここに掲載する参考文献は本書で用いた先行研究のすべてではない。これ以外については各章節の本文や章末註記に示している。（排列は五十音順）

【浄土教礼讃偈】

五十嵐明宝『浄土五会念仏略法事儀讃』（永田文昌堂、二〇〇一年）
石田充之「讃阿弥陀仏偈並論 解説」（『西域文化研究』第一、法藏館、一九五八年）
入矢義高編『仏教文学集』（中国古典文学大系六〇巻、平凡社、一九七五年）
岩井大慧「聖武天皇宸翰雑集に見えたる隋大業主浄土詩について」（『東洋学報』一七の二、一九二八年、後に『日支仏教史論攷』東洋文庫、一九五七年および原書房、一九八〇年に収められる）
岩井大慧「広法事讃を通して再び聖武天皇宸翰浄土詩を論ず」（『東洋学報』二一の二、一九三四年、後に『日支仏教史論攷』東洋文庫、一九五七年および原書房、一九八〇年に収められる）
上杉智英「『往生礼讃偈』諸本中における七寺蔵『阿弥陀往生礼仏文』の位置」（『三康文化研究所年報』三八、二〇〇七年、後に『日本古写経善本叢刊』第四輯、国際仏教学大学院大学学術フロンティア実行委員会、二〇一〇年に載録）
上杉智英「七寺蔵『集諸経礼懺儀』巻下の系譜」（『浄土学』四四、二〇〇七年）
上杉智英「『集諸経礼懺儀』と『往生礼讃』」（『日本古写経善本叢刊』第四輯、二〇一〇年）
上杉文秀『善導大師及往生礼讃の研究』（法藏館、一九三一年）

上山大峻「敦煌出土「浄土法身讃」について」（『真宗研究』二一、一九七六年）
江隈薫「唐代浄土教の行儀――懐感・慈愍・法照について――」（『日本仏教学会年報』四三、一九七七年）
汪娟『敦煌礼懺文研究』（法鼓文化、一九九八年）
王三慶「従聖武天皇《雑集》的整理研究兼論其与敦煌文献之関渉」（『敦煌写本研究年報』七、二〇一三年）
王志鵬「敦煌写巻中仏教偈頌歌賛的性質及其内容」（『敦煌研究』二〇〇六年第五期）
大谷光瑞「龍樹菩薩讃礼阿弥陀仏偈」（『大乗』四の八、一九二五年）
大谷光照『唐代の仏教儀礼』（有光社、一九三七年）
大原性実『善導教学の研究』（永田文昌堂、一九七四年）
小笠原宣秀『法事讃管見』（百華苑、一九八一年）
落合俊典「智昇の『開元録』編纂と『集諸経礼懺儀』に入蔵」（『日本古写経善本叢刊』第四輯、二〇一〇年）
小野勝年「知玄と円仁――「入唐求法巡礼行記」研究の一節――」（『東洋史研究』一五の二、一九五六年）
小野勝年「円仁の見た唐の仏教儀礼」（福井康順編『慈覚大師研究』天台学会、一九六四年）
香川孝雄「龍樹の浄土思想」（『講座大乗仏教5　浄土思想』春秋社、一九八五年）
加来雄之「礼讃する存在――仏弟子論としての『浄土論』（二）――」（『親鸞教学』六八、一九九六年）
加地哲定『増補　中国仏教文学研究』（同朋舎出版、一九七九年）
金子寛哉「「浄土法事讃」について――龍門・奉先寺盧舎那像との関連を中心に――」（『印度学仏教学研究』三五巻一号、一九八六年）
河内昭円「法照に関する二三の問題――詩僧としての法照について――」（森三樹三郎博士頌寿記念『東洋学論集』朋友書店、一九七九年）
河内昭円「再び法照について」（『文藝論叢』一五、一九八〇年）
鎌田茂雄『中国の仏教儀礼』（大蔵出版、一九八六年）

金山「法照詩三首賞析」(『五台山研究』二〇〇〇年第三期)
雲井昭善「礼拝と奉仕――大乗菩薩行の基体として――」(『天台学報』一四、一九七二年)
栗山秀純「仏教における礼拝・供養・祈願」(『儀礼文化』四、一九八三年)
高国藩「敦煌曲法照《出家楽》及其依聖学的理論」(『寧夏師範学院学報(社会科学)』三〇巻四期、二〇〇九年)
合田時江編『聖武天皇『雑集』漢字総索引』(清文堂出版、一九九三年)
国際仏教学大学院大学学術フロンティア実行委員会編『日本古写経善本叢刊第四輯　集諸経礼懺儀　巻下』(二〇一〇年)
齊藤隆信「善導所釈の三念願力」(『佛教大学大学院紀要』二三、一九九五年①)
齊藤隆信「『観経疏伝通記』見出し」(『浄土宗学研究』二一、一九九五年②)
齊藤隆信「『浄度三昧経』の研究――『安楽集』と『観念法門』の場合――」(『佛教大学総合研究所紀要』三、一九九六年)
齊藤隆信「善導『観経疏』の語文」(佛教大学総合研究所紀要別冊『浄土教の総合的研究』一九九九年①)
齊藤隆信「発願文小考――成立と展開――」(『浄土宗学研究』二五、一九九九年②)
齊藤隆信「浄土教礼讃偈の通俗性」(『仏教論叢』四八、二〇〇四年)
齊藤隆信「善導の浄土教儀礼における通俗性」(『仏教論叢』四九、二〇〇五年①)
齊藤隆信「法照禅師生誕の地・漢中市洋県を訪ねて」(『日中浄土』一六、二〇〇五年②)
齊藤隆信「民衆仏教としての浄土教の展開――唐代の礼讃儀礼にみる民衆浄土教――」(『新アジア仏教史』第七巻・中国Ⅱ(隋唐)、佼成出版社、二〇一〇年)
齊藤隆信「法然仏教への道程としての善導研究」(法然上人八〇〇年大遠忌記念『法然仏教とその可能性』法藏館、二〇一二年)
齊藤隆信「善導の礼讃偈における革新」(法然上人八〇〇年大遠忌記念『法然仏教とその可能性』法藏館、二〇一

二年）
齊藤隆信『漢語仏典における偈の研究』（法藏館、二〇一三年）
佐々木月樵「法照の浄土教（その一～その三）」（『支那浄土教史』無我山房、一九一二年）
佐々木功成「承遠・法照の事蹟に就いて」（『龍谷大学論叢』二六五、一九二五年）
佐佐木信綱編『南都秘极』第壱集（一九二一年）
佐藤哲英「法照和尚念仏讃について（上）」（『佛教史学』三の一、一九五二年①）
佐藤哲英「法照和尚念仏讃について（下附法照和尚念仏讃）」（『佛教史学』三の二、一九五二年②）
塩入良道『中国仏教における懺法の成立』（大正大学天台学研究室、二〇〇七年）
柴田泰山「隋唐時代の仏教〈7〉浄土教」（岡部和雄・田中良昭編『中国仏教研究入門』大蔵出版、二〇〇六年）
柴田泰山「三階教文献と善導」（『東アジア仏教研究』六、二〇〇八年）
柴田泰「二つの善導観――日中善導比較考――」（今西順吉教授還暦記念論集『インド思想と仏教文化』春秋社、一九九六年）
照誠「浄衆禅門と法照浄土思想との関係について――大乗浄土賛を中心に――」（『日中浄土』一五、二〇〇三年）
施萍婷「法照与敦煌文学」（『社科縦横』一九九四年第四期）
施萍婷「法照与敦煌初探――以P２１３０号為中心――」（『一九九四年敦煌学国際検討会文集』甘粛民族出版社、二〇〇〇年）
聖凱『善導大師的讃偈思想及礼讃偈』（二〇〇〇年、碩士論文、油印）
聖凱「二〇世紀法照研究綜述」（中国仏学院学報『法源』一六期、一九九八年）
孫昌武「唐代の文学に与えた仏教の影響」（『東方学』七三、一九八七年）
武内義雄「聖武天皇宸翰雑集隋大業主浄土詩と往生礼讃」（『文化』二一の六、一九五七年）
高瀬承厳訳『集諸経礼懺儀』解題（『国訳一切経』諸宗部七、大東出版社、一九九〇年）

高橋正隆「善導大師遺文の書誌研究」（藤堂恭俊編『善導大師研究』山喜房仏書林、一九八〇年）
竹中信常「善導浄土教における儀礼の意味」（戸松啓真他編『善導教学の成立とその展開』山喜房仏書林、一九八一年）
湛如「論敦煌浄土教賛文」（中国仏教二千年紀念専集『浄土』、一九九八年、後に『華林』一、および同氏『敦煌仏教律儀制度研究』中華書局、二〇〇三年にも所収）
趙樹峰「浄土四祖法照」（『五台山研究』一九八九年第四期）
張先堂「敦煌本唐代浄土五会賛文与仏教文学」（『敦煌研究』一九九六年第四期）
張先堂「晩唐至宋初浄土五会念仏法門在敦煌的流伝」（『敦煌研究』一九九八年第一期）
張先堂「唐代浄土教宗師法照与五台山・并州関係新探」（『敦煌研究』二〇〇三年第三期）
張先堂「浄土教宗師法照的文学創作及其対唐代文学的貢献」（劉信宝・高田時雄主編『転型期的敦煌学』上海古籍出版社、二〇〇七年）
陳開勇「法照《鹿児賛文》考」（『敦煌学輯刊』二〇〇六年第三期）
塚本善隆「引路菩薩信仰に就いて」（『東方学報』一冊、一九三一年①、後に『塚本善隆著作集』第七巻・浄土宗史・美術篇、大東出版社、一九七五年に「引路菩薩信仰と地蔵十王信仰」として改訂増補の上編入される）
塚本善隆「南岳承遠伝とその浄土教」（『東方学報』二冊、一九三一年②、後に『塚本善隆著作集』第四巻・中国浄土教史研究、大東出版社、一九七六年に編入される）
塚本善隆『唐中期の浄土教――法照の研究――』（東方文化研究所京都、一九三三年、後に『塚本善隆著作集』第四巻・中国浄土教史研究、大東出版社、一九七六年に編入される）
爪田一寿「善導浄土教のいわゆる「国家仏教」的側面について――『法事讃』と龍門石窟――」（『インド哲学仏教学研究』一三、二〇〇六年）
鄭阿財「敦煌浄土歌賛《帰去来》探析」（『敦煌学輯刊』二〇〇七年第四期）

土井忠雄「讃阿弥陀仏偈研究に於ける方法的反省」『宗学院論輯』三五、一九七六年）
湯用彤『隋唐仏教史稿』（中華書局、一九八二年）
禿氏祐祥「『讃阿弥陀仏偈』の古本」（『龍谷大学論叢』三〇二、一九三二年）
中井玄道「観経四帖疏の支那校刻本に就いて」（『専修学報』九、一九四一年）
中西和夫「音曲念仏の研究（二）――比叡山浄土教の引声念仏――」（『華頂短期大学研究紀要』一六、一九七二年、後に『仏教音楽論集――華頂山松籟攷――』所収、東方出版、一九九八年）
中西和夫「音曲念仏の研究（十一）：中唐法照禅師――五会念仏の曲調について――」（『華頂短期大学研究紀要』三〇、一九八五年、後に『仏教音楽論集――華頂山松籟攷――』東方出版、一九九八年に収められる）
中西和夫「中唐法照禅師「五会念仏」の曲調と音曲構成について」（『第二回日中仏教学術交流会議・発表要旨』一九八八年）
野上俊静「唐末仏教の一齣――知玄とその周辺――」（結城教授頌寿記念『仏教思想史論集』大蔵出版、一九六四年）
野上俊静「中国浄土教の相承について――善導後身と後善導――」（『大谷学報』五〇の三、一九七一年）
羽塚堅子「集諸経礼懺儀の研究」（『真宗同学会年報』一輯、一九四三年）
羽塚堅子「集諸経礼懺儀之研究」（『真宗学報』二八、一九四三年）
久本実円「『法事讃』製作年次の一考察」（『真宗研究』一五、一九七〇年）
廣川堯敏「敦煌出土善導『往生礼讃』古写本について」（小沢教授頌寿記念『善導大師の思想とその影響』（大東出版社、一九七七年）
廣川堯敏「敦煌出土善道禅師勧善文の成立をめぐる諸問題」（『仏教文化研究』二五、一九七九年）
廣川堯敏「敦煌出土法照関係資料について」（石田充之博士古稀記念論文集『浄土教の研究』永田文昌堂、一九八二年①）

廣川堯敏「敦煌出土七階仏名経について――三階教と浄土教との交渉――」（『宗教研究』二五一、一九八二年②）
廣川堯敏「礼讃」（講座敦煌七『敦煌と中国仏教』大東出版社、一九八四年）
廣川堯敏「浄土礼讃文の成立と展開――敦煌文献を中心として――」（『第七回日中仏教学術交流会議発表要旨』佛教大学、一九九八年）
平野顕照「白居易の文学と仏教――僧徒との交渉を中心として――」（『大谷大学研究年報』一六、一九六四年）
藤野岩友「儒教における礼と拝」（『儀礼文化』四、一九八三年）
藤原幸章「善導浄土教と天台智顗――実践部門を中心として――」（大原先生古稀記念『浄土教思想研究』永田文昌堂、一九六七年）
藤原凌雪「後善導としての法照禅師」（『龍谷大学論集』三四三、一九五二年）
藤原凌雪「讃阿弥陀仏偈の古写本」（『顕真学苑論集』四七、一九五五年）
藤原凌雪「〈讃阿弥陀仏並論〉について」『印度学仏教学研究』四巻一号、一九五六年
牧田諦亮「人間像善導」（『日本仏教学会年報』四二、一九七六年）
松陰了諦「晨朝礼讃に於ける礼数に就いて」（『龍谷学報』三〇五、一九三三年）
松陰了諦『往生礼讃本文校異並に前序の研究』（興教書院、一九三七年）
三枝樹隆善「善導と宗教儀礼――『法事讃』儀礼の構造――」（『善導浄土教の研究』東方出版、一九九二年）
宮崎円遵「『法事讃』抄出本に就いて――本願寺本と金沢文庫本――」（『学院論輯』一六、一九七六年、後に「『法事讃』の古鈔本について」として『仏教文化史の研究』宮崎円遵著作集第七巻、思文閣出版、一九九〇年に所収）
毛利憲明「讃阿弥陀仏の原形」（『真宗研究』二九、一九三〇年）
望月信亨「法照禅師の事蹟及教義並に中唐代に於ける禅対念仏論」（『浄土教之研究』金尾文淵堂、一九二二年）
望月信亨「慧日・承遠・法照等の般舟三昧修行并に禅対浄土論」（『支那浄土教理史』法藏館、一九四二年）

諸戸立雄「善導伝についての一考察」（『東北大学東洋史論集』五、一九九二年）
矢吹慶輝「敦煌出土讃阿弥陀仏偈並に略論安楽浄土義に就いて」（『鳴沙余韻——燉煌出土未伝古逸仏典開宝——』第二部、岩波書店、一九三三年、初出は『宗教界』一三の六、一九一七年）
山田昭全「仏教文学とは何か」（大久保良順編『仏教文学を読む』講談社、一九八六年）
楊明芬『唐代西方浄土礼懺法研究』（民族出版社、二〇〇七年）
龍晦「論敦煌詞曲所見之禅宗与浄土宗」（中国社会科学院世界宗教研究所『世界宗教研究』一九八六年第三期。本論文は、後に『敦煌歌辞総編』下冊、上海古籍出版社、一九八七年に附載される）
劉長東「法照生卒、籍貫新考」（『敦煌文学論集』四川人民出版社、一九九八年）
劉長東『晋唐弥陀浄土信仰研究』（巴蜀書社、二〇〇〇年）
林仁昱「由唐代浄土讃歌看敦煌聯章俗曲歌謡套用曲調的原則」（『敦煌文学論集』四川人民出版社、一九九八年）
林仁昱『敦煌佛教歌曲之研究』（中国佛教学術論典八九、佛光山文教基金会、二〇〇三年）
李小栄「敦煌浄土文献中的音楽文学」（『敦煌佛教音楽文学研究』福建人民出版社、二〇〇七年）

【その他】

敦煌変文・講経文・中国文学

金文京「敦煌変文の文体」（『東方学報』七二、二〇〇〇年）
坂井健一「敦煌変文の押韻字にみられる音韻上の特色」（『中国文化研究』一、一九五八年、後に『中国語学研究』汲古書院、一九九五年に再録）
橘千早『敦煌変文韻文考』（一橋大学大学院社会学研究科に提出した博士論文、二〇〇九年）
福井佳夫『六朝美文学序説』（汲古書院、一九九八年）
古田敬一・福井佳夫『中国文章論　六朝麗指』（汲古書院、一九九〇年）

朱慶之「敦煌変文詩体文的換〝言〟現象及其来源」（『敦煌文学論集』四川人民出版社、一九九八年）
周大璞「敦煌変文用韻考」（『武漢大学学報』哲学社会科学版、一九七九年第三期①）
周大璞「敦煌変文用韻考（続一）」（『武漢大学学報』哲学社会科学版、一九七九年第四期②）
周大璞「敦煌変文用韻考（続完）」（『武漢大学学報』哲学社会科学版、一九七九年第五期③）
都興宙「敦煌変文韻部研究」（『敦煌学輯刊』一九八五年第一期）
馬宗霍「唐人用韻考」（『音韻学通論』第四、商務印書館、一九三一年）
羅宗濤『敦煌変文用韻考』（衆人出版社、一九六九年）
劉子瑜『敦煌変文和王梵志詩』（大象出版社、一九九七年）

音韻関連（本書に関わる成果のみを示す）

洪藝芳「従敦煌通俗韻文看唐五代西北方音的韻類」（『敦煌学』二〇、一九九五年）
周祖謨『魏晋南北朝韻部之演変』（東大図書公司、台北、一九九六年）
将冀騁「王梵志詩用韻考」（『敦煌吐魯番学研究論集』書目文献出版社、一九九六年）
鮑明煒『唐代詩文韻部研究』（上海古籍出版社、一九九〇年）
羅常培『唐五代西北方音』（国立中央研究院歴史言語研究所　単刊甲種之一、一九三三年）
李栄「隋韻譜」（『音韻存稿』商務印書館、一九八二年）
李方桂『上古音研究』（商務印書館、一九八〇年）
劉綸鑫主編『魏晋南北朝詩文韻集与研究（韻集部分）』（中国社会科学出版社、二〇〇一年）
Ding Bangxin, *Chinese Phonology of the Wei-Chin Period: Reconstruction of the Finals as Reflected in Poetry*（丁邦新『魏晋音韻研究』中央研究院歴史言語研究所、一九七五年）

音楽関連

王昆吾・何剣平『漢文仏経中的音楽史料』（巴蜀書社、二〇〇二年）

中西和夫『仏教音楽論集――華頂山松籟攷――』（東方出版、一九九八年）
長谷川慎「中国古代音楽における楽律の適用と背景」（『文藝論叢』五四、二〇〇〇年①）
長谷川慎「魏晋の音楽と楽律」（『文藝論叢』五五、二〇〇〇年②）
長谷川慎「唄賛音楽の形成」（『文藝論叢』六〇、二〇〇三年）
長谷川慎「漢訳仏経と唄賛音楽」（『文藝論叢』六二、二〇〇四年）

僧侶自作の詩偈

汪泛舟『敦煌僧詩校輯』（甘粛人民出版、一九九四年）
孫昌武「六朝僧人的文学成就」（『仏学研究中心学報』第七期、二〇〇二年）
馬大品編『中国佛道詩歌総彙』（中国書店、一九九三年）
張宏生『中国仏教百科叢書七　詩偈巻』（台湾仏光文化事業有限公司、一九九九年）
張錫厚「敦煌釈氏詩歌創作論」（『潘石禅先生九秩華誕敦煌学特刊』文津出版社、一九九六年）
羅文玲「六朝僧家吟詠仏理的詩作」（『中華仏学研究』第七期、二〇〇三年）

初出一覧

【総論篇】

第一章　研究序説（書き下ろし）
第二章　五部九巻の成立と集記（「「集記」と「集」――二祖の視座をめぐって――」『佛教大学仏教学会紀要』一一、二〇〇三年）
第三章　善導の著作考（「中国伝存の『観念法門』と『法事讃』の価値」（藤本淨彦先生古稀記念論集刊行会編『法然仏教の諸相』法藏館、二〇一四年）
第四章　法照の著作考（書き下ろし）

【各論篇】

第一章　後漢失訳『後出阿弥陀仏偈』とその用途（「『後出阿弥陀仏偈』とその用途」佛教大学総合研究所紀要別冊『浄土教典籍の研究』二〇〇六年）
第二章　中国浄土教礼讃偈の律動――世親『往生論』から善導『般舟讃』まで――（「中国浄土教礼讃偈における詩律――世親『往生論』から善導『般舟讃』まで――」『仏教文化研究』五〇、二〇〇六年）
第三章　善導『往生礼讃偈』における讃偈の律動（「礼讃偈の韻律――詩の評価とテクスト校訂――」『浄土宗学研究』二六、二〇〇〇年）
第四章　善導『観経疏』における讃偈の律動（「善導『観経疏』における讃偈の韻律」『浄土宗学研究』三二、二〇〇六年）
第五章　善導『法事讃』の儀則（書き下ろし）

第六章　善導『法事讃』における讃偈の律動（「善導『法事讃』における讃偈の律動」『仏教文化研究』五八、二〇一四年）
第七章　善導の讃偈に見られる還帰往生という修辞法（「善導の還帰往生」『印度学仏教学研究』四二巻二号、一九九四年、「善導の還帰往生という修辞法」『仏教学部論集』九七、二〇一三年）
第八章　法照の広略『五会法事讃』の儀則（書き下ろし）
第九章　法照の讃偈における律動と通俗性（「法照の礼讃偈における通俗性――その詩律を中心として――」『浄土宗学研究』三〇、二〇〇四年）
第十章　法照崇拝とその礼讃儀礼の凋落（「法照崇拝とその凋落」『浄土宗学研究』三五、二〇〇九年）
第十一章　法照的诗和赞偈（中国語）（「善导后身法照的诗和礼赞偈」中国仏学院学報『法源』二一期、『仏学研究』一二期、ともに二〇〇三年）
終　章　本研究の総括・課題と展望（書き下ろし）

あとがき

本研究は中国浄土教儀礼に用いられる讃偈（仏や浄土を称賛する宗教歌曲）を韻文資料として扱うことを主眼としている。そのため規則的・周期的に繰り返される音楽的なリズムである律動を検証することになる。律動とは音数律、声律、韻律の三要素であり、それについては昨年度刊行した『漢語仏典における偈の研究』（法藏館、二〇一三年）の総論篇第一章において述べているのでご参照いただきたい。本書ではこれら三要素の中でも視覚的には捕捉できない声律と韻律を可視化することによって、浄土教礼讃儀礼において唱和される讃偈の効果や影響などを検証した。

＊　＊　＊

さて、ここでふりかえって本研究を手がけることになった端緒から現在にいたるまでの経緯について述べておきたい。二五年も前にさかのぼる。

当時、佛教大学大学院修士課程の開講科目として、坪井俊映先生が善導の『往生礼讃偈』を講義された。院生は毎週発表を課せられていたので、関連資料を集めてせっせと訳註ノートを作っていた。その作業の中で隋の彦琮によって作られた晨朝礼だけは、うまく現代語訳できないことに気づいた。一句の中にわずか五文字を点描するため、七言の日中礼よりもイマジネーションが要求されるからだろうと思いながらも、粗忽な作業は遅々として進まなかった。

同じ年のこと、指導教員の藤堂恭俊先生が『選択集』を講義された。その第三章に引用されている法照の『浄土五会念仏略法事儀讃』に話題が及んだ。瓦礫変成金で知られる讃偈「不簡貧窮将富貴」にある「将」は接続詞なので、「貧窮と富貴とを簡ばず」と訓むが、同じ接続詞としては他にも頻用度のより高い「及」や「与」があるにもかかわらず、なぜ「将」が用いられているのかがわからなかった。

その年の一二月、総本山知恩院で開莚される伝宗伝戒道場に入行することになった。それまでさほど関心もなかった経文の句作りや読唱音が妙に気になりだした。たとえば三奉請と四奉請である。どうして阿弥陀の「阿」がともに省かれているのか、また「十方」を「しほう」と読む根拠は何か。さらに摂益文の「摂」を「しょう」と読みながら、文中の「摂取不捨」の「摂」は「せつ」と唱えている。

これらの疑問が氷解してきたのは、後に歴史文法、詩文学、音韻学などを学んでからだった。かつて晨朝礼の現代語訳に難渋したのは、音節数の制約だけではなく、声律と韻律に破格がないほど完成された作品に仕上げられていることが原因だと気づいた。法照が接続詞に「将」を用いたのは、「及」や「与」がともに仄声であり、下三連の禁忌を回避すべく平声の「将」を配置して「将富貴」とせざるをえない作詩上の規範に従ったにすぎないと得心した。奉請文の「弥陀」についても、インドでは決して省かれない amita の a（無）が漢語に音写されたことで、親愛の情を表す接頭辞「阿」（日本語のお母さんの「お」に相当）に漢化したことで省略可能になったものと思いあたった。つまりインドの「阿弥陀さま」は、中国で「阿弥陀さん」という身近な存在になったのである。なるほど阿育王、阿修羅、阿闍世、阿闍梨、阿羅漢の人称のみならず、阿僧祇、阿蘭若、阿毘曇などにも適用される。その一方で阿惟越致、阿毘達磨、阿頼耶識の阿が略されないのは、四音節が安定しているからであろう。そして「十方」を「しほう」と読むのは呉音でも漢音でもなく唐宋音の残存であること、よって四奉請は漢音と唐宋音のハイブリッドであることがわかり、両唇韻尾 -p で収束するフ入声音の「摂」は、後続する漢字の声母に影響を受けたことによる変化にすぎないことを知った。実のところ、これらはそれぞれの領域では取り立てて説明するまでもないことがらである。

しかしながら、こうしたささやかな気づきの繰り返しは研究意欲を掻きたて、そして以下のような新たな発見へと導いてくれた。法照の『浄土五会念仏誦経観行儀』は、それまでの讃偈を集大成した浄土教のアンソロジーであり、善導の日中礼もそこに収められている。ところがその日中礼は部分的に削除された上で収められているのである。その削除のありかたが変則的で、弥陀、観音、勢至のいわゆる三尊礼について言えば、観音礼のすべてと勢至礼の前半が削除されている。したがって弥陀礼の直後に勢至礼の後半部分が無造作に接続していることになるので、読者はこれらの讃偈のすべてが弥陀礼であると受けとめかねない。善導後身と称賛された法照にして、なぜこのような杜撰な編集をしてしまったのかまったく理解できなかった。しかし研究がすすむにしたがってその〝からくり〟が見えてきた。それを発見したときの感動と、論文にまとめているあいだの充実感は今も鮮明におぼえている。その詳細は各論篇第三章で述べたが、それは仏教学や浄土学だけでは解明できない謎を、音韻学と詩文学によって解くことができるという発見でもあった。

浄土教礼讃偈の句作りがしかるべき規格の拘束を受けていると気づいたのは、詩を作るようになってからだった。もともと盛唐李白や晩唐杜牧の作品に魅かれていたが、なぜ彼らの詩賦が今にいたるまで愛好され伝えられてきたのだろうかと考えたとき、文学史の中で旧套に拘泥しない彼らの用字法が斬新だったことや、積み重ねられてきたイメージの固定化によるのかもしれないが、それだけで千数百年にわたって愛吟されてきた理由にはならないと思えた。なぜなら、斬新さなどは一時のできごとであって、しだいに褪色してゆくものであり、イメージにしても鑑賞者それぞれの受けとめかたは同じではないからである。とすれば、作品が本来的に内包している格律の妙用によるものと想定せざるをえない。そのころから私にとって李白や杜牧の作品は、ただ鑑賞するだけの対象から、評価し格付けする対象へとシフトしていくことになった。そして、こうした意識はやがて中国詩だけではなく、浄土教礼讃偈にも及び、それら讃偈の訳註を作るよりも、むしろ作品のプロットそのものに関心が向かうようになった。善導や法照はどのような構想をもってそのような漢字や詞彙を用いたのか、なぜそのような語序に仕立てたのか、句と句の関係や聯と聯の音声的な響鳴はどのようにシステム化されているのかなどを考える日々が続いた。そうこうするうちに、みずからも詩を作るようになる。はじめは七絶一首を作るのに幾日も要したが、慣れてくるとさほど時間もかからない。毎年コンテストに出品しながら一度も入選したことがないのはその程度ということになるが、作詩活動そのものは礼讃偈を評価する上にすこぶる有効であると自覚できた。「弥陀の化身」、「善導後身」という評価は、数世紀にもわたる宗学の展開の中で祖師に対して崇敬の眼差しが向けられてきた帰結である。このようにイメージが肥大化し、ついには「中国浄土教の大成者」ともささやかれる善導と法照、そして彼らの著作に対する評価もまたその高名に比例して肥大化してきた。なぜそのように激賞されたのかを検証するには、そうした主観的なイメージを客観的、論理的に証明する以外にない。それには両師の作品そのものを時代の趨勢の中に位置づけ、目に見えない律動（リズム）を見えるように可視化するという手法を用いることである。これによって両師と時間を超え、評価の基準を共有して作品に対峙することが可能となるはずである。すなわち仮想として同じ立場に身を置いたとき、時宜の要請に迫られた善導と法照の儀礼のありかたが理解できてくるということである。

浄土教礼讃偈を文字学、訓詁学、音韻学の手法をもって取りくむことで、これまで見えてこなかった事実を明らかにできたことは最大の喜びであった。そしてその手法は仏典の偈頌全体にも適応可能であると考え、対象を漢訳仏典の偈と中国撰述経典（疑偽経典）の偈に広げることになった。その調査の過程において、インドの仏典が中国にもたらされることで、たとえそれが漢訳であろうと撰述であろうと、ひとたび漢語で表記された文章はすべて中国化されて、そこに新たな役割が付与されていることがわかってきた。その成果として昨年度は『漢語仏典における偈の研究』（学位論文の副論）を先行して刊行した次第である。そして、ここにようやく本研究を手がける契機となった浄土教礼讃偈の成果を報告することになった。そもそも善導と法照の讃偈を宗教作品としてだけではなく文学作品としても見直したいという発想で始動した本研究であるが、それは結局のところ、この両師を宗教者のみならず文学者としても見直す作業であったことになる。ここにも本研究の大きな意義と役割があるものと信じたい。以上が着想から現在にいたるまでの経緯である。

＊　　＊　　＊

本書は佛教大学に提出した学位論文の本論に相当する。これまで発表してきた旧稿と新たに加えた論稿とで構成されており、旧稿における不適切な内容と表現、それに誤字と脱字などに訂正を施し、場合によっては大幅な改稿を行っている。読者の便を配慮して全体の流れを再考した結果であるとご諒解いただきたい。なお本書に収載しなかったが、本書と関連する拙文はみな参考文献一覧に示したのでご参照いただきたい。

出版にあたっては、このたびも仏教書肆の老舗法藏館にお引き受けいただき、編集の田中夕子さんにも引き続きご担当をお願いして大いに助けていただいた。また各論篇第十一章の中国文と巻末の英文目次は、それぞれ姚長寿先生（元中国仏学院副院長）と持留浩二先生（佛教大学文学部）よりお目通しの上、修正を加えていただいた。感謝に堪えない。漢語仏典の偈を扱った前著のはしがきに、浄土教の讃偈については近いうちに続刊すると公言していた。方法論は前著と基本的に同じであり、その中に新たな具材を投じたにすぎない。さしずめラーメンの替え玉のようなものだろう。調理時間もかからない上、スープが冷めないうちに提供できたのは幸いであった。味はさておき。

これまで多くの方々からのご批正や督励をいただいて本研究を継続してきた。この隙間産業のような研究もようやく一つのくぎりをつけることになる。今は無用の用であってほしいと願うばかりである。

さて、いつまで「京の昼寝」ができるだろう。「田舎の学問」はそれほど先のことではなくなった。

二〇一四年臘八

観譽隆信

本書の出版に際しては、平成二六（二〇一四）年度の日本学術振興会による研究成果公開促進費（学術図書）の交付を得ている。

索　引

書名索引

あ行——

か行——

さ行——

た行——

な行——

は行——

ま行——

や行——

ら行——

人名索引

あ行――

か行――

さ行——

な行——

は行——

ま行――

や行――

ら行――

わ行――

A Study of the Rites of Chinese Pure Land Buddhism:
The Rhythm of Shandao and Fazhao's Gāthās of Praise

By

Saito Takanobu

Professor
Bukkyo University

HŌZŌKAN Kyoto 2015

CONTENTS

Part 3 Materials

第十一章　法照的诗和赞偈

序言

法照禅师（746-838）[(1)]作为中唐净土宗大师而为人所知，后来天台宗遵式（964-1032）的《西方略传》[(2)]和宗晓（1151-1214）的《乐邦文类》卷 3（《大正藏经》47/193a）中有“后有法照大师，即善导后身也”的记载，因此亦被称为善导大师（613-681）后身。又《乐邦文类》卷 3《莲社继祖五大法师传》，在庐山慧远之后的净土祖师中，法照继善导之后被列为第三祖。[(3)]他所编著的《净土五会念佛诵经观行仪》（《广本》）和《净土五会念佛略法事仪赞》（《略本》），收录了隋至中唐时期的赞偈和自己咏唱的赞偈，是应实际仪礼而制作的一大净土教仪礼书。

本文将通过法照的著作，探讨他之所以被称为善导后身（转世）的根据，评论法照所作的诗和礼赞偈，以及法照对善导的礼赞偈的评価和取舍的标准。

一，善导和法照

如前所说，法照被称为“善导后身”，而少康在《宋高僧传》（50/867c）和《乐邦文类》（49/264b）等中[(4)]，则被称为“后善导”。“善导后身”的意思是“善导转世”，“后善导”的意思是“善导净土教的继承者”，意思虽然不尽相同，但是两者都含有善导净土教的继承者这么一个意思在内。

法照因何而被称为“善导后身”的，可从以下四点来加以考察：

（1）遗留下来的法照的著作只有广略二种《五会法事赞》，从内容来看，受到善导《往生礼赞偈》影响的色彩浓厚。因此，也许首先可以说，法照是

继承了善导的礼赞仪礼而被称为“善导后身”[5]的。但是，果真仅是如此吗？如果只是从礼赞仪礼方面而言，那么在善导和法照之间，比如智升（?-730-?）和慈愍三藏（680-748），他们也遗存有赞偈[6]，那么也该被称为“善导后身”了。显然不是。所以还得寻求其他的根据。

（2）最为详细的法照传记资料，当数赞宁的《宋高僧传》卷21。其中的法照传虽然被收录在《感通篇》，没有思想方面的记述，只是记录了一些灵感和相应的行动。但是不可忽视的是其中所反映的时代意识和人间观。法照传中有着如下的记述（50/844b）：

（法）照入寺至讲堂中，见文殊在西，普贤在东（中略）。（法）照至二贤前，作礼问言：末代凡夫，去圣时遥，知识转劣，垢障尤深，佛性无由显现。佛法浩瀚，未审修行于何法门最为其要。唯愿大圣，断我疑网。

划线部分可以说，明显地同道绰《安乐集》卷上（第三大门）中的“去大圣遥远，理深解微”以及善导《观经疏》玄义分中的“但以垢障覆深，净体无由显照”相一致。这种时代意识和机根观，与末法思想结合，成为隋唐以后净土思想得以成立和发展的基础，离开了这些，就不会有净土教的产生。而在这种时机与教义之间的矛盾和纠葛之中，法照发出“修行于何法门最为重要”的问题，也是同善导和道绰的观点没有什么两样的。

（3）其次，如果仔细地观察广略两种《五会法事赞》中的那些行仪做法，可以看到其中有着继承善导实践的“正行”的痕迹。《五会法事赞》里有念佛（五会念佛），诵经（《观经》，《阿弥陀经》）和赞歌（各种赞叹的偈颂）。广本的题名中有“观行”，也说到“中道观”，“作观”，“定”，《略本》中更有“观佛”，“观想阿弥陀佛”，“念佛三昧理事双修行”，说明里面有积极鼓励作为那一时代净土教趋势的禅观之行的内容。关于礼拜，在请诸佛菩萨入道场的稽请文中，记有“依各一请一别礼”。此外，在引用彦琮和善导的

各个赞文的开始，有“至心归命礼西方阿弥陀佛”，这些都明确说明伴随有礼拜。这就是说，《五会法事赞》不仅只是统篇对佛菩萨，净土的赞歌和五会念佛，而是有着以这些为中心，自觉实践善导所定的正行的倾向。尽管这些是否就是法照的意图姑且不谈，从结果来说，一系列净土教仪礼被纳入正行，这一事实是必需看到的。

（4）再其次，不得不提到的是灵验了。善导在梦定中从圣僧那里得到《观经疏》，法照也是经常顺从佛圣者那里的灵感启示，这可以从他后来的行动规范中见到。善导和法照都对灵验毫不怀疑，彻底信赖。梦中见佛，梦定中得神授的善导，把思想和行动的规范放在同佛的感应上的法照，他们都是在神秘体验之中以寻求思想上的依据。在神秘体验中予以全身心的信赖，将净土教体系化，这就是他们的共同点。

以上四点应该是法照被称为“善导后身”的原因。

二，法照的诗和赞偈

至今为止的法照研究，所取的资料，仅限于广略两种《五会法事赞》，因为现存的法照著作除了这些没有其他了。这说当然也当然。但是，《全唐诗》九百卷中收录有题为《寄钱郎中》，《送清江上人》，《送无著禅师归新罗》法照自作的诗三首（五律）[(7)]，之后陈尚君的《全唐诗补编》（中华书局，1992年）中也收有法照的诗《寄劝俗兄弟》二首（七绝）。这些都是有助于研究法照，研究礼赞文类的资料。（【资料Ａ】）

收于《全唐诗》中的三首五律，①《寄钱郎中》是平起句（偏格），除了第三句“五马不复贵”都是仄声字以外，平仄格式（二四分明）和粘反没有一点问题。②《送清江上人》也是平起句（偏格），平仄格式和粘反有近体诗的风格。③《送无著禅师归新罗》是仄起句（正格），除了第三句的“寻山百衲弊”（百衲弊三字皆为仄声字）以外，平仄格式和粘反大致完好。另外，《补编》所收的七绝二首④⑤，都是仄起句（偏格）首句入韵，二四

分明，二六正确，粘反也全对（韵脚庚和清，寒和恒通押）。法照活跃的时代，用诗的划分期来说是盛唐到中唐，在诗仙李白（701-762）和诗圣杜甫（712-770）之后不久。由于李杜诗的标准化和权威性，诗的形式开始形成近体诗的格式。可以推测，法照的时代恰好是受了这种影响。

法照自作的赞偈又如何呢？广略两种《五会法事赞》中有自作的赞偈14种。先来看几例。(【资料B】)

法照自作的赞文14种，从诗的角度来看，有些在平仄格式和韵脚上。与近体诗的格式即《切韵》（601年，陆法言）的音系不符。特别是在韵脚上，上述五首诗没有超出《切韵》系统韵书通押的范围，而礼赞文的情况正相反。《切韵》是把南北音统一起来并加以折中的管制韵书，如果文人从自己鉴赏的角度制作诗文，当然要依之为准（也有例外）。礼赞文类是为了在民间佛教礼仪中同民众唱和而作，在很大程度上带有民间的字音。(8) 佛教信徒把日常使用的通用音—-民间的汉字音，用来编定礼赞文的用字，在取得在俗信徒的人心这一点来说，用通用的赞歌来加以统一，应该是一种有效的手法。不是依据《切韵》，而是根据当时当地的方言来编礼赞文，当是撰者法照曾经考虑过的。

三，法照对善导赞偈的取舍

《广本》卷下编有善导《往生礼赞偈》的日中礼，但是被节略了。具体来说就是日中礼中12个偈文（四句为一偈），没有被引用。作为善导后身的法照，为什么把善导本人的赞偈省略了？这里是被省略了的礼赞文 (【资料C】)

12偈中，（1），（2），（5），（7），（8），（9），(10)，(11)，(12) 9偈都是押的仄声韵，近体诗的原则是压平声韵，所以法照省略了。第 4 偈的（3），(4) 和第 6 偈的 (6) 3 种，押的是平声韵，且换了韵。换韵也是古诗的典型形式，不合近体诗格式，所以成了节略的对象。(9) 特别需要附带指出的是（3），平声韵脚是“中”，“东”（东韵）和“音”（侵韵）。在法照活动的

盛唐中唐期，阳类韵尾不能通押，不然就是出韵。

总之法照是省略了不合近体诗格式的诗。因为广略《五会法事赞》中的其他赞文都没有压平声且换韵的情况，所以这样的解释应该是妥当的。法照经过李杜以后近体诗的洗礼，依照近体诗的格律为准而作诗，作赞偈。因此可以说，在编辑《五会法事赞》的时候，法照是依这一标准对赞偈加以取舍的。

结语

中唐以后的净土教礼赞仪礼越来得以发展，对白居易（白乐天，772-846）等文人也产生了影响[(10)]。法照死后又被神化成了崇拜的对象[(11)]。但是法照的这一影响所及，最多是到南宋末为止。略本《五会法事赞》说：

若不师学，滥授与人，转误后学，失其宗旨即却招其咎，无利福田（47/475b）

说明礼赞仪礼中师资相承的重要性。南宋志磐的时期（13世纪），“五会”的意思曾被误解[(12)]。法照创造的五会的礼赞仪礼日趋衰落，无人继承。法照没后二年，我国慈觉大师圆仁（794-864）参拜五台山，将五台山的念佛带到了比睿山。但是，自那以后过了数十年，不久就在传承者之间出现了解释上的分歧[(13)]。历时千年的从敦煌石室发现的反应当时状况的资料，即经过改订的各种礼赞文和冒牌的各种各样的礼赞文资料，朝着同法照的期望相反的方向变化了。礼赞文与教义书性质不同，随着时代和地点以及因缘的不同而不断有所变化，因为如果不变化，作为行仪的礼赞文就不能都以广泛的传播。

总之，作为中唐大的佛教诗人并且确立了净土教礼仪规范的法照，他的礼赞偈，继承了善导的行仪体系，并且如前所述同善导在教理上有联系，所以称为“善导后身”毫不逊色。但是他同善导最显著的相似之处，还是在礼赞礼仪上。善导处在净土教礼赞文从“无韵的偈颂”向“有韵的诗”过渡的

时期，而且他本人也曾是一位旗手。到了法照，他的礼赞文越来越被作为诗而加以评价。而且他本人也曾是一位旗手。(14) 到了法照，他的礼赞文越来越被作为诗而加以评价。可以想象，这种韵律丰富的礼赞文，曾经在中唐到北宋时期对净土教仪的发扬光大起了多大的作用。敦煌石室发现的《五会法事赞》以及加以改订的有着70种之多的各种礼赞文，就有力地说明了这一点。

【资料A】

《全唐诗》第810卷（中华书局本23册9135页）

※括号内表示《广韵》（1008年，陈彭年）的韵目

①寄钱郎中

闭門深树里　闲足鸟来过（平戈）…“来”，一作“经”

五马不复贵　一僧谁奈何（平歌）…“五”，一作“驷”

药苗家自有　香饭乞時多（平歌）…“药”，一作“稻”

寄语婵娟客　将心向薜萝（平歌）

《全唐诗》第810卷（同23册9135页）

②送清江上人

越人僧体古　清虑洗尘劳（平豪）

一国诗名远　多生律行高（平豪）

見山援葛藟　避世着方袍（平豪）…僧伽閣衣为“方袍”

早晚云门去　侬应逐尔曹（平豪）

《全唐诗》第810卷（同23册9135页）

③送无着禅师归新罗

万里归乡路　随缘不算程（平清）

寻山百衲弊　过海一杯轻（平清）

夜宿依云色　晨斋就水声（平清）

何年持贝叶　却到汉家城（平清）

陈尚君编辑《全唐诗补编》中册939页（中华书局，1992年）

寄劝俗兄弟　二首

④同气连枝本自荣（平庚）　些些言语莫伤情（平清）
　一回相见一回老　　　　能得几时为弟兄（平庚）
⑤兄弟同居忍便安（平寒）　莫因毫末起争端（平桓）
　眼前生子又兄弟　　　　留与儿孙作样看（平寒）

【资料B】

法照“净土法身赞”（85/1264c-1265a，《略本》无）。守屋本・龙大本・孟1376也有。句末括号内表示《广韵》的韵目。

法镜临空照　　　　心通悟色坚（平先）…“坚”，大正藏误作“竖”。
神通妙刹土　　　　法界总同然（平仙）…“土”，大正藏误作“丘”。
意殊恒自净　　　　神光遍十方（平阳）
知心无处所　　　　解脱得清凉（平阳）
观像而无像　　　　高声不染声（平清）
了知无所有　　　　惠镜朗然明（平庚）
　（中略）
诸佛在心头　　　　汝自不能求（平尤）
慎勿令虚过　　　　急手早勤求（平尤）
宝镜人皆有　　　　愚人不解磨（平戈）
不曾反自照　　　　尘垢更增多（平歌）
宝镜人家有　　　　智人即解磨（平戈）
勤勤返自照　　　　尘垢不来过（平戈）
意珠恒莹彻　　　　自性本圆明（平庚）
悟理知真趣　　　　念佛即无生（平庚）
碎末为金矿　　　　矿中不见金（平侵）
智者用消炼　　　　真金腹内现（去霰）
佛相空无相　　　　真如寂不言（平元）
口谈文字教　　　　此界忘相禅（平仙）
涅槃末铁法　　　　秘密不教传（平仙）

心通常自用　　　威当度有缘（平仙）
三乘元不识　　　外道未曾闻（平文）
小相未曾闻　　　誓愿不流传（平仙）
道逢良贤　　　　把手相传　（平仙）
道逢不良贤　　　子父不相传（平仙）

【资料Ｃ】

善导《往生礼赞偈》中的日中礼（括号内是《广韵》的韵目）

【第二偈】

①地下庄严七宝幢　　　无量无边无亿数（去遇）
八方八面百宝成　　　见彼无生自然悟（去暮）

【第三偈】

②地上庄严转无极　　　金绳界道非工匠（去漾）
弥陀愿智巧庄严　　　菩萨人天散华上（去漾）

【第四偈】

③一一台上虚空中（平东）　庄严宝乐亦无穷（平东）
八种清风寻光出　　　　　随时鼓乐应机音（平侵）
④机音正受稍为难（平寒）　行住坐卧摄心观（平桓）
唯除睡时常忆念　　　　　三昧无为即涅槃（平桓）

【第六偈】

⑤七重罗网七重宫　　　　绮互回光相映发（入月）
化天童子皆充满　　　　　璎珞辉光超日月（入月）
⑥行行宝叶色千般（平寒）　华敷等若旋金轮（平谆）
果变光成众宝盖　　　　　尘沙佛刹现无边（平先）

【第八偈】

⑦一一金绳界道上　　　　宝乐宝楼千万亿（入职）
诸天童子散香华　　　　　他方菩萨如云集（入缉）
⑧无量无边无能计　　　　稽首弥陀恭敬立（入缉）

风铃树响遍虚空　　叹说三尊无有极（入职）

【第九偈】

⑨真形光明遍法界（去怪）　蒙光触者心不退（去队）

昼夜六时专想念　　终时快乐如三昧（去队）

【第十二偈】

⑩观音菩萨大慈悲　　已得菩提舍不证（去证）

一切五道内身中　　六时观察三轮应（去证）

⑪应现身光紫金色（入职）　相好威仪转无极（入职）

恒舒百亿光王手　　普摄有缘归本国（入德）

【第十三偈】

⑫势至菩萨难思议　　威光普照无边际（去祭）

有缘众生蒙光触　　增长智能超三界（去怪）

（1）　法照的生卒年，今从刘长东《法照生卒，籍贯新考》(《敦煌文学论集》，四川人民出版社，1998年)。

（2）　《金沢文库资料全书》第四卷净土篇（一）206页上段（神奈川県立金沢文库，1980年)。

（3）　“莲社之立，既以远公为祖师。自师归寂，抵今大宋庆元五年己未，凡八百九年矣。中间继此道者，乃有五师。一曰善导师，而曰法照师，三曰少康师，四曰省常师，五曰宗赜师。是五师者，莫不仰体佛慈，大启度门，异世同辙，皆众良导”（《大正藏经》47/192c)。又，莲社七祖为，慧远，善导，承远，法照，少康，延寿，省常（《佛祖统纪》卷26《净土立教志》，49/260c)，十三祖则再加上莲池，藕益，截流，省庵，彻悟，印光。

（4）　其他如《佛祖统纪》(49/264b)，戒珠《往生转》(51/123c）等。

（5）　参照藤原凌雪《作为后善导的法照禅师》(《龙谷大学论丛》343号，1952年)。

（6）　前者有《集诸经礼忏仪》后者有广略《五会法事赞》和《略诸经论念佛法门往生净土集》(85/1236)

（7）　河内昭円「法照に関する二三の問題——詩僧としての法照について——」(森三樹三郎博士頌寿記念《東洋学論集》，朋友書店，1979年)，

以及前注提及的刘长东（1998）已有介绍。

（8） 目前对法照使用了何种方言尚不明。据《高僧传》，当时的僧人精力充沛地在各地游行，舍家离俗的僧人很少有在出生地（特别是边境地区）活动而死去的。法照也是这样，他出生在南梁，而广泛活动在庐山，衡山，五台山，太原，长安等地。文人诗的字音，可以从其籍贯，就任地来加以推定，这一方法在这里就不适用了。法照自身对礼赞文的字音也有所留意，如《广本》（85/1253a）说到“上都南岳念诵音，旨虽有稍殊，而根本体同，不离念佛，皆归净土，同见弥陀，更无别耳。”

（9） 详细参照齐藤隆信《礼讃偈の韻律——詩の評価とテクスト校訂——」（参看本书各论篇第 3 章）

（10） 《佛祖统纪》卷28（49/282b）中有〈往生公卿专，居士付〉，记录了以白居易为首的士大夫文人信仰净土教的情况。

（11） 《广本》卷中（85/235c）法照自己记述，说如有魔事起，则称自己的名字。一称念即至行人所，退却魔鬼，使发菩提心而往生成佛（至心称念法照名字，一声多声，应念即至诸行人所）。因此后世的净土愿生者，经常把法照当作从净土而来的帮助自己的崇拜的对象。敦煌本伯2130，北8345《西方净土赞文》说：“正作道场时，若有难起，魔事起，念法照名（中略）可数念一百法照名，南无法照和尚”，“法照非凡僧（中略），说明法照在后世被神话了。

（12） 咸淳 5 年（1269）所作志磐的《佛祖统纪》卷28（48/285a），记有长安李知遥与大众同行五会念佛，注作“唐大历中，法照师于衡州，开五会念佛。今李知遥为五会，应是师法于法照，五会者，当是五日为一会也。”

（13） 参照五大院安然（841-915）《金刚界大法对受记》卷6（75/179b）。

（14） 至今为止的净土教礼赞文，比如世亲《往生论》，昙鸾《赞阿弥陀佛偈》，迦才《净土论》等都是无韵的，善导的《般舟赞》也是无韵的。但是到了《往生礼赞偈》，《法事赞》，变为有韵的礼赞文了。以后的净土教礼赞文，智升，慧日等，《念佛镜》的偈颂都变成有韵的了，可见善导正处于分岔口。

齊藤隆信（さいとう　たかのぶ）

1966年、新潟県長岡市生れ　佛教大学大学院文学研究科博士課程満期退学。

知恩院浄土宗学研究所研究助手、中国仏教協会交換訪問学者を経て、現在佛教大学仏教学部教授、知恩院浄土宗学研究所副主任、博士（文学）

【著書論文】

『七寺古逸経典研究叢書』第2、4、5、6巻（共著、大東出版社、1994～2000年）、『浄土宗読誦聖典　観念法門』（四季社、2002年）、『新アジア仏教史第七巻・中国Ⅱ隋唐』（共著、佼成出版社、2010年）、『漢語仏典における偈の研究』（法藏館、2013年）、「法然の戒と念仏」（『法然上人研究論文集』、2011年）、「日華佛教研究会顚末記」（『浄土宗学研究』38、2012年）、「義山の元禄新彫『選択集』に見る浄土宗学の一側面」（『浄土宗学研究』39、2013年）、「彦琮撰『福田論』とその撰述意義」（『印度学仏教学研究』62-1、2013年）、「佛教大学図書館蔵享保十年写三種伝戒書」（『仏教学部論集』98、2014年）など

中国浄土教儀礼の研究
善導と法照の讃偈の律動を中心として

二〇一五年二月一五日　初版第一刷発行

著　者　齊藤隆信
発行者　西村明高
発行所　株式会社　法藏館
京都市下京区正面通烏丸東入
郵便番号　六〇〇-八一五三
電話　〇七五-三四三-〇〇三〇（編集）
〇七五-三四三-五六五六（営業）

装幀者　山崎　登
印刷・製本　中村印刷株式会社

ISBN978-4-8318-7398-9 C3015